皆保険と医薬品産業の未来に向けて

～薬価制度70年を振り返る

薬価政策研究会

はじめに

２０１７年の年末に公表された薬価制度抜本改革は、近年の市場実勢価格主義に基づく薬価基準制度に大きな哲学変更を迫るものとなった。

医療保険制度・保険財政の持続可能性と医療の高度化への対応・技術革新の迅速な保険導入との両立を図るべく、絶妙なバランスの下で制度拡充が進められてきた薬価制度であるが、この抜本改革は財政負担・国民負担縮減側に大きく軸足を移したようにもみえる。

この大改革の影響すべてを見通すことはできないが、財政面でも患者アクセス面でも、製薬企業等への産業政策においても大きな波及があるであろうことは間違いない。

そもそも薬価基準自体、原理的に市場実勢価格を前提とするものではない。また、長い歴史の中では、2年に1度の薬価改定が主流だったわけでもない。

しかし、時代の流れの中で、技術進歩や取引実態の変化に対応し、その都度微調整を繰り返しながら幾多の制度改正を経てたどり着いた今の仕組みには、相応の合理的根拠が存在する、あるいは、存在したはずである。

戦後混乱期の統制価格時代が終わった１９５０（昭和25）年に成立した薬価基準制度は、当初のバルクライン方式から修正バルクライン方式を経て、１９９２（平成４）年に基本哲学の大きな修正が行われ、現行制度の基礎となる加重平均値方式が採用された。

そして、医療保険財政の厳しさを背景に、薬価差解消の流れのなか、当初の合意より急激かつ厳しいR幅の縮小が行われ、既収載医薬品の価格改定では大幅な価格引下げが続いた。一方、新規医薬品の価格面の評価では、画期性等の評価の観点から加算体系の改革が進み、さらに新薬創出とドラッグラグ解消の観点から新薬創出・適応外薬解消等促進加算制度の導入が行われるに至った。

ここ数年は、抗がん剤に多くみられる高分子のバイオ医薬品の登場により薬価の高額化が進み、さらにC型肝炎治療薬や免疫チェックポイント阻害薬などの超高額医薬品の登場により、医薬品の価格に対する議論は不連続なステージに入った。

以前より薬剤費の高騰と産業育成とのフリクションは話題にされてきたが、医療保険財政対策や診療報酬改定における技術料引上げとの見合いの課題でもあり、抜本的な解決の方向性はこれまで提示されていない。

薬価が診療報酬上に登場して約70年、薬価基準が現在の「品目表かつ価格表」という位置づけを得て約60年が過ぎた現在、このような課題認識の下、改めて薬価制度の果たしてきた役割を振り返って、現行制度の理を探り、将来の薬価制度の在り方に向けた議論を提起したい。


このような考え方から、社会保険旬報誌面において、『薬価制度70年を振り返る』と題し、2018（平成30）年11月から、2020（令和2）年2月まで、13回にわたり、連載企画を掲載した。本書は、その内容を1冊にまとめたものである。

2017年の薬価制度抜本改革で提起された内容のうち、薬価の中間年改定（毎年改定）の具体的内容が検討される時期である。薬価制度を議論するに当たり、70年の歴史を踏まえ、薬価制度が持つ多面的な役割を確認する意義は大きい。

本連載では、最初に製薬企業、卸、調剤薬局の関係者による共同討議を行い、薬価制度抜本改革をめぐって議論したほか、医薬品流通や薬価の毎年改定について論じた。

インタビューでは、薬価制度の歴史のなかでキーマンとなった行政関係者や医薬品業界の関係者に登場いただいた。聞き手は、元第一三共株式会社専務執行役員で、中医協薬価専門部会の専門委員を2011（平成23）年まで務めた長野明氏（薬価政策研究会代表）にお願いした。長野氏は、冒頭の共同討議から全てのインタビューにかかわり、本企画の実現に尽力いただいた。なお、長野氏は「薬価制度の歴史を考える会」の代表として本連載にかかわったが、本書の出版に当たり、「薬価政策研究会」と改称した。

本連載の企画段階から、社保険ティラーレに協力をいただいた。また、編注及び資料の作成に当たり、医薬情報研究所アーカイブス制作班の協力を得た。連載は、医薬情報研究所発行の『新薬と臨床』誌に同時掲載された。

本書が関係各位の座右に置かれ、将来に向けた政策議論の参考となることを祈念してやまない。

目次

国民医療を支えてきた薬価基準制度

わが国の薬価基準制度は、戦後の混乱期の統制価格時代が終わった１９５０（昭和25）年に誕生し、80％バルクライン方式を採用することにより、全国津々浦々の医療機関が医薬品を購入できる価格を設定し、医薬品を安定的に供給する役割を担ってきました。

その後、修正バルクライン方式を経て平成４年には加重平均値一定価格幅方式が採用され、現行薬価制度の基礎となっています。さらに新薬創出とドラッグラグ解消の観点から、２０１０（平成22）年には新薬創出・適応外薬解消等促進加算制度が導入され、今日にいたっています。

その一方で、医薬品開発の状況は大きく変貌し、科学技術の進展により、これまで治療困難だった疾患に対する医薬品が登場し、国民に大きな恩恵をもたらしています。

日進月歩で進む生命科学の成果を導入して、国民に最新・最善の医療を提供していくためには、医薬品開発のイノベーションを促進するとともに、研究開発の成果が適切に評価されることが重要です。

バイオ医薬品等に見られるように非常に高額な薬剤が登場し、薬価基準制度に新たな課題を投げかけています。しかし、国民医療を支える医薬品を安定的に供給するという本制度の役割は70年を経ても、変わるものではないと考えます。

日本製薬団体連合会は、医薬品産業に関わる15の業態別団体と16の地域別団体から構成され、業界を代表して政府や行政機関、関係団体に意見要望を申し上げ、その実現に向けて取り組んでいます。

とりわけ薬価基準制度については、その及ぼす影響が大きいことから、１９５７（昭和32）年に保険薬価研究委員会（当初は保険薬価研究会）を立ち上げ、日々、本制度のあり方をめぐって議論を重ねるとともに、個別企業の利害を超えて、広く医薬品産業全体、ひいては医療保険制度の安定的運営の観点から活動を展開しています。

この度、社会保険旬報に連載された『薬価制度70年を振り返る』が一冊の本として刊行されますことは、これまで薬価基準制度が果たしてきた役割とその意義を確認し、今後の薬価制度の方向を考える上で誠に時宜を得たものであると考えます。また、国民皆保険制度の維持並びに医薬品の研究開発の促進・安定供給確保のために、先達がどのように苦労をし、どのような努力をされてきたかを知ることは、我々現役世代にとっての道標になりえるものです。

薬価基準制度と医薬品産業の役割、存在意義について広く国民の理解を得るための一助として、本書が広く読まれることを期待し、推薦のことばとさせていただきます。

日本製薬団体連合会　会長

手代木　功

イノベーションを促進する薬価制度に

日本製薬工業協会は、研究開発型の製薬企業（73社）によって構成され、革新的で有用性の高い医薬品の開発と製薬産業の健全な発展を通じて、日本及び世界の人々の健康と医療の向上に貢献することを目指して活動しています。

バイオテクノロジーを中心とした科学技術の進展により、これまで治療が不可能であったがんをはじめとする難病についても治療が可能な時代がやってきました。これらの技術進歩の成果を医療現場に届け、国民の健康と福祉の向上に寄与することが、私たち製薬企業の使命であると考えています。

国民医療費は43兆円の規模に達し（２０１７（平成２９）年度）、社会保障費の負担を抑制する観点から薬剤費についても効率化が求められている状況にありますが、こうしたなかにあっても治療法の確立していない疾病（アンメットメディカルニーズ）に対応するため、イノベーションの実現を通じて、私たちの使命を果たしていかなければなりません。

その一方で、医薬品の研究開発をめぐる環境は激変しており、研究開発費の高騰に伴い新たな医薬品や医療技術を創出する難易度が高まり、国際競争は激しさを増しています。

こうした厳しい状況下において国民のニーズに応え、新たな医薬品を生み出していくためには、イノベーションの推進を医療政策の柱として位置づけ、推進していくことが不可欠となっています。

製薬協は、「イノベーションが生み出される仕組みづくり」及び「イノベーションが適切に評価される仕組みづくり」を目指して、医療関係者の理解を得るための議論を重ねてまいりました。薬価基準制度は、イノベーションを支える重要な柱の一つであり、近年の改革においては新薬創出・適応外薬解消等促進加算制度が創設されたことは評価に値します。

また、バイオ医薬品をはじめとして高額な医薬品が登場しているなかで費用対効果評価制度が導入されるなど、薬価基準制度のさらなる改革に向けて議論が進められています。薬価基準制度が国民皆保険と医薬品産業を結ぶ架け橋として今後も役割を果たしていくためには、薬価制度の役割について国民の理解が不可欠です。

本書は、薬価制度70年の歴史を振り返りつつ、関係者の証言により薬価制度が果たしてきた役割とその意義を明らかにするものであり、医薬品産業の関係者のみならず、広く国民の皆様にお読みいただきたい内容と考えます。本書を通じて、創薬イノベーションの重要性について理解が深まることを期待いたします。

日本製薬工業協会　会長
中山　讓治

医薬品政策の原点から考える

「人生１００年時代」と普通に語られるようになり、政府は全世代型社会保障検討会議で、長寿社会時代の社会保障のあり方を検討している。

平均寿命は、終戦直後の50歳程度から、今日では男性81歳、女性87歳となり、１００歳以上人口は7万人を超えている。健康長寿が普通のことになってきた背景には、衛生観念の普及、生活水準の向上等さまざまな要素があげられるが、特筆すべきは医学・医術の進歩である。それを支えたのが、体のメカニズムや病気のメカニズムの解明、治療・診断技術の進歩、さまざまな医薬品の開発である。

昭和36年に国民皆保険が実現し、すべての国民がいつでもどこでも一定の自己負担で医療を受けられるようになった。しかし、この制度を通じて最先端の医療技術や医薬品をすべての国民が享受できるようにするためには、日進月歩の科学技術の成果を医療保険制度に取り入れていく不断の努力が欠かせない。また、国際化の進展を踏まえて、世界のどこかで開発された画期的新薬を日本人も享受できるようにすることも必要である。一方で、国民の負担力という観点からの財政的な制約要因も踏まえていかなければならない。わが国の製薬産業は、医療保険制度を踏まえつつ、世界市場での厳しい競争のなかで、研究開発の推進・成果の創出を求められることになる。

本書は、中曽根内閣の「自由貿易の維持強化のための市場開放対策の一層の推進」政策のもとに、市場開放（ＭＯＳＳ協議等）・流通改善が進められたころから今日までの医薬品及び製薬産業にかかわる政策の動きを、歴代経済課長やメーカー、卸等の関係者の語りを中心にまとめたものである。私も歴代経済課長の一人であるが、各経済課長や関係の方々がそれぞれの時代の課題に真摯に向き合い、どういう考えのもとに取り組んだのか、どんな苦労があったのかが、率直に語られている。インタビュアーは、薬価政策研究会代表の長野明さん。長野さんは長年製薬業界に身を置き、中医協の審議にも参加して、歴史を知り、多角的な視点を持った人である。ご自身の経験を踏まえての優しく鋭い質問に、歴代経済課長等はかなり踏み込んで答えざるを得なかったのではないかと思う。

折しも今、中国からのコロナウィルスによる肺炎が世界中に拡大しつつあり、生活や経済に非常に大きな影響を与えつつある。改めて、ワクチンや治療薬の重要性を痛感させる事態であり、医療・医薬品行政の危機管理的機能の強化の必要性を再認識する次第である。

これからの時代を考えると、ＩＣＴ、ＩｏＴ、ＡＩの進歩、ＡＩのディープラーニング、ｉＰＳ細胞の治療や医薬品開発への活用等、これらの最先端の動きは医療の世界を大きく変えていくと思われる。変化の時代ほど、原点をしっかり踏まえて考える必要がある。ディープラーニングした人工知能に、その部分では人間はかなわないかもしれないが、ディープシンキングは人間にしかできないことを強く自覚すべきである。新たな時代を展望しつつしっかり考えることこそ、これからを担う人間の役割である。原点を踏まえて考えるという意味で、本書は、医薬品政策に係る行政側の人にも、医薬品を研究開発する企業側の人にも、さらには、流通に責任を負う医薬品卸業の人たち、医師をはじめとする医療機関の人たちにとって、医療保険制度と医薬品さらには医療の共存共栄を原点から考える参考資料となるのではないかと思う。

少しでもお役に立てれば、この企画に参加した一人として本望である。

公益財団法人医療科学研究所理事長
江利川毅
（平成２～４年の経済課長）

出版にあたって

本著のテーマであるわが国の薬価基準制度は、１９５０（昭和２５）年に成立し、今日凡そ70年の歴史がある。強制加入、強制徴収を基本とし、誰でも、何時でも、どこでも保険医療機関受診を可能とした国民皆保険体制の下にある薬価基準制度は、中医協を中心とした場で各側が議論を重ねその時々の課題を乗り越え、イノベーションの推進、関連産業の発展・国際競争力強化そして、医療の質の向上、国民皆保険体制の維持に大いに貢献してきたと考えている。

令和2年度薬価制度改革では、「国民皆保険体制の持続性」と「イノベーションの推進」を両立し、国民が恩恵を受ける「国民負担の軽減」と「医療の質の向上」を実現する観点から改革議論が進められてきた。

前述した「国民皆保険体制の持続性」、「イノベーションの推進」、「国民負担の軽減」、「医療の質の向上」これら四つのキーワードは何れも広く国民が賛同するものだが、少子・高齢社会の真っ只中に突入しつつあるわが国では、今後の社会保障体制、国民皆保険体制について、その【負担と受益のあり方】を待ったなしで議論し、結論を得る時期に来ている。

その際、国民が恩恵を受ける「国民負担の軽減」というキーワードについては、単年度ベースの予算編成の視点は横に置き、国民の健康を長期レンジで捉えた「国民負担の軽減」という視点で議論を尽くすことが必要ではないかと強く感じている。

そのような長期レンジで国民の健康を捉えた議論から導き出された結論は、更なる治療効果の向上に資し、医療経済的にも格段に優れた新たな医薬品の登場に繋がるものと確信している。

今回ご指導、ご協力を頂戴した皆様のご発言で、１９６１（昭和３６）年の国民皆保険体制のスタートから半世紀を経て、ドラッグラグの解消という大きな成果を国民が得ることが出来た今日、癌領域を筆頭とした難治性疾患に格段に高い治療効果を有するが高価格の新医薬品の登場は、更なる「医療の質の向上」を実現している一方で、高価格が医療保険財政逼迫に拍車をかけるとの指摘がある。

これら革新的医薬品の保険給付のあり方については、自由市場で取引されている医薬品と強制保険であるわが国の医療保険の折り合いをつけていくため何らかの給付制限を考えざるを得ない、どのような結論を得ることになるのか私たちが試されているのではないか、との切り口を頂いた。

本書が今後の薬価制度改革議論の一助となり、世界に冠たるわが国国民皆保険体制の維持、発展に貢献出来れば幸いである。

末筆とはなりますが、本企画では、わが国医薬品産業の健全な発展と薬価基準制度の安定的な運営に直接関係されてきた経済課長をご経験された皆様、そして、保険局医療課で薬価制度改革に携わってこられた薬剤管理官のご経験者の皆様、医薬品産業にあって議論の中核を担われてこられた皆様にご指導とご協力を頂戴し無事完結出来ました。

ご指導ご協力を頂戴した皆様方に心より感謝申し上げます。誠に有難うございました。

薬価政策研究会　代表
長野　明

第1回　抜本改革を歴史の流れで考える

発言者　A：製薬企業　B：製薬企業　C：卸企業
D：卸企業　E：調剤薬局　司会は編集部

1. 薬価の歴史の中での今回の抜本改革

代表　今回の共同討議では「薬価制度の歴史から学び、活かしていくこと」という題を立てています。薬価制度は成立から70年が経ちましたが、薬価調査によって把握される市場実勢価格を基礎に償還価格を決めるという大きな骨格は変わっていません。一方、今回の抜本改革（巻末参考資料①）では、毎年改定をはじめ、イノベーション評価の在り方や新薬とジェネリックとの関係など、まさに抜本的な改革が行われており、今後さらにこの方向で改革が進む見込みとなっています。そこで今回、薬価基準70年を契機に、その歴史を振り返り、将来の在り方の議論に役立てることができないだろうか、と考えました。

　薬価制度がこれまでどういうものだったか、なぜこういう仕組みになったのか、わからない部分を再確認した上で、それを踏まえて将来の在り方について議論し、検討し、制度化していく。今回は、そういう観点から、関係者の参考になる討議ができればと思います。

イノベーション評価とは何だったのか

司会　まずは、今回の抜本改革をどうとらえているか。お立場を代表しないで結構です、お考えをお聞かせください。

　一番厳しかったのはメーカー側だと思いますが、

いかがでしょうか。

A　今回の抜本改革の議論は、過去の改革議論とは異なり、その過程で明らかに潮目が変わったと感じました。オプジーボ等の高額医薬品問題に端を発して、薬価問題が政治色を帯び、政治意向が強く打ち出された改革だったと認識しています。

そもそも、今回の改革議論が２０１６（平成28）年の12月20日の四大臣合意[1]からスタートしたというのが、まさにそれを物語っているのではないでしょうか。この四大臣合意が決定される前に、業界として打つべき手をきちんと打っていたのか。メーカーの一員として忸怩たる想いがあります。

司会　たしかに、いつもだったら半年前くらいから議論がはじまるものですが、今回は1年前くらいに大きな骨格が固まった、そういうところがありますね。

B　今回は抜本改革の発信の場が厚労省を中心とする舞台から官邸へと移ったわけですが、後で振り返ればその兆しはもっと早くあったのですよね。それに気付くのが遅かった、また気付いてからも十分な手が打てなかったことが業界の反省点でしょう。個人レベルでは問題意識をもって先手を打とうとしていた人たちもいたのですが、体制の方が柔軟性に欠けていたせいか、前に進められず結果的に手遅れになった感もあります。

もうひとつ、これまでの経緯を踏まえた十分な議論ができたのかという点で、後で詳しく論じるのでしょうが、新薬創出加算[2]の趣旨の問題があります。新薬創出加算が〝加算〟と名づけられたときからかもしれませんが、当初めざしていた本来の姿から変わってしまった。今の新薬創出加算は、医薬品のライフサイクルそのものを変えようという業界の主張とは少し違うところに位置づけられています。これに対し、業界もここ数年「イノベーションの評価」のみを強調してきたので、そこが変に噛み合ってしまったために今回のような結果になってしまったのではないでしょうか。

「イノベーションの評価」は、初回算定時にどう反映するかという議論が本来の視点です。追加のデータや追加の事項があるときには見直すとしても、本来は初回算定時の話です。改定がらみの視点としては、改定でイノベーションを評価するのではなく、イノベーションを生みやすくするために改定の仕組みを変えるという議論であるべきです。そこがロジカルに峻別されず一緒くたになったのは残念ですね。

A　そうですね。業界側も、抜本改革が官邸から発信される前の段階から関係者と交渉していたわけですが、「イノベーションはどうやって評価するのか」、「イノベーションの定義はなにか」といった基本的なところについて、当事者である業界側が明確に示すことができなかった。文字でロジカルに示すことができず、シェーマ、ポンチ絵でお茶を濁してきた。結果的に、交渉の武器、説得ツールとして使えなかったということではないでしょうか。

「長年の課題が今回の改革で一気に表面化している」

司会　流通は、今回いい意味でも悪い意味でも、とくに抜本改革の関連で取り上げられていましたが、いかがでしょうか。

C　中医協での議論も含め、ここ数年、毎年改定という考えが出ていましたが、いよいよ本格的に実施されそうな気配です。まず、毎年改定が全面改定なのか部分改定なのかも大きなポイントで、そこはまだ結論は出ていませんし、「薬価差の大きいもの」も率なのか額なのかが不明ですが、いずれにしても、薬価調査は毎年行われることになった。

　この前提には例の総価取引[3]や仮納入などがあって、そういう先は未妥結が非常に多かった。妥結率はついこの間まで70％前後でしたが、残り30％の未妥結先は比較的大きな医療機関と大きな調剤薬局です。つまり、現実としては薬価差の大きなところのデータが入っていないかたちで薬価改定がされていたんですね。

　この対策として２０１４（平成26）年度の診療報酬改定で未妥結減算[4]が導入されたところ、薬価調査時点の妥結率が上がってこれらのデータが薬価調査に反映されたため、平均乖離率が上がり、２０１７（平成29）年調査では９・１％になってしまった。ほぼ全量が調査の対象になったことで、何％分くらいの影響が出たのかはわかりませんが、相当あったのではないでしょうか。

　その意味で言えば、今回の改革では、改定の頻度の問題と、薬価調査に関わるさまざまな問題が一気に表面化した改定だったと思います。

D　改定の頻度ということでは、昭和62年の中医協建議[5]で、基本的には薬価改定は2年に1回全面改定を行う、という原則が決まり（**図表1**）、診療報酬も2年毎に改定することになりました。両者は切り離せない問題だからということです。これまでも毎年改定の議論はありましたが—経済課長が毎年改定を主張していた時期もありましたが—、薬価が毎年改定になるのであれば当然診療報酬も毎年改定を行うべきという議論になります。それでは改定実務の作業は到底もたないですね。

　そこまで踏み込まないとしても、少なくとも毎年薬価調査があることや、オプジーボなど金額の大きくなった銘柄への対応が取られるようになったことなど、既存のルールに新しいルールがどんどん加わるようになってきたことから考えれば、今後さらに厳しい展開があり得る改革なのではないでしょうか。

司会　たしかに。今回はこれまでとは局面がだいぶ異なっていて、未妥結減算があったので、それだけでも大きな影響が出たはずですね。その結果をみないうちに、改革がどんどん入ってきた感じです。薬局ではどのような受け止めですか。業態毎に状況はかなり違うと思いますが。

E　大きく分けて、個人経営を中心とした薬局、チェーン薬局とドラッグストアと、それぞれに考え方は違うと思いますが、未妥結減算にしても、今回の抜本改革にしても、薬局が一番川下のプレーヤーであるのに、薬局業界にはあまり当事者意識がなかったのではないでしょうか。

図表１　薬価改定の経緯

改正年	改定率		備考
	薬剤費ベース	医療費ベース	
（年）	（%）	（%）	
平成元	+2.4	+0.65	消費税分の引き上げ
2	▲9.2	▲2.7	
4	▲8.1	▲2.4	加重平均値一定価格幅方式R15
6	▲6.6	▲2.0	R13
8	▲6.8	▲2.6（薬価算定方式の一部変更および材料価格等を含む。）	
9	▲4.4 このほか消費税対応分 +1.4	▲1.27 このほか消費税対応分 +0.4	R10（長期収載医薬品R8）
10	▲9.7	▲2.7	R5（長期収載医薬品R2）
12	▲7.0	▲1.6	調整幅2%
14	▲6.3	▲1.3	調整幅2%（先発品の一定率引き下げ）
16	▲4.2	▲0.9	調整幅2%（先発品の一定率引き下げ）
18	▲6.7	▲1.6	調整幅2%（先発品の一定率引き下げ）
20	▲5.2	▲1.1	調整幅2%（先発品の一定率引き下げ）
22	▲5.75	▲1.23	調整幅2%（先発品の一定率引き下げ）
24	▲6.00	▲1.26	調整幅2%（先発品の一定率引き下げ）
26	▲5.64 このほか消費税対応分 +2.99	▲1.22 このほか消費税対応分 +0.64	調整幅2%（後発品への置換えが進まない先発品の一定率引き下げ）
28	▲5.57	▲1.22	調整幅2%（後発品への置換えが進まない先発品の一定率引き下げ）このほか、市場拡大再算定分▲0.19%、市場拡大再算定の特例分▲0.28%（医療費ベース）
30	▲7.48	▲1.65	調整幅2%（実勢価等改定分は薬剤費ベースで▲6.17%、薬価制度改革分は▲1.31%）

出典:中医協薬価専門部会資料（平成29年8月9日）より抜粋・一部改変

医薬品は、我々が医療をするための最大の、かけがえのない武器ですが、我々の経営の原資になっていることも、まぎれもない現実だと思います。にもかかわらず、業界全体として当事者意識が乏しかったように見えます。

結果的に、抜本改革で購買の方法は間違いなく変わるでしょうが、あまりにも性急過ぎやしないかと懸念しています。実態として薬価差が経営の原資になっているのに、それがいきなり失われてしまう。歴史を振り返れば〝いきなり〟ではないのかもしれませんが、今この瞬間をとらえれば、ゆるやかではなく劇的な流れになっていることには懸念があります。

この辺は、医薬分業が始まって40年来続くテーマが、今回、吹き出てきたのかなと思います。

A　私もそう思います。流通の話でも出ましたが、長年の課題が今回の改革で一気に表面化しているという印象ですね。

開発戦略と薬価ルール　きっかけは「オプジーボ」

司会　長い間、薬価制度をみてこられた代表は、今回の抜本改革をどうとらえていますか。

代表　皆さんのお話をうかがい、いま一層強く感じ始めたことがあります。オプジーボに関することです。オプジーボの薬価については、新聞やテレビ等のメディアも2年前頃から大きく取り上げましたね。

A　最初に火をつけたのは2016（平成28）年の財政制度等審議会（財政審）だったと思います。

B　きっかけはその前の年末ですね。國頭英夫先生（日本赤十字社医療センター化学療法科部長）が2015（平成27）年11月に学会（第56回日本肺癌学会学術集会）で講演されたんです。その後、翌年4月に財政審に呼ばれて、「こんな高い薬があって、フルに使われたら1兆7千5百億円もの薬剤費となる。わが国の社会保障に甚大な影響をおよぼす」という趣旨で発言されました。もっとも、この試算は、全国の非小細胞肺がん患者の5割に継続投与した場合の1年あたりの額で、また市場拡大再算定などの薬価自動引下げルールの発動や薬価改定を考慮しないシンプルなもので、個人的には早とちりのような指摘だと思っていました。だからすぐ収まるかな、と。ところが、財政審だけでなく、次の秋頃からマスコミでも取り上げられるようになったのですよね。

代表　そうでした。〝アメリカよりも薬価が高いオプジーボ〟といった表現で、名指しで新聞に取り上げられましたね。テレビでも、ワイドショー的な番組までもが取り上げ、NHKも特集を組んだりした。その結果、国民、社会全般が〝日本の薬価は桁外れに高い〟という印象をもってしまった。

それまで一般の国民は、自分自身に身近な問題として、医療用医薬品が高いなどとは感じていなかったと思うのですが、報道をきっかけに高いという印象だけが一般に残ってしまった。

今やオプジーボは、収載時薬価の4分の1くらいにまで下がってしまったのですが、マスコミはそういうところはあまり追いかけて報道したりしませんから。

2、3年前のセンセーショナルな取り上げ方が、〝この薬は効く〟ではなく〝この薬は高い〟という誇張した印象を一般に与えてしまった。それが、いまだに医薬品業界の説明が、世間に対して迫力を欠いてしまう結果に結びついたのではないか。そして今後も、そのようなイメージが引きずられていくのではないか。

その後、いろいろな新薬が開発、承認されています。マスコミ、専門家も交えてしっかりした議論をしない限り、誰のためにもならない漠然とした〝日本の薬は高い〟という雰囲気がこのまま続いてしまうのではないかという印象です。

司会　オプジーボの印象は強かったですね。その後の薬価の引下げについては、一般には報道されませんし、なぜ最初の薬価が高かったのかも取り上げられませんでした。オプジーボは本当に評価され、高かったわけですが。

C　価格の問題としては、中医協の保険医療材料専門部会では、薬価専門部会とは違い、外国との内外価格差についてものすごく追求されますね。日本の薬価は、類似薬効や原価方式で決めてきましたが、同時に外国平均価格調整[6]もずっと入っており、それなりのルールができているので、専門家の立場から見れば、透明で、内外価格差がほとんどないというか、国際的に見て非常によい位置にあるといえます。これは、内外の医療用医薬品を扱う者にとっては当然の前提なのです。しかし、それをもっとわかりやすく説明し、理解を求めることも必要だったのではないかと思います。医薬品の価格の決め方については、一般の方にわかっていただけるようなわかりやすい説明が必要なのではないでしょうか。

司会　薬価のルールは、今では「複雑」といわれますが、歴史をたどると、そのときどきの課題に合わせてしっかりと修正し対応してきた、先人の知恵と工夫の集大成なのですよね。それぞれの改定は、そのときそのときの背景事情に照らせば極めて合理的で、よりよくチューニングされ、きめ細かなよいルールになってきたという見方もありますね。

B　そうなんです。海外でも国内でも、専門家の間では日本の薬価制度は〝よくできている〟という評価が多くあります。費用対効果評価[7]を実施している国に調査に行くと、「なぜ日本から取材に来るのか？　日本のように、計算式を示して安い価格で収載し、定期的に価格を下げ、しかも事業者から反発されないような薬価制度がないから、費用対効果の考え方で理論武装して価格交渉をしているのに」と言われることもあるそうです。

薬価制度の中身のよいところをあまり言ってこなかったことは、我々にとっても、ひとつの反省点ではないでしょうか。

E　最近は、よく海外との比較がなされますが、医療制度全体ではなく一部分のみを切りとって、外国と比較をして「これは海外に比べて日本では高い」と言われたりしますね。比較をするなら、全体をみながら議論しなければいけないのではないかと思うところはあります。

A　オプジーボに話を戻しますが、効能追加のタイミングも含めて、不運な面があったと思います。

世界に先駆けて、２０１４（平成26）年9月に患者が５００人位しかいない悪性黒色腫の効能を取得し、２０１５（平成27）年12月に非小細胞肺癌の効能を追加しました。この段階で何らかの手を打っておけば、これ程の大きな問題にならなかったと思います。とはいえ、２０１６（平成28）年度改定の議論が佳境に入っていたタイミングだったので、手がつけられなかったということもあったのかもしれません。

中医協（２０１６年8月24日・薬価専門部会）では、「この薬は日本人が作用機序を発見し、日本企業が十数年かけて開発して世界に発信した画期的な医薬品であり、まさにこうしたイノベーションを評価すべき」とのコメントもあり、委員には基本的に理解されていたと思うのですが。

B　その、５００人位の患者規模のレアなところから着手するやり方について、中医協（２０１６年9月14日／10月5日・薬価専門部会）で「戦略的」という発言があって、それが「薬価」戦略だと誤解されたことがありましたね。あれは議論が噛み合ってなくて、非常に残念でした。

〝患者が少なくて治療法も少ないところから着手する。特定領域だから治験も進めやすい。患者数が少ないので治験例数も多くは必要とされず審査も早い。そこで早期に承認を受けて、その後さらに他分野への応用を研究し、使えそうであれば臨床開発をして効能追加を申請する〟ということを言いたかったはずなのです。これは、よりアンメット・メディカル・ニーズの高い領域に早期に選択肢を提供するという「企業姿勢」であり、「開発戦略」なのですが。

A　そうですね。オプジーボは、世界に先駆けて日本から上市した製品だったため、メルクマールになる外国価格がなかったのです。バイオ医薬品ですから大きなタンクのまま輸入せざるを得ず、そこからたった500人分を精製し、残りは有効期限内に使い切れず廃棄処分するという実態なので、その500人の患者規模を基に原価計算で算定した結果、当初の価格になりました。しかし、その段階では決して〝高い〟という評価ではなかったと思います。

2. 毎年改定の医薬品産業界への影響

「流通と薬価はいわば車の両輪」

司会　抜本改革では毎年改定の方針が示されましたが、毎年改定については、製薬企業それぞれの立ち位置で影響度は違うものでしょうか。

B　もちろん対象や範囲にもよるのでしょうが、毎年改定の議論が始まった頃に、「全品毎年改定なら日本撤退」というくらいぎりぎりのメーカーもあるとききました。

D　医薬品の価格は、スーパーやコンビニの商品のように、仕入れに対してコストを乗せていくらです、という価格提示ができないのです。最終小売価格に相当する償還価格である薬価が固定だからです。病院や薬局では、売値が固定ですからどうしても仕入れを下げようという動きになるし、種類は1万5千品目もありますから、4月に新薬価ベースの交渉が始まって、7~8月頃からようやく価格が決まり始めるのです。しかも、全国の医療機関・調剤薬局との間で一品一品価格を決めるのが原則なので、1年経ってようやく価格交渉が収まってきます。そこで、2年目の半ばに全国の価格が安定した状態となるところで薬価調査が行われてきました。しかし、毎年改定だとすると、1年目で交渉真っ最中に薬価調査をするわけです。そのデータを、今までと同じように安定したものとして見てよいのでしょうか。

今回の抜本改革で毎年改定をすることになれば、1992(平成4)年の一定価格幅方式の導入に匹敵する大きな転換になるわけです。いまや流通が不透明だということはないが、やはりこの影響がどう出るかはわからない。今年9月の薬価調査の結果次第で、今後の論点も変わってくると思います。

司会　そもそも、抜本改革の議論では、薬価調査や流通改善をしっかりしましょうということと裏表で、毎年改定が位置付けられていましたよね。

A　流通と薬価はいわば車の両輪で、密接に関係します。

古い話になりますが、1991(平成3)年に医薬品流通の商慣行について、「再販拘束のおそれあり」との指摘を公正取引委員会（公取委）から受け、メーカーは医療機関等との取引価格に関与すべきでない、ユーザーとの価格交渉は卸に委ねるべきという話になりました。その指摘を踏まえ、1991年に従来からの商慣行であった値引補償を廃止し、新仕切価制を導入して現在に至っています。しかしながら、卸と医療機関・薬局で交渉・決定された納入価格、購入価格が次の薬価の基になるわけです。直接的な当事者にはなれませんが、メーカーも実勢価格には強い関心をもつべきだと思っています。

また、ここ数年、流通改善懇談会等の場でさまざまな問題が取り上げられ、道半ばではありますが、医薬品流通の適正化は進んできたと思います。

C　販促行為の内容やアローアンスの計算基準などは、昔にくらべれば大きく変わりましたよね。医薬品流通の歴史では、薬価差を出すサービスだけでなく、労務提供など、さまざまな過剰サービスも行われてきました。

端的に変化が現れたのはマージン率でしょう。1992（平成4）年に卸のグロスマージン率は12%あったのですが、今では、7%を切って、6・5%くらいが平均です。最終的な営業利益は1・1%前後、薬だけであれば1%を切っているのです。医薬品流通業は、他のことをやりながら、そうした自由にやれる部分で少し稼がないとなんともならないところまで来ています。それだけマージンの余裕がなくなったということは、裏を返せば、昔のような過剰なサービスは姿を消し、流通もある意味〝きれい〟になったということでしょう。

司会　昔とはかなり違いますか？

C　それは全然違いますね。

A　推定乖離率の年次推移をみると、1993（平成5）年に19・6%だったものが、2013（平成25）年では8・2%まで縮小しているわけですから**（図表2）**、卸の薬価差縮小への努力は、たいへんなものがあったと思います。

B　毎年改定についてはいろいろな議論がありますが、「なぜ2年が正しいか」「なぜ1年では誤りなのか」ということを、誰もが納得できるように説明するのは難しい。というのは、取引の実態に合わせ、いわば自然発生的に現行制度ができたからではないかと思っています。

改定の仕組みや取引の実態に合わせていくと、2年おきの改定が一番適切ということでした。それが今回の抜本改革で、まずは改定を1年に1回にして、そして流通改善をしましょうと決めたとしても、果たしてそれは現実的なのでしょうか。

流通改善は長く議論され、一定以上の改善も実現してきているだけに、当面は今の姿が妥当だという見方もあるのではないでしょうか。

財源論とルールの整合性

司会 毎年改定について、代表はどう受け止めていますか。

代表 日薬連、製薬協のトップの考え方をみると、薬価は最重要課題となっており、その心は「イノベーションの適切な評価」という言い方に尽きるようですね。

なぜだろうと思いながら考えてみたのですが、薬価の新薬収載ルールは、そのときどきの経験とさまざまなやりとりを踏まえて、今日、より充実化してきているように思います。まだ100%とはいえないかもしれないけれど、改定方法に比べると、収載ルールは高い評価がなされていると感じました。

残念ながら、新薬も、既収載品も、後発品も、すべての改定ルールがそのときどきの国の財政事情で、さまざまな流儀でバサッとやられてしまっている。それは、今回だけではなく、毎回残っている印象です。ステークホルダーのなかで財源確保と薬価ルールの在り方のあるべき姿に向けた議論が十分に行われていない状態で、問題意識も将来像も共有されないまま財政事情ありきで場当たり的なルールでバサッとやられて不満が残ってしまう。

司会 その意味では、改定ルール側ですが、政策意図をもつ初めての改定ルールとして新薬創出加算が出たと受け止めています。

B 市場実勢価格主義の下で新薬創出加算をきちんと機能させようとすると、流通現場で1品ごとの価格をきちんと決めることが不可欠の前提となり、流通改革において単品単価がなぜ必要か、という話にもつながります。そういう形でさまざまな改革のコアになる新薬創出加算ですが、今回の改定ではそういう大局的な存在価値を関係

図表２　薬剤費および推定乖離率の年次推移

年度	薬剤費	薬剤費／国民医療費	推定乖離率
(年度)	(兆円)	(%)	(%)
平成5	6.94	28.5	19.6
6	6.73	26.1	–
7	7.28	27.0	17.8
8	6.97	24.5	14.5
9	6.74	23.3	13.1
10	5.95	20.1	–
11	6.02	19.6	9.5
12	6.08	20.2	–
13	6.40	20.6	7.1
14	6.39	20.7	–
15	6.92	21.9	6.3
16	6.90	21.5	–
17	7.31	22.1	8.0
18	7.10	21.4	–
19	7.40	21.7	6.9
20	7.38	21.2	–
21	8.01	22.3	8.4
22	7.88	21.1	–
23	8.44	21.9	8.4
24	8.49	21.7	–
25	8.85	22.1	8.2
26	8.95	21.9	–
27			8.8

※平成29年度の推定乖離率は約9.1%

出典：中医協薬価専門部会資料（平成29年８月９日）より抜粋・一部改変

者が支えきれなかったという印象をもちました。

それ以外の改定ルールでは、基礎的医薬品や最低薬価も重要なのですが、これらは言い方は悪いのですが、不採算になる直前までは「放っておかれてしまう」ルールなのです。新薬創出加算までは、将来に向けて〝伸ばしていこう〟というルールはありませんでした。どちらかと言えば、追加引き下げのように財源との兼ね合い的ルールが多かったような気がします。予算のフタを閉めるためではなく、長いスパンの時間軸で制度を考える体制ができない限り、これからもそのときどきのルール変更は、けっこう出てくるのかもしれません。

ただ、これはあくまで印象なのですが、今回の改革は、必ずしも今までのように、建前はともかく「財源をいくら確保したい」という要請をメインに検討された訳ではないように思います。オプジーボに端を発する「抜本的にルールの見直しをするぞ」という強いメッセージというか方針が最初にあって、財源論よりも、ルールの整合性をとことん突き詰めようとしたのかなという気もするのです。

だから財源的には大きくえぐられすぎたわけですが、逆に、新ルールを導入して欲しかったのならその議論をするチャンスだったのかもしれません。

A　いや……そこはどうなんでしょう。

従来は「薬価改定でこれくらいの財源が出るから、その何割を診療報酬に」という流れでしたが、その流れが骨太方針２０１５で相当変わったな、と思っています。「社会保障関係費の自然増を５００億円にとどめるという政府目標達成のために、薬価でこれだけの財源を出せ」という流れになって、そのために種々の施策が講じられてきたのではないか、という印象です。今回もそうした流れではなかったでしょうか。

もちろん、社会保障費の絞り込みはこれまでも行われてきましたが、関係者皆がそれなりの負担をしてきた。薬剤に過度な負担が求められるようになったのは、ここ数年の話かと思います。

狙いや意味の浸透努力と独禁法違反

司会　毎年改定について、調剤薬局はどうですか。

E　今回の改定は、調剤報酬そのものもかなり厳しかったのですが、価格交渉がヤマ場を迎えている現時点で考えると、薬局に関しては実は今回の大幅な薬価ダウンが一番響いている感じがします。現場からは、「なんとかしなくては」という声がきこえてきます。

日薬などの団体は理解しているので、研修会などの伝達の場も用意されるのですが、それでも現場の薬局や医療機関には、ルールが変わったことの経緯や趣旨が十分には伝わってこない。だから、制度改正の狙いや意味が共有できていないプレーヤーが、経営のために薬価差をとりに走る面があるのは否めません。

とくに新薬創出加算ができたとき、「ていねいに説明していきましょう」ということで、我々も説明を受けています。しかし、その段階では卸のMSも完全に理解していたわけではなく、そのMSから説明を受けた薬局も、趣旨や経緯も含めてきちんと理解できたとはいいがたいところがありました。新薬創出加算はなんのためにできたのかを皆が理解できていたのか、それは、今になっての反省点ではあります。

今回の抜本改革にしても、現場の薬局にまで、こういう趣旨でこうなっている、今こうしていかないと将来はこうなりますよ、としっかり説明していかなければいけないと思います。

C　新薬創出加算ができたときは、厚労省からも文書がでて、メーカーと卸でしっかり説明しなさいということでした。4月に改定があり、一生懸命説明し始めたら、3か月もたたないうちに、中医協で「新薬創出加算の説明を隠れ蓑に価格維持をしようとしている」という話が出たので、誤解を避けるため説明をやめたという経緯がありました。そのときは、保険局は、新薬創出加算の趣旨を説明する意味で単品単価取引をお願いしていることは理解できる、しかし、価格維持の動きについては、そういう仕組みには一切していない、価格交渉は当事者間の自由である、と回答しています。それはそうなのですが、結局現場ではそういう筋を通す説明がしきれなくて、次の改定では大きく下がってしまいました。

D　調整幅2％[8]に変わったときもそうで、「これはとくに流通に大きな影響があるから、医療機関もよく理解をしていただきたい」というメッセージを医療用医薬品流通近代化協議会（流近協）[9]から出してもらったのですが、やはりこれも東北事件ということで、公取問題にまでなってしまいました。

C　そうでしたね。

D　難しいのは、自由な取引と公的な医療保険制度との関係で、なにか大きなことがあると、公取委がのりだしてくるんです。公取委も、今では医療用医薬品の流通について理解してくれるようになりましたが、その影響はとても大きいですね。

司会　たしか、医療用医薬品製造業（卸売業）公正取引協議会ができたのは1984（昭和59）年ですね。

C　ええ。1981（昭和56）年に薬価が18％程度下がったとき、これではわれわれはだめになってしまうと、メーカーと卸でいろいろ話し合ったとき、公取委は「話し合うこと自体がだめだ」と。そこでわれわれももう一度、独占禁止法の勉強をして、公取委に説明して、メーカーと卸とが、それぞれ公取協をつくったんです。

そういう意味でいうと、大きな変化がある今回も、公取委とよく相談して、新しい制度をご理解いただかなければならないと思います。

医療機関や調剤薬局に対して、「国が決めたことだから、こうしてください」という説明では納得していただけないでしょう。医療保険制度の一員として制度の運営に協力しつつ、自らもその中で健全経営するためには、適正な取り分はどれくらいか、という目安も必要ではないかとも感じています。

A 公取委との関係では、これまでおそらく大きく2つの局面があったと思います。

第一には、▲18・6％という非常に大きな薬価改定が行われた1981年。これほど、大きな改定が今後も続いては、業界は耐えられない、その対応策を検討しようと業界が動き出し、その結果、独禁法上の問題になってしまいました。

第二には、繰り返しになりますが、1991（平成3）年、公取委から「メーカーがユーザーとの価格交渉に関与しているのは再販売価格拘束の疑いがある」との指摘を受け、「値引補償の廃止」、「リベート割合を減らして、適正な価格形成に努めるべき」等の指導を受けたときです。それと併せる形で、薬価改定方式についても、従来のバルクライン方式からRゾーン方式への変更が流近協で提案されました。

司会 公取協ができる前ですが、当時、厚生省が公取委に頼んで取り締まってもらったのではないかという噂もありました。

C それは厚生省ではなく、栃木の医師から公取委に投書があったのがきっかけです。最初に栃木県の卸組合に入りましたから。だから、宇都宮事件と呼ばれたのです。

B 流通は、昔に比べると格段にきれいになりましたよね。誤解している方もいますが、医薬品の流通業界は、他の流通業界よりもはるかに透明で〝きれい〟だと思います。ごちゃごちゃしているから、わかりにくいだけだと思いますね。

D それはほんとうにそうです。他国と比べても、日本の医療用医薬品のサプライチェーンはシンプルで、サンプルもほとんど出回っていません。OECD諸国のなかでもまだ「この薬を採用するには、サンプルを数か月分もってこなければ」なんていわれる国があるほど、サンプルは販促に使われているのですが。

C そういう意味では、日本の医薬品流通は、世界で一番きれいな流通になっている。日本でも皆無じゃなくなったので残念ですが、カウンターフィット（偽造薬）が、世界の流通の会議ではいつも話題になっていました。

卸企業の再編
流通条件の違いはどこに

C　1992（平成4）年の改革までは、独禁法上のヤミ再販だとか、メーカーの価格指示が話題になりましたが、結果としてMOSS協議のなかで、日本の特有の商慣習である〝系列の解消〟ということがいわれました。その当時は、卸はみな○○（メーカー）系と言われて、非常に多くの卸と取引をしないと、いい価格で買えないという感覚が医療機関や薬局にあったと思います。

日本の商慣習と独禁法との関係のなかで系列の問題があり、メーカーが卸から資本をひきあげると、系列の同じところが合併することが多くなって、卸の数が極端に減って、結果として4分の1になってしまった。実質的に、上位数社で80％近い売り上げを占めています。

卸は、流通に関して1つの方向性をもち、その他に、自分たちがどれくらい、医療機関や薬局に、医薬品の納入価格交渉以外のビジネスをやっているかによって、その卸企業の利益率が変わってくる。

メーカーも、昔はリベートが卸ごとに大きく違った。薬価差が20％超もあった時代、リベート自体の差が0から10くらいまであった時代でしたから。

系列を解消して、同程度の規模の卸では仕入原価がほぼ同じになった。それに対してアローアンスのように、自分達の販促機能をどれだけ評価してもらえるかについては違う部分が出てくるわけですが。系列の色合いが強かったころは、系列かそうでないかで利益が全く違っていました。

司会　なるほど、系列卸がなくなったことは、大きな話だったのですね。

C　それはもう、ものすごく大きなことでした。

昔はメーカーが系列ということで保護してくれたから、利益率が12％も取れたわけです。昔は各卸がそれぞれメーカー主導の販売テリトリーをもっていたのが、系列が崩れ全国どこでも同じとなったことで、再編を促す結果になったわけですね。

代表　そういう視点で見ていくと、外資系メーカーの新薬の収載数や売上高がどんどん増えるのと相前後して、外資系の内資との提携関係の解消、独立もあって、結果的に、卸の立場からすると、○○系といわれたって縮小するのがわかってきますから、それではやっていけないという発想はすごくよくわかるんですよね。

内資系メーカーのほうも、今まで提携して合弁会社をつくっていたりした外資が自社販売を始めて離れていく。卸も集約して企業数も減っていきますから、メーカーはなかなか自社製品を卸に取り上げてもらえない。卸は統合して大きくなって地力をつけていき、さらに株式も上場して株主投資家の目にさらされて、経営も進化していきます。

そして背景には、引き算の薬価制度というのがあるわけです。マークアップではなく、保険償還価格である薬価として上限だけ決めて、その下で、各々取り分が決まっていく。医療機関もバイイングパワーを強化してくる。制度はその時々でパーツを見直しているけど、根本は変わっていない。

2年に1度でも、常に大きな問題を含みながら、双方間の有効な議論はあまりできずに、ずっと経過してきているという印象ですね。

司会　昔は系列卸だったし、そのルートを通すことで流通条件の違いを吸収していたわけですね。

A　薬価基準が入った頃の薬価調査は出荷価格というか蔵出し価格だったんです。道修町や本町のメーカー出荷価格を厚生省が調べて、そこから流通条件の違いで○県の卸では○○円、△県では△△円になって、そうして最後、医療機関の仕入れ価格が違ってくるから、都道府県知事はその地域の医療機関の薬価の仕入れ価格を定めてください、それを薬価の償還価格としますと。それが制度上の前提だったわけです。

だから、薬価基準は、当初は流通の場所や条件によって価格が違うのは当然という考えだったのです、それが、いつからか、〝一物一価、最終消費者に届く価格をそろえましょう、途中の流通条件は関係ありません〟という仕組みに変わってしまった。おそらくそれを、系列において調整していたのでしょうが、今はそれもなくなって、全国展開の卸さんが、卸の中で調整しているかたちになるのですね。

これをさらにつめて、しかも薬価差も毎年改定で締めていくと、本来は流通条件の違いがあるはずなのに、それをないこととして制度をつくることになりますから、その歪みが最後に出てきてしまいます。そうなってくると、そこから、公定マージンなどの方向に話がいってしまいそうです。

D　そこまでいくと逆に財政当局も困るのではないでしょうか（笑）。

超高額薬剤から後発品まで「一律のルールでやっていくことの限界」

代表　オプジーボに限らず、オーダーメイド化している新医薬品のウエイトが相対的に増せば増すほど、今の薬価制度では改定ルールが機能しづらくなってきていて、卸もマージンが確保できなくなってしまう。いいものを出した企業ほど、かなりの高い仕切価をつけて薬価差をなくして売ろうとしますから。そういうところで厳しい競争にさらされながら流通マージンを稼ごうとすると、すごくしんどくなるというのがありますね。

マージンのあり方についてのルールは、その薬のジャンルによって検討するというような、薬価制度関連で新たなルールづくりをやらないといけないのではないでしょうか。

D　ジェネリックメーカーは、値段が安いのだから調整幅2％を5％にと要望していますし、高額医薬品のマージン率はもっと少なくてもいいのではないかとメーカーは考えておられると思います。しかし、実際の価格交渉を行う側としては、低いマージンではとてもできないのです。

いずれにしても、画一的な利益率では考えにくい場面が出てきます。また、最終的に、どのくらいがメルクマールとしてお互い認められるかという設定が必要かもしれません。

調剤薬局のように、処方箋に基づいて調剤をして、ご自身で販促活動をしていないようなところの薬価差というのはどれくらいが適切かとか。「ボリュームでいうと大学病院よりもたくさん買っているのだから、もっと安くてもいい」など、機能が違うのに急に大学病院の値段を出されても、ちょっと困ってしまうわけです。処方権のある大学病院がいざ交渉して、これはダメ、類似品に全部変えちゃうぞといったら、メーカーも卸も恐ろしくなります。

薬局では特許品は取り換えがききませんが、ジェネリックや長期収載品は患者の同意を得て調剤の変更が可能であり、そういう機能を大いに活用した方がよいと思います。

E　おっしゃるとおり、われわれ薬局には選べるものと選べないものがあります。新薬に関しては選択権がないので、それに対する管理コストはどれだけで、薬価差はどれだけが妥当なのだろうか。例えばジェネリックとかについては、ある程度、選択できるようになってきました。カテゴリーそれぞれで分けて考えるべきなのかもしれません。

さきほど代表が言われたように、すべての医薬品を一律のルールの下でやっていくことの限界がきているのかなと。例えば、すべてのカテゴリーを市場実勢価格でやるのかというと、もしかしたら違うのかもしれませんね。

【編注】

1　四大臣合意：経済財政諮問会議で高額薬価の「オプジーボ」問題が取り上げられ、２０１６（平成28）年11月25日に、安倍首相が「薬価制度の抜本改革に向けて議論し、年内の基本方針取りまとめ」を指示。12月20日、塩崎厚労相、菅官房長官、麻生財務相、石原経済財政政策担当相会合が「薬価制度の抜本改革の基本方針」で合意した。基本方針では、①効能追加等に伴う一定規模以上の市場拡大に速やかに対応するため、新薬収載の機会を最大限活用して、年4回薬価を見直す②国民負担を抑制するため、全品を対象に毎年薬価調査を行い、その結果に基づき薬価改定を行う③そのため、2年に1回の薬価調査に加え、その間の年も大手事業者を対象に調査し、価格乖離の大きな品目の薬価改定を行う―との方針を明記した。

2　新薬創出加算：正式には、新薬創出・適応外薬解消等促進加算。2010（平成22）年4月に試行的に導入された新薬創出加算制度は、革新的な新薬の開発や、医薬品の効能として承認されている疾患が、他の疾患への効能として認められていない適応外薬の開発を目的として、薬価改定時に、後発医薬品のない新薬を対象に一定率まで薬価を加算するものとの位置づけだった。新薬創出等加算の対象医薬品は実質的に薬価が維持され、後発医薬品が上市された後は、それまでの加算分を含めて薬価が引き下げられる。後発医薬品が上市されない場合でも、薬価基準収載後15年を経過すると、薬価は加算分を合わせて引き下げられる。海外では使用されている医薬品が日本国内で承認されるようになるまでの時間差（ドラッグ・ラグ）を短縮する一環で導入された。

加算対象となる医薬品は、①後発医薬品のない新薬（薬価収載後15年以内）②薬価と実勢価格の乖離率が一定率の医薬品。新薬創出加算の対象となる医薬品を製造販売する製薬企業には、厚生労働省の「医療上の必要性の高い未承認薬・適応外薬検討会議」の検討結果を受けて、厚労省が要請する適応外薬の開発、「真に医療の質に貢献する医薬品」の開発を実行することが義務付けられる。加算期間中は、研究開発費を早期に回収し、新薬開発に投資するというメリットがある。

加算額は、「実勢価格に基づく算定値×（薬価基準収載全品目の平均乖離率－2％）×0・8」で算出された額となり、薬価改定前の薬価を超えることはない。

3　総価取引：医療用医薬品の取引に関して、医薬品全品の価格で交渉し、その価格で見合うよう個々の医薬品の単価を医薬品卸の判断で設定する契約（単品総価契約）または、個々の医薬品の単価を薬価一律値引きで設定する契約（全品総価契約）。総価取引は、医療用医薬品の流通改善の観点から、「単品単価契約」への推進が要請されていた。

4　未妥結減算：2014（平成26）年度の診療報酬改定で、医療用医薬品取引の妥結率が薬価調査の結果に影響することから、毎年9月末までに妥結率が50％以下の病院（200床以上）、保険薬局の基本料を引き下げることに。平成30年度診療報酬改定では、妥結率が50％超であっても、①単品単価契約率②一律値引き契約等の報告を求め、報告を行わなかった場合に減算対象とし、報告期間についても10月の1カ月間から10～11月の2カ月間に変更された。

5　昭和62年中医協建議：1987（昭和62）年5月25日の中医協総会で、「薬価算定方式のあり方について」建議が行われた。建議では、①薬価算定に関して、バルクライン方式を堅持しつつ、一部加重平均値の要素を加味した修正②薬価の部分改正廃止、2年に1回程度の全面改正③薬価調査の充実④銘柄別収載の維持⑤後発医薬品の定期的収載⑥流通適正化対策―について方向を示した。後発医薬品は、1994（平成6）年4月の薬価改定以降、2年に1回の収載から年1回収載に、2007（平成19）年4月以降、年2回収載となった。

6　外国平均価格調整：新薬の薬価算定の際には、外国薬価と調整し、2倍以上の差がある場合は引き下げ、2分の1以下は引き上げの対象とし、対象医薬品の外国薬価と調整前薬価を足して2で割る方式を取ってきた。しかし、2倍直前の医薬品（例えば1・99倍）は、引き下げの対象にならず、逆に2分の1にまでいかない医薬品（例えば4分の3）は、逆に引き上げの対象にならず、調整対象の医薬品よりも薬価が低くなる〝逆転現象〟が発生していたため、2000（平成12）年度以降の新薬については引き下げの対象を1・5倍以上、引き上げの対象を4分の3以下に拡大。調整幅も緩やかにした。あわせて、比較対象国を、米、英、独、仏の4か国に限定した。

7　費用対効果評価：医療分野の技術開発の進展に伴って、より高い治療効果が期待される医療技術（医薬品、医療機器、医師の手術等）の選択が可能になる一方、これら医療技術には費用が多くかかるものがあるため、医療保険財政への影響を懸念する声や、費用が大きな医療技術の中には、必ずしも治療効果が十分に高いとは言えないという指摘があった。このため、2012（平成24）年4月に中医協に費用対効果評価専門部会が設置され、2018（平成30）年に費用対効果評価が試行的に実施された。

8　調整幅2％：1992（平成4）年度までの薬価は「バルクライン方式」で算定されていたが、1992年4月の薬価基準改正で「加重平均値一定価格（R幅）方式」が採用された。「R幅」は、「リーズナブルゾーン」の略称で、当初は流通経費等として妥当性があると幅として加重平均値の15％が加算され、その後、1994年度13％、1996年度11％、1997年度の消費税率引き上げに伴う薬価改定では10％（長期収載医薬品9％）、1998年度には5％（長期収載医薬品2％）にまで引き下げられた。2000年度改定では従来のR幅方式から調整幅方式に改められ、調整幅2％で推移している。調整幅2％により、例えば、改定前の薬価が100円、市場実勢価格（加重平均値）が80円であれば、新薬価は市場実勢価格80円に、調整幅（100円×2％）分の2円を加え82円となる。

9　医療用医薬品流通近代化協議会（流近協）：流近協は1983（昭和58）年3月より医療用医薬品の流通当事者間の取引条件、流通改善方策等の検討に着手した。1987（昭和62）年に取引当事者間のモデル契約の策定と流通活動のシステム化の指針に関して報告書をまとめた。1990（平成2）年には、「医療用医薬品の流通の近代化と薬価について」の報告書で、①バルクライン方式を改め加重平均値を基本とする薬価算定方式②薬価差が一定幅に収まっている医薬品の薬価引き下げを行わない③薬価差の一定幅は当面20％として段階的に引き下げ、最終的には10％とする―等を提言した。さらに、流近協の医薬品卸売業将来ビジョン検討部会は1993（平成5）年6月に報告書をまとめ、医薬品卸について、健康増進や在宅医療支援などを含む広い意味の保健医療サービス分野への参入等を提言した。1995（平成7）年2月には「医療用医薬品流通の近代化促進について」報告書をまとめ、医療機関の経営安定化のための診療報酬上の配慮、薬価改定による財源の診療報酬への反映の明確化の重要性などを指摘したが、1997（平成9）年7月1日の厚生省組織再編に伴い廃止された。

第２回 薬価の歴史から今後の課題を考える

発言者
A：製薬企業　B：製薬企業　C：卸企業
D：卸企業　E：調剤薬局　司会は編集部

1. 医薬品のライフサイクルと薬価改定

「１８０度変わったと言ってもおかしくない」

司会：第２回の共同討議では、まず今回の薬価制度抜本改革で大きく方向の変わった新薬創出・適応外薬解消等促進加算について、その歴史も踏まえて議論していきたいと思います。

新薬創出加算は２０１０（平成22）年度の改定で試行的に導入されました。その前に製薬業界は中医協（薬価専門部会、２００８（平成20）年７月９日）に提案を行っていますね。

B 当初は「薬価維持特例」として、革新的新薬の創出を加速させるとともに、未承認薬などの問題を解消するためという考え方で、業界から提案を行ったのです。新薬の特許期間中でも、薬価が下がってしまえば、研究開発に投資した費用の回収に時間がかかってしまいます。一定の要件を満たした新薬の薬価を引き下げないようにすることで、研究開発費をできるだけ早期に回収して、次の新薬の開発に振り向けられるようにというのが基本的な考え方でした。

業界から提案した薬価制度改革案が中医協で本格的に審議されるのは初めてのことで、各側からさまざまな意見が出たのを覚えています。

当時、新薬、希少疾病用医薬品だけでなく、今でいう基礎的医薬品[1]も対象にすることを求めたのですが、新薬のみ2010年度に試行的に導入することになりました。

A　導入時の意味合いについて改めて考えると、ふたつの解釈をすることができると思っています。ひとつは、産業政策的な観点で、製品のライフサイクルを拡げるために一定期間、薬価を下げる必要はないということ。後発品が出た時に先発品の価格を下げるということでは、低価格という後発品のメリットが生かされず置き換えが進まない。既に後発品の使用促進がされていましたから、新薬の価格はそのままにして、後発品に置き換えることを大手各社も了承したということがありました。

もうひとつは、流通と薬価制度は不可分なものだと思いますが、市場実勢価格主義を踏襲する中でも、「実際の取引価格が、必ずしも市場における競争に基づいて形成されているわけではない」という制度の不備を是正する意味合いがあったのではないかということです。

つまり、特許期間中は同じものがないので、市場において価格競争が起きづらい。ゆえに、価値に基づいて薬価を決めるのであれば、最初に決めた価格を下げる必要はない。そういうものが下がるというのは制度上の不備であって、新薬創出加算はそういうものを是正する役割を果たしたとも考えられると思います。

ただ、そうは言っても同効品があるものは競争が起きているのではないかということで、どこかで市場実勢価格をかませる必要があり、平均乖離率を指標としたという経緯があるのでしょう。

２０１８（平成30）年度の薬価制度抜本改革では、新薬創出加算が品目別に有効性や新規性をみるということになり（**図表3**）、加算の趣旨は１８０度変わったといってもおかしくない。

B　「平均乖離率を超えない」という要件は、新薬で必要な薬剤の市場価格水準は平均的な値引き水準を下回らないであろうし、事後に判明する加重平均乖離率という予見困難な基準値を用いることで、薬価差の拡大を招かないという仕掛けが組み込まれているといえます。市場実勢価格主義を踏襲したすばらしいルールでした。しかし今回はそのルールも撤廃されてしまった。

司会　新薬創出加算は当初、個別の医薬品のイノベーションの良し悪しに着目するのではなく、革新的な新薬の創出をさらに加速させるために必要だということだったのですね。

A　「薬価維持特例」ではなく、「新薬創出・適応外薬解消等促進加算」として導入されることになったのですが、この「加算」という制度自身、またその言葉から、「本来あるべき薬価に一定率・額を上乗せしている」ような感覚で受け取られてしまい、

「加算」という制度と言葉の与えた誤解が尾を引いているのではないかなと思います。

B 正確に言うと、薬価維持特例の前にもうひとつ製薬協で検討していた考え方がありました。「エグゼンプト・ドラッグ（改定猶予等医薬品）」と言っていたのですが、価格改定を免除する医薬品を決めようという考え方を業界が提案していました（２００７（平成19）年12月５日・中医協薬価専門部会）。

図表３ 見直し後の新薬創出等加算制度（全体像）

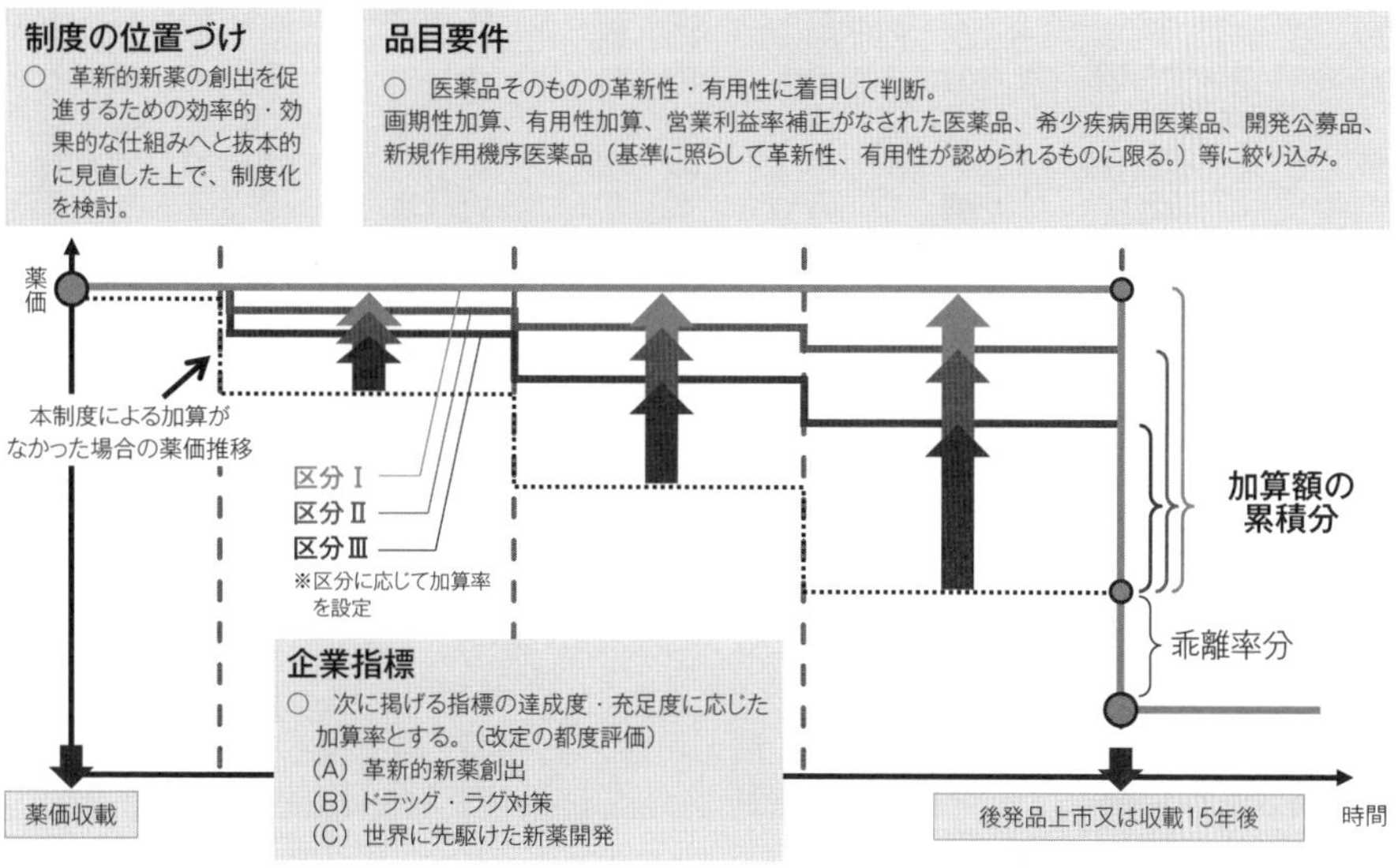
制度の位置づけ
○ 革新的新薬の創出を促進するための効率的・効果的な仕組みへと抜本的に見直した上で、制度化を検討。
品目要件
○ 医薬品そのものの革新性・有用性に着目して判断。
画期性加算、有用性加算、営業利益率補正がなされた医薬品、希少疾病用医薬品、開発公募品、新規作用機序医薬品（基準に照らして革新性、有用性が認められるものに限る。）等に絞り込み。
薬価
本制度による加算がなかった場合の薬価推移
区分Ⅰ
区分Ⅱ
区分Ⅲ
※区分に応じて加算率を設定
加算額の累積分
乖離率分
企業指標
○ 次に掲げる指標の達成度・充足度に応じた加算率とする。（改定の都度評価）
（A）革新的新薬創出
（B）ドラッグ・ラグ対策
（C）世界に先駆けた新薬開発
薬価収載
後発品上市又は収載15年後
時間

※なお、加算額について、乖離率に応じた上限を設定

出典：中医協薬価専門部会資料（平成30年1月17日）

司会 新薬創出加算が薬価制度に入ったのは２０１０（平成22）年度ですが、そこに至る相当前から議論を詰めていたのですね。

B 実は、業界内では２００６（平成18）年から議論していました。

A 新薬創出加算が２０１０年度に実現した最大の要因は、厚生労働省、中医協、医薬品業界で〝役者が揃ったこと〟、そして〝当時の政治的背景もプラス効果につながったこと〟だと思っています。

B あの頃の中医協での議論については、今でも印象に残っている発言が多いです。

今回、新薬創出加算について大幅な見直しがなされたわけですが、限られた財源と医薬品のライフサイクルマネジメント、そこから業界としては、長期収載品と新薬創出加算のバランスを考える必要があったのかもしれません。長期収載品を差し出し、新薬創出加算を守る財政バランスのエビデンスを示すことができていればということです。あるいは、長期収載品を一気にジェネリック的に位置づけることを自ら提案し、財源をつくったうえで、新薬、基礎的、不採算などの検討に進む方法もあったかもし

れません。

基礎的医薬品と最低薬価、不採算品再算定

C　基礎的医薬品については、新薬創出加算と一緒に、ある意味では〝薬価据え置き方式〟のような形で「特許のあるものと基礎的医薬品は、薬価を据え置いたらどうか」というのが話のはじまりでした。ただ、種類が多いということで、基礎的医薬品は置き去りになってきた。また、どうしても新薬の薬価算定が一番大きな課題となってしまい、ジェネリックや局方、補液のメーカーは置き去りにされてしまった。

流通の立場からは、こんなに重たくてもうからないものの値段が総価でどんどん下がってくるのはきびしい。メーカーの問題というよりも、流通取引上の価格の決め方のなかで自動的に下がってしまうので、厚労省からすれば、せっかく原価計算で薬価を上げたのに、調査をしたらまた下がっているじゃないかとなります。

D　総価山買いのなかで、ひとつの治療薬としてではなくて、価格交渉の恰好の調整材料にされてしまうことが多いのが現実です。全品に単価を割り付けているけれど、全部を交渉しているわけではないから、数だけ多くて、購入サイドには交渉するほどの値打ちがない単価の安いものは、交渉せず〝まとめていくら〟にしてしまう。それが実は効いていて。

なぜ価格の低いものがたくさんあるかというと、必要だからですよね。そういったものをどうやって残すか。基礎的医薬品ができてよかったというものの、限られているし、今後どうするのかは考えていく必要があると思いますね。

B　今回、基礎的医薬品や最低薬価のルールが拡充されたことは、長年の成果として高く評価されるべきだと思います。しかも、最低薬価の改定のなかで注射剤や外用剤が容量、規格単位別になったのも、とても大きいことです。

ただ、本来、各製品には原価があるので、製造原価をもとに製品ごとの最低薬価を決めるべきだと思います。また、それぞれに原価があるからこそ、不採算品再算定[2]というすばらしいルールがあります。これが、一定の要件のもとすべての製品に適用されるのであれば、基礎的医薬品ルールも最低薬価も必要ないのかもしれません。

A　基礎的医薬品の条件に十分該当する製品があっても、当該企業としては薬価の不採算状態が続いていれば、不採算品再算定を受けて薬価が上がるまで効能追加申請がしにくいと思います。もし不採算品再算定を受けてある程度薬価を上げてもらっても、黒字になるところまで上がらないこともあり、ボ

リューム、採算性などを考えるとなかなか経営判断が難しい点もあります。できれば、不採算品再算定と基礎的医薬品のルールを同時に運用できるシステムがあるといいと思います。

B　市場における原材料価格の変動には、薬価改定ルールそのものが直接目配りはできていないですから。それも含めて、ちゃんと回るようにという発想は、医療保険サイドにはない。不採算品もそうですが、困ったらそのときに言ってきてくれというかたちになっている。全部がうまく回る仕組みにはできないのかもしれないのですが、もう少しうまくできないのでしょうか。地味なところですが。

長期収載品薬価の「歴史的な転換」

C　今の長期収載品の薬価算定方式では、市場実勢価格よりも下げられるルールになっており、何年か経ったら後発品価格と一本化することも中医協で議論されています。これでは以前の統一限定列記収載方式[3]に戻るようなものだと思いますね。

　１９７８年に銘柄別薬価収載[4]に変わって、特許の切れたものでも銘柄別の薬価になったので、その部分が先発メーカーの研究開発費に使えるようになったと思います。メーカーからよく「長期収載品は新薬開発の原資である」とお聞きしました。したがって、１９７８年の銘柄別薬価収載は、メーカーにとって画期的な出来事だったのではないでしょうか。流通の立場からみていても、今日イノベーションが尊重されなければならないのに、薬価算定ルールが変わることで日本の創薬力が落ちてしまうのではないかと心配しています。

D　銘柄別と言いつつも、ジェネリックの価格帯方式に加えて、長期収載品も混ぜてしまったら、昔の統一限定収載方式に近いかたちに戻ってきている気がします。それは、はやく下がりますね。それから印象的なのは、１９７８年以降、大手メーカーは、他社の大型商品の特許が切れても、自分で後発品を出さなくなったのです。かつては大手もみな出したものですが、１９７８年以降は、お互いに銘柄を守ることが大事だという雰囲気がありました。

A　１９７８年の薬価収載方式の変更、統一限定列記方式から銘柄別収載方式への移行は、メーカーにとってまさに画期的な出来事であり、それ以降、薬価基準制度の根幹は市場実勢価格主義であるということが明確になったと思っています。

B　今回の抜本改革の議論で長期収載医薬品については、その市場実勢価格によらずに、後発医薬品の薬価を基点にしてその2・5倍とか2倍にするという新しい薬価算定ルールが導入されることになりましたが、これもまた歴史的な転換だと思います。

２０１６（平成28）年12月20日の四大臣合意に基づく「薬価制度の抜本改革に向けた基本方針」で、「長期収載品に依存するモデルからの転換」が提言されましたが、この長期収載品の新たな算定ルールが、提言の通り企業の行動変容を促すのか、注視が必要です。

司会　今回の改革は、創薬系の製薬メーカーに、さらに創薬力をつけてもらうための改革とされています。従来のやり方ではやっていけないように締めているから、変えざるをえないのですが、代わりになるものはもらえていないということでしょうか。

A　四大臣合意の基本的考え方、「国民皆保険の持続性とイノベーションの推進の両立」という方針には業界も賛同しています。さらに「長期収載品に依存するモデルから、より高い創薬力をもつ産業構造への転換」も、いろいろ議論はありますが、政策の方向性であろうと思います。方向性は理解しているのですが、今回打ち出された新薬創出加算ルールの大幅な見直しは、方向性とその打ち手が矛盾しているのではないかと思ってしまいます。

D　そうですよね。

A　長期収載品について言えば、薬価引下げの大小よりも、後発医薬品の使用促進のために、国策として数量ベースの目標値を定めた[5]ことで、潮目が大きく変わったと思います。先発品メーカーにとっては、薬価を1割、2割下げられることよりも、後発品に6割、7割置き換えられることのほうが、影響は甚大です。

長期収載品と後発品の関係では、２０１４（平成26）年度薬価改定の、いわゆる「Z」の解消と「Z2」の導入[6]が画期的でした。「Z」の「後発品が出たから下げる」というのは理屈に合わない、「5年経過したものからその置き換え率に応じてZ2を適用しましょう」というのは、産業の方向性を示した産業政策的な改定だったと思います。

B　あの改定は、こういう産業構造になってほしいという哲学と、やっていることが、かなりかみ合っていたと感じます。

司会　そもそも、後発医薬品の話は、もとは参照価格制[7]からはじまって、財源論・財政論の中で進められてきたのですが。参照価格制は、業界として受け入れ可能だったのですか。

B　参照価格には、業界は大反対でした。グルーピングを恐れたのです。今、フォーミュラリ[8]が運用によってはグルーピングに近いものになってくる可能性があります。

A　生活習慣病系にはフォーミュラリをつかうと、すっきりしそうですね。もし参照価格制を導入するとするならば、抗がん剤領域でしょうか。

「承認即保険収載」は見直すべきなのか

代表 新薬がらみの話題ですが、外資の製薬企業から、効いた人だけお金をもらいますという話が数か月前にありました。そのような考え方は今のルールにはないし、承認までに新ルールをつくって当該薬剤に適用するのは間に合わないということで、今のルールのままで収載したほうがよいということになるのでしょうが。

B 成功報酬のような話は、オプジーボのときにも出ましたね。コンパニオン診断薬で患者を限定し、その患者にだけ投与できればもっと効く。今はまだそれができないから、〝広く薄く〟になっていますが。

代表 今の技術では、コンパニオン診断薬を100％同時に開発できないケースもあるので、その前提で制度設計しなくてはいけません。とはいえ、保険制度からの支払いは、効かない人は安く、製造原価だけは払うくらいにして、効いた人だけきちんと払うというのは、実現できるかどうかは別にして、考え方としてはありだと思います。

そもそも、オーダーメイド的薬剤が増えていくなかで、今の皆保険制度の下で承認即収載という方式をそのまま継続するか否か議論する必要があるかもしれない。最近の情勢をみていると、そう感じることもあります。

A 承認から60日、遅くとも90日で保険収載され、患者に最新の治療手段が提供されるというシステムは世界に冠たる制度であり、絶対に壊してほしくないと思っています。

司会 むしろ最近は、メーカーのほうが、薬価が折り合わないから薬価収載を見送る事例が散見されます。他の条件が変わらない限り、薬価は変わらないのですが…。

B 〝薬価収載飛ばし〟については、あまりお行儀がいいやり方とはいえません。医療保険の一員としては恥ずかしい話です。

このようなケースをなくすためにも、2回目の算定組織の結果を不服とした場合は、発売を自ら取りやめるか、強制的に「使用医薬品告示」に入れて発売する義務を負わせるのもひとつの方法かと思います。

もっと建設的な議論となると、PMDAの審査、あるいは申請の段階で薬価の目途を立てる方法がないものかと。審査報告書がないと薬価算定もできないのでしょうが、早い段階で、ある程度の幅をもたせて目途が示されれば、そうした事案はなくなるようにも思います。

2. 保険財政と薬価基準・薬価差益

医療財源は限られたもの自己負担率に差をつけるか

E　20年以上前から、企業は開発力をつけてくださいと言われてきた中で、外資が出てきて、日本のメーカーはなかなか勝ちきれない。そのような状況に我慢しきれなくて、今回の抜本改革が出てきてしまったという見方もできるのかな、と思います。

B　世界各国で、新薬を創出できる企業をもっている国は10もない。それら新薬メーカーのある国は、先進国間の企業間競争のみでなく、どこも国を挙げて、追いつこうとする新興国から逃げ切ろうとしているわけです。日本も世界で2番目か3番目につけていたはずなのですが、ちょっとひがみっぽくいえば、政府も見切ってしまったのですかね。

中医協でも、「産業振興に保険から金は払えない」という趣旨の発言があったと思います。そういう時代だとすれば、将来に向けて、わが国の製薬産業の国際競争力を強化する立場から、イノベーションの評価を薬価制度を軸としてどうするかを、真剣に議論しなければいけないと思います。

代表　私自身、中医協でそのような趣旨での発言が出ている場に遭遇しましたが、では薬の値段を野放しにして、全額自己負担で皆保険制度は成り立つのですかと問えば、「そんな話はない」で終わってしまうはずですよね。制度論から考えていくと、医療財源から薬価の財源を外して全額自己負担という話もできませんから。この際、医療保険制度の木も森もしっかりと見て議論を進め、時間軸も定めて結論を出す。

国内メーカーは、わが国の皆保険制度の下で多くの収益を得ているわけだから、そこは、中医協も含め、さまざまな新しい場の設定も考えて、いろいろなコミュニケーションをとりながらコンセンサスを重ねていくことが今後の課題だと思います。

B　「皆保険から薬をすべて外して患者自己負担に」と誰も言わないのは、さすがにそれは皆保険の原則に反すると思っているからではないでしょうか。

代表　極論ですが、医療費財政は限られたもので、それをステークホルダーはみな知っているわけです。昔、メーカートップの方が、非公式の会議で、「薬剤比率を固定すべき」「25%とか24%に固定したら、そこから医療費の伸び率に乗っていけばいい」と言っていたことを思い出しました。その話はそれとして、総枠として困っているなら総枠として折り合いをつける、そのなかで、さまざまな医薬品のジャンルで、薬価を調整していくこともありうるのではないでしょうか。どちらかというと、○×をつけて、「この薬剤は採用しません」「こっちは欲しいので今後もつくれる価格を保障します」ということになるかもしれませんが。

少し極端な話をしてしまいましたが、もう少しマイルドにすると、フランスのように、薬の償還率というか自己負担率を変えるというのは、国民に説明をきちんとすれば納得してもらえる話ではないでしょうか。重篤な疾病を何種類か決めて、その治療薬は自己負担率を低く抑える。他方で、風邪薬などは、自己負担100%にするというふうに。診察は保険で受けられますし。

D　薬剤ひとつずつ、自己負担率を決めることはできないけれど、ある程度、分類して決めていくこともできるでしょう。

A　ただし、フランスの場合は、10割負担の薬剤がある一方、抗がん剤は10割給付して自己負担はありません。それでバランスをとっているのだと思います。日本はもともと高額療養費制度があるので、それをやったら単なる負担増になり大変なことになってしまいますけれども。

それに、フランスでは第二保険があって、自己負担分を民間保険で全部まかなうという、そういうサポートとセットの話でしょう。要するに自己負担の差ではなく公費の入り方に差をつけているだけなのかもしれません。

保険の2階建てというやり方は、日本でもありうると思います。2階部分は完全な民間保険ではなく制度的なものを担保したうえで、2階部分を選ぶことも選ばないこともできるようにすることが重要でしょう。米国のメディケアのような感じになるのかな、と。

B　疾患別に医薬品の償還率を変える制度は、非常に合理的に思えて大賛成です。国民的にも納得度が高いのと、生活習慣病予防への国民啓発にもつながる可能性があります。今の国民は、自己負担率が低いことに甘えているようにも見え、外来にはたくさん患者が来て、降圧剤、高脂血症治療剤、シップ剤等、多くの薬剤の処方を受けています。その抑止にもなると思います。また、施設別に償還率を変える方法も考えられますね。

医薬分業70%の時代
薬局の薬価差経営をどうみる

C　日本では、スイッチOTCの量が極端に少ないですね。医師会は反対するかもしれませんが、国際水準並みに伸ばして、薬局でもそれなりのものが売れるようになれば、セルフメディケーションの幅が広がる可能性もあるのではないでしょうか。

現状の少なさだと、要指導・第1類医薬品をみな調剤薬局に置けといわれても、なかなか…。英国の薬局では、検査などいろいろなことができていて、薬局が地域でものすごく活躍しています。

A　セルフメディケーションは、業界としても推奨したいと思っています。ただし、OTC化が進まない最大の理由は、価格が高すぎることだと思います。鎮痛、解熱を施したくなりロキソニンが欲しいと思ったら、近くの開業医に行って処方してもらったほうが圧倒的に安い。そしてもうひとつの原因が、OTC類似薬削除の毎度毎度の議論ではないでしょうか。

E　薬局関係者は呉越同舟の感があります。ドラッグストアという力を伸ばしてきている大きな勢力があり、他方で、古典的な、調剤に偏重した薬局もある。セルフメディケーション、スイッチOTCが進んでいくときに、薬剤師の価値観や質が上がっていかないと、ドラッグストアのひとり勝ちになってしまうのではないか。

そこに向けては我々も準備をしていかなければならないと思うし、スイッチOTCをつかって医療を行うという矜持をしっかり示すことができれば、医師会もおそらく反対しないのではないでしょうか。

司会　チェーンドラッグストアの是非というか、コストを落として安売りをして、薄利多売を狙うというふうにみられているというのはあるのでしょうね。

E　薬局でも医療機関でも、保険を中心に経営しているところは、シンプルなビジネスなので、医療経営という観点からするとそれは悪いことではないと思います。経営が安定しているからこそ、ボランティア的な面も含めて、ある程度、医療人としての矜持で医療ができることは間違いない。

ビジネスが複雑になり、経営が不安定になればなるほど、医療よりも経営のほうに頭がいってしまうというのは、薬局だけでなく、病院でもクリニックでもそうでしょう。このバランスのとり方は難しい。

戦後間もない頃から医療をしている医師から、「今の人たちは大変だよね。お金のことを考えながら医療をしなければいけない。自分たちの頃は、純粋に患者に向き合っていれば、安定的に食べていくことができた」と言われたことがあります。日本はどんな医療を目指すのかということについて、議論をしていかなければいけないのだと思います。

A　今、医薬分業を進めることは国民にとってよかったのかということについて議論が起きています。いくつかの課題はあるにしろ、個人的には、分業は患者さんのためになっていると思います。

C　1992（平成4）年の頃には分業率は14％程度でしたが、日本医師会が〝薬価差依存の経営体質からの脱却を図る〟、〝技術料評価を重視する〟という方針を示したこともあり、今の70％程度にまで分業率は上がってきたわけです。実際は、１９９２年のR15％から２０００（平成12）年のR２％までのR幅・調整幅のマイナス13％分は、その都度、診療報酬に振り替えられているわけですね。だから、今の薬価差プラス13％分あったわけです。

また、薬剤師会の中医協委員の方は、薬価改定に関して、「我々は薬価差はいりません、その代わり、技術料がきちんと入る分業を確立したい」と１９９３、４（平成５、６）年頃に主張されていたと思います。

その辺りをみると、かつては医師が薬価差を求めて、多剤投与や過剰投与をしていたことがあったのかもしれないですが、医薬分業の結果、投与量の減少がみられたので、患者さんのためには大変効果があったのではないかと思うのです。

今度は、薬剤師会が、薬価差についてさらに踏み込んだ戦略を組み立てることが必要ではないかと思うのですが。今や調剤報酬は経営実態調査もされるし、上場している会社はすべてオープンになるのだから。

D 逆に「薬価差で経営は成り立っている」と公言されてしまうと、フィーをつけるという話ではなくなってしまいますね。

B 大手調剤チェーンだけ別に点数を設定しているのは、まさにそういう発想で、「収益構造が違うのだから、それに応じた点数をつける」というロジックですね。そこを分けていくのか、それとも、ある程度、薬価差経営ができないようにしていくか。

その場合、裏表としてフィーで、流通マージンは流通マージンで、というふうにして、はっきりするといいのではないかという気がしますけどね。

とはいえ現場は、価格交渉できないですから、難しいでしょうか。

未妥結減算のねらい 購入価償還の〝薬価のない世界〟も

A 未妥結減算制度は、卸には「伝家の宝刀」になるかな、と思っていたのですが…。

B 未妥結減算を導入するときには、どこかで議論が止まるのではないかと思っていました。当時の中医協関係者には流通に関わってこられた方が多くて、その以前から「何かしら手を打つべし」と考えていたところに未妥結減算が出てきたので、通ってしまったのでしょうね。

司会 今回、毎年改定を予感させる中で、消費税率引き上げのための改定に向けた薬価調査があります。半年後の価格交渉を本気でやるとどうなるか。未妥結減算の仕組みがあったとしても、です。

C ９月に決めなければいけないのですが、決めざるをえないからのんじゃうというのでは困ります。困って経済課の相談窓口にいってもらうくらいの状態にならなければ、また同じになってしまうのではないでしょうか。

E 私には若干違和感があることなのですが、診療報酬に、懲罰的な手法である未妥結減算が導入されていること自体がどうなのでしょうか。診療報酬というのは、やはり、しっかりやったことへの対価や、〝こうあるべき〟ということへの評価だと思うのですが。

C 未妥結減算は、当初、〝薬価調査非協力減算〟というような趣旨でできたのです。薬価は医療保険のコアで、薬価改定のための薬価調査とは医療保険制度の根幹であるにもかかわらず、その価格を自らの利益のために隠して、医療保険制度の根幹をおびやかすようなことをするのだったら、価格を妥結しろと強制はできないけれど、その分の金は払いなさい、ということで、未妥結減算がつくられたのです。

A 未妥結減算が導入されましたが、現実には、卸さんががんばって決めてしまうから、減算対象になった医療機関・薬局はないのではないでしょうか。

E 2018（平成30）年度の薬価調査では、医療機関と薬局側の調査票の中に、医薬品購入先の卸名を入れることになりましたが、よくもめなかったなと思います。突合せができるようになるわけですね。

A これだけIT化が進んだら、さらにその先には、購入価格で償還という〝薬価のない世界〟というのもありうるのかなと思っています。

C もともとは、購入価請求[9]ということがあって、都道府県知事が地域の実態に合わせて購入価格のほうを定めて、保険にはその額で請求しなさい、というルールでした。昭和30年代にはなくなった制度ですが。

E 今話題になっている「地域フォーミュラリ」とか「保険者フォーミュラリ」という概念は、かつての都道府県の購入価の考え方に近いのかもしれませんね。

A 診療報酬の単価については、1点単価10円でなくても9円でよいと奈良県が言っていましたね。

C 9円というのも極端な話です。

B 難しいと思うのは、医療費は年金とは違ってサービスの対価で、しかも後払いだというところです。サービス提供にはコストがかかります。医療スタッフや機械設備のような固定費部分も大きいので、財政の事情だけで強引に値切ると、供給側にコスト割れが起こる可能性があるのですね。

調整幅「2%」は間違っていないか
流通コスト全般の再検討を

E 薬価差についていうと、調整幅2%になった当時の医療機関や薬局側はどんな雰囲気だったのでしょうか。

C　バルクライン方式を廃止して加重平均値方式に改めるとした1991（平成3）年の中医協の建議[10]で、3回の薬価改定を経てR幅を当初の15%から段階的に縮小して10%にすると。10%に縮小した後にも、見直しを議論するということになりました。

R幅は15%あったのですが、取引の大小や、包装の格差や支払条件など、いろいろな経費を含めて、10%が妥当ということで10%に決まった。それが、1997（平成9）年度の消費税改定に伴う薬価改定で「10」を先食いしてしまって、3年連続改定で次の1998（平成10）年度には財源が出ないから5%まで引き下げて、そのまま2000（平成12）年度には2%にまで下がった。そのとき、「流通の安定のための2%」とされた。5から2に下げておいて、なんで流通の安定かと思ったものですが。翌年3月の決算は、卸平均では史上最低の純利益率で、0・13%しか残らなかった。

E　今回の抜本改革と似たシチュエーションなのでは…。

D　大きな変化があるときに、卸はバッファになってきたといわれますが、今はバッファたりえない経営状態です。かつては卸には従業員が8万人いたのが、今は5万6千人。他方で、薬剤費は4兆円が9兆円に上がった。そのうえ、ジェネリックが増えて、卸の配送センターはジェネリックでいっぱいになってしまっている。卸企業の再編成がこれから〝ない〟とはいえないのですが、もうダイナミックなことはできないなかで、今回の抜本改革に対応しなければいけないわけで、従前以上に薬以外のところで利益を上げることを考えなければいけません。

A　市場実勢価格調整幅方式となったのは2%になったときで、それまではいわゆるR幅方式でした。取引実態をみて、できるだけ多くの取引をカバーしようという趣旨から平均価格になって、いわば損するところもそうでないところも出てくることになった。2000年度改定に向けてこのフィロソフィーの大きな転換が、どこまで議論されて行われたのか、疑問に感じるところがあります。

それから、今も一次売差マイナス[11]の解消が議論になっていますが、一次売差はR5のときまでは、実はプラスになっていたものが、調整幅2%にして1回目の改定時はゼロで、それ以降はずっとマイナスです。一次売差マイナスを解消するのであれば、制度的な側面では「2%」が間違っているのではないか。2%ではなく5%が、流通的には一番安定しているという見方ができるのではないでしょうか。

B　中医協での議論では、新薬収載時の原価計算方式では製造原価に流通コストを積むじゃないですか。それについて「高い」とか、「おかしい」という人がいるのです。しかし、そこに定率で積まないのであれば、別途、定額で流通コストを積まなくてはならないですよね。ただでは運べないのだから。じゃあ「公定マージン制のようにしますか」となって、流通コストは本当はいくらが正しいのかということになると思うのです。定率か、定額か、どっちがいいのでしょうか。どちらか安いほうで、というのでは制度設計の理念も制度運営に対する責任感もないですよね。

今は流通のほうにしわ寄せがいってしまって、例えば薬価が、8円とか10円のジェネリック1箱でも、「足りないから今すぐ持ってきて」と言われたら、1人分の人件費をかけて、車で往復1時間かけて運んで届けるわけです。これに適正利潤を払ったら、ジェネリックの値段はどれほどになってしまうか。1ケース15キロの輸液製剤を運んでもマイナスだったということがいくらでもありますから、それでは卸さんが気の毒だと思います。

流通コスト全般について、再検討してもよいのではないかと思いますね。

薬価制度のこれから
哲学と仕組みを考える

司会　ひととおりお話しいただいたので、最後に、これから何を考えるべきかなどについて、お願いします。

A　現在の薬価基準制度の骨格ができてから70年が経過しました。パッチワーク的にいろいろな制度改革が行われてきましたが、医薬品の安定供給と国民・患者への速やかなアクセスという点で、日本の薬価制度は大きな役割を果たしてきたと思います。

また、国民皆保険は日本の財産です。本制度をどのような形で後世に引き継いでいくのか、業界も真剣に考える時期にきていると思います。さきほども話に出ましたが、スイッチOTC薬の進展と併せて、保険給付の範囲等についても、そろそろ議論が必要だと思っています。

その一方で、イノベーションについては適切な評価が必要です。その結果、日本の製薬企業の開発意欲がさらに促進され、世界に出て行くことで、日本にその利益が戻ってくるという好循環が生まれます。今一度、「医薬品産業ビジョン２０１３」を思い返すタイミングなのではないかと思っています。

B　医薬品の産業振興の財源を保険財源以外からも出すこと、さらに国への貢献を考えるときに、パテント（特許）をどうするかという視点もあると思います。

今、気になっていることなのですが、国内企業がグローバル化したときに、企業としては、本社がどこにあろうが、最適なところにパテントを置きたいということになります。基本的には法人税率の問題ですが、たとえばパテントボックス税制など、研究開発振興を入口から出口戦略にシフトすることで、製薬企業の研究開発力をより国力に反映できるのではないでしょうか。海外から国内に、技術力でお金をもってきて、国内で税金として還元するというスキームが成り立つためには、パテントを日本に置かなければいけないわけですし。

特許については、20年プラス5年という日本の制度や再審査制度の期間も含めて、2年ずつ延長するだけでも、医療費にはそれほど影響がない中で、医薬品の価値の向上につなげられるのではないかと思います。

再審査期間を延長するのは、再審査の報告期間が延びるということで、両面がありますが、再審査期間といわゆるデータ保護期間を分けて設定するのはひとつのやり方ですね。

もうひとつ、Aさんがおっしゃったこととも関連しますが、抜本改革が進む中で、日本では利益を出せない企業が増えていき、米国で利益を得て、欧州・日本ではトントン、アジア他を伸ばしていくという企業体制が一般化していくと、日本の空洞化が起こります。「医薬品産業ビジョン２０１３」が示唆していた「合併」の方向になお一層向かいつつあるのかもしれません。

C　薬価の大改革があった１９９２（平成４）年に、「医薬品卸売業将来ビジョン」[12]を当時の江利川毅経済課長のもとで、慶應義塾大学の嶋口充輝先生を座長とした医薬品卸売業将来ビジョン検討部会がつくりあげました。

その議論の中で、メーカーから卸に価格決定権がくるということについて、「権利を得るというより、苦労が多くなるよ」と。今までメーカーに甘えることで12％のマージンをもらえていたのが、自分たちが決めるようになることで、バックマージンがもらえなくなってくる。そういうことがみえる中で、卸の若手が集まってまとめたビジョンの最終的な表題が、「医薬品卸売業将来ビジョン―多彩な保健医療サービス・コーディネーターを目指して」なんです。コーディネーターとしての役割に徹しなさい、そのためには自立性と社会性と経済性の三つのサークルを回しなさいと。

まさに今、地域包括ケアとか地域医療連携など、医療機関だけでなく訪問看護ステーションなどいろいろなところに販路が広がった。医療の中でも、昔のいわゆる社会的入院はみな介護保険のほうにいくようになってきたし、今、医療費が42兆円、介護保険は10兆円になろうとしている時代ですから、幅を広げていかなければいけない。

D　日本医薬品卸売業連合会でも将来ビジョンのパート2、パート3をつくって、卸連のあり方や、卸の将来のあり方を考えてきています。すべての卸が同じ方向にいくとは限らないけれど、可能性や将来のあり方を共有することが、団体活動の一番大切なところではないでしょうか。

２００２（平成14）年に「医薬品産業ビジョン」[13]が発表されました。その中で流通も取り上げていただき、医薬品の流通として「卸の項目」もできて、日本の卸機能として「毛細血管型双方向流通」という特徴を記載してもらったのです。

制度のもとで仕事をしている限り、制度をよく理解して、それを自分のところのメンバーに徹底するというのは大事なことだと思います。

E　我々、患者さんにダイレクトに接している立場からすると、均一な医療を保っていることに薬価制度が貢献していることは間違いない。今後、所得格差によって受けられる医療が変わるというふうにはなってほしくないと思います。薬価制度は、今、我々が幸せに生きていることを支えている制度のひとつではないでしょうか。

いろいろなステークホルダーがいる中で、財源の〝分捕り合戦〟をすることは仕方がないとして、〝ほどほど感〟をもちながらやっていけば、いい制度を維持できていくのではないかなと思います。そういう意味で、団体としての大切さだったり、政治のイニシアティブだったり、厚労省は調整役だったり。いろいろな立場の方と議論していきたいなと思います。

代表　経営的に、メーカー各社の置かれている立場があまりにも変わってきていて、主要各社の有価証券報告書を見ても、国内比率の高いところと、前は高かったけれど悪くなっているところと、結果的に国内比率をさらに減らして海外比率を高めようとしているところなどがあり、経営状況もさまざまです。薬価基準制度について外部へ発信するときは、セクター内での議論が熟したうえで発信していかないと、説得力がない、あるいは長続きしないのではないかと感じています。

これからを考えるということは、過去を振り返るということでもあり、そのために本誌で連載企画を進めていきます。薬価を考えてきた一人として業界に望むことは、研究を進めつつ薬価の哲学と制度の仕組みも深く考えて、他のセクターの方々と議論できるような案を期待しています。そのときに参考にしてもらいたいことは、これまでの共同討議の議論の中で、たくさん出てきたと思います。

私たちもこの連載を通じて、読者そして関係者とともに薬価の歴史を振り返りながら、これからの薬価制度のあり方について広く考えていきたいと思います。

【編注】

1　基礎的医薬品：「基礎的医薬品」は、２０１６（平成28）年度薬価制度改革で試行的導入された。医療上の必要性が高く、医療現場で長期間、広く使用され、有効性・安全性が確立されている医薬品で、継続的に市場へ安定的に供給する必要があることから薬価上の措置がとられている。

原則２年に１度の薬価改定によって、薬価は引き下げられ、不採算となる医薬品があるため、不採算品、最低薬価になる前の薬価を下支えする制度として基礎的医薬品制度が導入された。基礎的医薬品には継続して安定的に供給することが求められるほか、医療上の位置づけが確立し、医療現場で広く使用されていること、すべての類似薬のうち、薬価収載から25年を経過していることなどが要件として位置づけられている。平成30年度からは、生薬や軟膏基剤、歯科用局所麻酔剤等が追加され、基礎的医薬品は２６１成分６６０品目となっている。

2　不採算品再算定：医療用医薬品は2年に1回の薬価調査に基づき、実際の取引価格（市場実勢価格）と薬価基準とに乖離がある場合は薬価が引き下げられる。しかし、保険医療上の必要性が高く、関係学会などから継続供給の要請があり、なおかつ薬価が著しく低額な医薬品で採算がとれず、製造販売業者が製造販売を継続することが困難な医薬品に限り、薬価を引き上げる仕組み。ただ、市場実勢価格と薬価との乖離が大きい場合は不採算品再算定の対象とはならない。この仕組みは平成12年度の薬価改定から明確化された。

3　統一限定列記収載方式：薬価基準への医薬品収載方式は、昭和33年10月の薬価基準改定で、統一名収載方式が採用された。この方式は、医薬品の成分、剤形、規格によって単一の名称（一般名又は基準名）で薬価収載する方式で、この品目であれば、個々の医薬品の販売名（商品名）にかかわらず統一名で保険請求できた。これに対して１９６７（昭和42）年10月の薬価改定では、医薬品の成分、剤形、規格による単一の名称（一般名又は基準名）に、販売名も列記して薬価収載する統一限定列記収載方式が採用された。この方式は、列記された販売名以外は、統一名収載品と同一組成、同一規格であっても保険請求はできず、列記された品目の価格は全て同一。

4　銘柄別薬価収載：１９７８（昭和53）年2月の薬価改定では、従来の統一限定列記収載方式が廃止され、新たに個々の医薬品の販売名（銘柄別）収載方式が採用された。同一の一般名で、同一組成、同一規格の医薬品であっても、それぞれの販売名（銘柄ごと）に薬価収載する方式で、薬価基準の価格も販売名（銘柄名）ごとに決められる。

5　後発医薬品数量ベースの目標値の設定：後発医薬品の普及は、医療費増の抑制、医療保険財政の改善、患者負担の軽減につながることになる。このため政府は、２００７（平成19）年6月19日に閣議決定した「経済財政改革の基本方針２００７」で、後発医薬品の使用目標値として、２０１２（平成24）年度までに後発医薬品の数量シェアを30％にする方針を打ち出した。その後、２０１２年2月17日の閣議で決定した「社会保障・税の一体改革大綱」の中に、「後発医薬品の推進のためのロードマップの作成」を指示し、厚生労働省は２０１３（平成25）年４月に「ロードマップ」を策定して、２０１８（平成30）年度末までに「60％以上」の目標を掲げた。また、２０１５（平成27）年６月30日の閣議では、「平成29年央に70％以上とするとともに、平成30年度から平成32年度末までの間のなるべく早い時期に80％以上とする」と、新たな数量シェア目標を定めた。

6 「Ｚ」の解消と「Ｚ２」の導入：長期収載品については、平成14年度薬価制度改革で、初めて後発医薬品が薬価収載された既収載品の薬価改定の特例（いわゆるＺ）が導入され、承認された時期等に応じて４％から６％までの引き下げが行われた。

長期収載品の薬価については、中医協でたびたび議論の対象となり、２０１２年（平成24）度診療報酬改定の附帯意見で「長期収載品の薬価のあり方について検討を行い、後発医薬品のさらなる普及に向けた措置を引き続き講じること」とされた。これを受けて中医協薬価専門部会は２０１２年12月、「長期収載品の薬価のあり方等について～中間とりまとめ～」で、後発医薬品への置き換えが進まない先発医薬品の特例引き下げについて、①市場実勢価格を反映することを原則に、先発医薬品と後発医薬品の薬価差の存在を許容する②一定期間を経ても後発品への適切な置き換えが図られていない場合は、特例的な引き下げを行い、薬価を見直す―というルールの導入を盛り込んだ。中間まとめに沿って平成 26年度薬価制度改革では、後発医薬品への置き換えが進まない先発医薬品の特例引き下げ（いわゆるＺ２）が導入され、後発医薬品収載から５年を経過しても置き換えが進まない先発医薬品に対して、置き換え率に応じて１・５％から２％までの引き下げが行われることとなった。

7 参照価格制：医薬品の参照価格制度は、１９９７（平成９）年８月に与党医療保険制度改革協議会がまとめた「21世紀の国民医療―良質な医療と皆保険制度の確保への指針」で、薬価制度廃止後の新制度として「日本型参照価格制度」（薬剤定価・給付基準額制）の導入が明記された。「参照価格制」は、原則として医薬品のグループごとに市場実勢価格を原則として、医療保険から給付する基準額を定め、基準額を上回る価格で購入した医薬品については、上回る額を患者自己負担とし、基準額を下回る価格で購入した医薬品は購入価格で保険給付する仕組み。当時、厚生省は日本型参照価格制度の導入を提案したが、医薬品業界・日本医師会からの批判が強く、自民党は１９９９（平成11）年４月に白紙撤回して、銘柄間の競争を促進する方向で薬剤価格の適正化を図ることなどを検討していくとした。

政府はその後も、後発医薬品の利用促進のために先発医薬品との差額を自己負担とする参照価格制度を提案しているが、日本医師会などは反対している。

8 フォーミュラリ：「フォーミュラリ」について厚労省は、「医療機関等における標準的な薬剤選択の使用指針に基づく採用医薬品リストとその関連情報。医薬品の有効性や安全性、費用対効果など踏まえて、院内の医師や薬剤師等で構成される委員会などで協議し、継続的にアップデートされる」と定義している。厚労省は生活習慣病治療薬に対するフォーミュラリの導入を提案している。フォーミュラリを巡っては、政府が策定する「経済財政運営と改革の方針（骨太の方針）」の２０１５年版、２０１６年版、２０１７年版に、生活習慣病薬の処方のあり方を検討することが盛り込まれた。

9　購入価請求：1950（昭和25）年9月に診療報酬改定及び「使用内用薬、使用外用薬及び使用注射薬の購入価格に関する基準」が設定され、医師の購入価格は厚生大臣が定める薬価基準に基づき都道府県知事が定めることになった。1955（昭和30）年8月の診療報酬改定で、「使用内用薬及び使用外用薬の価格は、購入価格によるものとする」「購入価格は、厚生大臣が定む」に改められた。1958（昭和33）年10月の新診療報酬点数表の設定により、従来に薬剤料が包含されていた投薬料が薬剤料と手技料に分離され、新薬価基準（統一名表示方式）が確立し、「使用薬剤の購入価格（薬価基準）は別に厚生大臣が定める」と規定され、従来の購入価請求から薬価基準に基づく保険請求となった。

10　平成3年の中医協の建議：1991（平成3）年5月の中医協建議では、薬価算定方式について、医薬品の銘柄別取引価格の加重平均値に現行薬価の一定割合（一定価格幅・R幅）を加算した数値をもって、新薬価とする方針が打ち出され、この「一定価格幅」については、取引条件等の差違等による合理的な価格幅として「10％」とすることになった。しかし、直ちに「10％」にすると、保険医療機関等の安定購入価格面で支障を来すことが懸念されるとし、平成4年4月改定は「R15％」とし、その後3回の薬価改定で「R13％」「R11％」「R10％」と段階的に縮小することになった。しかし、1997（平成9）年4月の消費税引き上げに伴う薬価改定で、「R10、長期収載品R8」となり、1998（平成10）年4月に「R5、長期収載R2」となり、2000（平成12）年4月改定では「R2」まで縮小した。2000年4月改定からは、市場実勢価格加重平均値調整幅方式（調整幅2％）が採用されている。

11　一次売差マイナス：「一次売差」とは、医療用医薬品を販売する卸売業者が、医薬品メーカーからの仕入れ価格に、卸が販管費や営業利益を乗せて医療機関に納入する価格の差額のことで、一般的な商取引では、販売業者は利益を出すために一次売差はプラスになる。しかし、医療用医薬品の販売では、医療機関等からの値引き交渉や卸間の販売競争などによって、一次売差がマイナスになっていることが指摘されている。医療用医薬品の卸売業者サイドからは、薬価算定方式による市場実勢価格加重平均値調整幅（2％）のあり方についても問題提起されている。

12　「医薬品卸売業将来ビジョン」：1993（平成5）年6月、医薬品流通近代化協議会の医薬品卸売業将来ビジョン検討部会が最終報告書としてとりまとめた。ビジョンでは、「21世紀に向けた医薬品卸の果たすべき役割」として、高齢化の進展や国民生活水準の向上、患者ニーズの多様化・高度化などの医療環境が抱える課題を、医療機関だけの問題とせずに、医薬品卸も製薬企業と共に協力する必要があると指摘。また、医薬品卸は自らの特徴を踏まえ、単に従来の医薬品販売事業にとどまらず、医療機関や医薬品メーカーと新たな協力関係を創出し、保健医療サービス・コーディネーターとしての役割を担っていくべきと提言している。

13　「医薬品産業ビジョン」：厚生労働省の「医薬品産業ビジョン」は2002（平成14）年8月、「新医薬品産業ビジョン」は2007（平成19）年8月、「医薬品産業ビジョン2013」は2013（平成25）年6月と3度策定されている。

2002年ビジョンでは、10年後を見据えた将来像として、世界に通用する総合的な新薬開発企業（メガファーマ）２～３社の創出を予測するとともに、医薬品産業の成長・発展に向けた支援策として、①知的財産の保護②研究開発促進税制の拡充③教育の充実と人材育成④企業の事業再構築や産業再編の環境整備―などを提示した。

インタビュー　薬価制度改革のエポックを辿る①

医療保険と医薬品産業がともに並び立つ仕組みへ

——1992（平成4）年の薬価改定と流通改善をめぐって

公益財団法人医療科学研究所理事長
江利川毅

薬価算定方式がバルクライン方式から加重平均値方式に変わり、流通改善も進められ、今につながる薬価制度の転換期となる1992（平成4）年前後の動きについて、江利川毅氏に当時の課題や考え方を聞いた。

江利川氏は、薬価基準は公的な医療保険制度と自由経済をつなぐ界面活性剤のような役割を果たすものとの考え方を示し、両者がともにならび立つように、流通改善や法改正、薬価改定に関する課題に取り組んだ経緯を語った。

市場機能が完全には働かない
医療用医薬品の流通をどう整理するか

——江利川さんは、1991～3（平成3～5）年に厚生省薬務局経済課長、1993～4（平成5～6）年に保険局企画課長を務められました。まず、経済課長になられたときの印象についてお聞かせください。

江利川　経済課長になる前には、年金局年金課長、その前には資金運用課長でした。当時は、ちょうど年金の自主運用が始まったころです。わたしの任期中に運用額は10兆円にもなったのですが、超巨額な資金だけにその適正運用に全力投球していました。年金課長としては国民年金基金制度をつくり上げたのですが、民間の年金保険の新商品をつくるような感じで、これまた全力投球でした。他の部局が何をしているのか、知る余裕がありませんでした。

その後、経済課長になりました。わたしは、薬務局、保険局など、医療関係の仕事の経験がなかったので、まさに白紙状態で、経済課の抱えている課題やこれまで積み重ねられてきた対処の方向を、しっ

参考　平成２年４月～６年７月　薬価基準関連年表

1990（平成２）年

４月■薬価基準改定：薬価ベース9.2％（医療費ベース2.7％）引下げ　銘柄間格差の是正／価格のバラツキが大きい品目は81％バルクライン、小さい品目は90％バルクライン方式

６月■流近協：報告書「医療用医薬品の流通の近代化と薬価について」　バルクライン方式の廃止と加重平均値方式の採用／診療報酬と連動した計画的改善／薬価差の段階的縮小

６月■日米構造協議：最終報告

6月●江利川氏：年金局年金課長

12月■中医協・薬価専門部会の初会合

1991（平成３）年

１月■公取委：流通・取引慣行に関する独占禁止法上の指針（案）

３月■中医協薬価専門部会：新薬の薬価算定で中間報告

４月■仕切価制はじまる（大手６社が４月移行）

ソフトランディング方式（一部「事後値引」方式）が一般的

５月■中医協建議：加重平均値一定価格幅方式の導入

銘柄（品目）別実勢価格の加重平均値に現行薬価の一定価格幅を加算した新薬価（現行薬価を上限）／一定価格幅は10％が望ましいが、当初15％、３回の改定で13％、11％、10％に／新薬の新たな算定方法（画期性加算、市場性加算など）

７月●江利川氏：薬務局経済課長

10月■完全仕切価制への移行はじまる（大手４社が10月移行）

1992（平成４）年

２月■流近協：報告書「医療用医薬品の流通近代化の促進について」　不適正な取引慣行是正、モデル契約書促進など

４月■薬価基準改定：薬価ベース8.1％（医療費ベース2.4％）の引下げ　加重平均値一定幅方式に変更（Ｒ15）／原則・銘柄別収載方式（公定書医薬品・生薬等は統一収載方式）

５月■薬価収載：新薬から新たな薬価算定方法を適用

画期性加算（比較対象類似薬の薬価に20％を基本に加算→後に40％）／明らかに既存薬より優れた新薬＝有用性加算（3％を基本→後に10％）／オーファン・ドラッグ＝市場性加算（３％を基本）／外国薬価と著しい乖離が生じないようにする

10月■21世紀の医薬品のあり方に関する懇談会：初会合

1993（平成５）年

４月■薬事法及び医薬品副作用被害救済・研究振興基金法の改正　希少疾病用医薬品の研究開発促進（10月１日施行）

４月■薬局業務運営ガイドライン

５月■21世紀の医薬品のあり方に関する懇談会：報告

医薬品情報の収集及び提供システムの充実、医療現場における医薬品適正使用の推進、医薬分業の推進（かかりつけ薬局の育成）、不適正な医薬品使用を助長する経済的インセンティブの排除、医療関係者の教育、研修の充実と研究の推進などを提言

６月■流近協・医薬品卸売業将来ビジョン検討部会：報告書

６月●江利川氏：保険局企画課長

11月■中医協了解：「薬剤評価のあり方に関する当面の取り扱いについて」　インターフェロンのC型肝炎への効能追加、メバロチンの中軽度の高脂血症患者への当初予測を超えた使用などによる急激な薬剤費の増大を受け、価格設定の前提条件が変化した場合に価格の見直しについて検討

○原価計算方式：患者数等が大きく変化した場合

○類似薬効比較方式：使用法、適用対象患者の範囲等が変化し、対照薬とした医薬品との類似性が損なわれた場合

（→平成７年11月の中医協建議で対象基準の明確化）

※後発医薬品収載は２年１回から年１回に（平成６年度以降）

1994（平成６）年

３月■医療におけるＭＲのあり方に関する検討会：最終報告

ＭＲ資格認定制度を概ね２年後を目途に検討、速やかに導入

４月■薬価基準改定：薬価ベース6.6％（医療費ベース2.0％）の引下げ（Ｒ13）

７月■薬価収載：後発医薬品を毎年収載

はじめて収載される場合は先発品の９掛け（平成８年７月収載では８掛け）（平成19年度から年２回収載）

９月●江利川氏：大臣官房政策課長

作成：医薬情報研究所 アーカイブス制作班

かり学ぶことからスタートしました。

経済課長になる1、2週間前に、公正取引委員会（公取委）のガイドライン（「流通・取引慣行に関する独占禁止法上の指針」[1]）が発表されました。

ガイドラインを読んでも、医薬品流通の輪郭も知らないのですから、すぐには理解できません。何度か読んで、日本の流通にはいろいろな課題があるなと思いました。あるとき、あるメーカーの方が、「このガイドラインは、医薬品流通を踏まえてその問題点を書いてあるような内容です」と言われたんです。びっくりしましたね。ここに書かれていることは、日本の流通の問題ではなく、医薬品流通の問題なのかと。確かに、強い製薬企業と、強い医療機関と、公的な医療保険制度が絡む、特殊な流通の世界ですから、特殊な流通慣行ができてしまったのかもしれないと思いました。ただ、前任の和田勝さんが努力して、医療用医薬品流通近代化協議会（流近協）の提言で仕切価制への移行とか、薬価の決め方もそれまでの90％バルクライン方式から加重平均値プラスα方式への移行[2]とか、改善の方針は決まっていましたので、それに則って一歩一歩進めていけばいいのだなと、腹を固めました。

〈PROFILE〉
江利川毅（えりかわ・たけし）
昭和45年に厚生省に入省。内閣府事務次官、厚生労働事務次官、人事院総裁を歴任。今回のインタビューに関連する経歴としては、昭和63年に厚生省年金局資金運用課長、平成２年に年金課長、平成３年に薬務局経済課長、平成５年に保険局企画課長。

その後、医薬品業界の方々といろいろと話し合いを重ねながら思ったのですが、医薬品業界の方は、病気の人を救う、人助けをしているという意味で、自分たちの仕事に誇りをもっていて、基本的には、真面目で健全な業界だという感じをもちました。仕事の内容も会う人もすべて初体験ではありましたが、何事にも積極的に対応するようにして、それを通じて自分の認識や考え方を整理し深めていったという感じです。

――わたしも1991（平成3）年ころは、製薬業界の委員会活動の実務的なところを担当しておりました。

江利川さんが経済課長として取り組まれて、とくに強く記憶に残っているのは、どのようなことですか。

江利川　医療保険の財源は税金と保険料からなり、公的な仕組みとして動いています。一方で、製薬企業の生産販売活動、卸売業の活動、さらには医療機関の医薬品や医療材料の購入までは、〝公的〟に対する意味での〝私的〟な領域です。市場経済の世界です。この公的な部分と私的な部分は異なる原理で動いていくわけですが、共存が必要で、この異質なものをつなぐのが薬価基準で、わたしは、薬価基準はいわば界面活性剤のようなものだと考えていました。界面活性剤があることで、相互にその特性を生かしつつ、共存することができると。

私的な領域といっても、普通の経済活動では最終消費者が国民ですが、医療用医薬品は、実質的に、処方を決めるのは医師です。それも、たとえば消化器系の薬なら、消化器が専門の医師のうち、ごく一部の権威ある医師が「この薬はいい」と言えば、全国で使われるようになる。そういう意味で、医療用医薬品の販売に、市場機能が完全には働いていないと思ったのです。国民全員がそれぞれ選んで買うというのであれば市場機能が働きますが、医療用医薬品にはそういう意味での市場機能が完全には働いていないわけですから。

流通改善や独占禁止法（独禁法）は、健全な市場機能を維持するための仕組みです。しかし、医療用医薬品は普通の経済活動に似ているのだけれど、市場機能が完全には働いていないわけだから、普通の流通と同じように整理してはいけない。そこをどうしていくべきか、考えていました。

――当時、業界サイドでは「『公正取引』という視点でより競争を活発化させるにはどうしたらよいか、果たして望ましい姿に辿り着くのだろうか」などと議論していたのを思い出します。

また、制度的に薬価差を縮め、薬価差益を材料とした不当な処方誘引がなされないようにするにはどうしたらよいかということも議論のテーマになっていました。

江利川　わたしが経済課長になる前に（前任の和田さんの時に）、バルクライン方式を廃止して加重平均値プラス一定価格幅方式に変えることが決まり、平成3年5月に中医協は建議を出しました。

今更言うまでもありませんが、90％バルクライン方式というのは、10％分だけ高く売れれば、のこり90％をいくら安く売っても高い薬価を確保できるから、販売市場を歪めるような仕組みでした。改善の方向は至極もっともなものだと思いました。

わたし自身は、薬価差そのものが悪いとは全く思っていません。原価を見ながらお客さま向けに値引きをするのは、よくあることです。ただ、流通改善が議論されている最中に、〝薬価差1兆3千億円〟と、その実態が数字で明らかになりました。当時、医療費全体に占める薬剤費が4兆円くらいで、そのなかの1兆3千億円が薬価差というのは、あまりに大きい、滅茶苦茶すぎます。これでは、批判は当然です。

当時、関係するだれもが「このままではだめだ」という認識をもったと思います。薬価差が大きくなっている原因のひとつが90％バルクラインという薬価の決め方にあるので、それを加重平均に改めたのは必然的な流れだったように思います。

メーカーの利益は売値に入っているのでしょうが、卸の手数料や利益を考えて、ある程度上積みをして、取引慣行からみて合理的な水準（リーズナブル・ゾーン）を考える。わたしの前任者である和田さんは、仕切価制への移行[3]、よい案をつくったなと思いました。

――ちょうど江利川さんが経済課長に就任される直前に、現行の薬価改定方式への移行が決まり、流通のあり方もいわゆる値引補償制から新仕切価制に移行していきました。メーカー各社では4月以降、まずはソフトランディング方式で仕切価制をスタートさせた企業と、一気に仕切価制に移行した企業のおよそ二つのグループになりました。そして、10月以降、順次、完全仕切価制になりました。完全仕切価制に即移行した企業でも仕切価格を高めに設定し、グロスマージン対策もあまりせずに高価格政策を打ち出したところもあり業界内では話題になりましたが。

江利川　本来の流通改善の流れや趣旨からすると、あるべき姿はリーズナブルな完全建値方式（完全仕切価制）だと思います。ただ、当時は新しい流通への移行過程ですので、メーカーサイドが付加的な工夫をしても一概にダメとは言わず、時間をかけて落ち着いていくのを待つ方がいいだろうと思っていました。

わたし自身は、仕切価に、流通に関わる卸が事業をやっていくための必要経費や利益を乗せていって、医療機関は薬剤に係る経費充当分が入るというところが望ましいと考えていました。ですから、薬価とあまり差のない建値はいかがかなと思いましたが、業界内の話でしたし、いろいろと大きなことが動いている最中だったので、そこには深入りしませんでした。

流通改善でがんばってもらいたい卸を主体性と自主性をもつ企業に

――流通・販売について振り返れば、医薬品業界では、１９８４（昭和59）年に医療用医薬品製造業（卸売業）公正取引協議会、いわゆる公取協がスタートしていました。それ以前の薬価差全盛の時代にはいろいろな販売の実態があり、その結果として１９８１（昭和56）年に独禁法被疑事件があって、医薬品業界は公取協をつくりました。

そのような経緯のなかで、１９９２（平成４）年から臨床試用医薬品（医薬品サンプル）の保険請求[4]が不可になりました。当時、我々も「どういうふうになるのだろう」と思っていたのですが、実際に「サンプルはいらない」ということになり、驚きました。

また、〝症例報告〟といって、医師に自社の薬を使った結果をカードにまとめてもらった製薬企業が、「原稿料」を医師に渡すようなことも、江利川さんが経済課長時代にやめていったということがありましたね。

江利川　常識の範囲内なら、メーカーがサンプルをつけることも、書類を整理していただいたことに対する謝礼を支払うことも、おかしいとは思わないのだけど、それが度を越えると本来の趣旨とは離れてしまいますから、全体として問題になりますね。それを改善するのは当然、必要なことだと思います。

当時、メーカーのプロパー（当時）が先生方の学会の発表を応援するということもかなりありました。日本の研究体制は、理想のかたちから比べれば貧弱ですから、可能な範囲で応援するのはやむを得ないのかもしれないと思いますが、これもまた度を過ぎるとどうなのか。研究の応援と薬の販売とが対になると、公正な取引とは違う力が働きます。両者を峻別するのは難しいこともあるのですが、そのあたりは直さなければいけないのです。

驚いたことのひとつですが、当時、医師の奥さんの買い物に業界側の人が車を出してあげるとか、もっとひどいところでは庭の雑草とりまでするということがいわれていました。小さな個人経営の医院での出来事かもしれませんが。さすがにそれは優越的地位の濫用であって、そういうことを医療機関はやってはいけません。

医薬品の流通は、直接、国民を相手にする販売とは異なるので、ヴェールのなかで見えないことがいろいろと積み重なっていて、前近代的なものが残ってしまっていると感じましたね。

――労務・役務を含め過大な景品類の提供については、公取協のなかでさまざまな規約・運用基準等の改正を行って、改善してきたというのが今につながる歴史です。

当時は医薬品卸売業の企業数も多かったのですが、印象はいかがでしたか。

江利川　わたしが経済課長の時は、医薬品卸業者が370もあって、これは多すぎるのではないかと思いました。いずれは都道府県にひとつくらいに、まずは50くらいになっていくのだろうと思っていましたが、それ以上に系列化が進みましたね。驚いています。ただ、卸事業は医薬品の輸送という意味で人手がかかるので、大量に失業者が出るという形ではなく、大手の卸が他を傘下におさめていく、吸収するようなかたちで進むのではないか、そんな予測をしていました。

わたしの印象ですが、当時は、強いメーカーと強い医療機関があって、医薬品販売交渉の実質的な部分はメーカーのプロパーがやっていて、卸業者は〝運ぶだけ〟で、事業主体としての主体性を十分にもっていない、そういう感じをもっていました。流通改善で一番がんばってもらいたい卸業者に体力が備わっていないのではないかと気になっていました。

それで、新しく加重平均値プラスαというかたちで薬価を決めていくことになった改定の後に、流通の健全化を図るという意味で、流近協のもとに、医薬品卸売業将来ビジョン検討部会を立ち上げたのです。嶋口充輝先生（慶應義塾大学教授）を座長に、卸業界の若手の方たちを中心にして議論して、医薬品卸売業だからこそできる役割と機能を考えてもらいました。卸売業に主体性と自主性をもってもらって、存在感のある企業になってもらいたいという方向でビジョンをつくったのです。

卸業の人たち100人ぐらいに講演をしたときに、本を3冊紹介しました。『SISが企業を変える』（那野比古著）と『小説　上杉鷹山』（童門冬二著）と、澁澤榮一の『論語と算盤』。

『論語と算盤』は、明治から大正にかけて生きた実業家、日本の資本主義の父とも呼ばれる澁澤榮一が、実業家の心構えを、自分の実体験に照らしつつ述べたものです。日本の資本主義の黎明期を生き、列強諸国の中で日本の実業界をリードしていった人ですが、実業家倫理を重視しているのです。事業をする以上は利益を上げなければならないけれど、論語を学び、正しい道を歩み、人道に反しないなかで、きちんとやらなければいけないということを述べています。医薬品卸業界の人たちもそういう気持ちで自分たちの事業に取り組んでもらいたいという思いを込めて、この本を差し上げて激励したんです。130冊ほど購入しました。

卸の方からは、「役所からものをもらうのは初めてだけど、ものをもらったりすると高くつくんじゃないか」などと言われたこともありました（笑）。

1993（平成5）年にまとめた医薬品卸売業将来ビジョンには、「多彩な保健医療サービス・コーディネーターを目指して」という副題をつけたのです。地域のコーディネーターになりうる動線をもつのは卸業なので、その動線を地域の保健医療サービスのために活用していくことはできないか、そこに卸業の新しい地平が開けるのではないかという思いでした。

当時は、卸業界だけに話すのではなくて、製薬企業にも医療機関にもさまざまな場で流通改善への協力を要請し、どちらにも同じような強いトーンで説明・要請し、話の内容には手加減をせず、同じ話をいたしました。

希少疾病の患者を救う仕組みへ
薬事法改正を視野にビジョン懇談会

——1992（平成4）年には、「21世紀の医薬品のあり方に関する懇談会」をスタートされました。同懇談会は翌5年5月に、「研究開発の推進方策」と「医薬品適正使用の推進」を提言しており、当時として極めて踏み込んだ内容だったと思います。この懇談会に至るまでの経緯など、お話しいただけますか。

江利川　これは岡光序治薬務局長のもとの懇談会でした。懇談会は、実は薬事法の改正と関係がありまして。

わたしが経済課長になってまもなく、サントリーが患者数18人の薬（異型高フェニルアラニン血症治療薬「ビオプテン」）をつくったと聞きました。不採算では企業はやっていけませんから、少ない患者数でもぎりぎり採算のとれるラインを聞いて、それをもとに薬価をつけることにしました。

当時、メーカーの多くは、開発中の薬でも、患者数が少ないとわかると、開発をやめてしまうようなことがあったそうです。不採算になってしまうからです。しかし、これは非常にもったいない話です。薬さえあれば苦しみから解放される患者さんがいるのですから。それならば、研究開発を促進して、できるだけ早く審査をして、不採算にならない薬価をつけて、希少疾病の患者さんを救える仕組みをつくろうと思ったのです。製薬企業にも、せっかく開発に取り組んだのだから、やめずに社会的役割を果たしてもらおうと考えました。

研究費について税制上の優遇措置を設けることにしたらよい。税を担当する大蔵省との交渉は必要ですが、税制優遇のためには、優遇措置の対象であるオーファンドラッグ[5]を明確にする、法律上きちっと定義することが必要なので、薬事法を改正することを決意しました。

薬価は、不採算にならないことにしたらよい。それは省内で、保険局と交渉すればできます。そして、ファーストトラックで審査をして、できるだけ早く患者さんに届けられるようにしようと。

法改正というのは、人によっては大変だと感じる人もいますが、中身さえよければきちんと通るので、わたしはそんなに大変なものではないと思って取り組んだのです。しかし、当時はがんの薬も一緒にやるべきだという意見もあって…。それではオーファンにならないので、すぐには日の目を見なかったのです。

岡光局長になって同じ話をしたら、すぐに進めようと決断してくれました。そして、どうせ法改正するなら、薬務局の抱えている課題のうち法改正を要するものをまとめて片付けてしまおう、滞貨一掃だという話になりました。そこで、オーファンドラッグと、審査の迅速化の2本を柱とする薬事法改正に向けて動き出したのです。

当時、審査を迅速化するために、外部に審査の事務を委託しようという話があったのですが、審査自体に関する事務を全部外部に委託することに対しては、薬害被害の患者さんたちから「責任逃れのようなことは認めない」という反対があったそうです。そこで、審査のなかの機械的な調査事務を外部に委託することにしたのです。

現在は、審査自体も医薬品医療機器総合機構（PMDA）が行い、最後の「承認」を厚生労働大臣が行う仕組みで、国の責任は変わらないことになっています。そうして、調査・審査を迅速化して承認までのタイムラグを解消してきたわけですが、今日の体制につながる第一歩の改正を、あのときに行ったわけです。

これらの改正内容は、我々が自発的に考え実行しようとしたことです。外部から要望があったとか、国会で要請されたとかということではなかったので、それはある意味で行政官の責任感から生まれた改正です。しかし、国会で法案が審議される際に、外部の有識者からの後押しがあった方が改正を理解してもらいやすいという判断もあって、こういう改正が必要だと有識者会議で言ってもらおうということで、懇談会をつくって提言をまとめてもらいました。

法改正関係でいうと、省内であらかじめおおかた決めていたことを懇談会に「中間報告」としてまと

聞き手の長野氏

めてもらい、それを進めるというかたちをとりました。

法改正事項以外にも、流通改善を進めている時期なので、メーカーに医薬品研究開発能力をどう高めてもらうかといった中期的な課題がありました。それらすべてを議論する場として懇談会を設けたのです。

法改正というのは、本来は薬事法を所管する企画課が担当するのですが、オーファンドラッグについては経済課が言い出したことでもあり、わたしは法改正の労はまったくいとわないので、経済課も担当するということで動きました。

薬価改定幅にクレーム
仕切価制への移行と薬価調査

——1991（平成3）年にはメーカーサイドの新仕切価制への移行、1992（平成4）年の薬価改定では加重平均値一定価格幅方式も導入され、今日につながる大きな制度変更だったと思いますが、当時、どのようなことが課題となっていましたか。

江利川　薬価算定方式が変わると、今までとは取引のあり方ががらっと変わってきます。大きな変化のなかで、製薬企業側にも不安があるわけですから、新たな仕切価制への移行が期待したとおりに進むのか、気になっていました。メーカーには早めに仕切価制に移行してほしいと要請しました。武田薬品が真っ先に4月から移行しました。私の着任前です。多くのメーカーは様子見でしたが、私の要請を受けて10月から切り替えるところがかなりありました。三共（当時）とか一部は翌年の4月からでした。移行に前向きに取り組んでくれた企業には、私は心から感謝していました。

薬価調査はずっとやってきたわけですから、今回も問題なく薬価調査は進み、坦々と新ルールで薬価改定はできるものと思っていました。加重平均ですから、透明感が高いかたちで決まっていくので、企業にとってそんなに変な数字が出るはずがないんです。そう思っていたのですが、かなり多くの企業からクレームが出ました。

製薬協やメーカーの集まりでも、「今回はガラス張りだから、どこからもクレームがなくきちんと決まるはずだ。クレームは受け付けない」と言ってきたのだけど、かなり出ました。

データの処理に間違いがないか、担当者に何度も何度もさまざまな視点から検証してもらったのですが、間違いはないという返事でした。今回の薬価改定幅の数値は、最初に出した薬価をもとに大蔵省にも保険局にも内々伝えていて、それを改定財源として診療報酬の改定に向けた作業もどんどん進んでいました。

１９９１年12月に入って、大蔵省からも、保険局からも、正式に薬価差はいくらだと決定してほしいと言われたのですが、クレームがあるものですから、それが解消しないうちには決められない。どうしてだろう、どうしてだろうと考え続けていたら、夢のなかでふと、「10月に仕切価制に変えたところが低く出ているのではないか」と理屈なしに思いついたのです。担当者に調べさせたら、クレームの来た会社がすべて10月に仕切価制に変えたところでした。その時点では理由がわかりませんでしたが、問題点の所在はつかめたのです。神さまは一生懸命にやっていると見放さずに助けてくれる、私は何度かそういう思いをしています。

江利川氏

調べていったら、思いがけないことが起こっていたのです。10月に仕切価制に切り替えた会社の製品は、９月までは従来どおりの販売、値引補償ができるから、卸サイドが９月には特に安くして医療機関に納入していたのです。メーカーからの事後補填は当時の商慣行だったのですから、卸を批判することはできません。その９月の数字を、薬価調査で捉えてしまって、薬価が低く出たということでした。

でも、行政の要請に応えて、流通改善の推進に協力してくれた会社が割を食うなんてことはあってはならない。だからこれを戻そうと思って、担当者に、クレームを言ってこなかった会社も含めて10月に仕切価制に移行したすべての会社を呼んで、９月の薬価調査の関係で下がってしまっていた部分を是正するように指示しました。

そうなると、診療報酬改定の財源の大きさが変わってしまう。それは12月７日ごろでしたから、その時点で数字が変わっては大蔵省も保険局も困ってしまいます。だから、薬価改定の直すべきところは直すけど、そうすると薬価改定幅は小さくなるのですが、時期的に数字の変更をしたらみんなが困ると思って、最初に言った薬価差の数字は変えなかった。大丈夫ですかと担当者は心配したけれど、私は、流通改善に協力してくれた会社の薬価戻しを優先して、最後は自分が責任をとるからと言って、そのまま進めました。

予算編成その他、坦々と進んでいったのですが、翌年6月にあるメーカーが株主総会で「うちの会社の薬価改定幅は○%で、平均より小さかった」などと発言しているのですね。全社に同じようなことを言われたらまずいと思って、「改定幅については触れないように」と製薬協に要請しました。製薬協も事情がわかっていましたから、対応してくれました。幸いに、この年の医療費が特別に高くなることもなく、問題にはならなかったのです。

仕組みのないなかで薬価再算定 メーカーには適正利益があるべき

――江利川さんは、経済課長を務めた後、1993（平成5）年6月に保険局企画課長になられています。保険局企画課長として、当時の薬価をめぐる動向、とくに再算定やジェネリックについてどのように受け止めておられましたか。

江利川　薬価基準は、公的な保険制度と生産販売の自由な経済活動とをつなぐ界面活性剤のようなものだということをお話ししましたね。両者がならび立つためには、相互に相手を慮る必要があるのです。医療保険の側は財政事情に偏りすぎて薬価にあまり厳しくしてはいけないし、薬剤費がべらぼうに高すぎては保険財政がもちませんので、それもあってはいけないのです。両者は相互に抑制的でなくてはいけないと思っていました。

わたしがまだ経済課長をしていた当時、三共（当時）の高脂血症治療薬「メバロチン」が大きく売れるようになっていました。医薬品として承認され薬価をつけたのは前任者ですが、当時の三共は〝売れて400億円〟と説明していたと聞いていたのですが、わたしが経済課長の時代には1千億円を超える売り上げになっていました。いい薬がたくさん売れるのは全然構わないのですが、公的保険制度の維持という観点から、あまりにも利益が出すぎるのは行きすぎになるのではないか、想定以上に売れたのなら、十分利益があがっているのですから、ある程度薬価を下げてもいいのではないかと考えていました。さきほど述べたオーファンドラッグとはベクトルの向きが逆になります。

そこで、三共には、当初の予測以上に売れたので薬価を下げてもいいという話を自主的にもってこないかと話したのです。当時は、再算定の仕組みなどなかった。同じことを、インターフェロン製剤についても言いました。当初の想定より市場規模が拡大し、売れるようになっていたので、自主的に薬価を下げてもいいと言ってきてもらいたいと話したのです。三共のほうが金額は大きいので、三共がまず言ってくれればインターフェロンもやれるというイメージをもっていたのですが、三共が言ってこない。

その後、保険局企画課長になって、職権でというと語弊があるかもしれませんが、メバロチンとインターフェロンの再算定[6]をやりました。基本的には界面活性剤の考え方に立って、保険制度と製薬メーカーの両立を図るという考えです。わたしはかなり下げていいのではないかと指示したのですが、ほどほどのレベルで決着しました。

どんなに素晴らしい薬をつくったとしても、医療保険のなかで収まっていかなければなりません。いい薬にはそれなりの〝努力賞〟は認められてしかるべきだと思いますが、努力の程度で差はあるにしても、利益には大きな目で見れば〝ほどほど〟の範囲がある、極端に行きすぎてはブレーキをかけざるを得ない、そういうものではないかと思います。

他方で、医療保険サイドからみると、薬価は安ければ安いほど医療費が下がって財政運営が楽になりますが、そうはいってもメーカーが自主的に研究開発して経済活動をやっているわけですから、そういった自己努力・経済活動を保証するという意味で、医療保険サイドも、メーカーの研究開発や生産販売が的確に行えるように、薬価に配慮をしなければいけない。

ルールがないなかで再算定をしたのですが、わたしは考え方として公平公正だと思っているので、間違ったことをしたとは思いません。現にその後、再算定のルールができています。両メーカーには経済課長時代からお話ししてきたので、本当はその時に自主的に対応してもらいたかった。そうすれば、製薬業界のステイタスが変わったのではないかと、少々残念に思っています。

これが、先発メーカーに関連した、印象に残る話です。

ジェネリックについては、当時の認識では、ずさんな製品が多いと聞いていましたので、多数あるジェネリックメーカーのうち、企業モラルからいうと許されないようなメーカーが淘汰され、良質なジェネリックを作れるメーカーだけが残るようにできないものかと考えていました。財政を預かる立場からすれば、安い薬を使ってほしいというのは当然だし、それできちんとした治療ができれば、医療保険制度の担い手である国民も理解してくれる。そのためにも、承認の基準を厳しくするなどして、しっかりしたジェネリックが残る仕組みが必要なのではないかと思っていました。

R幅は関係者の意思疎通が大事
再算定も相互理解のための柱を

――さて今日、薬価制度抜本改革が進められ、薬価改定も毎年実施される方向です。中期的な今後の課題として、メーカー・卸間、卸・医療機関間の取引などについて、お考えをうかがいます。

江利川　R幅については、改めてきちんと議論してもいいのではないかと考えています。わたしが経済課長になった当時、流近協はR幅を20にすべきといい、中医協は15といい、その差は大きいものですから、これは大変だな、保険局と交渉しなければいけないのだろうと思っていました。しかし、わたしにはそのような要請もこないまま、15に決まっていったのです。そういうことでいいのかなと感じたのは覚えています。

そのころR幅の実態は23だといわれていました。それが、実際は15からスタートして、10まで段階的に下げるとなった。わたしの当時の感覚では、10で止まることはないだろうが5くらいで止まるのだろうと思っていましたが、それが5も割って2になって、今日の調整幅になっている。

R幅とはそもそも何なのか、それについて共通の理解があるのかどうか。もしないのなら、R幅の意味をきちんと整理し、その考えに見合う数字を当てはめるべきだと思います。その数字をもとに、各事業主体が合理的な行動をとればよいのですから。

自由な経済活動を行う製薬企業等と、公的な医療保険制度があって、いわば薬価制度を挟んで左右にいるわけです。右側の医療保険制度は左側の製薬企業等のことを慮り、左側の製薬メーカー等は右側の医療保険制度のことを慮る、ともに相手のことを慮りつつ、この制度が成り立っていくように、R幅のことも含めて、意思疎通を図っていくことが大事です。

――再算定について、これからの話をうかがいます。今、抗体医薬と呼ばれる、効き目は抜群だが、製造コストが非常に高い薬が出てきています。爆発的に売れない限り、製造コストはとても高い。

これから、新薬にはオーダーメイド医療に近いものも出てくるかもしれず、初期の製造コストがさらに高いものもあるでしょう。そういう状況を踏まえて、これから再算定について考えるときに注意することをうかがいたいと思います。

江利川　医療保険サイドは製薬メーカーがきちんと事業ができるように、製薬メーカーサイドも医療保険が持続可能であるように、互いに相手の立場を頭に入れておく必要があります。非常にいい薬が作られたとして、その開発への〝努力賞〟はあってもいいと思いますが、利益の大きさは〝ほどほど〟の範囲内で、と思います。

効能の拡大・追加は患者にとってもありがたいことなので、あっていいことですが、その度ごとに患者数が増えるのならば、再算定を考えていく。そういうことについて、メーカーの立場と、保険の立場の相互理解をするための場とか明確なルールがあるといいと思いますね。両者が納得し合えるところはあるはずです。

効能拡大はある意味で新薬ができたのと同じですから、年4回の新薬の薬価収載と一緒に再算定すればよい。そこをずさんにすると、おかしいと批判されることになるでしょう。

ただ、薬価の決め方についてお互いが納得できればいいのであって、企業の利益はどこまでとか、そんな深部にまで入りこむ必要はないと思いますね。

それから、これからの科学技術の進歩に伴って、超高額な医療、超高額な薬剤が出てくるでしょう。あまりにも高額なものは、公的な医療保険ではカバーできないという事態は生じうるのではないでしょうか。がん保険も当初はそのような位置づけだったように思いますが、高額医療専用の民間保険を活用するとか、新しい工夫が必要になると思います。

保険制度の今後を考えるのなら「医療を卒業する生き方」も議論を

――日本では、新薬は承認されれば収載され、薬価基準は品目表と価格表の両面をもっています。承認されても収載されないものは、ほとんどない。新しくかつ画期的な医薬品が出たときに、直ちに承認・収載というかたちでよいのでしょうか。あるいは、高度先進医療のように、保険でみる分と、自己負担で受ける分を混合するようなやり方が薬でもありうるのでしょうか。

江利川　科学技術の進歩でこれからもいろいろな薬ができるでしょう。ｉＰＳ細胞がもっと安価に作られるようになれば、それを使えば動物実験が不要になるので、今より研究開発コストがかからずに薬の開発ができるようになる可能性もあります。そのようなケースは問題ないのですが、一方で、超高額な薬が出てくる可能性も当然あります。すべてを医療保険でみることができるかというと、そうはいかないケースも出てくると思います。

あまりにも治療費の高い医療や高い薬をすべて医療保険でカバーしようとすると、医療保険制度は破綻してしまいます。国民サイドからは〝不公平〟という議論が起こるかもしれませんが、公的医療保険制度でカバーできない医療や薬については、自費で、高くても民間保険に入っておくかと、そういうことも出てくるでしょう。

先進医療と同じように、保険外と保険をミックスするのも、ひとつの方法ですね。どのようなやり方がいいのかは、これからどんな治療や医薬品が出てくるかを見ながら決めていくことになるのでしょう。今の時点で、ア・プリオリにこうすべきということには踏み切れないと思います。

公的医療保険でどこまでカバーするかということを考えるとき、国民全体で議論してもらいたいなと思うのは、人生の最終段階の医療のあり方についてです。医療者が患者に行うインフォームド・コンセントは、「説明と同意」という意味だと聞いていますが、ある医師は「患者がその治療を受けないと断る権利」であると言っていました。仮にすべての病気が治療できるようになると、人は老衰か事故でしか死ねなくなります。老衰で、動けないまま何年か生きて、死を迎える、そういう人生の終わり方が本当に幸せなのだろうか。

かなり高齢になって、〝ここまで来たからもういいじゃないか〟といって、大きな手術などは受けずに、医療を〝卒業〟するという生き方があってもおかしくないのではないかと思うのです。

保険制度の今後について議論するのなら、終末期医療のあり方について社会全体で議論する、臆病にならずに議論することが、人の生き方を考える上でも、制度を健全に保つ上でも、重要なことだと思います。

――本日は、ありがとうございました。

【編注】

1 「流通・取引慣行に関する独占禁止法上の指針」：公正取引委員会は1991（平成3）年1月17日に「流通・取引慣行に関する独占禁止法上の指針」（ガイドライン）案を公表し、その後、国内外の関係機関、関係団体からの意見をもとに一部修正して、同年7月11日にガイドラインとして正式に公表した。ガイドラインは医薬品流通を名指ししたものではないが、独禁法上の「再販価格維持行為」として、「文書によるか口頭によるかを問わず、メーカーと流通業者との間において、メーカーの示した価格で販売することについて合意の存在が認められる場合」は独禁法違反となり、メーカーによる流通業者の価格拘束に対する厳格な対応を示している。また、価格拘束の手段として①メーカーの事前の承認を得た価格②暗に下限として示される価格―を上げている。ただし、委託販売については「実質的にメーカーが販売していると認められる場合は、違法にならない」との見解を示し、医薬品メーカーと卸売業者間の取引慣行に影響を与えた。

2 加重平均値プラスα方式：薬価算定方式は1950（昭和25）年から90%バルクライン方式が採用され、1982（昭和57）年の中医協答申では、ばらつきの大きい品目について81%バルクライン方式を導入し、薬価基準と加重平均値（全購入金額を全購入数量で除した数値）との乖離が小さい品目については据置き措置を導入する等の修正を行い、62年建議では加重平均値の要素を大幅に加味し、いわゆる上限修正及び下限修正を導入する等の修正を行った。１９９１（平成３）年５月の中医協建議では、銘柄別の全包装取引価格の加重平均値に薬価の一定割合（一定価格幅）を加算した数値を薬価とし、「一定価格幅」は10％とするが、保険医療機関等での安定購入等の面で支障が生じることも懸念されることから、当初は15％とし、３回の薬価改定を経て、13％、11％、そして10％と段階的に縮小する方針が打ち出され、平成４年度改定から加重平均値プラス一定価格幅（R幅）方式が導入された。

　なお、１９９２（平成４）年度改定に向けた薬価の本調査は平成３年６月取引分を対象に7～8月に行われ、経時変動調査は、①他計調査は１９９１（平成３）年５月～４年１月の８回、②自計調査は平成３年10月（9月取引分）と12月（11月取引分）に行われた。経時変動調査を充実して未妥結品の動向を把握し、それを薬価算定の際に十分考慮したことが特徴とされている。

３　仕切価制：各メーカーが医薬品卸に正味仕切価格（従来実納入価格の加重平均値をベースに、商品ごと・全国一律で設定）を示し、卸が医療機関等への実納入価格を決定するしくみ。卸のグロスマージンは、実納入価格をベースとしたマージン分およびリベート分となる。公正取引委員会が上記ガイドライン（案）で示した、メーカーが定めた価格で流通業者が合意の下に販売する形態が独占禁止法上の「再販価格維持行為」にあたるという見解を受けて、医薬品の取引慣行改善に向けた新価格体系として導入された。

　仕切価制（新価格体系）への移行は、１９９１（平成３）年４月には武田、山之内、田辺、藤沢、大塚、第一の大手６社が、５月にはエーザイ、住友、バイエルはじめ10数社が、６月には三共、協和発酵などが実施し、６月までに大手メーカーはほぼ移行した。

　このとき、各メーカーは基本的に全品目について新方式を実施したが、５月から一気に完全仕切価制に移行した萬有製薬を除いて、多くのメーカーでは、実勢価格のばらつきが大きいものなど特定品目を例外的に事後値引の対象とし、一定の経過措置期間後（少なくとも４年４月）に完全仕切価制に移行する方式を採用した（ソフトランディング方式）。

　その後、事後値引措置が「再販価格拘束」にあたるという懸念、流通改善の加速化を求める声をうけて、各社はその廃止と完全建値制への移行（完全仕切価制への移行）を検討した。これにより、平成３年10月には武田、山之内、藤沢、バイエルが完全仕切価制を実施（小野薬品は９月実施）、その他大手メーカーの多くも、経過措置期間を前倒しして、平成４年１月までには完全仕切価制に移行した。

４　臨床試用医薬品（医薬品サンプル）の保険請求：医療機関等が臨床試用医薬品（医薬品サンプル）の提供を受けた場合、そのサンプル医薬品の薬剤料を保険請求することが可能だったが、１９９１（平成３）年５月の中医協建議で、医薬品サンプルの取扱いの適正化等を通じた医薬品使用の適正化が打ち出された。これを受けて厚生省は平成４年５月の保険局長通知で、医薬品サンプルについて「医療保険上の給付対象となる「薬剤」には該当しないものであり、したがって、臨床試用医薬品に係る薬剤料については、保険請求は認められない」とした。ただ、サンプル医薬品が薬価基準に収載されている医薬品であれば、サンプル医薬品に係る処方料、注射料、調剤料等の技術料は、保険請求が認められるものであるとの判断を示した。

5　オーファンドラッグ：オーファンドラッグは、希少疾病用医薬品とも呼ばれる。難病のように医療上の必要性が高いにもかかわらず、患者数が少ないことから研究開発が進まないため、1993（平成5）年4月に「薬事法及び医薬品副作用被害救済・研究振興基金法の一部を改正する法律」が公布され（施行は平成5年10月1日）、オーファンドラッグ等の開発支援が薬事法等に規定され、研究開発促進制度が始まった。

オーファンドラッグの指定要件は、①対象患者数が国内で5万人に達していない②代替する適切な医薬品、治療方法なく、既存の医薬品と比べて著しく高い有効性、安全性が期待される—医薬品で、こららの条件を満たすと、薬事法によりオーファンドラッグに指定される。オーファンドラッグに指定されると、PMDAの優先審査（10カ月、通常品目は16カ月）の対象となるほか、申請手数料の減額、再審査期間の延長（通常8年→10年）、試験研究費への助成（指定から承認申請までの必要な試験研究の直接経費の2分の1を上限に助成金）が交付され、助成金を除く直接経費の12％が税控除の対象となるなどに開発支援が受けられる。

6　メバロチンとインターフェロンの再算定：1993（平成5）年11月の中医協総会で、インターフェロン製剤5品目、高脂血症治療薬（メバロチン、リポバス）の薬価引き下げを決定した。1982（昭和57）年9月の中医協答申で、「薬価基準収載後、効能・効果、用法・用量等を拡大した場合には必要に応じ価格の見直しを行う」との方針のもと、①原価計算方式により算定した医薬品は、価格算定の前提条件である患者数等が大きく変化した場合②類似薬効比較方式により算定した医薬品は、価格設定の前提条件である使用方法、適用対象患者の範囲等が変化し、対照薬とした医薬品との類似性が損なわれた場合—に適用し、価格を見直すことになった。この結果、1994（平成6）年4月の薬価改定では、メバロチン、リポバスは12・2％、インターフェロン5剤は13・5～22・7％引き下げられた。

インタビュー　薬価制度改革のエポックを辿る②

平成初期からの新薬算定方式と既収載品の改定方式をめぐって

――製薬企業の視点で振り返るイノベーション評価

元アステラス製薬株式会社渉外部 上席専任理事　古賀 典之
第一三共株式会社渉外部薬価・流通グループ主席　染谷 仁一

薬価抜本改革は、「国民皆保険の持続性」と「イノベーション評価」の両立を通した「国民負担の軽減」と「医療の質の向上」の実現を目標とし、イノベーションの適切な評価は、２０１８（平成30）年度改定での新薬創出加算の抜本的見直しや新薬の算定方式（原価計算方式）の見直し等として実施された。

薬価基準に期待されてきた「イノベーション評価」は、これまでの新薬の薬価算定および再算定においては、どのように具体化されてきたのだろうか。

そこで類似薬効比較方式Ⅱが導入されて現行算定方式の基礎が作られた１９９５（平成７）年から、新薬創出加算が試行的に導入された２０１０（平成22）年までを中心に、製薬企業の視点から振り返ることとする。製薬企業が薬価制度に関する研究・意見集約を行う場である日本製薬団体連合会・保険薬価研究委員会（薬価研）の元副委員長の古賀典之氏と、現在、薬価研で幹事を務める染谷仁一氏のおふたりに、お話しいただいた。

1　新医薬品の算定ルール

中医協非公開の時代　限られた情報で〝ひもとき〟

――新薬の薬価のつけ方と既収載品の改定方式について、平成初期からの変遷を、製薬企業で薬価に関する実務を担ってきたおふたりの視点で振り返っていただきます。

まず、新医薬品の薬価算定ルール（図表４）の変遷について、古賀さんが薬価制度に関係する仕事を始めたころのお話から聞かせていただけますか。

古賀　昭和50年代には、日薬連の薬価研と東京医薬品工業協会（東薬工）の薬価研がありましたが、私は１９８３（昭和58）年に東薬工の薬価研に入って、62年から日薬連の薬価研の幹事になりました。

当時の中医協は非公開で[1]、情報開示もほとんど行われていませんでした。新薬が収載され薬価が告示されると、その薬の効能・効果と用法・用量、薬理作用と化学構造、臨床成績、類似薬の有無とその薬価等を調べ、それらに基づいて、どういう算定が行われたのかを推定するしかありませんでした。

その他、薬価基準改定時に厚生省が開く説明会や、団体が主催する講演会で、厚生省の担当官が算定ルールについて説明をするなかで、それまで公表されていなかったことに少し触れられることがあり、それを参考にする程度でした。

新薬の算定ルールそのものは、１９８２（昭和57）年の中医協答申において、大まかなところが示されていましたが、その具体的な運用については、わずかな情報から推定するだけだったというわけです。

――いわゆる〝ひもとき〟をしていたわけですね。

染谷　中医協は１９９７（平成９）年から公開され

図表４　新医薬品の薬価算定方式の概要

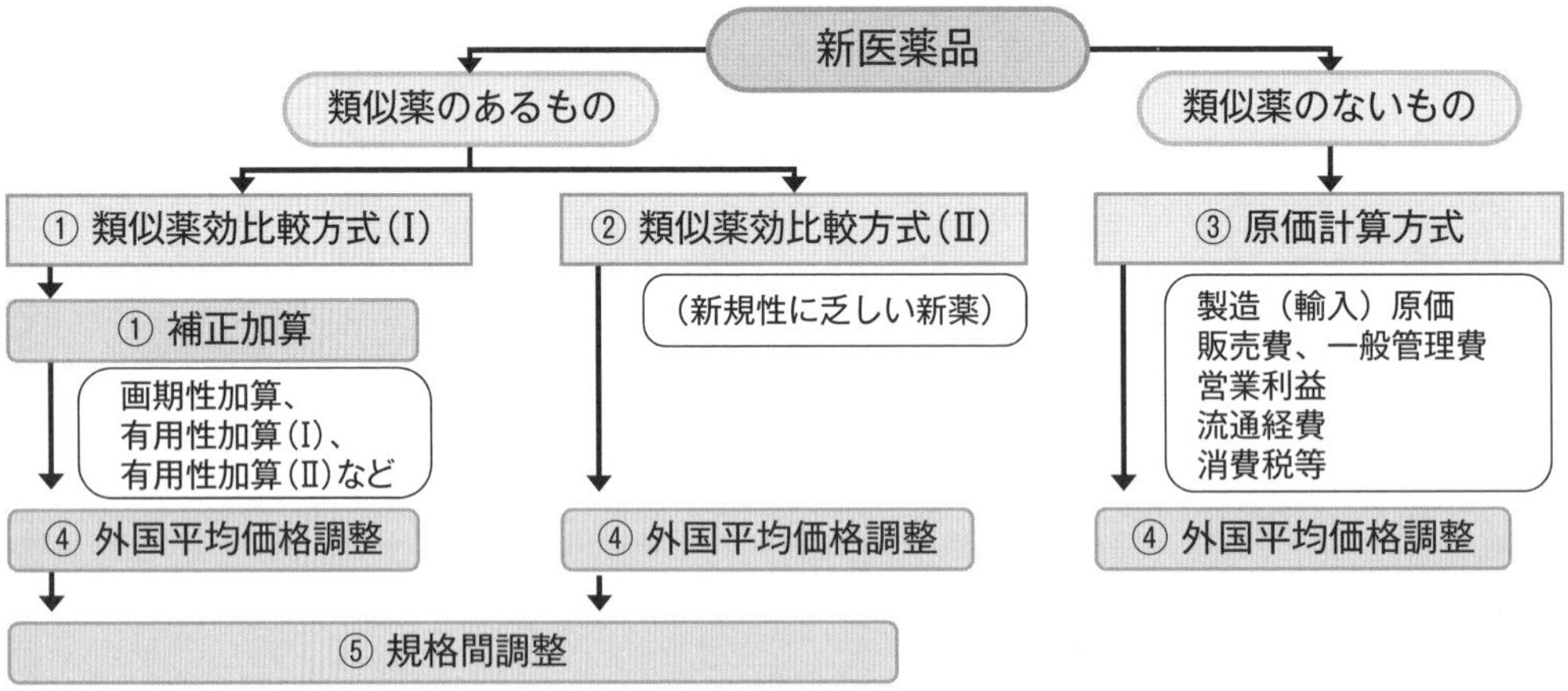

るようになり、新薬の算定結果が公表されるようになったのは平成9年6月からです。フロモックス（塩野義製薬）等が一番初めでした。それまでは、官報告示された薬価から算定根拠を推定していました。

――新薬の薬価算定における補正加算は、中医協の昭和57年答申、平成3年建議、7年建議、12年了解、14年了解、18年了解…と変遷があり（**図表5**）、加算率がだんだん高くなってきたという印象を私はもっています。古賀さんはどのように捉えておられますか。

左から、古賀氏、聞き手の長野氏、染谷氏

古賀　平成7年建議で有用性加算が2つに区分され、基準加算率を10％とするⅠと、3％を基準とするⅡができました。さらに、新規性に乏しい新薬、現在ではほとんど死語ですが、いわゆる〝ゾロ新〟のカテゴリー（類似薬効比較方式（Ⅱ）、**図表6**）もできて、そこで新薬では初めて減額算定が導入されました。

それ以前、特に平成3年建議に基づく算定ルール実施より前には、新薬の算定において比較薬の選定は、同じ系統すなわち同様の効能・効果、薬理作用を有する新薬の中で、何番手に当たるものであっても、最も直近に収載された一番高い薬価の類似薬になることがほとんどでした。たまたま比較臨床試験の対照薬と算定の比較薬が同じであった場合に、有効性か安全性で統計的に有意に優っていれば、3％前後の有用性加算が付いただけであり、直近に収載されたものはほとんど横並びの高薬価になっていました。そうすると、何番手に出しても同系統で最高水準の薬価がつくことが保証されているようなもので、このことが、例えばβ-遮断剤やCa拮抗剤が代表的なケースですが、一桁を超える成分数の同系統薬が出てくる、すなわち「日本ではゾロ新が多すぎる」という批判を招いた最大の要因になっていたと考えられます。

このことの今一つの要因として、平成3年度まで

図表5　補正加算の要件と加算率の推移（～平成20年）

	画期的新薬	有用性の高い新薬	市場規模の小さい新薬
昭和57年答申	先駆性加算　３％ 医療上の必要性が十分評価できる新医薬品であって、先駆性を有する新医薬品で、研究開発費が相対的に大きく、その配慮が必要とされるもの	有用性加算　３％ 有効性または安全性について高い評価のできる新医薬品	市場性加算　３％ 医療上の必要性が十分評価できる新医薬品であって、市場規模の小さい薬効群に属し、薬価の低いものまたは患者数が限られている難病疾患を主な対象として用いられるもの
平成3年建議	画期性加算　20％ 以下の要件すべてを満たす新医薬品 ア　全く新しい着想によって研究・開発されたもの／イ　既存の医薬品に比して明らかに高い有効性または安全性を有することが、客観的かつ科学的に実証されている／ウ　対象疾患の医療体系に重大な影響を与えることが予想され、治療方法の改善・進歩への著しい貢献が期待される	有用性加算　３％ 以下の要件のうち少なくともひとつを満たす新医薬品 ア　既存の医薬品に比して明らかに高い有効性を有することが、客観的かつ科学的に実証されている／イ　既存の医薬品に比して明らかに高い安全性を有することが、客観的かつ科学的に実証されている／ウ　製剤学的な工夫により、既存の医薬品に比して、明らかに高い医療上の有用性が期待される	市場性加算　３％ 以下の要件のうち少なくともひとつを満たす新医薬品 ア　患者数が極めて少ない疾患を適用として承認されたもの／イ　市場規模が小さい薬効群に属するもの
平成7年建議	画期性加算　40％ 以下の要件すべてを満たす新医薬品 ア　全く新しい着想によって研究・開発されたもの／イ　既存の医薬品に比して明らかに高い有効性または安全性を有することが、客観的かつ科学的に実証されている／ウ　対象疾患の医療体系に重大な影響を与えることが予想され、治療方法の改善・進歩への著しい貢献が期待される	有用性加算（Ⅰ）　10％ 画期性加算の３要件のうち２つを満たすもの 有用性加算（Ⅱ）　３％ 以下の要件のいずれかを満たすもの ア　既存の医薬品に比して明らかに高い有効性または安全性を有することが、客観的かつ科学的に実証されること イ　製剤学的な工夫等により、既存の医薬品に比して、明らかに高い医療上の有用性が期待されること	市場性加算（Ⅰ）　10％ 患者数が極めて少ない疾患を適用として承認されたものであること（希少疾病用医薬品に準じた医薬品であること） 市場性加算（Ⅱ）　３％ 市場規模が小さく新医薬品の開発が少ない薬効群に属するものであること
平成12年了解	画期性加算　40％ 次の要件をすべて満たす新規収載品 イ　全く新しい着想によって研究・開発されたものであること／ロ　類似性に比して、高い有用性または安全性を有することが、客観的かつ科学的に実証されていること／ハ　当該新規収載品により当該新規収載品の対象となる疾病または負傷の医療体系に重大な影響を与えることが予想され、治療方法の改善・進歩への著しい貢献が期待されること	有用性加算（Ⅰ）　10％ 画期性加算の３要件のうち２つを満たす新規収載品 有用性加算（Ⅱ）　３％ 以下の要件のいずれかを満たすもの イ　類似薬に比して高い有効性または安全性を有することが、客観的かつ科学的に実証されている／ロ　製剤における工夫により、類似薬に比して、高い医療上の有用性を有することが客観的かつ科学的に実証されている	市場性加算（Ⅰ）　10％ 次の要件をすべて満たす新規収載品 イ　薬事法の規定に基づく希少疾病用医薬品であって、対象となる疾病または負傷にかかる効能および効果が、当該新規収載品の主たる効能および効果である／ロ　新規収載品の主たる効能および効果にかかる薬理作用類似薬がない 市場性加算（Ⅱ）　３％ 次の要件をすべて満たす新規収載品 イ　当該新規収載品の主たる効能および効果が、市場規模が小さいものとして別に定める薬効群に該当する／ロ　新規収載品の主たる効能および効果にかかる薬理作用類似薬がない
平成14年了解	画期性加算　40～100％ 次の要件をすべて満たす新規収載品 イ　臨床上有用な新規の作用機序を有する／ロ　類似薬に比して、高い有効性または安全性を有することが、客観的に示されている／ハ　当該新規収載品により当該新規収載品の対象となる疾病または負傷の治療方法の改善が客観的に示されている	有用性加算（Ⅰ）　15～30％ 画期性加算の要件のうちイまたはハのいずれか、および口を満たす新規収載品 有用性加算（Ⅱ）　５～10％ 次の要件のいずれかを満たす新規収載品 イ　類似薬に比して、高い有効性または安全性を有することが、客観的に示されている／ロ　製剤における工夫による、類似薬に比して、高い医療上の有用性を有することが、客観的に示されている／ハ　当該新規収載品により当該新規収載品の対象となる疾病または負傷の治療方法の改善が客観的に示されている	市場性加算（Ⅰ）　10％ 要件は12年と同 市場性加算（Ⅱ）　３％ 要件は12年と同
平成18年了解	画期性加算　50～100％ 要件は14年と同	有用性加算（Ⅰ）　25～40％ 画期性加算の３要件のうち、２つを満たす新規収載品 有用性加算（Ⅱ）　５～20％ 要件は14年と同	市場性加算（Ⅰ）　10％ 要件は14年と同 市場性加算（Ⅱ）　３％ 要件は14年と同
平成20年了解	画期性加算　70～120％ 要件は18年と同	有用性加算（Ⅰ）　35～60％ 画期性加算の３要件のうち、２つの要件を満たす新規収載品 有用性加算（Ⅱ）　５～30％ 次のいずれかの要件を満たす新規収載品 イ　臨床上有用な新規の作用機序を有する／ロ　類似薬に比して、高い有効性または安全性を有することが、客観的に示されている／ハ　製剤における工夫により、類似薬に比して、高い医療上の有用性を有することが、客観的に示されている／ニ　当該新規収載品により、当該新規収載品の対象となる疾病または負傷の治療方法の改善が客観的に示されている	市場性加算（Ⅰ）　10～20％ 次の要件をすべて満たす新規収載品 イ　18年と同／ロ　比較薬が市場性加算の適用を受けていない 市場性加算（Ⅱ）　５％ 次の要件をすべて満たす新規収載品 イ　18年と同／ロ　比較薬が市場性加算の適用を受けていない

※小児加算は平成18年に、加算率３～10％として次の要件をすべて満たす新規収載品について設けられた。イ　主たる効能および効果または当該効能および効果に係る用法および用量に小児にかかるものが明示的に含まれている／ロ　主たる効能および効果に係る薬理作用類似薬（当該効能および効果に係る用法および用量に小児にかかるものが明示的に含まれていないものに限る）がない。平成20年には、ロは「比較薬が小児加算の適用を受けていないこと」に見直された。　　中医協薬価専門部会 平成19年５月30日資料、平成20年７月９日資料をもとに作成。一部改変。下線は編集部。

図表６　新医薬品の薬価算定ルールの推移（～平成20年）

	類似薬効比較方式（Ⅰ）	類似薬効比較方式（Ⅱ）	原価計算方式
昭和57年「新医薬品の薬価算定に関する懇談会」報告	新医薬品と効能・効果、主要な薬理作用等が類似している医薬品（いわゆる比較対照薬）を薬価基準に収載されている医薬品の中から選定することができるものは、類似薬効比較方式により薬価で算定する。		比較対象薬を選定できない新薬は暫定的に原価（製品製造原価、販売費及び一般管理費、営業利益額、適正な流通経費を加算等）計算方式とし、その際、諸外国の薬価を参考とし、必要な調整を行う。
平成７年11月中医協建議		「新規性に乏しい新医薬品の評価、外国薬価との調整：既収載の類似医薬品と比較して有効性または安全性の評価が客観的に同等程度の場合は、類似した医薬品の価格の平均を超えない水準に価格を設定する（建議）」：過去10年の同種同効薬の平均価格か、直近６年の新薬の最低価格を超えない薬価を設定（同一薬理作用のもので最も先行するものから３年以内か、３番目以内は除く）。	
平成12年３月「薬価算定の基準について」新医薬品の薬価算定基準を明文化	類似薬効比較方式（Ⅰ）の明文化 イ　比較薬と剤形区分が同一である場合 新薬の１日薬価と、類似する効能および効果にかかる比較薬の１日薬価とが同一になるように算定された、当該新薬の薬価算定単位あたりの費用の額 ロ　比較薬と剤形区分が異なる場合 当該新規医薬品の１日薬価と、類似する効能および効果にかかる比較薬の１日薬価とが同一になるように算定された、当該新規収載品の薬価算定単位あたりの費用の額に、類似薬の剤形間比を乗じた額。	類似薬効比較方式（Ⅱ）明文化 イ　過去10年間に収載された類似薬がある場合：当該新薬の１日薬価と次のいずれか低い額とが同一となるように算定 ○過去10年間に収載された類似薬について、当該新薬と類似する効能および効果に係る１日薬価を相加平均した額 ○過去６年間に収載された類似薬の当該新薬と類似する効能および効果に係る１日薬価のうち、最も低い１日薬価 ロ　過去10年間に収載された類似薬がない場合：当該新薬の１日薬価と、直近収載類似薬の当該新薬と類似する効能および効果にかかる１日薬価と同一になるように算定	薬価算定単位あたりの製造または輸入に要する原価に販売費および一般管理費、営業利益、流通経費ならびに消費税・地方消費税相当額を加えた額を薬価とする。
平成14年薬価制度改革		類似薬効比較方式（Ⅰ）との逆転防止 類似薬効比較方式（Ⅱ）で算定した１日薬価が、類似薬効比較方式（Ⅰ）で試算した１日薬価を超える場合には、過去15年間に収載された類似薬の平均１日薬価または過去10年間に収載された類似薬の最低薬価の低い額とする。	諸経費（販売費および一般管理費、営業利益、流通経費）の算定に用いる係数のあり方を見直す。具体的には、製造（輸入）原価に単純に比例する現行方式を見直すこととし、その際、希少疾病用医薬品など医薬品の特性がより適切に反映されるよう配慮する。また、算定根拠を添付した場合にはあらかじめ定められた係数以外の係数を用いて算定した収載希望書を提出できる。
平成16年薬価制度改革		類似薬効比較方式（Ⅱ）の厳格化 類似薬効比較方式（Ⅱ）の対象となる新薬で、類似薬効比較方式（Ⅰ）により算定した価格との逆転が起きる場合は、次のうち一番低い薬価との１日薬価とする。 ①過去10年間の類似薬の最低薬価 ②過去15年間の類似薬の平均薬価 過去10年間に薬価収載された薬理作用類似薬がない場合についても、同様の逆転現象を防止するルールの導入。	
平成20年薬価制度改革			既存治療と比較した革新性や有用性、安全性の程度に応じて、営業利益率を±50％の範囲内でメリハリをつけた算定方式とする。

は、「先駆性加算」、通称「国産加算」というルールがあったことが挙げられます。これは、新規成分を国内で創製して薬事承認取得企業が物質特許を取っていれば、例外なく3％前後の加算が得られるというルールであり、やはり同系統の新薬が多数出てくる重大な背景となっていました。

3年建議で、「画期性加算」として真に画期的とされる新薬については比較薬の薬価に20％を基本に加算するルールが導入されましたが、これは関係者からは「ピカ新加算」と呼ばれていました。それ以前から、画期的な新薬をもっと高く評価すべきという議論はなされていたのですが。

画期性加算が導入された時には、前述の「先駆性加算」が廃止されました。財源的にも、ルール的にも、画期性加算の導入と先駆性加算の廃止はバーターだといわれていました。先ほど述べたように先駆性加算は、新薬の有用性や革新性の度合とは無関係に、国内で創製して物質特許を持っていれば取れたのですが、これは内資企業だけが取れたのではなく、あくまでもレアケースですが、外資企業で取得したところもあったと記憶しています。

――当時は、外資系企業というのは独立した会社は少なく、国内企業と提携しているところが多かったですね。先駆性加算は、産業振興政策という面もあったのですか。

古賀　ともすれば、そういう意味もあったかと思います。

――その直前に日米関係ではＭＯＳＳ（market-

〈PROFILE〉
古賀典之（こが・のりゆき）
昭和56年に当時の藤沢薬品工業株式会社(現アステラス製薬株式会社)に入社。平成24年に渉外部上席専任理事。昭和62年から日薬連薬価研の幹事を務め、平成20年から副委員長。平成24年10月から26年1月にかけて中医協薬価専門部会に参考人として出席。

oriented sector-selective talk）協議（市場志向型・分野別協議）[2]があったと思いますが、その影響はありましたか。

古賀　１９８６（昭和61）年1月のＭＯＳＳ協議の報告書は、日米政府間の合意事項を明記したものですが、薬価制度上の重大なルール変更や新たなルールの策定に当たっては、必ず外資系団体の意見を聴くことが定められました。それによって、外資系の企業・団体は政府や中医協に対して公式に意見をぶつけることができるようになり、その影響力は増したと言えるのではないかと思います。

ＭＯＳＳ協議を受けて、それまでは年に2回程度不定期に行われていた新薬の薬価収載が、昭和61年度から年4回定期的に実施されるようになって、これは内資企業に対しても非常に大きなメリットをもたらしました。当時は、こんな改革がいきなり実現して驚いたことを覚えていますが、日米両首脳の「ロン・ヤス関係」の恩恵の一つと捉えていました。

加算率の充実と制度改善
「代償は必ず払わされた」

――中医協に薬価専門部会が設置されたのは１９９０（平成2）年12月ですが、１９９９（平成11）年9月から、製薬団体と流通団体が専門委員を出せるようになりました。中医協は9年まで公開されていませんでしたから、医薬品産業界サイドは、薬価専門部会に参加するための準備も大変だったと思います。当時はどのような雰囲気でしたか。

〈PROFILE〉
染谷仁一（そめや・じんいち）
昭和63年に第一製薬株式会社（現第一三共）に入社。平成6年から現職。平成15年から薬価研の幹事、平成20年から22年まで幹事長を務める。薬価研在籍期間は現メンバーの中で最長。

古賀　今は、日薬連の薬価研では、各業態を代表する20数社で協議して、意思決定を行っています。しかし、中医協に委員を出し始めた当時は、2社か3社くらいの考えだけで進められていたという印象でした。薬価研の中での情報公開も今のようではなく、公表されたものを見て、初めて知るということがありました。

薬価研の会議で経緯の説明があるにしても、タイムラグがあったり、極めてかいつまんだ話だけだったようにと記憶しています。

ただ、当時は自分も新米でしたし、それにそのようなことはどんな社会でも程度の差こそあれ共通しており、そうしなければ情報漏洩が起こったり意見集約ができなかったりといった不都合な事態が生じうるので、ある程度やむを得なかったかなとは思いますが。

――新薬の収載時の加算に話を戻しますが、1991（平成3）年頃から2000（平成12）年頃までの加算率の充実について、業界はポジティブに受け止めていたのでしょうか。

古賀　加算率の充実と加算システムの改善というのは、何も代償なしに得られたものではないのです。その都度、ルールの他の部分で、良きにつけ悪しきにつけ必ず何らかの代償を払ってきたというのが実態でした。

画期性加算の新設の際には、一方で先駆性加算の廃止があったのは、お話ししたとおりです。

7年建議では画期性加算の基準加算率が20%から40%に上がり、基準率が3%に過ぎなかった有用性加算が二つの区分に分かれ、新設された有用性加算（I）の基準率は10%になりました。一方で、新規性に乏しい新医薬品の薬価について、いわゆる〝ゾロ新算定〟（類似薬効比較方式（II））が導入されました。同じ効能・効果、薬理作用の系統で一番手から3年以内もしくは3番手以内に出せたものを除く新薬で、有用性が同等程度でしかないものは、直近6年間の類似薬の最低薬価か過去10年間の類似薬の平均薬価の、いずれか低いほうで算定されることになったのです。

良いものは可能な範囲で高く評価し、そうでないものはそれまでより低く算定することによって、メリハリをつける方向に変わったと捉えており、これは政策として正しかったと考えています。

2002（平成14）年から、「有用性加算（II）」（以下、有II加算）で、「ハ　当該新規収載品により当該新規収載品の対象となる疾病または負傷の治療方法の改善が客観的に示されていること」という要件が入り、治療方法の改善だけで有II加算が取れるようになりました（図表2）。同じく14年には有II加算の加算率が「5～10」%に引き上げられてもいます。このルール改正は、企業サイドに対して、非常に大きなメリットをもたらしたのではないかと思います。

この要件を充足することで加算を得られるようになるというのは、特に私にとって悲願の一つでした。というのは、それまでは基本的に、直接比較した臨床試験で有効性もしくは安全性において有意に優った場合に限って有用性加算が付されていたのですが、新薬の有用性というものは、そのような臨床的優越性だけに留まるものではなく、例えば病態や合併症によって既存薬は無効もしくは投与できない場合に、新規の作用機序によって治療可能となるような、言ってみれば治療の幅を大きく広げるようなケースも明らかに該当するだろう。そのようなケースにも有用性加算は適用されるべきと考えていたからです。

このルール改正で、そのようなケースでの加算取得が可能になったと捉えており、今でも有Ⅱ加算がつく場合には、この要件を満たしていることが一番多いのではないでしょうか。

染谷　私が薬価研に入ったのは2003（平成15）年ですが、この時期を振り返って、平成14年に「ハ」の要件が見直されたことは大きかったと思います。これによって、有Ⅱ加算のみならず、有Ⅰ加算を取得する品目も増えたと思います。

――この平成14年の要件緩和の背景には何がありましたか。

古賀　非常に大きな代償を支払っています。「後発品のある先発品の特例引下げ」のルールが同時に導入されたのです。初めて後発品が出た先発品の薬価を、その直後の薬価改定で実勢価に基づく引下げに追加して4～6％下げることになりました。

――新薬の収載時薬価算定の加算率の充実や要件の緩和がなされる一方、改定方式で〝代わりに〟導入されたものがあるということですね。

古賀　ゾロ新算定も、導入当初の1995（平成7）年時点では、6年間の最低薬価か、10年間の平均薬価のいずれか低いほうで算定するということでしたが、その後、2、3度改められています。6年間最低、10年間平均でもなお、類似薬効比較方式（Ⅰ）による算定額より高くなるという、いわゆる「逆転現象」が起きることがあったので。

染谷　ルールが見直されるまでは、最初から類似薬効比較方式（Ⅱ）（以下、類Ⅱ）を狙っていった企業もありましたね。

それから、薬価算定ルールは12年に明文化され、「類似薬選定のための薬剤分類」[3]ができたので、それで類Ⅱから逃れられなくなってしまったのですが、それまでは3番手以内かどうかは、交渉次第という側面もあったように記憶しています。

古賀　薬剤分類は、メーカー側にとってポジティブな面もあります。新薬の算定で一番厳しかったのは、1997、8、9（平成9、10、11）年くらい。その頃、効能・効果が同じであれば、作用機序は全然違うのに、無理やり安い類似薬を比較薬に持ってこられて、企業・当局間で大揉めしたケースが複数あり、さすがにそのままでは持たないから、薬理作用が類似している範囲を明確化しようという機運があったのではないかと推測しています。

日本型参照価格制度の導入が平成9～11年に議論された際に当局から出された、一定領域の既存薬を薬理作用に基づいてグルーピングした案がベースとなったのではないかと思いますが、類似薬の範囲を定めた分類表が公表され、新薬算定の比較薬となり得る範囲・なり得ない範囲が明らかにされました。その影響は大きかったですね。

――1997（平成9）年7月から12年7月まで、薬剤管理官は石井甲一さん。経済課長は平成8年7月から10年1月までは阿曽沼慎司さん、その後13年1月までは薄井康紀さんですね。

古賀　1986（昭和61）年の新薬年4回収載の開始から10年間近くは、医薬品産業は様々な要因があって、ずっと上り調子にあったと捉えています。1995（平成7）年度の医療用医薬品の売上は、平成の一桁台の中では最大になっていたのですが、翌年から急転直下で厳しくなりました。平成7年中医協建議でルール化された市場拡大再算定の大鉈が、8年の薬価改定で多数の品目に振るわれたのは衝撃的でした。また、社会環境的にも薬害エイズ問題などで、医薬品業界全体に対して極めてアゲインストな風が吹いていました。また、厚生省では岡光序治さんの事件（1996（平成8）年）があり、厚生行政自体にも厳しい目が向けられていた時代でした。

染谷　治験の信頼性に問題が生じて、治験のルールであるGCPが改正され、一時、新薬の承認・収載がずいぶん滞った時期がありました。もともと橋本内閣の時代は厳しかったのですが。

新薬の算定ルールが改善されてきた経緯を振り返ってみると、算定根拠の公表や算定ルールの明文化が大きく影響しているように思います。

算定ルールが明文化される前は、類似薬の選定が新薬の薬価算定に影響を与える一番大きなファクターでした。ルールが明文化され、薬剤分類表ができた後は、加算を取得することの影響が相対的に大きくなりました。類似薬の薬価が改定によって引き下がった分を加算で取り返そうとするわけです。加算要件や加算率の改善は、収載後の薬価は下がる方向にしかないという日本独特の仕組みを補うという意味もあったのだと思っています。

その点で、新薬創出等加算の導入は、収載後の薬価を維持するだけでなく、収載時の薬価の水準を改善するという効果もありました。加算体系はこのまで良いのか、算定方式は見直す必要がないか、新薬創出等加算が定着した後の新薬の薬価算定のありかたについて、医薬品業界としても検討を進めなくてはならないと思っています。

2　再算定が果たした役割

再算定はやむをえないが数値基準の設定には疑問

――本連載のインタビューで、江利川毅さんに、平成5年のインターフェロンとメバロチンの再算定の経緯について、厚生省側の視点からのお話をうかがいました。当時、メーカー側は再算定に関してどう感じていましたか。

古賀　医薬品業界の当初の反応は、当然ながら「再算定けしからん！」というものでした。とはいえ、新薬の薬価算定のメカニズムを知っている者としては、「再算定は、必要だよな…」というのが正直なところでした。「これがないと、モラルハザードが起きてしまうだろうな」と、内心思っていました。

薬価基準に収載しようとする際、メーカーが需要予測を示して厚生省と価格交渉をするのです。1993（平成5）年6月から6年9月まで経済課長を務めた堤修三さんは、「収載時に薬価設定の前提とされた条件から、市販後の実態が大きく乖離したならば、薬価は是正される必要がある」とおっしゃっていたと記憶しています。私もそう思っていましたが、ほとんど口には出しませんでした（笑）。

――私がおりました第一製薬（現第一三共）が、東レのインターフェロン製剤のフエロンを提携販売していました。そもそもフエロンは収載時薬価が原価計算でしたし、C型肝炎の効能追加があって算定時見通しをはるかに超えて桁違いに売れたのなら、引下げ率の算定方法は客観的な納得性が必須ですが、再算定をされるのは仕方ないと個人的に思っていました。

古賀　原価算定品では特に明確ですよね。患者数と用法・用量に基づいて、どのくらい需要があるかを予測する。費用と利益を積み上げたものを、収載後何年かの予測需要量で割り込んで薬価を設定する。このように、予測した量というのは重要な前提条件の一つであって、市販後に予測を実際の販売量が大幅に上回っているのに、薬価がそのままであれば、固定費は変わらないのだから、結果としてメーカーが過大な利益を得てしまうことになります。メーカーとしては、予測を小さく見積もったほうが薬価は高くなるし、市販後に沢山売れれば利益は大きくなるので、そのような予測をする誘因は存在するわけです。程度の問題ではあるものの、これが是正できなければ、やったもの勝ちという悪しきマインドが跋扈してしまい、さすがにそれは不適切であるから、内資系の業界では原価算定品の再算定については一概に反対はできないという判断になったと捉えています。

そこへいくと、類似薬効比較方式での算定品の場合は複雑になります。メーカーは薬価収載の交渉を行っている際に、実地臨床での使われ方と需要の見通しを示します。類似薬の動向を踏まえて、競合相手として何を見ているか、市場のシェアをどれくらい取れるか、おおよそのところを推定して出しているわけです。

ここで問題となるのは、ある類似薬と臨床的位置づけが同じで同様な使われ方をするからという理由で、その類似薬を比較薬として希望し算定されたのに、いざ市販されてみたら使われ方が全然違ったというケースです。端的な例を挙げれば、高価なセカンドラインあるいはサードラインの類似薬を比較薬としたのに、実際は安価なファーストラインの類似薬並みの使われ方がされ、結果として大きく市場拡大してしまうといったケースでしょうか。

とはいえ、このようなケースは非常に稀で、よくあるのは単にシェアの見込みと実際が異なるケースです。臨床的位置づけが同様な薬剤の市場の中で、獲得したシェアが予測をある程度上回ったに過ぎないのに、それをもって再算定するというのは、はなはだ不当と考えていました。いわゆる「売れたら下げる」というパターンですが、実際は適応追加があったものに適用されるケースがほとんどです。

１９９４（平成６）年の中医協了解事項に基づいて行われた再算定[4]についてですが、当時メバロチンやリポバスなどのスタチン系の高脂血症治療剤の売上高が大幅に拡大し、毎年の薬剤市場の売上増を牽引していきました。高脂血症の診療ガイドラインにおける、治療を開始すべき検査値の基準が下げられて、対象患者が大幅に増えたことも影響したといわれています。

――スタチンは画期的新薬だったと思うのですが、再算定の一事例になりました。おふたりの記憶の中で、画期的新薬の第1号といえるものは何でしょうか。

古賀　実際に画期性加算適用の第1号となったのは移植用免疫抑制剤であるタクロリムスですが、加算創設の際に当局が、イメージされる画期的新薬の実例として示したのは、消化性潰瘍治療剤であるシメチジンと貧血治療剤であるエリスロポエチンでした。特にシメチジンについては、新規作用機序により外科的治療に置き換わり得る効果を有し、消化性潰瘍の治療体系を大きく変えたと評価されていたのが印象的でした。

染谷　私は、画期的新薬としてメバロチンの〝破壊力〟はすごかったと思っています。これに続くものとしては、日本から出たものでアリセプト（エーザイ・抗認知症薬）。これは原価算定品でした。良いものは原価で算定されるケースが多いのです。類似薬効で画期性加算の事例が多くないのはそういう事情です。

——２０１６（平成28）年度に導入された特例拡大再算定についてはどのようにお考えですか。

古賀　特例拡大再算定[4]は、「年間販売額が１０００億円を超え１５００億円以下、かつ予想販売額の１・５倍以上」「年間販売額が１５００億円を超え、かつ予想販売額の１・３倍以上の場合」の医薬品が対象とされました。

再算定のルール自体については、もとを正せば、昭和57年の「新医薬品の薬価算定に関する懇談会報告」[5]で、効能追加等があった場合には収載後に薬価引下げがあることを匂わせる記述がありました。当初は、売上というよりも、追加した効能での類似薬薬価とのバランスを考えるという面が大きかったと記憶しています。当初の算定薬価があって、市販後に効能追加をして、効能を追加した領域で既存薬があれば、その薬価と比較し、所要の場合は随時薬価の引下げが行われてきたという経緯があります。

平成28年の特例拡大再算定では、売上の数値基準が示されましたが、それについては疑問を感じていました。というのも、特例拡大再算定を行う趣旨として、「医療保険財政に大きな影響を及ぼすような薬剤については薬価を引き下げる」といったことが当局資料には書かれていたと思うのですが、「大きな影響」をもたらす売上の規模とはどれくらいなのか、薬剤費に占める比率はどの程度なのか、またそれらには理論的根拠があるのだろうかといった点で、疑問を禁じえませんでした。全体を見ることなく局所的・短期的な要素だけで１０００億円や１５００億円という基準を決め、伸び率が大きいだけで再算定というのは、さすがに説得性に欠けるのではないかと考えていました。

——染谷さんは、再算定についてどう受け止めていますか。

染谷　製薬企業で新薬の薬価交渉を担当する者としては、特例拡大再算定は別として、再算定のルールはあるほうがよいと考えています。再算定のルールがないと、新薬の収載時に「ものすごく売れるのではないか」などと言われて、薬価が低く押さえられてしまうことがありうるからです。ですから、再算定自体については、それほど否定的に受け止めているわけではありません。ただし、ルール通りに適用されれば、です。

これまで改定のたびに、ターゲットの薬剤に応じて、ルール見直しが繰り返し行われてきたわけです。２００２（平成14）年度改定ではインターフェロンがターゲットでした。その後の類似品の取り扱いの見直しや特例拡大再算定が導入されたときにも、みなターゲットがわかっているから、業界はなかなか反論できないわけです。

ターゲットに合わせて、これまでなかったルールが新たにつくられ、適用されていくということを業界は否定的に受け止めています。ですから、「再算定の仕組みをなくしてほしい」というよりも、「再算定の仕組みがあるからこそ、いつ変えられて、適用されるかがわからないので、なくしてほしい」というのが業界団体の主張の本質であると思っています。

再算定については、１９９５（平成7）年に厚生省より、「予想販売額の2倍かつ１５０億円以上」「改定率の上限は▲25％」との考え方が示されました。この後から、売れたものは下げるというほうに軸足が移ってしまって、その究極が２０１６（平成28）年の特例拡大再算定だと思います。

古賀　数値基準を超えると、改定前の年末にお呼び出しがあるのですよ。

染谷　〝前提条件の変化に応じて再算定する〟という方向が続いていけばよかったのですが、「2倍１５０億円」の数値基準の側面が強くなってきてしまっています。

3　皆保険維持と薬価改定

予算の関係でそのつど薬価改定で薬剤費を削られる

――さて、薬価改定について話を進めます。薬価改定は、厚生労働省の次年度の予算編成の議論のなかで、薬からいくらとれる、診療報酬にいくらまわせる、というやり方で進められてきたともいえます。古賀さんは、このような薬価改定に対してはどのようにお考えですか。

古賀　医療保険のみならず公費負担医療も含めて、医療保障制度において、国庫負担、地方負担含めて公費負担が40％弱出ています。医療保険では、あとは保険料と自己負担で賄っていますね。国が極度の財政難で、国債累積額が先進国中、隔絶して多く、財源に限りがあることを考えると、制度を持続させるためには、私個人としては、薬剤費は野放図に伸ばしてはいけないだろうと考えています。とはいえ、無闇に抑制するものでも当然なくて、おおよそ医療費全体と同じくらいの伸び率は許容されて然るべきでしょう。

医薬品産業というのは成長産業として期待されている部分もあります。これからの日本では、高齢者の割合が増えて、税金と保険料を支払う世代の人口が減っていく一方であることを考えると、日本の富をそれなりに増やしていかないと社会保障制度自体がもたない。ちなみに、いくらでも国債を増発して最後は日銀に引き受けさせる、バーナンキ元ＦＲＢ議長が言われた「ヘリコプターマネー」のような政策は、絶対に採るべきではないと個人的には考えています。

そういったことを踏まえれば、特許期間中の医薬品は売上を伸ばすことができる代わりに、特許切れ医薬品に代表されるような、節減可能な部分は思い切って節減するという仕組みで進めざるを得ないのではないでしょうか。

政府は社会保障費の伸びを一定程度に抑えるために、薬剤費からいくらとれるかということを考えて、場当たり的に薬剤費を削っていくようなこともしてきました。それは絶対におかしいだろうと思いつつ、現実問題としてどう考え、どう行動すべきか、なかなか出口を見出しにくいというのが正直なところです。

――染谷さんは薬価研の現役のメンバーなので話しにくいところもあると思いますが、可能な範囲で、薬価改定についてお話しいただけますか。

染谷　日本は国民皆保険の下で、医薬品にアクセスしやすい環境であることを前提に考えると、薬剤費の財源に一定の制約があることは否定できないものと、個人的には思います。

現行の薬価制度において、患者さんにとって必要な薬の価値と価格がリンクしているかというと、そうではない側面もあって、それはプラス面も、マイナス面もあると考えます。

特に新しいタイプの薬は、現行の仕組みのなかではきちんと評価しにくい面があります。新薬の算定ルールが明文化されているので、逆に過大に評価されてしまっている薬、国際的にみると薬価が若干高めの薬もあると思います。そういうのも入り混じっているのですが、一定のルールの中で運用されている以上、致し方ないことなのかもしれません。

新薬の薬価だけでは薬剤費をコントロールできないので、薬価改定が行われています。過去、改定ルールは少なかったのですが、いまは新薬算定のルールよりも改定ルールのほうが多いくらいです。そうして、なんとかバランスをとろうとしてきたのかなと思っています。

２０１８（平成30）年度の薬価改定に限っては、業界はそのバランスが崩れたと感じているので、強く反発しています。これまで、業界がぎりぎり我慢でき、皆保険を財政的に破綻に追い込まないところで、なんとか薬価のメリハリもつけて…ということでやってきた。それが、30年度は薬価を落とす方向にしかいっていなかったので、将来的にはさらにこの方向で進んでしまうのではないかという危惧が医薬品業界内に生まれてしまったのだと思います。

古賀　30年度改定はメリハリをつけたというようなレベルではなく、ネットでのマイナスが圧倒的に大きいと受け止めています。

長期収載品については、２０１４（平成26）年度に導入された「Ｚ２」スキーム、要するに先駆的に薬価を引下げるのではなく、安い後発品に置き換えていって未達の場合のみ事後的に薬価を引下げるというやり方が、私は完成形だと捉えていました。しかし30年度改定では、一定期間を経過した長期収載品については、改めて薬価を下げていくとされました。特許切れのものをさらに傷めつけ、一方で新薬創出等加算が適用される範囲を相当に絞ったわけで、要するに特許期間品と特許切れ品の両方とも削られており、理不尽と言う他はありません。

――２０１７（平成29）年末の薬価制度抜本改革について、染谷さんや薬価研の皆さんは、どのような認識をおもちですか。

染谷　薬価制度に関する政府での政策決定のプロセスが、これまでとは大きく変わりました。それを強く意識し、一般の国民に薬価制度についてわかりやすく説明して、理解している人が増えるようにしなければ、業界の発言力というのは強くなることはないと思います。そのような認識は、業界内部で共有されています。

実務的には、30年度改定の新薬創出加算の見直しを受けて、日本でしか売れないような新薬、例えば他国に比べてすごく遅れて出てきたものなどですが、そういうものは日本の薬価制度ではなかなか評価されなくなるということが明らかになりました。これからは、より評価されるべきものに、製薬企業は集中しなくてはいけないという意識が出てきています。

30年度改定を受けて、個々の会社で意識が変わってきているのではないでしょうか。危機感を非常に強くもっている会社も増えていると思います。

これは、当局からすれば、改革の目的だったということかもしれません。

古賀　成長戦略の観点からすると、付加価値の高い財として日本では相応に、外国では遥かに多く売れ、海外から利益を還流させて法人税を納め、国に貢献できるような、要は日本の富を増やす方向については薬価制度で評価するけれども、日本の富を食っていくだけではだめだという話でしょう。

4　イノベーションの評価

２０１０（平成22）年年度の新薬創出加算導入は千載一遇のチャンスだった

――新薬創出加算は２０１０（平成22）年度改定で試行的に導入されましたが、古賀さんと染谷さんはその導入にあたっては大活躍されました。導入当時の業界内の雰囲気や、なされた議論についてお話しいただけますか。

古賀　振り返ればあの頃は、業界が望む方向で薬価制度を改革する千載一遇のチャンスだったと思います。第一次安倍内閣のもとで、イノベーション促進の機運が政府全体で高くなった。とくに医薬品は、一丁目一番地とされていました。厚労省も、２００７（平成19）年に革新的医薬品・医療機器創出のための５か年戦略を策定し、それは骨太方針にも採り入れられました。政治と行政で機運が高まっていた一方、政府は後発品使用促進の政府目標を決めたのです。

薬価の改定方式については、２００２（平成14）年に先発品特例引下げが入る前は、特許期間中も、特許が切れて後発品が出た後も、おおむね実勢価に基づいて薬価は緩やかに下がっていくという仕組みでした。ところが、先発品特例引下げが導入され、特許期間中のものの薬価の引下げは変わらないのに、後発品が出た先発品については、実勢価を割り込んで薬価を大きく下げるようになってしまった。

私は、特許期間中のものと特許が切れたものとで、改定のバランスが失われたと思っていました。そこに、政府の後発品使用促進目標が出されて、これは国策として進めるということだから、もう絶対逃れられないと感じました。併せて、２００６（平成18）年には処方箋方式の変更[6]があり、診療サイドもそれを受け入れたということがありました。

後発品の使用促進と長期収載品の薬剤費圧縮を所与のものとすれば、それによって節減された薬剤費分は、特許期間中の医薬品にシフトさせるのが当然と、私は考えました。

薬価の引下げがない、薬価が据え置かれる世界というのは、わが国の医薬品産業の理想です。それを特許期間中の医薬品について、なんとか実現したい。その思いが、薬価維持特例の提案、そして新薬創出加算の試行的導入につながったわけです。

我々が行った提案では、乖離率が平均乖離率を下回った特許期間中の新薬の薬価引下げを、一時的に猶予することとしました。実現した内容としては、改定時の引下げ品目に加算をして、一時的に薬価を据え置いた形にするというものですが。

特許期間中に、薬価差が平均乖離率を上回った新薬というのは、相対的に市場で価値を評価されていないということだから、その薬価を据え置くのはおかしい。そのような品目の薬価を据え置いたら、薬価差の拡大をもたらすおそれがある。一方、平均乖離率を下回ったものについては、市場で高く評価されているものだから、薬価を据え置く価値がある。そのようなコンセプトで、当時はあのようなスキームにしました。

もう少し詳しく言うと、「新薬の医療上の価値は、市販され実地診療で使用されていく過程で様々に変化する。たとえ収載時の評価が高くとも、多数の競合品の上市に伴って相対的な価値が下がったり、安全性の問題が生じて評価が下がることはあり得る。また収載時の評価は高くなくとも、実地診療での使用に伴い相対的な評価が上がっていくケースもある。こうした新薬の市販後の総合的な評価を示す指標としては、乖離率を採ることが最も妥当。もし仮に評価が高くないものが乖離を縮めようとしても、販売量を犠牲にするしかないので、通常あり得ない」というものでした。

これについては、当時から外部ではいろいろな批判があり、平均乖離率をボーダーとして乖離率が低いということで価値が高いとするのはおかしいとする声が多かったと記憶しています。一方で財務省は、制度施行後しばらく経ってから、「護送船団方式だ」と言い始めました。新薬全体が玉石混交なのに、平均乖離率を下回りさえすれば一律に薬価が据え置かれるのはおかしいと。特にこの3、4年は、強く言われるようになっていました。

中医協でも、平均乖離率をボーダーとして乖離率で適用・不適用を決めることに疑問はあがったのですが、場外で先に述べたような説明をしたら納得されたので、中医協ではその後、議論されることはほとんどなかったと記憶しています。

ところが、中医協の外から前述のような議論が出てきて、30年度改定で大きく見直されてしまった。私は退職して、もう当事者ではなかったので、どうにもできなかったのですが。

自分が現役でいたころに、財務省などからの批判を踏まえて、先に手を打っておいたほうがよかったかなという思いは若干あります。

――2010（平成22）年度改定では、次回改定で見直すという趣旨で、「試行的」導入という言葉で整理されました。その後、業界は本格実施とすることを求めたのですか。

染谷　まず、当時の前提として、新薬創出加算が、説明が極めて難しい仕組みになってしまったということがあります。

「薬価改定は市場実勢価に基づき実施すべき」というのが、薬価研のそれまでの論調でした。しかし、新薬については「薬価を維持して」ということになった。維持するための特例ということで加算をつくり、事後に返還するということで市場実勢価を反映しつつ、とはいえ後発品が上市された後に返還するということで財政的に本当に大丈夫なのかという、制度設計上の不安が指摘されるなかで、22年に試行されました。

もちろん、業界は当初、制度化をめざしていましたが、試行的導入後は、これを続けるための課題を一つひとつ解消することに取り組みました。適応外薬の要請がない企業の品目に加算を適用するのはおかしい、バランスが悪いなどといわれ、その解決に全力を投じていたイメージがあります。あとは、未承認等への対応がきちんと進んでいるのか、公募にみんな手をあげているのかとか。制度の設計がどうということよりも、約束したことをきちんとやるということに集中していました。結果的に24年度改定でも試行を継続ということになりました。

2回の試行的実施を経てからは、業界は制度化よりも試行であっても継続するという方向に力を注いでいましたね。事実として継続し、実績を積み重ねていくことが大切だと。

もうひとつ、基礎的医薬品の仕組みをつくることにも注力していました。日薬連としては、もともと薬価維持特例として新薬と基礎的医薬品の薬価を維持することを求めていたので、新薬創出加算が試行導入されたあとは、長期収載品のなかでも必要なものの薬価を維持する仕組みの導入を求めました。

その結果、28年度改定で、基礎的医薬品の薬価を維持する仕組みが導入されました。これができてようやく、業界が「薬価維持特例」としてめざしていたものが、ある意味、完成したのかなと思います。

イノベーション評価において
薬剤分類表がネガティブな働き

——業界は今後、イノベーションの適切な評価ということを重視していくと思います。現状では、新薬の薬価算定について業界としては満足していますか。

染谷　新薬の薬価算定方式について、基本的に大きな不満があるというわけではないと思っていますが、現行の仕組みでは評価されにくい医薬品があることは事実だと思います。特に、このような事態は革新的な新薬に起こりうるという点が問題であるといえます。明文化されたルールに基づいて算定されるので、薬剤分類表がネガティブに働くことがあり、その新薬にしかない革新的な部分というのが評価されにくいのですね。抗がん剤などにその例がみられます。

古賀　新薬の値付けは、現在ますます難しくなってきている観があります。もともと、ゼロから適当に値付けするわけにはいかないので、何らかの確たる指標に基づいてやらざるを得ない。指標としては、類似薬の薬価や、外国での償還価格や販売価格、原価、それから費用対効果評価もあるかもしれない。指標になりうるものは限られているので、個々の例をみると、価格評価が低すぎるケース、あるいは高くなりすぎるケースがときどき出てきてしまうのだろうと思います。

用いる指標の信頼性を高めるとともに採用範囲を広げ、個別のケースでいろいろな指標を踏まえて適正な算定をしていくようにするしかないと思いますが、それでも関係者皆が納得する値付けは不可能でしょうね。

新薬について、薬物療法以外の、外科的治療とか放射線治療などの治療に関わる費用も、指標の一つにしてもいいのではないかと考えています。もっとも、複数の指標がある場合に、どこでバランスをとって値付けするかというのは、それはそれで難しい問題になるのですが…。

薬剤費以外でも社会保障費のコントロールを考えるべき

――公的医療保険制度のもとにある薬価制度の将来について、どのように考えますか。

古賀　まさに公的医療保障の中の薬価基準制度であるために、公費から40％近くの財源が自動的に出てしまい、後は保険料と患者負担で賄われる。だから、薬価が国の財政や保険財政の直接的影響を受けるのは仕方ないとしても、ほどほどのところにしてもらいたいですね。

制度的に締めつけすぎると、事業の展望が拓けなくなるので、メーカーが医薬品を日本で供給する意欲をなくしてしまう。薬剤を供給する者がいなくなると、医療が成り立たなくなる。そうならないために、少なくともメーカーが開発し供給する意欲がもてる制度でなければならない。

染谷　実勢価に基づき薬価を改定することが、現行制度のベースにあります。それでは財源が足りないというときに、主に売上が〝伸びすぎている〟薬から財源をとって、薬剤費をコントロールするというのがこれまでの手法だと思うのです。国民皆保険のもとで、メーカーにとっては比較的売りやすい環境にあるともいえるので、ある程度は譲らなければいけないと思います。

医療費は公費で4割を賄っているところ、これから高齢者の比率が高くなることで、公費の割合が上がっていくわけです。医療費の伸びを抑制する圧力が今後、より一層強くなると想定されますが、これを薬剤費のコントロールだけで乗り切ることが不可能であることは明らかです。

――日本の公的医療保険制度を、どう日本なりに維持して、薬も含めて、プラスの未来を描いてそれに向かっていくか。関係者が意見交換をする場をつくらなくてはいけないし、そのときには財源論をもっと幅広く議論する必要があるのかもしれませんね。

本日は、製薬産業が直面する薬価制度改革に関わる重要課題について、歴史的経緯を含めてお二方に詳細かつ率直にお話しいただきました。誠にありがとうございました。

【編注】

1　中医協非公開時代：中医協総会は公開で開かれていたが、議事規則で「会長は、必要があると認めるときは、協議会にはかって非公開にすることができる」とあり、総会以外は非公開の全委員懇談会で審議が行われていた。１９９５（平成7）年9月29日の閣議で、「各省庁の審議会運営を改善するための措置」として、審議会の透明性の観点から審議会の公開が決定した。この閣議決定を受けて、中医協は同年10月25日の全員懇談会で、「議事要旨の公開」を決め、１９９７（平成9）年2月12日の全員懇談会で「議事録の公開」を正式決定した。その後も総会以外は全員懇談会で審議されてきたが、２００４（平成16）年4月、歯科診療報酬改定を巡る贈収賄事件が発覚したことから、同年10月27日の全員懇談会で「審議過程の一層の透明化、客観的データに基づく議論の推進、診療報酬改定結果の検証のための部会設置」を決め、中医協議事規則を改正して、原則公開及び議事録を厚労省ホームページに公開することになって以降、全員懇談会ではなく、総会で公開審議されることになった。

非公開で行われていた当時は、全員懇談会終了後、事務局の保険局医療課が記者会見で審議内容の説明をするに留まっていた。

2　ＭＯＳＳ協議：１９８５（昭和60）年1月3日、当時の中曽根康弘首相と、米国のロナルド・レーガン大統領による日米首脳会議の合意に基づき、ＭＯＳＳ協議（市場志向型・分野別協議：Market-OrientedSector-Selective talk）がスタートした。当初は、日米間で貿易摩擦を引き起こしている個別分野として①電気通信②エレクトロニクス③医薬品・医療機器④林産物の4分野で行われていた。このうち医薬品に関しては、昭和61年1月10日、承認審査における外国データの受入れ、新医薬品の年4回収載、医薬品承認後原則60日以内、遅くても90日以内の薬価基準収載―などで決着した。

3　類似薬選定のための薬剤分類：類似薬選定のための薬剤分類は、１９９９（平成11）年12月の中医協「薬価制度改革の基本方針」（了解）を受けて、類似薬効比較方式による類似薬選定の透明化を図るために導入された。12年6月に「類似薬選定のための薬剤分類に関する委員会」が設けられ、同委員会は、効能・効果、薬理作用、化学構造式・組成、投与形態・剤形・用法等に着目して既存医薬品の分類作業を行い、13年10月に中医協了解を経て「類似薬選定の為の薬剤分類」（第1版）が公表され、14年度以降に上市される新薬等について分類表を活用した薬価算定が行われている。その後の改訂を経て、平成30年5月には第8版が公表されている。

4　再算定、特例拡大再算定：１９９３（平成5）年

11月の中医協了解では、インターフェロン製剤、メバロチンの薬価再算定が決定し、1994（平成6）年4月の薬価改定で薬価再算定が行われた。これは、1982（昭和57）年9月の中医協答申、1991（平成3）年5月の中医協建議に基づき、「薬価基準収載後、効能・効果、用法・用量等を拡大した場合には必要に応じ価格の見直しを行う」ことになったものだが、再算定（薬価引下げ）の詳細な根拠は明らかにされていなかった。

このため、1995（平成7）年11月の中医協建議で、①収載時に算定の対象とした予想販売量を、大幅に超えて販売された②使用方法、適用対象患者の範囲等が変化し、収載時の比較対照薬との類似性が損なわれ、市場規模が大幅に拡大した場合を薬価再算定の対象とし、平成10年改定で一部医薬品の再算定が行われ、2000（平成12）年度から「市場拡大再算定」が明確化された。

再算定の対象となる医薬品は、年間販売額が予想販売額の一定倍数を超えた場合に薬価全面改定時に薬価を引き下げる仕組みで、原価計算方式で算定された医薬品の場合は、予想年間販売額の2倍以上かつ年間販売額が150億円超、または予想年間販売額の10倍以上かつ年間販売額が100億円以上になると、その医薬品の薬価は最大で25％引き下げられた。さらに平成28年度からは特例拡大再算定として、「年間販売額が極めて大きい品目」で、年間販売額が1000～1500億円、予想販売額の1・5倍以上の医薬品薬価を最大で25％、年間販売額1500億円超で、予想販売額の1・3倍以上の医薬品の薬価は最大で50％引き下げる方式が導入された。

5　昭和57年新医薬品の薬価算定に関する懇談会報告：新医薬品の薬価算定に関する懇談会は、新医薬品の薬価算定方式をより客観的なものとすることを目標に1981（昭和56）年7月に発足、1982（昭和57）年7月に報告をまとめた。

報告は、これまでの類似薬効比較方式を基本に、①新薬開発を促進するための補正加算②国際的にみて妥当、適切な薬価となるよう、欧米諸国の薬価の水準、動向等を参考とする③中央薬事審議会資料に基づき算定することを提言。類似薬効比較方式の比較類似薬の選定方法として、効能・効果を基本に、主要な薬理作用、化学構造（成分・組成）からみて類似した品目を選定し、比較対照薬を選定できない新医薬品は原価計算方式で算定するとし、「原価」算定の方向性を示している。

補正加算については、①有効性・安全性について高く評価できる②難病疾患を主な対象とする新医薬品、先駆的医薬品を対象とし、加算率は3％程度を基本とする考え方を示した。また、新医薬品の収載時期と収載後の取扱いは「効能・効果、用法・用量等を拡大した場合には必要に応じ価格の見直しを行う」と明記した。

6　平成18年処方箋方式の変更：2005（平成17）年11月に策定された社会保障審議会医療保険部会・医療部会の「平成18年度診療報酬改定の基本方針」で、「良質かつ廉価な後発薬品の使用を促進することは、医療保険制度の持続可能性の維持に資する」として、後発医薬品の使用促進のための環境整備の方策を検討するよう求めた。これを受けて中医協は2006（平成18）年度診療報酬改定で、後発医薬品の使用促進のための環境整備として、処方箋様式を変更することを決めた。具体的には、先発医薬品の銘柄名を記載した処方箋を交付した医師が、後発医薬品に変更しても差し支えないという意思を表示しやすくするため、処方箋の備考欄に「後発医薬品への変更可」というチェック欄を設けた。しかし、後発医薬品の使用が政府目標に達していないことから、２００８（平成20）年度の診療報酬改定では、処方箋様式を再度変更し、後発医薬品への変更不可の場合は医師が署名・捺印する方式に改め、医師の署名がない処方箋の場合は、保険薬局は「患者の選択」に基づき、先発医薬品に代えて後発医薬品への調剤が可能になった。

インタビュー　薬価制度改革のエポックを辿る③

1990（平成2）年の日米構造問題協議に対応した流通改善と加重平均値一定価格幅方式の導入

――薬価の信頼性を高める算定方式と取引の透明化をめぐって

国際医療福祉大学大学院客員教授　和田　勝

現行の薬価制度では、既収載品の薬価は市場実勢価格加重平均値調整幅方式に基づいて改定されている。この方法は1991（平成3）年5月の中医協建議に基づく加重平均値一定価格幅方式を継承したもので、それ以前は、1950（昭和25）年に薬価基準が設けられてから「バルクライン方式」に基づいて改定が行われていた。

約40年ぶりの薬価算定方式の変更はどのような背景のもとで行われたのか。日米間での経済協議は薬価制度にどんな影響を与えたのか。当時、厚生省で経済課長を務めた和田勝氏に、医薬品の流通近代化の取り組みとの関わりも含めて聞いた。

和田氏は当時、薬価差1兆3千億円が問題視されたなかで、医薬品の流通について従来からの商慣行を正すためにも、流通改善に資する透明性の高い薬価改定方式に改めることが必要だったとの考えを示した。現在も大きな課題である医薬品の流通改革問題については、診療報酬改定と薬価改定を切り離して考えることで、事態の改善につながりうると示唆した。

1　日米構造協議と流通の近代化

流通問題の根っこは薬価の決め方にあった

――和田さんは1982～5（昭和57～60）年、健保法大改正の前後の時期に厚生省保険局企画課に、最初は課長補佐として、その後、企画官としておられました。平成元年には、薬務局の経済課長に就任され、医薬品流通近代化と薬価制度改革の一体的な改革に取り組まれました。本日は、その頃のお話をうかがいたいと思います。

私自身は当時、メーカー（第一製薬：現第一三共）におり、ＭＯＳＳ協議（market-oriented sector-selective talk）（市場志向型分野別協議）とその後の日米構造問題協議[1]が進むにつれて、会社のなかがめまぐるしく変わり、卸との関係を見直さざるをえなくなっていったという記憶があります。すさまじい流通改革が行われているという印象でした。

和田　１９８５（昭和60）年から始まったＭＯＳＳ協議自体は、吉村仁さんが次官になった直後のことで、吉村次官おひとりで悪戦苦闘しているという印象でした。61年に一応決着しまして。

その頃までは、まだ日本の流通制度そのものをどうするかという議論ではなく、医薬品をはじめ、電気通信、農産物、畜産物など個別の品目や、円・ドルの為替など個別分野に関する協議だったのですね。

平成に入ってすぐに始まった日米構造問題協議（ＳＩＩ：Structural Impediments Initiative）では、米国製品が日本国内に広がらず貿易赤字が膨らむのは日本の市場の閉鎖性、系列取引などの商慣行や流通慣行に原因があるという指摘が米国からされ

〈PROFILE〉
和田勝（わだ・まさる）
昭和44年に厚生省に入省。昭和48年薬務局企業課、平成元年に薬務局経済課長、平成４年に保険局企画課長、平成５年に大臣官房総務課長、平成６年に大臣官房審議官（医療保険、老人保健、介護問題担当）を歴任、平成５年から７年まで東京大学経済学部講師（非常勤兼任）、平成８年12月に退官。平成13年より国際医療福祉大学教授となり、現在は同大学院客員教授。福祉社会総合研究所代表。主な著書に、『医薬 産業論』（ぎょうせい）、『日本医療保険制度史』（吉原健二氏との共著、東洋経済新報社）、「介護保険制度の政策過程」（東洋経済新報社）。

るようになりました。そういった非関税障壁をなくし市場開放するように迫ってきたのです。

日本の医療保険制度や医薬品流通との関わりで言うと、私は、ＭＯＳＳ協議よりも日米構造問題協議のほうが影響が大きかったと思います。

実は構造問題協議を利用したところもあったのですよ。「構造問題協議の対象として医薬品分野にいつ飛んでくるかわからない。だから、きちんとやりましょう」と言って、医薬品流通改善の取り組みを進めました。公正取引委員会（公取委）にこちらから、アプローチした面もありましたから。

少し遡りますが、１９８１（昭和56）年にマイナス18・6％という大幅な薬価引下げが行われた際に、それへのメーカー・卸の対応が独禁法に反するのではないかということで、公取委が製薬業界、卸業界に立入検査し排除勧告を行った事案がありました[2]。

昭和50年代には、添付販売[3]もなされていましたが、添付が禁止されるとサンプルに姿を変えるなど、販売確保と薬価維持のため様々なサービス競争が行われていました。卸と医療機関との関係は対等な、いわゆる近代的な取引関係ではなく、卸が医師の奥さんから頼まれて、海岸の崖から医療用廃棄物を捨てた事件が報道で大きく取り上げられるなどといったこともありました。

卸はメーカーから薬価で仕入れて、メーカーと事前に協議し、その承認のもとで値引きして医療機関に販売する。そうすると当然赤字になるわけですから、期末にリベートやアローアンスという形でメーカーに損失分を補てんしてもらう。医療機関との間では年度末になっても納入価が決まらない長期未妥結という取引実態もある、そんな状況でした。このような流通慣行を見直し、「取引契約書は文書にしましょう」「透明度の高い取引をしましょう」といったことを進めるために、昭和59年にメーカーが、翌年に卸が、それぞれ公正取引協議会をつくりました。

そうやって取引の透明化を進め、契約を文書に残しても、自ずと限界があったのです。実は問題の一番の根っこのところは、薬価基準価格、薬価の決め方にあるのであって、そこをきちんとしないと、医薬品流通に関する問題は解決されないというのが私の理解でした。メーカーは薬価よりも低い仕切価を決めて、卸はそれに流通コストや自分のところの利益を乗せて医療機関に売る、その実勢価格を的確に薬価に反映する、そういった仕組みにする必要があるのではないか、ということです。

議論の舞台としては、58年に薬務局に設置された医薬品流通近代化協議会（流近協）がありました。とはいえ、実質的にはあまり機能せず、開店休業に近い実態でしたね。

参考　昭和56年～平成８年　薬価基準関連年表

1981（昭和56）年

3月■健保法改正：厚生大臣に薬価調査を行う権限を付与

4月●和田氏：大臣官房総務課長補佐

６月■薬価改定：-18.6%（医療費ベース-6.1%）【診療報酬改定：医科8.4%、歯科5.9%、調剤3.8%、薬価引下げを含む実質ベースで平均2.0%（材料引下げを含むと実質1.4%）の引上げ】

11月■製薬協独禁法被疑事案　公取委が立入検査を実施

1982（昭和57）年

9月●和田氏：保険局企画課長補佐

9月■中医協答申：81%バルクライン方式の採用　実勢価格のばらつきの大きい品目は81%バルクライン（高価格の10%を除いた残り90%の数量に90%バルクラインを適用）、ばらつきの小さい品目は従来どおり90%バルクラインで算定

1983（昭和58）年

1月■薬価基準部分改定　-4.9%（医療費ベース-1.5%）ばらつきの大きい品目（91%バルクライン値と加重平均値20%以上）は81%バルクライン方式で算定

2月■老人点数表の設定（老人保健法施行）

3月■薬務局に医薬品流通近代化協議会設置

６月■公取委が製薬協に排除措置を勧告　課徴金はなし

1984（昭和59）年

4月●和田氏：厚生大臣官房政策課企画官

3月■薬価全面改定　-16.6%（医療費ベース-5.1%）【診療報酬改定：医科3.0%、歯科1.1%、調剤1.0%の引上げ。薬価引下げを含む実質ベースで平均2.3%の引下げ】

12月■医薬品等の基本問題に関する懇談会：医薬品行政、医薬品関係企業、医薬品使用者のあり方について最終意見書

1985（昭和60）年

1月■MOSS協議（市場志向型分野別協議）の開始で合意

3月■薬価基準部分改定　-6.0%（医療費ベース-1.9%）

4月●和田氏：年金局企画課年金基金指導室長

1986（昭和61）年

1月■MOSS協議決着

2月■日薬連がリーズナブルゾーン方式を提案→中医協で検討継続　日薬連は取引価格の加重平均価格を基礎としたリーズナブルゾーン方式による薬価算定方式改善案を機関決定し、61年9月、要望書『薬価基準算定方式について』を中医協に提出。日薬連はリーズナブルゾーン20%を提案。

４月■薬価基準部分改定　-5.1%（医療費ベース-1.5%）【診療報酬改定：医科2.5%、歯科1.5%、調剤0.3%の引上げ。薬価引下げを含む実質ベースで平均0.7%の引上げ】

4月●和田氏：年金局企業年金課長

1987（昭和62）年

5月■中医協建議：修正バルクライン方式　81%バルクライン算定値と加重平均との開きが、81%バルクライン算定値の20%を超える場合、その開きが20%となる数値を薬価とする◇バルクライン値と加重平均値とのばらつき率（開き）が、薬価基準価格の10%以内に収まっているものは、加重平均値に現行薬価基準価格の10%を加算した数値を薬価とする◇部分改正廃止、全面改定を2年に1回実施

6月●和田氏：社会局生活課長

1988（昭和63）年

4月■薬価全面改定　-10.2%（医療費ベース-2.9%）【診療報酬改定：医科3.8%、歯科1.0%、調剤1.7%の引上げ。薬価引下げを含む実質ベースで平均0.5%の引上げ】

1989（平成元）年

4月■消費税導入に伴う薬価全面改定　+2.4%（医療費ベース+0.65%）【診療報酬改定：平均0.11%引上げ。薬価引上げを含む実質ベースで平均0.76%の引上げ】

6月●和田氏：薬務局経済課長

1990（平成2）年

4月■薬価全面改定　-9.2%（医療費ベース-2.7%）　銘柄間格差の是正、価格のばらつきが大きい品目は81%バルクライン、ばらつきの小さい品目は90%バルクライン方式で算定、一部、加重平均値を指標として修正

６月■流近協報告書『医療用医薬品の流通の近代化と薬価について』　バルクライン方式の廃止と加重平均値方式の採用、薬価差の段階的縮小を提言／「一定幅」は当面「20%」

6月■日米構造問題協議の最終報告

12月■中医協薬価専門部会の初会合

1991（平成3）年

1月■公正取引委員会：『流通・取引慣行に関する独占禁止法上の指針』（案）

3月■中医協薬価専門部会　新薬の薬価算定で中間報告

4月■新仕切価制への移行始まる　6月までに大手メーカーはほぼ移行

5月■中医協建議：加重平均値一定価格幅方式の導入
銘柄（品目）別価格（実勢価格）の加重平均値に現行薬価の一定割合（一定価格幅）を加算した新薬価（現行薬価が上限）／一定価格幅は、当初15%とし、3回の改定で13%、11%、10%と段階的に縮小／サンプルの保険請求は認めない方向

7月●和田氏：児童家庭局企画課長

1992（平成4）年

2月■流近協報告書　不適正な取引慣行の是正などを要請

4月■薬価改定：新薬価算定方式による初改定-8.1%（医療費ベース-2.4%）【診療報酬改定：医科5.4%、歯科2.7%、調剤1.9%の引上げ。薬価引下げを含む実質ベースで2.5%の引上げ】

5月■薬価収載：新薬に新薬価算定方法　画期性加算など

6月●和田氏：保険局企画課長

1993（平成5）年

4月■薬事法等改正成立 希少疾病用医薬品の研究開発促進

6月■流近協の医薬品卸売業将来ビジョン検討部会報告書

6月●和田氏：大臣官房総務課長

11月■中医協了解　インターフェロン、メバロチンの急激な薬剤費増大を受け、価格設定の前提条件が変化した際の価格の見直しについて検討○原価計算方式：患者数等が大きく変化した場合○類似薬効比較方式：使用法、適用対象患者の範囲等が変化し、対照薬とした医薬品との類似性が損なわれた場合（→H7中医協建議で対象基準の明確化）

1994（平成6）年

3月■医療におけるMRのあり方に関する検討会：最終報告

4月■薬価改定：-6.6%（医療費ベース-2.0%）、R13【診療報酬改定：医科3.5%、歯科2.1%、調剤2.0%の引上げ。薬価引下げを含む実質ベースで1.2%の引上げ】

7月■薬価収載：後発医薬品を毎年収載に

9月●和田氏：大臣官房審議官

1995（平成7）年

2月■流近協報告書

11月■中医協診療報酬基本問題小委員会　報告書「薬剤費適正化に関する考え方」

11月■中医協建議「新医薬品の価格設定等について」　新薬の加算見直し、再算定基準の明確化

1996（平成8）年

4月■薬価全面改定：-6.8%（医療費ベース-2.6%）、R11【診療報酬改定：医科3.6%、歯科2.2%、調剤1.3%の引上げ。薬価引下げを含む実質ベースで0.8%の引上げ】

4月■日本MR教育センター業務開始　製薬企業263社入会

6月■薬事法等改正成立　治験の改善（H9.4新GCP施行）、審査・再評価の充実、副作用報告の義務化

聞き手の長野氏

平成元年6月に私が経済課長になった時、やはり一番大きな懸案は薬価でした。

　個別の製薬企業にとっては、薬価は経営の根幹に関わる大問題ですよね。特に新薬の薬価は、それまでかけてきた研究開発の期間、コストや医薬品としての有用性・価値がどう評価されるか、あるいは、他社との差別化をどう図るかということが関わってくる重大事です。その割に、当時は、明快なルールや根拠なしに決めていた面があったように思います。課長さんによりましたが、あまり積極的に関与しない人もいたように思います。

類似薬効比較方式と「蟻地獄」の限界

——和田さんが経済課長のとき、メバロチン（三共：現第一三共）の薬価算定がありましたね。

和田　そうです。私が経済課長になって最初の仕事です。前任者の薬価交渉で決まらないまま、持ち越されていました。

　当時は、新薬の薬価は類似薬効比較方式で決めていました。最も近い薬効群の類似品を探して、その薬価と同じ価格にするという考え方です。まあ、今、論議されている費用対効果評価につながる考えといってもよいかもしれません。薬効群によっては、何年も新薬が出ていなくて、度重なる薬価改定で相当低薬価のものとなっているといったこともあるわけですよ。

　既収載薬の薬価改定方式は当時、バルクライン方式[4]で、当初は90％バルクライン方式でした。医薬品全体の取引量を安いほうから高いほうまで並べていって、取引全体の90％の量をカバーできる点の価格を、薬価基準価格にするというやり方です。全国津々浦々、どこにある医療機関でも、大多数はその値段で償還されるということなので、公平ではあります。

　当時、「蟻地獄」ともいわれていました。薬価は、市場においては取引の上限の価格として機能していました。保険で償還されるのは薬価なので、医療機関は当然、卸からそれよりも安い価格で買おうとします。ですから、薬価改定のたびごとに薬価基準価格は循環的に低下していく、蟻地獄のように、ですね。

また、バルクライン方式に関する問題としては、価格のばらつきを生む可能性があると指摘されていました。90％バルクラインであれば、10％をわずかでも上回る量について高い薬価で売れれば、それ以外をいくら安く売っても薬価が下がらないので、取引価格にばらつきも生じやすいのです。

そういった問題点を解消するものとして、昭和57年にばらつきの大きい品目に81％バルクライン方式が導入されたのですが、算定方式が複雑になりましたし、メーカーの価格政策による不合理な価格のばらつきの問題は依然として残っていました。

和田勝氏

新薬の話に戻りますが、そういったバルクライン方式の薬価改定のもと、どんどん下がってきたものと同じ値段で新薬の薬価がつけられては困る、ということがあったのでしょう。メバロチンを作ったメーカー（三共）は、これまでにない新たな薬理作用をもった新薬として世界的に注目されているスタチン製剤なのに、昔からある、安くなったものと同じ薬価では「納得できません」と。「そんな馬鹿なことがあるか」と言ってきた有力な国会議員も、何人もおられました。私は１９８１・２（昭和56・57）年に大臣官房総務課で国会担当をしていたこともあって、よく存じ上げている議員さんもいました。

結局、メバロチンは、原価計算方式の要素を入れて算定することにしました。メーカーサイドは、「重度の患者さんしか使いませんから、需要予測はこの程度です」と言っていました。そうかなあと思ったのですが、「違う販売実態となったときには、薬価を下げてもらっても構いません」と言われたのです。文書にはしていないのですが、メーカーの責任者がそう言ったのです。保険適用になったら実際は、軽度の患者さんなどにも使われていて、当初の予測よりも販売額が大きく増えていました。そこで、１９９４（平成６）年４月の薬価改定で、メバロチンは12・2％、薬価を引き下げました。そのとき、私は保険局担当の審議官でしたね。この件は、類似薬効比較方式のもつ問題点だなと思っていました。同時期にC型肝炎の適用拡大で市場が急拡大したインターフェロン製剤についても、フエロン（東レ）やスミフェロン（住友）など6製剤の薬価が引き下げられました。

当時、新薬の薬価の値付けの作業は、経済課と保険局医療課の薬価担当者の「島」でやっていたわけです。話が漏れたりしたら、医薬品市場やその企業の株価にも影響する大変デリケートな話なので、秘密を徹底していました。当然のことですね。実は経済課長にも、余程のことがない限り、具体的な算定根拠なども知らされませんでした。

ただ、メバロチンについては、メーカーが大変不満をもっていたということもありましたから、担当者に「これはなんなんだ」と聞きました。担当者は「今、この医療品を類似薬効の品目として薬価算定をして内示しましたが、メーカー側とまとまらないので、今度はこの医薬品を類似薬効品として接渉してみます」と。「いやいや、はじめから類似薬効と思われるものを並べて、どうしてこっちが遠くて、こっちが近いのかをわかるようにリストにしてくれ」と。

「あらかじめ、治験の比較対照薬や類似薬効群の医薬品の全てを並べたリストを示し、そのうえで、かくかくしかじかだからこれと同じ価格とする、というようにしてほしい」と最初に指示したことを覚えています。それに、画期的な新薬の薬価算定で類似薬効比較方式というのはどうかと思いましたね。今、議論されている費用対効果評価の考え方は、実はそれに近い発想ですよね。今までの薬と同じ効能効果であれば、同じ価格をつける。効用効果が認められれば、一定のルールで加算をするとか。新薬の薬価算定方式の改革は、１９９０（平成２）年12月に新設された中医協の薬価専門部会で論議が進められ、平成４年の改定から新算定方式に移行しました。

薬価差「1兆3千億円」
経済的利益を排除した処方へ

——当時、医薬品の流通に関しては、「薬価差１兆3千億円」などと報じられ、問題になっていましたね。

和田　「1兆3千億円」といわれましたが、当たらずといえども遠からず、でした。薬価差の問題は、流通慣行を直さないと解決できないと私は考えていました。メーカーと卸の関係、卸と医療機関の関係の近代化、適正化です。

それからもうひとつ、当時は医薬分業が急速に広がり、保険医療の場に新たな経営主体として、調剤薬局、保険薬局の存在が大きくなろうとしていた時期でした。

１９７４（昭和49）年に処方箋料が10点から50点に、調剤基本料も２００点に引き上げられ、分業の機運が高まりました。分業を進めていくうえでの一番の懸念は「第2薬局」です。処方元と調剤側が経済的利益を同一にする主体であっては、医薬分業とはいえません。医師の処方にあたって薬価差益などの経済的動機を排除し、患者の状態に応じた医薬品を選択して処方し、これに基づいて薬剤師が適切に調剤するということです。経済的動機が入ってしまっては、薬価差の大きい医薬品を選び、胃が荒れないよう「念のため」胃薬などの余分な薬も処方し、「念のため」数日分、多めに出して…ということになりかねません。

当時、私は薬務局薬事課（現在の総務課にあたります）の係長でして、「第2薬局」規制の通知を起案したことがありました。少なくとも、薬の処方において経済的動機を排除するためには、薬局は公道に面していることが必要である、いったん病院の門を出てもらいましょうと。東大病院の中にあった第二薬局である好仁会薬局も、竜岡門の外に出てもらいましょうと（笑）。構造的にも資本的にも医療機関と薬局は分かれるべきであると思います。今、規制緩和や患者の利便といった観点から病院の敷地内に保険薬局の開設を認める方向にありますが、心配ですね。

その後、薬剤師会などの願いとは別に、分業率は一けた台で伸び悩んでいました。そんな時期、昭和59年の健康保険法大改正の際に、附帯決議に医薬分業のモデル地区事業が書き込まれました。私は当時、保険局担当の企画官をしていましたが、医薬分業のモデル地区を設定して医薬分業への関心を高め、分業推進にあたっての問題点を把握したらどうかと考えていました、政府委員室時代からご縁があった参議院議員で薬業界の代表格でした森下泰さんのところに行って、分業モデル地区設定についての文案をお見せして附帯決議に盛り込んでみたらいかがかと相談しましたら、何とこれが通ったのでした。健保法改正に強く反対していた三師会の抵抗感を和らげたいとの思いからでもありましたが。

分業モデル地区事業に１９８５（昭和60）年から3か年間の予算がついて、長野県佐久地区や東京都三鷹地区など8か所でスタートしました。「面分業」を進めたいと、特に日薬関係者は期待していましたが、大型門前薬局が存在感を発揮し、面分業は未だしの感です。高齢者のポリファーマシーが問題になっていることからもわかるように、薬剤の適切な処方と調剤、後発医薬品の使用促進、適切な服薬管理、残薬の最少化など、保険薬局に期待される役割は大きいですね。それができなければ、分業にしたことの意義が問われることになるでしょう。

全取引価格を薬価算定に反映するのがシンプル

――同時に「バルクライン方式」から「加重平均値一定価格幅方式」への移行も検討されていました。

和田　日米構造問題協議で米国は、「米国の車は質がいいのに日本では売れないのは、日本の流通慣行や系列取引、不透明なリベート、アローアンスといったキャッシュバックがあるからだ。トヨタの販売店では、なぜ米国の車を売らないのか」と攻めてきました。自動車だけでなく、いろいろな分野について日本市場の閉鎖性、非関税障壁が問題とされ市場開放が要求されました。米国製品を日本国内でより多く売るためには、そういう〝参入障壁〟をなくして、取引の透明性を確保すべきだということですよ。医薬品についても日米構造問題協議で取り上げられ、その担当者として私も協議に参加していました。

医薬品の取引は当時、メーカーと卸の関係が系列化されていました。武田系の卸、三共系の卸…といったように。これはまた、「値引補償制度」[5]と結びついていました。また、バルクラインですと販売数量10%、1割強の医薬品を薬価基準価格で売れば薬価を維持できる、こういう仕組みでは公正取引につながるとはいえないし、メーカーによる過大な実勢価格を薬価算定に反映するのがシンプルで良いと考えました。

ただし、いろいろな理由で、外れ値が出ることもあるでしょう。例えば、離島の医療機関へポンポン船に乗って時間をかけて運ばなければいけない、少量しか買ってくれない医療機関、支払いの悪い医療機関、そういった例外的なものもあるでしょう。

調剤された薬が患者の手元に渡ってから、保険医療機関や保険薬局にお金、診療報酬が入るまで、約2か月かかります。当時、金利は5%程度でしたから、理屈では医療機関や薬局にはその間の金利負担がないわけではない。

それに、薬を看護師が落として割ってしまって廃棄した、手術中に患者が死亡し用意していた薬が使われなかった、備蓄した医薬品の有効期限が切れて処分した、ということも考えられます。損耗廃棄の分ですね。そういったものは必要なコストだから、加重平均の価格に乗せて払うのが常識ではないか、と。そこで加重平均値プラスアルファ方式としたわけです。値引補償制度とバルクライン方式を一体的に改善して、全取引価格を薬価算定の基礎とする。そこに一定の許容幅を上乗せすれば、安定供給の面での不安もなくなるわけです。当時も、この考え方は比較的、関係者から理解を得やすかったなと思います。この幅を流通改善の進展をにらみながら段階的に下げて、薬価差を縮減させていく、そう考えたのです。

武田の本郷照次副社長（当時）、卸連の松谷高顕さんや内匠屋理さんなど、業界のリーダーの方々も流通近代化、卸業経営の主体性の確立といったことに思いを馳せていただき、踏み切っていただいたのです。流近協の片岡一郎座長の人徳と理論、人脈にも大いに助けていただきました。

当時、90%バルクライン方式の問題点を改善するために81%の修正バルクライン方式を考案した下村健さんとは何回か議論しましたが、納得していただけなくて。高原亮治技官を審判役にして、「私と下村さんとがそれぞれ持論を述べて、高原君に、どっちがより納得できるかを判定してもらったらどうか」と下村さんに持ちかけたのです。結局、下村さんと私とでだいぶ議論をして、高原が「和田さん」と言って、決着が付いたのですが。

「一定の許容幅」を何パーセントでスタートするのか。当時、平均的な薬価差は25%程度ありましたので、私は、一定幅は20%がいいのではないかと思いました。

加重平均値プラス一定幅方式で、大蔵省主計局の渡辺裕泰主計官の了承も得て、主計局次長の小村武さんにも私が直接3〜4時間ほども説明して何とか納得してもらった。そのとき、小野昭雄医療課長が律儀に電卓をたたいて計算していて、「15%なら自分は納得します」と夜、電話をかけてきました。直接の担当の保険局医療課長がそういうのだからと、15%で折り合いました。15%にすると、バルクライン方式の場合と同じで全数量の約9割をカバーできるということなのですね。

一定幅(当時、リーズナブルゾーン、R幅と呼んでいましたが)を何パーセントとするかが問題でした。「薬価差ゼロ」を求める大合唱があるなか、15%からスタートして流通の近代化、流通改革を進めながら2年ごとに2%ずつ段階的に下げていき、6年目に10%になったところで考え直しましょうとなったのですが。厳しい国と医療保険の財政状況などから「2」まで下がって、今日に至っています。2%という数字は、自分で想像していた数字ではありました。損耗廃棄や有効期限や金利について、調査はしていませんが、報告などの断片的な情報から考えると、「2」でカバーできるのではないかという感触はありました。平成12年からネーミングを「調整幅」にされたけれど、本質は変わっていませんね。

10%になったときにはすでに私は外れていまして論議に参加していませんでしたが、本当はもっと丁寧に議論すべきだったと思います。リベート・アローアンスを縮小し一次売差を増やす、そうなっていない現状は、逆もどりしてしまったということでしてとても残念なことですね。

2　医薬品卸のあり方

医薬品卸なしに医療は成り立たぬ
副業で成り立たせるのは不健全

——当時から今日までの、卸についてお話をうかがいます。このところ、一次売差はずっとマイナスです。流通の近代化の動きのなかで卸企業の「系列」が解消され、卸企業の株式上場や合併もあり、結果的に今、すばらしく発展されているのですが、実は多角経営により収益を支えているということも聞いています。

和田　私は若い頃に薬務局企業課（現・医政局経済課）にいて、卸の方からいろいろ話を聞いて卸のあり方というのを学んだのですが。伝統的に卸には、生産者から、自らの判断・才覚で良いものを選んで買ってくるという「仕入れ機能」があります。そして、買ってきたものを在庫として持って備蓄・管理する「倉庫機能」もある。時代により違いますが、生産者が弱く、中間流通業者の力が強いというのはよくあることですね。事業形態によっては、例えば、織物屋に生糸を買って渡し、織物ができたら買い取るといった「金融機能」「信用保証」も卸が果たしています。設備投資の際の資金融資、資金借り入れ保証を卸がすることもあったようですね。それから、もちろん、運ぶ・届けるという「流通機能」がある。

医療の現場でも、薬、医療機器・材料がなければ治療ができない。卸が安定的に、非常災害時であっても、これらのものを必要に応じて配送する、当たり前のようで大事な役割と機能がなければ医療は成り立たないのですから、そんな卸業には主体性をもって存続する企業であってもらわなければならない。

卸のあるべき姿についての理念を抱いて流通近代化に取り組んでいらした業界の方々も、クラヤの内匠屋さん、北海道の秋山愛生舘の秋山孝二さん、名古屋の昭和薬品の横井さんはじめ多くいましたが、現実はなかなかそう展開しませんでした。卸の大合併、集約化は大変進みましたが。

薬価算定方式を加重平均値方式に変える前は、卸はメーカーから薬を薬価基準価格で仕入れ、医療機関等に販売するときには事前にメーカーに協議しその承認を得た値引の価格で、つまり安い価格で、医療機関に売っていました。仕入れた価格より安く売るのだから必ず赤字になるので、メーカーから期末ごとに値引きによる損失分を、支払基準が明確にされていないリベート、アローアンスでもって補償してもらう。そうすることによってメーカーは卸が医療機関に売る価格（再販売価格）を管理し維持しようとしていたのです。

そうやって薬価を下げないようにしていても、国内・外資系の製薬企業は分立して市場競争は厳しく、さらに新薬が出れば既収載薬は薬価差でシェアを確保しようとします。バイイングパワーの強い医療機関は薬価差を確保しようと大幅な値引きを求め、卸と医療機関の間で価格妥結が長引いて長期の「仮払い仮納入」となります。それに卸業者は当時約400社もあって激しい市場競争なのですから薬価は循環的に下がってしまう。

これはいかがなものか。卸の価格決定の主体性はどこにあるのか。卸と医療機関との関係においても、納入価は薬価に近い辺りで買ってもらう一方で、添付販売やサンプル添付が横行していた時期もありました。医療機関はサンプルとして卸に無償でもらった医薬品を薬価で保険請求をする不適切な事例は逐次是正されましたが。

税金に近い性格をもつ保険料と税金という公的な、それも膨大な金額の財源が関わる医療保険で、このような実態でよいわけがない。取引の透明性を高めるために、値引補償制度を廃止し、市場における実勢価格を的確に薬価に反映すべきだということになります。

これは、メーカーと卸、特に系列卸の間により大きく表れている独特な商慣行ですから、外国のメーカーは疎外感をもっていました。MOSS協議で自動車について同様のことが問題視されていたので、医薬品についても早晩来るなと覚悟していました。そういう情勢のなかで、値引補償制度とバルクライン方式を一体的にとらえて見直し「新仕切価制」、建値制を導入することがよいと考えて、加重平均値プラスアルファ方式に改革したわけです。

当時、「卸は将来、どうなるでしょうか」と聞かれたとき、「たくさんのボリュームを扱って安定的に、ローコストで配送することに卸の第一の意義があるのだから、配送の合理化を考えても自ずと集約化されるのではないか」と答えていたのを覚えています。日本では400社ほどありましたが、すでに米国では大手4社くらいに集約されていました。

日本国内で卸は、江戸時代とかそれ以前から伝統的に地域に根付いて商いをして、高い信頼を得ている企業がそれぞれの地域にあったわけです。そういう会社は急には消えないだろうから、「集約しても、大きなところは全国で4つか5つ。地場に強い企業と合わせても全部で50くらいかな」と話したことがありましたね。

流通の近代化を進めるなかで、卸は自らが安く仕入れる努力をして、そこに自分たちの利益、つまり一次売差を乗せて、医療機関に売る価格とする。メーカーが「仕切価」を定めて、それに卸の利益なりコストを乗せた取引価格で医療機関等に販売する。その取引価格、市場実勢価格を行政は薬価調査で的確に把握するようにしようと。

そうやって、新仕切価制導入の取り組みを進めようとしたときに、クラフトという大手の調剤薬局がキャッシュバックをしていることが明らかになりました。自分の薬局に処方箋が来るようにしてくれたら、1枚当たりいくらのリベートを医療機関に払う、そんなことをしていると、当時マスコミが大きく報じて問題になりました。そういう不当な経済的動機で処方するような医療をしてはならない、そんなお金は保険料と税金が財源の診療報酬で支払うべきではない、見直せというのが、保険者や国民皆さんの考えだったのだと思います。

卸の系列の解消と再編が進み、例えばスズケンは武田系の薬は扱えなかったので武田系の秋山愛生舘と1998（平成10）年4月に合併し、また、2000（平成12）年に武田系のクラヤ（本社・東京）と三星堂（本社・大阪）が合併するなど大規模化、集約化してきました。この流れと同時に、平成14年頃までは、一次売差がじりじり増え、いい傾向にありました。

ところが、今はまた一般的にマイナスで、売れば売るほどマイナスです。それを補てんするのが、メーカーからのアローアンスですね。卸には、自立した経営主体であってほしいと思っていますが、残念ながらそうはなっていないですね。この問題はまた、メーカーの仕切価格の設定のあり方が問われる古くて新しい問題ですね。メーカーの存立に係わるとともに、真に国民の医療ニーズに係わる新薬の開発と提供をどう確保していくのかという問題でもありますよね。

卸が赤字をどう埋めているかというと、少しでも売差が得られるように日用雑貨品を扱ったり、副業をしたりしていますね。調剤薬局を開いて黒字を確保しているところもあります。それは、医薬品流通業者が事業を続けるための必要悪のようなものだと思うのですが、しかし本来の医薬品卸業のあるべき姿からみると不健全です。また批判を受けることになるのではないでしょうか。

実態は今も変わらず
保険制度に卸をどう位置付けるか

――新仕切価制の導入以前は、値引補償制でした。今や大昔の話になりますが、その頃は、メーカーのプロパー（当時）が、医療機関への納入価格について、医療機関ごとに関心をもち、卸さんと密接な連携をして、納入価格が決まっていくという時代でした。それを、公取委は「再販売価格維持行為」とみなしてメーカーに改善を促し、メーカーはそれに応えてきたわけで、今はもう個別の医療機関との絡みはないと思います。しかし、一次売差がマイナスのところでは、事後にグロスマージン、リベート、アローアンスというやり方でメーカーが補てんする姿を残しながら、今日に至っています。

薬価基準制度を変えれば、このようなことが解決できるかというと、改革の仕方にもよりますが、なかなか難しいところだと思います。しかし、あえて薬価制度に限って言えば、どのように変えると流通が変わるとお考えですか。

和田 今まで対策を進めてきましたが、問題はなかなか解決されず、実態は今も変わらない。長野さんがおっしゃったように、薬価基準制度だけでこの問題は解決しないと思いますね。

しかし、薬価基準で何を変えれば流通が変わるかというと、本当に難しいですね。メーカーと保険当局が交渉して、「この薬剤はいくらで償還する」と決めて、固定マージンとしてもらって、卸には露骨にいうと佐川急便、クロネコヤマト、あるいはアマゾンのような役割をしてもらう。医療機関からすれば、医薬品は注文したものを現物で配送してもらう、現物給付の考え方に通じます。

これまでも、こういう議論がよくありましたが、ドラスティックすぎて関係者の合意が得られるか疑問です。国民医療という観点から、全国津々浦々まで医薬品の配送網が行き届くか、医薬品に無駄が出て医療費が膨らむのではないかという疑問も出るでしょう。それに配送コストだけに着目したビジネスにするのは、ある意味で医薬品卸業の本来の使命を毀損してしまうかもしれません。例えば、大災害があったとき、東日本大震災でも、北海道胆振東部地震でも、どんなことをしても薬を運んだのが卸でした。

――まさに、毛細血管といえる配送網を、卸さんは活用されました。

和田 そういうことが、さきほどの典型的な案でできるのか。「配送コストに見合わないから、そんなところには運べません」ということでは、国民医療は困ります。

――困ります。それは困ります。

和田 全ての地域、いろいろと違いのある状況、条件下のところでも、全ての国民が必要な医療を必要に応じて確保できるようにすることを考えなければいけません。単純にコストを安くするといった判断だけではいけないような気がします。ただ、そうはいっても、公正取引と効率化という視点はいつまでも問われるのでしょう。

医療保険制度下で、薬を売ることで安定的に事業運営ができる仕組みはなんなのか。「調整幅」の議論であるかもしれないし、先ほどもふれましたが、卸を保険医療機関等と同じように医療保険制度に位置づけて一定のマージンを保険から支払う、といったこともあるのかもしれない。医療機関からみれば、医薬品を配給、現物給付化する、という仕組みですね。卸の経営の主体性は大きく損なわれますが。

現在のような状況が続くと今後、卸のあり方、保険制度上の位置づけ、薬価の決め方、自由市場と公定償還価格制度の絡み合いという古くて新しい様々な論議が再燃してくる時期が来るのかもしれません。米国のトランプ政権は、薬価の引下げを政策として打ち出しているようですし。

後発品はデリケートな問題
安定供給への配慮を

――後発品についてうかがいます。後発品の使用促進がなされており、２０１８（平成30）年度からの薬価制度改革では、長期収載品も早晩、後発品と価格を揃えることになりました。中長期的に考えると、長期収載品も後発品もひとつの価格体系になっていくと思います。そのとき、良質な後発品の安定供給ということが確保できるのでしょうか。

和田　医療費に対する薬剤費の割合をみると、昭和50年代には4割弱でした。それ以前には、5割を超える時代もありました。平成に入って、流通近代化の促進と薬価算定方法の見直しにより薬剤比率は下がり、一時20％を切ったりしましたが、今は23％あたりになっています。国民医療費は今44兆円程度、その2割強が薬剤費ですから、薬剤費は薬価ベースでおよそ10兆円となります。その約4分の1が国庫負担で、国や社会保障費に対する影響は大きいですから、予算編成のたびに目を付けられるのは避けられない情勢でしょうね。統計上の問題があり他国と比較するのは難しいのですが、しかし薬剤費比率という点からみますと、世界的にみて高い水準ではなさそうです。とはいえ、一層の効率化も求められます。

本当にいい薬については特許期間中、薬価を維持することによって新薬の開発意欲を損なわないようにしていく。一方で、品質の良いローコストのものが、安定的にずっと供給され続ける体制も確保しなくてはいけない。長期収載品が販売力と薬価差の額で、競争力を維持しシェアを確保し、他方、価格の低い後発品はシェアをとるために高い値引き率で対抗し、その次の薬価改定で薬価が大きく下がる、したがってさらに値引き率を上げて売る、といった繰り返しでは、質の良い後発品の安定供給が期待できません。保険医療の適切な運営にとっても大問題です。

現行の制度では、剤型の追加などより良い品質の後発品の安定供給に努力する後発品メーカーの経営がだめになってしまうことになりかねませんね。日本の医療の質を考えたときに、それでいいのかというのは、薬剤費の効率化とは別の話です。

後発品の薬価は、医療保険制度の立場、国庫負担削減、コストダウンの観点からだけでなく、国民医療とか医療提供体制の視点からも同時に考えていかなければいけない問題です。保険制度、薬価基準制度のあり方という面からは、「日本薬局方」のあり方、基礎的医薬品、不採算医薬品、最低薬価制度などと一体的にとらえなおして検討してみたらどうかなとも思います。予算担当者は、どうしても各年度予算のシーリングに合わせようというところにばかり注目してしまいがちですが、後発品問題はデリケートで、大変だと思います。

3　薬価と診療報酬

「随時改定方式」なら市場への介入を抑制できる

――今日、診療報酬改定と調剤報酬改定は、その財源を薬価改定に頼るようなやり方で進められてきています。そのようななかで薬価改定については、毎年改定の方向で議論がなされています。これについてはどうお考えですか。

和田　薬は診療報酬の一部として設定されています。別立てになっていますが、これは、それなりに理由があったと思うのです。薬価改定は、ここしばらくは診療報酬改定と同じ時期に行われていますが、そうではなかった時もありました。薬価基準は「使用薬剤の購入価格」を定めたものです。市場における実勢の購入価格は、診療報酬の改定時期とかその内容に関わりがありますが、診療報酬と薬価基準とは本来は別の考え方、原則によって決定されるものです。

薬価基準の本質は、個々の銘柄の医薬品を市場において医療機関等が購入した実勢価格を定めたものです。市場実勢価格が変動すれば、それに応じて薬価を改定すべきです。薬の値段は、物価や為替など経済諸情勢のなかで動く部分があります。また、競合する領域に強力なライバル（新薬ですね）が出てくれば、シェアを失わないために価格政策で対抗する、そういうことで値段が動くこともあるでしょう。特許は診療報酬改定や薬価改定と関わりない時期に切れますから、そうすると後発品が出てきて、後発品が出れば必ず流通は動き、先発品の価格が下がります。2年に1度の診療報酬改定のタイミングに関わりなく、後発品も出てくるからです。

かつては、新薬の収載、後発品の収載も薬価改定に合わせてやっていましたが、「そんな馬鹿なことはない」と思っていました。新薬の収載は、ＭＯＳ

S協議で年4回にしろという話になりました。後発品については、私が保険局企画課長のときに議論して、平成5年7月に毎年収載にしました。今は、年4回にまできています。

そもそも、なぜ薬価を一斉に改定しなければいけないのでしょうか。昔は、卸や医療機関の帳票、データは電子化されておらず手作業で行われていましたし、医薬品の実勢価格を調査する厚生省（経済課）も限られた人数の担当者が手作業で薬価調査を集計して計算していました。2年に1回でも事務負担の大きい大作業でした。頻度が多ければそれこそ大変であったろうなと思います。しかし今や、取引のほとんどは電子化され、コンピュータで集計分析できるわけですから、昔に比べれば薬価調査の実務負担はだいぶ軽減されたでしょう。患者の医療費は一部負担でも賄われています。そのなかの薬剤費の額に実勢価格によらない大きな薬価差があっては国民の批判に耐えられません。適時的確に償還価格が決められる必要があります。

ある一定の「ターゲットゾーン」を決めておき、そこから外れた取引が一定量出てきたら、加重平均値プラスアルファ方式で薬価改定をすればいいのではないでしょうか。「随時改定方式」です。当然、医療機関の薬価差収入などに変動はあると思いますが、薬価基準制度の本質に照らして考えれば、市場の変動に応じて随時柔軟に薬価を改定するということもありうるでしょう。

診療報酬改定にあたって医師や医療機関の技術料の引き上げ財源が不足する場合に、薬価引き下げによる財源を振り替えるといった実態が多年にわたって見られました。また、医業経営の安定のために薬価差を求めるという実態も今日に至るまで当然のようにくり返されてきました。

診療報酬改定と薬価改定を同時期に一斉にやろうとすると、失われる薬価差相当分を診療報酬の上乗せで補てん、回復しようとし、その財源が足りなければ薬価改定分で賄おうとすることになります。自由市場であるべきところに強力な介入が生じます。新仕切価制が実質的に壊滅して、昔の値引補償制に近いかたちが残ってしまったのも、こうしたことがあったからです。

薬価改定の随時実施への不安や懸念は大きいと思います。薬価がいっそう大きく低下するという心配です。診療側からすれば一番の問題は診療報酬改定財源への影響、改定財源不足への心配ですね。

しかし、医業経営の安定などのために薬価差、スライド値引きにいつまでも依存しているようでは、医療の質の向上と医業経営の安定は期待できません。

診療報酬改定は、薬価改定とは別の原理で動きます。社会保障審議会の医療部会や医療保険部会の定めた基本方針に沿って、医療機能の分担と連携、チーム医療推進とか、新医療技術の評価、陳腐化・普及した技術の再評価、人材の確保や働き方改革など人件費の変動といった要因で診療報酬は決めるべきものです。

その財源を手当てするために薬価改定をするというのでは医薬品流通に歪みをもたらしますから、そこを切り離す努力が必要で、別の考え方で整理すべき問題です。薬価差減少分は医療経済実態調査で医療機関収入の赤字要因、収益減少額として把握する。これを勘案して、診療報酬本体の診療料で手当てする、というのが基本でしょう。随時改定による薬価差益減少分をまとめてカウントし、それを本体引上げ分に見える形で振り替えるとか、知恵を絞ってよいのでは。

実は1981（昭和56）年、私が大臣官房総務課の課長補佐として国会内の政府委員室にいたときのことですが、当時の保険局長が56年6月の薬価改定について、「薬価を18・6％引き下げます。これを診療報酬改定の財源に振り替えて充てます」と厚生大臣に報告に来たことがありました。大臣は厳しい口調で、「薬価を下げたから、その分を診療報酬本体へ、というのは何事か」と。診療報酬は診療報酬の論理で動き、薬価は実際に売った価格、買った価格で決めるものだ。改定はそれぞれの論理で動かすべきだ、関連するかもしれんが関係ないと激しく論じられました。そのとき、部屋にいたのは大臣と局長と私だけでしたが、非常に印象に残っています。

今日においてもやはり、薬価は薬価制度の本旨、論理で考えるべきでしょう。特許が切れて後発品が出てきたとき、競合品が出てきたときは、市場実勢価格に変動が生じないはずはありません。これは別に2年に1回、あるいは2021（令和3）年度以降採用されることになった「毎年改定」のタイミングとは関係しません。市場が大きく変わったときに、一定水準以上の乖離が生じた場合には、柔軟にいつでも改定できるようにする。診療報酬改定と切り離す、そういう議論をしてもいいのではないかと思います。それが、卸の主体性の回復、そして流通の改善、ひいては本当の意味での医療費の効率化につながるのではないでしょうか。

――本日は、ありがとうございました。

【編注】

1　**日米構造問題協議**：1989（平成元）年6月から日米間の流通機構、価格メカニズム、系列、排他的取引慣行をテーマに「日米構造問題協議」がスタートした。米国側は、日本の医薬品流通制度に不透明な取引慣行があるとして流通制度の改革を求め、これを受けて、厚生省の「医薬品流通近代化協議会」が1990（平成2）年6月に報告書「医療用医薬品の流通の近代化と薬価について」をまとめた。報告書は、自由な競争の確保、過大な薬価差の是正、透明性・公平性の確保のほか、流通制度の改善策として、モデル契約の普及などを提言している。

２　昭和56年製薬協独占禁止法被疑事案：１９８１（昭和56）年６月の薬価基準改定では、政府管掌健康保険（現・協会けんぽ）の大幅赤字などを背景に、過去最高の18・６％の引下げが行われた。これに先立って、日本製薬工業会（製薬協）と日本医薬品卸売業連合会（卸連）は協調して薬価改定に対応することを決め、会員各社に対して、①自損を行わない、②仮納入を行わない、③総価山買い方式から単価購入方式への変更について、徹底を要請した。メーカー、卸売業者の価格維持行為に医療機関が反発し、公正取引委員会に独占禁止法違反を申し立てたことを受けて、公取委は製薬協、卸連、会員各社に立ち入り検査を実施し、１９８３（昭和58）年６月に独占禁止法を適用して排除措置の勧告を行った。

３　添付販売：１９６５（昭和40）年前後から医療用医薬品についても添付販売が行われ、薬価調査の不公正・不正確さが批判され、日医が薬価調査に協力しない理由となった。このため、中医協は１９７０（昭和45）年12月の総会で、医薬品の添付販売があった場合、薬価基準から削除することを確認し、厚生省は同月、保険局長名で「薬価基準収載の医薬品の削除について」通知し、添付販売の廃止とあわせて、類似販売行為に対しても必要な措置をとる方針を明確に示した。あわせて厚生省は都道府県薬務課とで構成する医療用医薬品販売適正化委員会を発足させ、代表的品目の販売価格を調査することになった。その後、１９７４（昭和49）年11月には添付販売が発覚し、薬価基準から３カ月間削除された事例がある。

４　バルクライン方式：１９５０（昭和25）年９月の薬価基準制度制定時は、同年７月の１週間の医師向け販売事業者の納入価格と東京・日本橋本町、大阪・道修町の取引価格を基に薬価が算定された。26年８月の全面改定では、医療機関の医師の１カ月の購入数量・価格の調査を基に、各品目の購入数量の80％バルクラインを算出して薬価基準とした（市場価格調査によるオンライン法バルクライン）。

薬価調査に関する事務は、それまでは物価庁により行われてきたが、１９５２（昭和27）年８月の物価庁廃止により厚生省薬務局に移管された。厚生省は、対象を個々の医師から病院・診療所に変更するとともに、地方の医師向け販売事業者も対象に調査を行った。この調査に基づく28年８月の全面改定では、80％バルクライン方式から90％バルクライン方式に移行している（医薬品の価格安定傾向により「80％」では大幅な値下がりが見込まれ、安定供給に影響が出るおそれがあったためとされている）。

その後、90％バルクライン方式は、各方面からバルクライン引下げ（適正化）の意見が出るなかで継続されたが、１９８２（昭和57）年９月の中医協答申で「取引件数の多い品目については、高価格の数量部分10％をカットオフのうえ現行方式により算定する。ただし、価格のばらつきの小さいものについては、10％カットオフを適用せず算定する」、いわゆる81％バルクライン方式の導入が決定、１９８３（昭和58）年１月に薬価改定で適用された。さらに、１９８７（昭和62）年５月の中医協建議では、バルクライン方式を堅持しつつ、一部加重平均値の要素を加味した修正を行うことになった（修正バルクライン方式）。そして、１９９

1（平成3）年5月の中医協建議で加重平均値一定価格幅方式が提案され、4年4月の薬価改定から適用されている。

5　値引補償制度：値引補償制度は、医薬品卸が医薬品メーカーからの仕入価格以下の価格で医療機関に医薬品を販売した場合、卸がメーカーとの再度交渉を行って、仕入価格を変更することを補償する制度で、市場競争が激しい品目にみられた。1990（平成2）年6月の医薬品流通近代化協議会報告書では、医薬品メーカーと卸間のモデル契約の促進とあわせて、医薬品価格形成の透明化措置として、仕切価格の引下げと明確化、値引補償の廃止、マージンに占めるリベートの割合の縮小等の方向で改善措置が提言された。

インタビュー　薬価制度改革のエポックを辿る④

統一限定収載から銘柄別収載へ 昭和の薬価制度の課題を振り返る（上）

――1950（昭和25）年の薬価基準制定から昭和40年代まで

国際医療福祉大学大学院客員教授
和田 勝

薬価基準制度は、1950（昭和25）年に制定された。戦時中から戦後の復興期、高度経済成長期、老人医療費の増大が医療保険の問題になる昭和50年代に至るまで、社会経済情勢が大きく変化するなかで、医薬品についてはどのような課題があり、どのように対応してきたのか。厚生省の元経済課長であり、昭和40年代後半の薬務局企業課での経験も長く、医療保険・薬価制度の研究者でもある和田勝氏に、昭和の薬価制度の課題と変遷について聞いた。

2回に分けて掲載することとし、「上」では主に薬価基準制定から昭和40年代の政策課題について掲載する。

和田氏は、1973（昭和48）年10月の第四次中東戦争を契機に生じたオイルショックにより高度経済成長は終わったが、この前後、医薬品に関連する制度・政策に関し、大きな動きとして次の5点があると指摘した。第一に、1973年1月に老人医療費の無料化が行われ、老人医療費、薬剤費が急増した。第二に、特許法改正である。それまで日本では医薬品については製法特許のみ認められていたが、欧米諸国と同様に、1976（昭和51）年から物質特許と医薬用途特許が導入された。第三に、昭和40年代に日米貿易摩擦が深刻になるなかで、製薬産業においても1976年に「資本の自由化」が行われ、100％外資の製薬企業が国内でもできるようになった。第四に、1973年11月に日本医師会が技術料中心の診療報酬方式への転換の方針を明らかにし、再診料を5年以内に100点に引上げるとともに、医薬分業を完全に行うとの方針を打ち出した。1974（昭和49）年の診療報酬改定で処方せん料が10点から50点へ、また調剤基本料も80円から200円に引上げられた。第五に、1976年2月に薬価基準の「銘柄別収載方式」の採用が決定された。同年4月の薬価の経時変動調査結果に基づき、1978（昭和53）年2月に5・8％の薬価引下げが行われ、1967（昭和42）年に採用された「統一限定方式」が廃止された。

和田氏は、武見太郎日本医師会会長や三木武夫副総理とのエピソードを交えて、当時の課題への対応について語った。

1 戦中から戦後

医師会と保険者が決めた薬価
戦中は統制価格に

——今回のインタビューでは、薬価基準制度が始まる少し前の時期から、昭和50年代までのお話をうかがいたいと思います。

和田 健康保険制度は1927（昭和2）年1月にスタートしました。当初、保険でカバーされるのは被保険者本人のみで、その被扶養者は給付対象外とされていましたし、俸給生活者（ホワイトカラー）、自営業・農業者は対象外でした。農山漁民などを対象とする国民健康保険制度がスタートしたのは1938（昭和13）年で、同年に健康保険の被保険者の家族についても保険者の任意給付とされました。俸給生活者を対象とする職員健康保険法の制定は1939（昭和14）年のことです。

戦前、東北地方や長野県に多くみられたのですが、産業利用組合の一つである医療利用組合が国民健康保険組合の代行をしていました。医療利用組合は、今の制度でいえば協同組合による医療提供でして、農業協同組合、生活協同組合のご先祖にあたる組織です。それらの独自の共同購買事業として薬を大量に安く買って、利用者に供していました。共同購入を通じて医薬品を安く買うという動きは今もみられますが、戦前から戦後にかけては相当あったようですね。

日中戦争、太平洋戦争に入ると、一般の消費物資の価格が、「統制価格」になっていきました。統制価格を決めて強制的に買い上げ、販売供給するというものです。当時、統制価格はバルクライン方式で決定されており、全体の取引数量の90％をカバーしている価格を、国の購入価格とすると決めたようですね。医薬品だけでなく、一般的に広く使われていたやり方でした。戦時下において、医薬品の製造業者も卸売業者も統廃合されていきました。

戦後、1947（昭和22）年までは「薬治料」として、日本医師会が定めた「健康保険診療報酬計算規定」によって「内服薬では1剤1日分1点」とい

和田勝氏

うように、処方料と調剤料を含めて、使用した薬剤の価格とは無関係に定められていました。超インフレ時代の1947年7月の点数表改定で、薬治料の規定に「使用内服薬の統制価格が1点単価の3分の1以上の場合の点数は別にこれを定む」という規定が追加され、使用薬剤の価格が初めて診療報酬の算定と直接関連することになりました。

1949（昭和24）年5月の点数表改定で、薬治料・注射料は、使用した薬剤の薬価（統制価格）によって算定するものとされ、内服薬は1剤1日分の使用薬剤が15円以下の場合は2点、皮下筋肉注射料は1回分の使用薬剤が15円以下の場合は4点とし、それぞれ15円またはその端数を増すごとに2点を加算するという15円刻みによる加算の方式に改められました。

その後、物価統制の廃止が進むにつれて、統制価格に代わる新たな算定方式が必要になってきて、1950（昭和25）年9月に初めて「薬価基準」が定められました。「使用内用薬、注射薬、外用薬の価格は、別に定むる購入価格による。購入価格は厚生大臣の定むる薬価基準に基づき都道府県知事がこれを定む」とされ、薬価を都道府県知事が定めることができました。薬価基準に収載されていない品目であっても薬事法の承認のある品目については、その薬価を都道府県知事が定めることができました。

この時代の薬価調査は「物価庁」が所管していましたが、1952（昭和27）年8月、物価庁廃止に伴って厚生省が行うようになりました。

1953（昭和28）年8月、厚生省は、それまでの80％バルクライン方式を廃止し、90％バルクライン方式に拠る薬価改定を行いました。バルクライン方式は1992（平成4）年に加重平均値方式が採用されるまで、約40年間用いられたことになります。

戦後はバルクライン方式
保険で使えるのは基礎的医薬品

——戦時中から長くバルクライン方式が続くことになりますね。

和田　戦後の混乱期、医薬品の供給不足が続いた時代に、戦時中から使われていたバルクライン方式を採用したのですね。

戦後しばらくは、健康保険制度の下で使われる薬は、全体の生産量のせいぜい2割でして、医薬品のほとんどは売薬、一般用医薬品が占めていました。健康保険で使える薬は基礎的医薬品に限られており、感染症に高い有効性を示したペニシリン、ストレプトマイシン、サルファ剤、合成化学薬品といった薬は、当時は非常に高価でしたが、保険では使えない時期が続きました。

薬価基準は正確に言うと、「使用薬剤の購入価格を定める件」という名前の、厚生（労働）大臣の決めた省令レベルのものです。診療報酬点数表の一部として「別に定める」ものという位置づけであり、法制的には大臣「告示」というかたちのものとなっています。

「バルクライン」というのはなにか。1973（昭和48）年に私が薬務局企業課にいたころ、かつて企業課に在籍していたOBの塩野義製薬の武田公一さんから聞いた話では、船の「喫水線」のことを言うということでした。船に荷を積み込むときに、「ここまでなら積めるが、ここを超えると船が沈んで危険」という境界があり、それが「バルクライン」で、その言葉が価格設定について使われたと武田さんがおっしゃったのを覚えています。

90％バルクライン方式は、医薬品全体の取引量を安いほうから高いほうまで並べて、90％の数量をカバーできる一点を、薬価基準価格にするというやり方です。どんな地域の医療機関でもほとんどのところで購入し使える価格ということで、理解できる考え方だと思いますね。しかし、それより高い価格で買っても償還されるのは90％という一つの点の価格なので、医療機関や薬局は、90％をカバーする価格よりも安く買う努力をするでしょう。それを繰り返していくと、「蟻地獄《ありじごく》」にならないとも限らない。ただ、全国津々浦々、どこにある医療機関でも、大多数はその値段で償還されるということなので、公平ではありますよ。

ただ、90％バルクライン方式では、極端なことをいうと11％、つまり1割を少しでも超える分、高い値段で売っているものがあれば、あとはいくら安い値段で売ったとしても、理論的には薬価は下がらないのです。したがって、価格の大きなバラツキを生む可能性があることになります。バルクライン方式のもとで取引された時期の市場実勢価の分布をみると、通常のものの取引実態と比べて、正規分布ではなく、こぶが二つ、三つもある変な分布実態となっていました。

こうした不合理を是正するためにバルクライン方式をどう修正するか。これに代わる方式がないか。

そういうことが、厚生省内部や関係者の間でよく議論されていました。

１９８２（昭和57）年、下村健保険局長の時代に、バルクライン方式を是正するものとして、「81％バルクライン方式」が導入されました。取引のなかで、異常値と思われる10％のものを除き、残りの９割分の取引数量分について90％バルクライン方式で算定する、つまり81％バルクライン方式と同義ということになります。

この方式は関係者の智恵を集めて導入されたものではありますが、計算式が複雑でわかりにくいという指摘もあり、医療機関、卸・メーカーからみて簡素で納得されやすい仕組みが望まれていました。さらに、81％修正バルクライン方式のもとでは「蟻地獄」が解消されないという不満の声が、業界からもありました。

2　昭和30～40年代

高度経済成長のなかで
薬の使いすぎが問題に

――少し戻りますが、昭和30～40年代の薬に関する問題というのはどのようなものだったのでしょうか。

和田　薬は治療になくてはならない大事なものですから、人が生きるか死ぬかのときに、それにつけこむように供給者が恣意的に値上げして高い価格をつけたり、供給をコントロールしたりするのは許せないという感情を持つのは当然です。

１９３０年代にサルファ剤、１９４０年代に入るとペニシリン、ストレプトマイシンなど、画期的な新薬が登場して医療の世界を大きく変えましたが、アメリカでは独占的な高い価格が問題となり「反独占」の動きが強まりました。製薬企業の利益に対する批判も大きくなり、１９５０年代に連邦議会で抗生物質や化学療法剤の価格問題が論議されてきました。

Ｅ・キーフォーヴァー上院議員は、サリドマイド事件を契機に高まった医薬品の安全性規制強化など医薬品食品法規制を推進し、また、反独占・反トラスト政策に取り組んだ政治家として知られています。１９６２（昭和37）年には「食品医薬品化粧品法」改正に取り組みました。最終的には実現をみませんでしたが、医薬品の特許権に関する強制実施権を盛り込むよう提案しました。このあたりのことは、Ｅ・キーフォーヴァーの著書『独占との闘い‥少数者の手に』（竹内書店、１９７２年）を読んでみたらよいと思います。

日本では当時、保険適用の医薬品は、「統一限定列挙方式」により一般名の下に各製薬企業のブランド名が列記され、同一薬価が設定されていました。

薬効ごとに値段を決められていたことになります。そのなかには、やや古いタイプの薬もあれば、比較的最近、マーケットに出てきたものもある。新薬の研究開発に取り組む企業もあれば、特許の切れた後発品（当時「ゾロ」さらには「ゾロゾロ」などとも呼ばれていました）の製造販売主体の企業もありました。競争が激しい実態ですし、直接製造原価は安いのですから、市場シェア確保のためには自ずと値引き競争が激化していまして、常に過大な薬価差が存在している実態だったのです。

医療機関側はもちろん、公定の保険からの償還価格である薬価基準価格よりも高く買うということは通常ありません。薬価を下げても、次の薬価調査ではそれよりも安くなっていることが一般的です。厚生省、大蔵省や健保連などの支払い者側にとっては、薬価差解消が重要な課題となっていました。

昭和30年代に入って、経済が戦前の水準に回復していくなか、政治の世界では１９５５（昭和30）年に自由党と民主党の保守合同によって自由民主党ができ、革新勢力も左右両派の社会党が合併して日本社会党ができました。いわゆる「五五年体制」ですね。

１９６０（昭和35）年頃から高度経済成長へと進んでいく過程で、豊かになった経済のパイを国民の幸せにまわそうということで、１番の生活不安であった医療、健康問題が政治の争点となっていきました。

１９６１（昭和36）年に国民皆保険体制に移行しました。しかし40年代の半ばごろまでは、被用者保険の被扶養者も5割給付であったし、国民健康保険も5割給付。5割自己負担という時代ですから、薬は本当に必要というとき以外は、あまり使えないという時代が長く続いていたのですね。

わが国の医薬品生産額の動きをみると、医療用医薬品のウエイトが上がったことがわかります。昭和20、30年代前半の日本の薬剤費の7～8割がＯＴＣ（一般用医薬品）で、健康保険適用の医療用医薬品は2～3割でした。１９６０、１（昭和35、36）年あたりになると、医療保険加入者の増加、抗生物質など医薬品の保険適用拡大などに伴って、健康保険の適用される医療用医薬品の割合が5割くらいになりましたが[1]、当時、日本は高度経済成長に入っていたことから政治・社会の問題にはあまりならなかった。

昭和30年代から40年代にかけては、スモン事件にみられるように、薬の使いすぎが社会問題になっていました。ストレプトマイシンによる聴覚障害事件、ペニシリンショック、大腿四頭筋拘縮症事件などの副作用事件も発生し（**図表7**）、社会の関心は薬の価格や薬剤費問題よりも、薬の適正使用、安全

図表７　主な医薬品の副作用被害事件

年	被害	概要	備考
1948（昭和23）年	ジフテリア予防接種禍事件（ワクチン）	ジフテリア予防接種で、ジフテリア菌の毒素が混入したワクチンが乳幼児に接種され、京都・島根で84人死亡。	
1956（昭和31）年	ペニシリンショック事件	東大法学部教授が抜歯後の化膿止めでペニシリンを注射、直後にショック症状で死亡。その後、厚生省調査で1276人がショック症状を来したことが明らかに。	厚生省は８月28日、ペニシリン製剤による副作用の防止について指針発表。
1958（昭和33）年	クロロキン網膜症事件	腎炎、慢性関節リウマチ、気管支喘息、てんかんへ効能拡大され、1961（昭和36）年には腎盂腎炎の特効薬として販売され、クロロキン網膜症の発生が報告される。被害者は1000～2000人。	厚生省は添付文書の記載を指示、昭和49年に製造・販売中止。
1961（昭和36）年	サリドマイド事件（OTC）	サリドマイド剤（鎮痛催眠剤等）を妊娠初期に服用した母親からサリドマイド胎芽症と呼ばれる四肢、顔面、内臓等に重い障害を受けた子どもが出生。1200人出生、309人認定。	1963（昭和38）年６月17日提訴 1974（昭和49）年10月26日和解　財団法人「いしずえ」設立 1967（昭和42）年：医薬品副作用報告制度開始
1965（昭和40）年	アンプルかぜ薬事件（OTC）	ピリン系成分のアンプル入りかぜ薬によりショック死。死亡約38名。	販売中止 一般用かぜ薬の承認基準設定
1970（昭和45）年	種痘禍事件	種痘により、下半身麻痺と知能障害の後遺症。国と市を相手に提訴。	1970（昭和45）年提訴、1982（昭和57）年１審原告勝訴、1986（昭和61）年２審原告敗訴、1994（平成６）年最高裁差し戻し審で原告勝訴 ※予防接種健康被害救済制度創設（1976（昭和51）年）
	スモン（キノホルム薬害事件）	整腸剤キノホルムの副作用により亜急性視神経症（スモン）に罹患。患者約１万人、死亡約500人。	1971（昭和46）年５月28日提訴 1979（昭和54）年９月15日和解　和解人数6490人 1979（昭和54）年：医薬品副作用被害救済制度制定
1973（昭和48）年	筋肉注射による大腿四頭筋拘縮症事件	山梨県で大腿四頭筋拘縮症が集団発生したことをきっかけに、全国的に、解熱剤、抗菌薬の筋肉内注射を頻回に受けた子どもに大腿四頭筋拘縮症が多発したことが明らかになった。患者数は約3600名。	1975（昭和50）年～1986（昭和61）年　各地で提訴 1983（昭和58）年３月30日　福島地裁白川支部判決　国勝訴・製薬会社敗訴　その後、東京地裁、名古屋地裁で同様の判決 1987（昭和62）年から平成８年にかけて和解

性問題のほうに向かっていきました。

国民皆保険の定着、給付改善等に伴って、医療費に占める薬剤費の割合（薬剤費比率）は、現在は20％強と大分低下しましたが、１９７１（昭和46）年45・８％、47年42・７％、48年46・４％と、高度成長期には極めて高かったのですね（**図表８**）。

戦後、国保の直営病院は、例えば老人医療費の無料化で知られる岩手県沢内村の国保病院（加藤邦夫医師、増田進医師）、若月俊一先生の佐久総合病院、今井澄先生が再建された諏訪中央病院などのように、地方自治体、市町村の設置運営する国保直営病院・診療所が大きな役割を果たしていたのですね。その名残で岩手、青森、秋田などには公立の中小病院が多く設置されていました。

後に日本医師会の会長となった武見太郎さんは、戦前、１９３７（昭和12）年に慶應大学医学部の内科医局を辞めて理化学研究所に移りましたが、その頃、農林省共済会にも籍をおいておられたようでして、その縁で、農村医療に熱心に取り組む農林官僚と交わりがあったようですね。無医地区・無医村が多くみられた岩手県などで農村医療に携わり、医療協同組合にも関わられていました。武見さんは、政府の行政コントロールの下の国保ではなく、地域住民の自主的な相互扶助組織である医療利用組合を中心に考えておられたようですね。

昭和30年代半ば以降、経済成長が始まりますが、この時期に高価な抗生物質などが次々と保険適用になり、医療費が増大するようになってくるのです。また、昭和20年代、30年代の初めは、医師や医療施設が足りなくて、「保険あって医療なし」などと批判されたりしましたが、昭和40年代になると、だんだん医療提供体制が整備され、保険給付の改善、適用拡大が進んでくると、医療保険の財政赤字問題が出てきました。

昭和40年代半ばを過ぎて、大きく日本の医療を取り巻く社会経済事情が変わっていこうとするときに、大きな制度・政策の変化がありました。

「薬をひさぐものにあらず」分業の引き金は医師会がひいた

——その変化について、順にご説明をお願いします。

図表８　薬剤費比率の年次推移

年月	薬剤費の割合	年月	薬剤費の割合
昭和	（%）	昭和	（%）
46.5	45.8	55.5	38.2
47.5	42.7	56.5	38.7
48.5	46.4	57.5	34.1
49.1	37.3	58.5	35.1
50.5	37.8	59.5	30.9
51.5	37.3	60.5	29.1
52.5	37.7	61.5	28.5
53.5	34.2	62.5	29.6
54.5	36.0	63.5	29.6

社会医療調査報告（厚生省大臣官房統計情報部）（政府管掌健康保険、61.5以降は国保含む。）

和田　一つは、１９７３（昭和48）年の老人医療費無料化[2]です。

１９６１（昭和36）年に高度経済成長がスタートし、国民皆保険に移行した頃、日本の人口の高齢化率は５〜６％でした。日本が急速に豊かになっていくなか、戦中戦後に苦労された方々が高齢期を迎えるようになってきたので、国民全員が敬愛の念をもって大事にしようということで、１９６３（昭和38）年に「老人福祉法」が制定されました。そんな時期、沢内村が先鞭をつけて老人医療費の無料化を行い、これに続くように40年代に入ると社会党、共産党系の首長の革新自治体などで老人医療費無料化が行われました。

この動きは全国に波及し、１９７３年に老人福祉法改正により国の制度として保険医療費の自己負担を公費で肩代わりする老人医療費無料化が行われ、これによって老人医療費が急増しました。

また、中小企業に適用される政管健保も、給付改善、適用拡大などに伴って財政が悪化し[3]、保険料率引上げなどを巡って与野党は激突し、「荒れる健保国会」が続きました。

保守合同で自民党、左右統一で日本社会党発足と55年体制に入っていました。労働界は、社会党を支援する総評（日本労働組合総評議会）、民社党を支援する同盟（全日本労働総同盟）に分かれていましたが、現在に比べ組織率も高く、活動も活発で社会的影響力も強かったといえます。

保守政権・政府と野党・労働界がぶつかるところが、政管健保の財政問題だったのです。保険料率の引上げや受診時負担の引上げによる保険財政健全化、給付の改善充実。当時「三者三泣き」と説明されました。保険料率引上げで、被保険者と事業主の負担が増加して泣く、国も国庫負担率引上げなど財政負担増で泣く。政管健保財政の安定化のために国庫補助を拡大するなどして凌いでいたのが昭和40年代末から50年代半ばにかけてのことで、１９８０（昭和55）年の健保法改正で政管健保は一応安定化したかのように思われました。

昭和40年代から50年代半ば頃、国民医療費に占める薬剤費の割合は、39％弱もありました。医療に占めるモノ・材料のウエイトが高く、医師の技術料部分が少ないことに対する批判もありました。薬の過剰使用（薬漬け医療）、薬害の問題も問われました。薬の使い方、使われ方に関心が高まった時代でした。

当時、日本医師会の武見会長は、医師の仕事は薬を売ることではない、「医師は薬を鬻《ひさ》ぐものにあらず」と言っておられました。薬価差益を手放して、患者の訴えを聞き、患者に寄り添った医療をすべきということです。武見会長がそう言うほどに、医療現場において薬剤が多用され、薬価差が収益源、医業経営の原資となっており、薬漬け医療の批判を招いたり、薬害問題を引き起こす原因ともなっていました。

そうしたなか、明治初年以来の懸案であった「医薬分業」について、大きな変化がみられました。武見さんの強い主張もあって、それまで多年にわたって医薬分業に反対をしてきた日本医師会が１９７３年11月に技術料中心の診療報酬体系へ転換し、医薬分業推進に舵を切ったのです。１９７４（昭和49）年10月から院外処方せん料が10点から50点に、調剤基本料は２００円に引き上げられました。昭和49年は「分業元年」と呼ばれました。

またこの時期、薬価基準制度においても大きな政策変更が行われました。「銘柄別薬価基準」の採用です。

昭和40年代当時の薬価基準は「統一限定収載方式」によっていまして、同一成分であれば、どのメーカーのものでも薬価は同じとされていました。一般名で薬価基準に収載され、そこの下に製品名（銘柄名）とメーカー名が書いてあり、薬価は同じです。そこに載っているものでないと、同じ成分でも使えないのです。

私は１９７３年４月に厚生省薬務局企業課（今の医政局経済課）に異動しました。企業課は戦時中、薬や医療材料の統制・配給の業務を担当していました。私の隣の席に座っていた泉課長補佐が薬価担当でしたが、彼を中心に数人のスタッフで薬価業務をやっていましたよ。

薬価調査は当時、膨大な紙の調査票をもとにタイガー計算機という手回しの機械を使って手作業で、それこそ神業《かみわざ》のように集計の仕事をしていましたね。

統一限定収載方式で薬の値段を算定するときには、各メーカーの製品の流通量と取引価格を調べて、これを合算してバルクライン方式で薬価基準価格を決めるという膨大で煩雑な作業です。卸業者、メーカーも違うし、もちろん販売価格、使用購入量、支払条件も違うさまざまな取引のものを90％バルクラインで処理していたのですね。

製薬企業のなかには、安く製剤原料を仕入れてきて、１バッチだけゾロ品を製造して、そのコストに利益を乗せて売り切ったらもう作らないような企業も多くみられました。そんな製薬企業と、製剤の品質管理に注力し、品切れしないように安定供給を果たす製薬企業、新薬開発に向けて研究開発に投資している製薬企業とが、同成分だからといって同じ薬価で扱われるのでは、新薬開発に取り組む製薬企業、良質の後発品の安定供給に取り組む製薬企業は成り立たないと、そういう意見が当時よく聞かされていました。

参考　昭和25～63年の薬価基準改定の経緯①

昭和	月日	改正区分	収載品目数	改定率 薬剤費ベース	 医療費ベース	薬価基準改定について	診療報酬改定について	関連する動き
25	9.1		2316			**薬価基準制度制定**（薬価調査は物価庁が実施） ※診療報酬点数表の薬事料で「使用内用薬、使用注射薬及び使用外用薬の価格は別に定むる購入価格によるものとする。前項の購入価格は厚生大臣の定むる薬価基準に基づき都道府県知事がこれを定む」と規定された。 この時点での薬価基準は、主要な医薬品の**「価格表」**という性格。 薬価基準に収載されていない医薬品でも保険医療に使用することができ、その場合の使用薬価は実際の購入価格で算定した。	7　ペニシリン注射引下げ。レントゲン診断料、精神病特殊療法の一部改正。 9　完全看護、完全給食の制度を制定し、これを行った場合は入院料に２点加算。全身麻酔料新設。切開の点数を８段階区分から４段階区分に整理。輸血量見直しと加算新設。栄養剤の点数新設。 12　内用薬点数改定、ストマイ注射料見直し。	S2.1 健康保険法施行 S13.1 厚生省設置 S13.4 旧国民健康保険法制定 S18.3 薬事法制定 S23.7 薬事法改正 S24.9 医薬品268品目の公定価格廃止 S25.3 中央社会保険医療協議会発足 S25.7 物価庁が初めて薬価調査を実施
26	1.1	部分	(220)			収載品目の追加、一部品目の薬価改定	4　ペニシリン注射引下げ。完全給食加算引上げ。 9　結核療養指導料引上げ、抗生物質内服薬の新設。 12　点数単価改定　甲地12.5円、乙地11.5円	3　国保税創設 6　医薬分業法公布
	5.1	部分	(81)			収載品目の追加、一部品目の薬価改定		
	8.1	全体	2316			市場価格調査による80%バルクライン方式で算定、東京・大阪、京都他３県、その他、の３地区制を採用		
27	2.1	部分	(24)			収載品目の追加、一部品目の薬価改定	1　入院料、完全看護加算の引上げ。 8　血圧測定新設。抗生物質内服薬、ペニシリン注射引下げ。栄養剤等注射の固定点数廃止。 11　慢性疾患指導料新設。 12　ペニシリン注射のうち、油性プロカインペニシリンおよびピリミジンペニシリン引上げ。	薬価基準関連業務を担当していた物価庁が廃止される。経済安定本部物価局で所管していたが、S27.8に経済安定本部が廃止され、薬価基準関連業務は厚生省薬務局企業課に移管された。
	5.1	全面	2152			80%バルクライン方式で算定		
	8.1	部分	(45)			栄養剤等固定点数廃止による基準新設		
	11.1	部分	(248)			収載品目の追加、一部品目の薬価改定		
28	4.1	部分	(9)			ストマイ、ペニシリン、マイシン等の基準新設	4　産婦人科、眼科、耳鼻科の処置で、抗生物質を使用した場合の加算範囲を拡大。脳波検査の点数新設。 12　往診料、入院料、完全看護加算の引上げ。寝具設備加算新設。	4　医薬品の配給統制撤廃 8　日雇労働者健康保険法制定
	5.1	部分	(25)			収載品目の追加		
	8.1	全面	2272	▲3% 程度		厚生省としてS28.2に最初の薬価調査を実施。薬価調査の対象を個々の医師から医療機関に変更。調査結果に基づき薬価改定。**従来の80%バルクライン方式から90%バルクライン方式に変更。**		
29	1.1	部分	(439)			収載品目の追加、一部品目の薬価改定	7　ストマイ注射、ペニシリン注射引下げ。各種剤形（錠、ステアレート乳液等）の点数新設。生物学的製剤の点数を全面的に改正。	4　医薬分業施行延期法案（議員立法）提出、11月参院可決、12月衆院可決、成立。施行日をS30.1からS31.4に延期。 12　租税特別措置法の改正〔経費率一律72%〕
	5.1	全面	2634			90%バルクライン方式、東京・大阪、他４大都市とその他の２地区制		
	9.1	部分	(229)			収載品目の追加、一部品目の薬価改定		
30	1.1	部分	(277)			収載品目の追加、一部品目の薬価改定	2　レントゲン透視診断料、喀痰顕微鏡的検査等の引上げ。 9　ストマイ、クロマイの固定点数廃止、結核の入院料、指導料などの改定。	自由党と民主党の保守２党が合同して自由民主党が結成される。社会党も左右両派が統一して、自民党と社会党の２大政党を中心とする55年体制に
	9.1	全面	2921			従来、内用薬・外用薬・注射薬の購入価格は、厚生大臣が定める薬価基準に基づき都道府県知事が決めていたが、S30.9以降は、**厚生大臣が直接購入価格を定めることになる**		
31	2.1	部分	(45)			価格変動による改正及び一部追加削除	4　薬治料と処方せん料を投薬料（調剤料と処方薬剤料）に整理（医薬分業に対応した暫定的改正）。	4　医薬分業実施 12　日薬連に保険薬価研究会が発足
	5.1	部分	(26)			医薬分業に伴う調剤用医薬品の追加		
	9.1	全面	3240	▲3%		90%バルクライン方式		
32	4.1	部分	(64)			治療指針改正に伴う一部改定 昭和32年５月から療養担当規則が実施された。「保険医は厚生大臣の定める医薬品以外の医薬品を患者に施用し、又は処方してはならない」（第19条）と規定されたため、**薬価基準には、保険医療における薬価算定のための「価格表」という性格に加え、使用できる医薬品の「品目表」という性格が備わった。**	4　結核治療指針等改正に伴う改定。副腎皮質刺激ホルモンおよび性腺刺激ホルモンの使用基準、精神病の治療指針、性病の治療指針の採用。 5　初診・再診の時間外加算新設。	8　厚生省組織再編。薬務局に薬事監視管理官を新設。 4　国民皆保険推進本部を設置。国民健康保険全国普及４か年計画を決定。

新薬を上市してから年月を経て、特許期間が切れて後発品が市場参入してきても、先発品メーカーはすでに築いた市場において、薬価差を武器に販売数量、市場シェア維持の営業戦略をとっていました(長期収蔵品)。

――昭和40年代というのは、新しい薬がどんどん出た時期で、とくに抗生剤の全盛期を迎えていましたね。今、和田さんがおっしゃったのは、セファロスポリン系の抗生剤のことですね。

和田　藤沢薬品が1973(昭和48)年頃にセファメジンを上市しました。第三世代の抗生物質と言っていましたね。そんな時期、「同じ抗生物質の範疇のものだから他と同じ価格というのはないでしょう、製剤の特性、特徴に着目した値段をつけてくださいよ」という主張が出るのは当然です。

「研究開発をしている企業と、していない企業が同じ扱いにされたら、日本で研究開発をしていこうというメーカーは育ちません」、などと、今に繋がるような議論が当時もされていました。

薬の使い過ぎで、医療費の4割も薬剤費に流れていて、医師の技術料の評価が相対的に低いことが問題視されるなかで、武見さんは、「医者は薬を手放せ。薬を売る者ではない」と言って、処方せん料を10点から50点に上げようと主張されました。医薬分業への引き金は、医師会がひいたのでした。

同時に、薬価算定方式についても、統一限定収載方式を廃止し、個々の医薬品の銘柄ごとに、市場実勢価格を的確に把握して、これに基づいて薬価をつける、銘柄別収載方式という方向に向かっていったのです。

医師会は、こうすることで薬価差問題を解決しながら、技術料の評価につなげていこうとした。モノに流れる部分を、技術料のかたちで手元に残るようにすることのほうが大事ではないかと方針を変えたのですね。これが一つ目の大きな変化です。

物質特許、用途特許の導入に製薬企業と医師会は反対

二つ目は、特許法改正の動きです。

明治の初めから長らく日本は、ドイツから医学や薬学を学び、後に帝国陸軍の軍医総監となった森鴎外もドイツに留学しています。ドイツの医学、薬学を学んで、近代日本の医療がつくられてきたのです。日本における最初のMRはスイスのロシュ社のMRで、フロックコートを着て山高帽子をかぶった威厳と見識のある存在で、医師以上に医療への影響力、存在感があったと聞きます。

昨年は、1914(大正3)年に始まった第一次世界大戦が終わってちょうど100年目に当たる年でしたが、この大戦中、日本とドイツが交戦状態に

参考　昭和25～63年の薬価基準改定の経緯②

昭和	月日	改正区分	収載品目数	改定率		薬価基準改定について	診療報酬改定について	関連する動き
				薬剤費ベース	医療費ベース			
33	4.1	全面	4143	▲2％		90％バルクライン方式	10　新点数表（甲表・乙表・歯科）を設定し、単価を10円とする。総医療費で8.5％引上げ	5　児童福祉法改正により未熟児に養育医療の給付
	10.1	全面	4143			新薬価基準制定（新診療報酬点数表の実施に伴う形式的改定告示）　※統一名表示方式採用		
34	3.1	全面	4124			90％バルクライン方式。薬価の地域差（甲地、乙地の２本建て：価格差３％）の廃止、全国一律となる		1　国民健康保険法施行〔国民皆保険の推進、５割給付〕
	10.1	部分	(282)			収載品目の追加、一部品目の薬価改定		
35	6.1	全面	3905	▲1％	－	90％バルクライン価格を基礎に薬価基準を算定 大衆薬を別掲品目に		7　初の女性大臣として中山マサ厚生大臣が就任
36	1.1	部分	(391)			一部品目の薬価改定	7　点数表改定　総医療費で12.5％引上げ。入院料・看護加算・往診料の特別引上げ。 12　点数表改定　総医療費で2.3％引上げ。乳幼児加算・特定疾患加算・深夜診察料加算・処方箋料（交付１回につき５点）を新設。	4　国民皆保険達成 7　保険医総辞退表明
	11.1	部分	(69)			治療方針等の一部改正		
	12.1	部分	(495)			一部品目の薬価改定		
37	10.1	部分	(84)			一部品目の薬価改定（使用基準の改正）		5　厚生省がサリドマイド製剤製造販売中止を勧告
38	1.1	部分	(660)			収載品目の追加	9　地域差撤廃　乙地の診療報酬を甲地なみに引上げ、この結果、総医療費で3.7％引上げが見込まれる	3　中央薬事審議会に医薬品安全対策特別部会を設置 7　老人福祉法制定
	4.1	部分	(42)					
	5.1	部分	(2)			治療指針改正に伴う収載追加		
	10.1	部分				抗結核薬の薬価改定		
39								4　中医協が医療費緊急是正を答申
40	11.1	全面	5265	▲11.0％	▲4.5％	医療費ベース4.5％（３％分を診療報酬に振り替え） 90％バルクライン方式	1　点数表改定（職権改定）総医療費で9.5％引上げ。初診時基本診療料・初診料・入院料関係の点数引上げ。 11　薬価の引下げ約３％分を医師の技術料に振り替えた乳幼児入院加算・時間外麻酔加算を新設。	1　厚相が職権で医療費緊急是正の診療報酬改定を告示
	12.1	部分	(520)			収載品目の追加		
41	4.1	部分	(232)			従来の統一品目に相当する７品目について、初めて統一限定列記方式がとられた		3　日本人口が１億人を超える
42	7.1	部分	(1552)			一部品目の薬価改定（治療指針改正含む）	12　点数表改定　医科7.68％、歯科12.65％の引上げ。入院料、手術料の引上げ。療養担当規則改正、乙表における注射及び措置で、薬の使用に伴う技術料加算の廃止、処方料の適正化。	3　医薬品副作用モニター報告制度実施 8　健保特例法制定（薬剤一部負担の創設→S44.8廃止）
	10.1	全面	6831	▲10.2％	▲4.1％	90％バルクライン方式、統一限定列記方式採用、S42.3に販売サイドの大規模な薬価調査を実施		
43								1　国民健康保険　７割給付完全実施
44	1.1	全面	6874	▲5.6％	▲2.4％	90％バルクライン方式		12　公害の健康被害の救済に関する特別措置法施行
45	8.1	全面	7176	▲3.0％	▲1.3％	配合剤等は銘柄収載、局方品等は統一収載、その他は統一限定列記収載、90％バルクライン方式	2　点数表改定　医科8.77％、歯科9.73％の引上げ。なお７月１日から医科をさらに0.97％引上げ、9.74％の引上げとなる。初診料、再診料、入院料等の引上げ、入院時医学管理料の新設。	12　中医協が添付販売を禁止
46								7　保険医総辞退
47	2.1	全面	7236	▲3.9％	▲1.7％	90％バルクライン方式 収載方法：銘柄収載、統一収載、統一限定列記収載－３方式	2　点数表改定　医科13.70％、歯科13.70％、薬局6.54％の引上げ。薬剤料の算定に関し平均薬価制を廃止。保険調剤における調剤報酬に調剤基本料を新設。	1　中医協建議で「当分の間は薬価基準の引下げによって生ずる余裕を技術料を中心に上積みする」と明記。
48								1　老人医療の無料化（老人福祉法の改正） 10　健保法改正（家族給付率引上げ５～７割、高額療養費制度の創設、政管健保の国庫補助の定率化（10％以上）等）
49	2.1	全面	7119	▲3.4％	▲1.5％	配合剤等は銘柄名、局方品・生物学的製剤は統一名、その他は統一限定列記方式 90％バルクライン方式	2　点数表改定　医科19.0％、歯科19.9％、薬局8.5％の引上げ。再診料の引上げ。時間外加算、深夜引上げと休日加算の新設。処方せん料６点から10点に引上げ。調剤基本料、調剤料の引上げ。 10　点数表改定　医科16.0％、歯科16.2％、薬局6.6％の引上げ。再診料、検査料、手術料等について引上げ。処方せん料10点から50点に引上げ。調剤基本料、内科薬剤料の引上げ。	3　政管健保48年度末累積赤字3033億円棚上げ。 9　公害健康被害補償法施行
	7.1	部分	(258)			一部品目の薬価改定		

なり、敵国となったドイツから薬の輸入ができなくなりました。

当時、医療、製薬の最先進国であったドイツから医薬品の輸入が途絶えたので、それまで漢方薬や西洋薬の輸入商社であった大阪の道修町の武田薬品、田辺製薬、塩野義製薬が、そして道修町の各社が出資して1897（明治30）年に設立された大日本製薬が、西洋薬の製造を開始しました。

日本の製薬企業は、すでに開発されている医薬品を、より高い品質で、よりローコストに効率的に作るところに強みを発揮しました。

特許制度もわが国においては、新薬の研究開発の成果である物質そのもの（物質特許）や、その用途について（医薬用途特許）ではなく、製法について（製法特許）のみ求められる仕組みが長らく続いていました。

薬の特許は大きく分けると三つあります。一つは、モノ・化合物の構造、成分、物質そのものの特許です（物質特許）。二つ目は、そのモノがどういう用途、適応症に使われるのかの特許（用途特許）。そして三つ目は、その医薬品の製造方法です（製法特許）。日本では、しばらく製法特許だけが認められてきていました。

欧米では、医薬品について物質特許と医薬用途特許を認める趨勢にありましたが、わが国では日本医師会などは、医薬品について特許の範囲を拡大することによって独占的な高薬価が形成され、患者などの利益が損なわれ、医療保険財政が悪化するといった意見が強く、医薬品に製法特許しか認めてこなかった。日本が得意なところだからでしょうか。

物質特許、用途特許が認められると、日本で、いい製法の開発でコストも安く良質のものを効率的に作れるようになったとしても、物質特許、医薬特許を持っている欧米製薬企業の許諾がないと販売ができないのですね。高いロイヤリティを払わなくてはならなくなる。

ところが、ヨーロッパと米国ではモノそのもの、化合物の合成構造式の特許も認めていました。それだけではなく、例えばがんに効くという用途、用法、用量も、特許の対象にしていたのです。

1973（昭和48）年末に第1次オイルショック（石油危機）が世界経済に大きな影響を及ぼしましたが、その影響を最も大きく受けたのが日本の経済、産業でした。これを契機にわが国では、「たくさん資源をつかう産業は限界だ、これからは高い付加価値のある知識集約型産業への転換が重要だ」という流れになっていきました。

当時、水俣病やイタイイタイ病、四日市ぜんそくなど、わが国は公害問題が深刻でした。私は1969（昭和44）年6月から1975（昭和50）年3月

参考　昭和25～63年の薬価基準改定の経緯③

昭和	月日	改正区分	収載品目数	改定率		薬価基準改定について	診療報酬改定について	関連する動き
				薬剤費ベース	医療費ベース			
50	1.1	全面	6891	▲1.55%	▲0.4%	90%バルクライン方式、統一限定収載方式		7　健保法改正（任継制度の充実、現金給付の改善等）
51							4　点数料改定　医科9.0%、薬局4.9%引上げ。初診料、時間外加算、レントゲン診断料、注射料等について引上げ。薬局調剤は調剤基本料、内服薬剤料の引上げ。 8　点数表改定　歯科9.6%引上げ。	1　医薬品に物質特許、用途特許を導入、資本の完全自由化
52								2　予防接種による健康被害救済措置実施
53	2.1	全面	13654	▲5.8%	▲2.0%	**統一限定列記方式から、銘柄別収載方式に変更** 90%バルクライン方式	2　点数表改定　医科11.5%、歯科12.7%、薬局5.6%の引上げ。薬剤費引下げを含めた実質ベースでは医科9.3%、歯科12.5%、薬局1.6%の引上げ。医科は診察料、検査料、レントゲン診断料、理学療法料、精神病特殊療法料、処置及び手術料、麻酔料等について引上げ。	1　健保法改正（ボーナスを対象とした特別保険料の創設）
54								10　医薬品副作用被害救済基金法制定
55								4　薬事法改正（再審査制度導入）
56	6.1	全面	12881	▲18.6%	▲6.1%	90%バルクライン方式。 90%バルクライン方式の課題を解決する方策を中医協に諮問	6　点数表改定　医科8.4%、歯科5.9%、薬局3.8%、平均8.1%引上げ。薬剤費引下げを含めた実質ベースでは平均2.0%の引上げとなり、さらに材料費等の引下げを含めると実質1.4%の引上げとなる。医科では技術料重視の観点から、初診料等の診察料、入院時医学管理料の引上げを図った。	3　健保法改正（厚生大臣に薬価調査を行う権限を付与） 8　老人保健法成立〔S58.2施行〕
57								8　老人保健法制定
58	1.1	部分	16,100 (3,076)	▲4.9%	▲1.5%	※中医協答申による新薬価算定方式適用、81%バルクライン方式	2　老人点数表の設定	3　厚生省薬務局が医薬品流通近代化協議会を設置
59	3.1	全面	13471	▲16.6%	▲5.1%		3　点数表改定　医科3.0%、歯科1.1%、調剤1.0%、平均2.8%引上げ。薬剤費引下げを含めた実質ベースでは平均2.3%の引下げ。救命救急センターなど、救急医療の重点評価と、入院時医学管理料、入院料の引上げ。	8　健保法改正案成立（S59.10施行、被用者本人1割自己負担、退職者医療制度の創設等）
60	3.1	部分	14,946 (5,385)	▲6.0%	▲1.9%	※バラツキの大きい品目81%バルクライン方式、バラツキの小さい品目90%バルクライン方式	3　点数表改定　医科3.5%、歯科2.5%、調剤0.2%、平均3.3%引上げ。薬剤費引下げを含めた実質ベースでは平均1.2%引上げ。処方料・処方せん料の包括化。乙表では入院時医学管理料に処方料を包括。	1　卸の薬価調査非協力問題
61	4.1	部分	15,166 (6,587)	▲5.1%	▲1.5%	4年連続の薬価改定の影響で、S58年改定前に比べて約30%の薬価低下	4　点数表改定　医科2.5%、歯科1.5%、調剤0.3%、平均2.3%引上げ。薬剤費引下げ等を含めた実質ベースでは平均0.7%引上げ。合理化と医業経営の安定を柱に①病院・診療所の機能別に評価②在宅医療の促進③長期入院・超過入院の是正④技術料の重視⑤高度先進医療の保険導入⑥検査料の合理化―が行われた。	1　ＭＯＳＳ協議で合意（中曽根首相・レーガン大統領）
62								5　中医協が修正バルクライン方式を建議
63	4.1	全面	13,636	▲10.2%	▲2.9%	※価格のバラツキが大きい品目は81%バルクライン方式、バラツキが小さい品目90%、一部加重平均値を指標として修正（修正バルクライン方式）	4　点数表改定　医科3.8%、調剤1.7%、平均3.4%引上げ。良質で効率的な医療の確保の上から①診療所のプライマリケア機能、病院の高次機能の評価②長期入院の是正③在宅医療の推進（在宅医療の部の新設）④検体検査全体の再編成⑤基本看護料の新設⑥高度医療技術の再評価―が行われた 6　歯科1.0%引上げ　薬剤、歯科材料の引下げを含めた実質ベースでは0.5%引上げ	11　中医協全員懇談会で、医療経済実態調査の実施頻度を3年1回から2年1回に決定。

（注）部分改正における収載品目数欄の（）内の数値は改正対象品目数を表す
参考：中医協薬価専門部会資料（平成30年10月31日）、吉原健二・和田勝『日本医療保険制度史　増補改訂版』（東洋経済新報社）
『診療報酬アーカイブス1950-2014』（医薬情報研究所）、薬価基準総覧（日本製薬団体連合会保険薬価研究会）、続・薬価基準総覧（日本製薬団体連合会保険薬価研究会）、平成27年度国民医療費資料

まで厚生省公害部そして新設された環境庁で公害関係の行政に従事しました。１９７０（昭和45）年秋の「公害国会」で14法の立法、改正が行われました。１９７１（昭和46）年1月の通常国会の召集冒頭には悪臭防止法が制定されました。これは私の仕事でした。環境問題に大きな関心が向けられていたこともありますし、サリドマイドやスモンなどの深刻な薬害問題も経済成長がもたらした新たな問題として社会的関心を呼んでいたこともあります。

そんな国際的な流れや公害による健康被害問題があるときに、日本は〝ただのり〟というのはおかしいということで、日本の特許庁や製薬企業の特許関係者は、「物質特許」も認めようという考えが出てきました。しかし、わが国の製薬企業の経営側では開発力が弱体だったこともあって、抵抗感が強かった。医師は、人類のために薬は安く提供するのが当たり前で、特許権とはなんだと。日本医師会も、物質特許導入には実は反対でした。

そういうことで、なかなか話が進まなかったのですが、１９７４（昭和49）年秋か50年初めの頃でしたか、特許庁の方からの要請もあり、私が日本医師会会長の武見さんのところに、医薬特許のことを説明しに行ったことがありました。

一係長が、当時権勢をふるっておられた武見さんにレクチャーにうかがったのですよ。武見さんからの質問にも答えて、相当長い時間をかけてご説明しました。有用性の高い新薬の開発促進がまず重要なのであり、独占薬価形成の懸念については、「強制実施権」の規定の発動ルールの明示で対応すればよいのではないか、という趣旨のお話しを申し上げ、武見さんはわかったという趣旨のことをおっしゃったのですよ。終わって役所に帰ろうとすると、武見さんご自身が車の助手席に、私は後ろのシートに座って、送ってくれました。当時、駿河台にあった日医会館を出てすぐ、「腹が減っただろう」と、すぐ近くの山の上ホテルに車をとめて、天ぷらをご馳走してもらったのです。役所に戻って、周りにそう話しても、なかなか信じてもらえませんでした。

当時、武田薬品の特許部長と特許庁の方から、特許制度の国際的な趨勢に遅れなくてよかったと、とても感謝され、少しはお役に立ったと思いました。１９７６（昭和51）年から、医薬品について物質特許、用途特許が導入されました。

武見さんといえば、物理学者で理化学研究所の所長もなさった仁科芳雄さんと武見さんは親交があったそうです。武見さんは若い頃に理研に入られて、１９５０（昭和25）年に日本医師会の副会長になるまで、理研に籍を置いていたんですね。

仁科さんは、放射線医学の研究機関である日本放射性同位元素協会（現・日本アイソトープ協会）を

1951(昭和26)年に立ち上げたのですが、武見さんはその発足時からの主要メンバーだったようです。武見さんは当時、最先端であった放射線医学にも取り組んでいたわけです。

日本アイソトープ協会の研究開発拠点が、岩手県滝沢村(現・滝沢市)にあります。そこには放射線医学の研究施設と放射性廃棄物の処理施設がありますが、武見記念館もあるんです。武見さんと東北地方の関わりの深さを感じますね。そのような関係で、日本医師会は放射性廃棄物の処理に関しても、早くから関わっていましたね。

実は平成の初めに、ある有名大学の放射線医学の権威が、放射性廃棄物の処理をめぐり不祥事を起こしたことがありました。私が経済課長の頃ですね。これを機に、日本医師会と厚生省、製薬メーカーがメンバーになって、放射性医薬品の薬価のあり方や放射性廃棄物の適切な処理の方針について協議したこともありましたよ。

日米貿易摩擦で製薬産業も資本の完全自由化

三つ目の変化は、資本の自由化です。昭和40年代、日米貿易摩擦が深刻になり、日本の繊維製品と農産物をめぐる資本の自由化が進められました。その頃、日本の製薬産業は一番自由化の遅れた業種の一つでした。国内で段階的に自由化を進めていって、最後まで残ったわずかな業種が、製薬産業なのです。それくらい研究開発力に遅れをとっていたのですね。

私は、1973(昭和48)年4月に薬務局企業課に異動になり、企画係長として外資法関係も担当することになりました。資本の第五次自由化、完全自由化は昭和51年完全実施が決定されていました。

当時は欧米の製薬企業が日本に進出すると、外国は出資比率50%が上限とされ、日本企業との合弁会社を設立しないと事業ができなかったのです。外国の製薬企業は日本企業との間で、外資50%、内資50%の出資比率で、合弁会社をつくっていました。1976(昭和51)年の完全自由化で100%外資の会社ができるようになりました。

製薬産業は自由化されていない数少ない業種の一つで、私は外資審議会の担当係長として当時毎週開かれていた外資審議会の幹事会に出席していました。例えばチバガイギーが日本国内に工場を建てるとなると、親会社から資金を送ってもらうとき、あるいは利益を送金するとき、外資法により、審議会で額や金利などを1件ずつ調べて認可を得る必要があることとされていました。

外国の製薬企業から新薬を導入するときも、期間やロイヤリティの額などについて1件1件詳細な審議を行っていました。薬務局企業課の担当係長である私と係員の笹本国義さんで、ケンタッキーフライドチキンやマクドナルド、ピザハットなんかの認可にもかかわっていたのですよ。1件ずつ審査するという建前になっていました。

そういうことを止めて、完全に自由化しようというのが第五次自由化、完全自由化でした。

自由化に関連して一つ、思い出話を聞いてください。田中角栄内閣の時代（昭和47～49年）にも、2000億円の手切れ金を金沢や愛知などの生産地に交付して、事業転換を促進するなど自由化への対応を図られましたが、そんな1973（昭和48）年4月、企業課企画係長になって1か月ほどたったゴールデンウイークの日の昼前に、三木武夫副総理・環境庁長官の渋谷・南平台のご自宅に呼ばれて水俣病問題について私の考えていることを話せということでご説明にうかがったことがありました。

そのあと真鶴の別荘にもご案内いただきご馳走にあずかって帰るとき、三木さんが庭のレモンの樹から4、5個をもいでくださり、「地元選挙区の徳島は国産レモンの名産地だったが、自分が通産大臣の時に担当した自由化で大打撃を受けた。しかし、大臣は地元の損得を乗り越えて国益のためにすることが大事である。このことを忘れないように、自らの戒めのために、ここに植えている」とおっしゃっていたのが、今も強く印象に残っています。

そのご進講のあと、三木さんが5月の連休明けに水俣市を訪問した際に、市役所バルコニーで突然、国立の水俣病研究センター（現・国立環境研究所）を設立するとおっしゃったのですね。それが契機となって、三木内閣時代に国立研究所が実現を見たのでした。

【編注】

1　医薬品に占める医療用医薬品の割合：1960（昭和35）年の医薬品生産額1760億円のうち、医療用医薬品は933億円、小売向の一般用医薬品（OTC）は827億円で、医療用医薬品は全体の53％だった。1961（昭和36）年には医薬品の生産額全体は2181億円、医療用はその57％で1239億円、昭和37年には生産額全体が2656億円、医療用はその55％で1461億円（『薬価基準総覧』参照）。

2　昭和48年老人医療費無料化：1961（昭和36）年4月に国民皆保険制度が確立したが、老人を含め国保被保険者、被用者保険の被扶養者は5割給付となっていた。岩手県沢内村（現西和賀町）は、1960（昭和35）年12月から全国で初めて65歳以上の老人の医療費無料化を実施し、老人医療費の無料化は東京都をはじめ全国に広まった。その後、高度経済成長の後押しもあり、老人医療費無料化は政治課題となり、厚生省は老人福祉法を改正して、1973（昭和48）年1月から老人医療費支給制度を創設した。

その後、老人医療費無料化によって老人医療費が急増し、公費負担が急増したことから、厚生省は老人保健法（対象：70歳以上、65歳以上の寝たきり老人）を制定し１９８３（昭和58）年2月から実施された。老健制度は、公費負担と医療保険からの拠出金、老人一部負担（定額）で賄う制度。

３　政管健保の財政赤字：政府管掌健康保険（現・協会けんぽ）は、中小企業のサラリーマンとその家族が加入している。社会保険庁が制度運営を行い、財政は保険料（全国一律）と国庫補助、一部負担で賄われていた。制度発足当初の財政は安定的に推移していたが、医療提供体制の整備、給付率引上げなど、給付の改善などによって財政悪化に転じ、１９７０（昭和45）年度には３８３億円、46年度累積赤字は１９８０億円、47年度の累積赤字は２７０６億円に達した。48年度末の累積赤字（３０３３億円）は、厚生保険特別会計法の改正により棚上げされたが、その後も単年度赤字が続き、国鉄・米の財政赤字と並んで３Ｋ赤字と言われた。昭和59年の健保法改正で被用者本人の定率負担の導入、薬価の大幅引下げ等により黒字に転じた。

２００８（平成20）年10月からは、健康保険法改正により、民間法人「全国健康保険協会」を設立して運営することになり、保険料率は都道府県単位で設定することになった。

インタビュー　薬価制度改革のエポックを辿る⑤

統一限定収載から銘柄別収載へ昭和の薬価制度の課題を振り返る（下）

――昭和50年代の薬価制度転換期

国際医療福祉大学大学院客員教授
和田勝

昭和の薬価制度の課題と変遷について、和田勝氏にインタビューした。「上」では、主に薬価基準制度の制定から昭和40年代までの薬価制度の変遷と、それを取り巻く経済、財政、政治の動きについての解説いただいた。「下」では、昭和50年代から昭和60年代にかけての動きについて聞いた。

和田氏は、1978（昭和53）年の薬価基準の銘柄別収載方式への転換や、診療報酬と薬価の定期改定のルール化、1981（昭和56）年の独占禁止法被疑事案の発生、それに続く医薬品流通改善への動きをあげ、日本の薬価制度と製薬企業にとって昭和50年代は大きな転換期であったと指摘した。

3　昭和50年代

統一限定収載から銘柄別収載に構造改革のひずみで薬価大幅減

――昭和50年代には、薬価算定方式の改定が行われていますね。

1978（昭和53）年に統一限定収載方式から銘柄別収載方式に変更になりました。「同じモノではあるが、同じ値段で先発品と後発品が償還されるのはいかがか」という意見は、外資からだけでなく、日本の企業からも出ていました。

私は実は、薬の価格はどうやって決まるのかと、ささやかな研究費をもらって1973（昭和48）年頃に勉強したことがあったのでした。医薬品の直接

和田勝氏

的な原材料費は1割くらいで、9割くらいが販売管理費、研究費や情報のコスト、プロパーと呼ばれていた人材のコストなどにかかっていました。

新薬の研究開発、適正使用推進の観点から情報や人材教育などにコストをかける企業と、そうではない企業とが、同一成分であるからといって同じ値段で償還されるのでは、コストをかけている企業が育たない。薬価差益問題の解決、知識集約型産業への転換が求められているときに、それでは問題が多いということになります。

オイルショック後、知識集約型産業への転換を謳った日本が、それでいいのかということになって、統一限定収載方式を廃止して、1976（昭和51）年2月に銘柄別収載方式を採用することが中医協で決定されました。

昭和50年代というのは、日本の薬価制度、製薬企業、そして保険薬局にとって大きな転換期だったと思います。

健康保険の診療報酬改定、薬価改定についても、定期的改定というルールはそれ以前にはなく、何年も改定がなかったこともありました。定期改定がルール化されたのも昭和50年代に入ってからのことです[1]。1973（昭和48）年の第1次石油危機（オイルショック）を契機に低成長時代に入りましたが、48年の老人医療費の無料化などがもたらした医療保険財政の悪化、国の財政の窮迫の下で、そのひずみのようなものが出てきました。日本経済が低成長になり、第2次オイルショック（昭和53年～）によるダメージもありましたが、歳出に関わる制度改正、法律改正はなかなか進まない。そこで赤字国債発行で収入不足を補ったのですが、そんなことでいいのか、赤字国債依存体質から脱却すべきだという声が出てきたのが昭和55年頃でした。

鈴木善幸内閣は「増税なき財政再建」を掲げて1981（昭和56）年から第二臨調（第二次臨時行政調査会）[2]がスタートしました。中曽根内閣（昭和57年～）も増税なき財政再建政策を進め、政管健保財政の赤字構造脱却、老人医療費の削減は内政上最大の課題となりました。

今は定期的に2年に1回、２０２１（令和３）年からは毎年改定などといっていますが、当時、薬価改定は、診療報酬改定もそうですが、ときどきやったりやらなかったりと、情勢まかせでした。

医療費の世界では、１９８０（昭和55）年頃までは国保というよりも政管健保の財政の問題が大きかったのですが、55年健保法改正で一段落し、その次は老人医療費の急増対策です。国の財政悪化によって老人医療費の増大に伴う国保国庫負担の財源不足が政治課題となりました。政管健保財政の赤字問題解決にあたっては、被保険者の保険料と事業主負担の引上げと併せて国庫負担率引上げという「三者三泣き」で政治決着をみたのですが、国庫負担を引上げる余力がなくなってきたのが昭和50年代半ばです。

各省庁が大蔵省に提出する概算要求について前年度予算からの伸び率をゼロにする「ゼロシーリング」が鈴木内閣で始まり、次の中曽根内閣では１９８３（昭和58）年、前年度より5％減とする「マイナスシーリング」政策が採られたのです。当時は、医療費は毎年6％くらい伸び、これに伴って医療費国庫負担も同率で増額しますので、このシーリングにどう対応するのかが大問題となっていきました。

まず老人医療費の無料化を止めようということで、１９８１（昭和56）年に老人保健法の制定（１９８３（昭和58）年2月実施）、そして１９８４（昭和59）年の健保法の大改正で、本人定率１割自己負担の導入、退職者医療制度創設、国保国庫負担率の引下げが行われました。

薬価では、１９８１年に18・6％の引下げが行われ、また、3年に1度の薬価基準の全面改定、中間年は薬価基準価格との乖離の大きい品目について部分改定、ということが決定されました。初めて薬価の定期的改定ルール、それも毎年改定の実施を決めたわけです。その中間年には、実勢価と薬価の乖離が大きいものを中心に薬価を引下げられることになり、製薬業界には激震が走ったわけです。

当時、経済課長は黒木武弘さんで、公取委が独禁法違反、闇カルテルだということで、あわや「課徴金」直前というところまでいったようですが、業界全体のあり方、医薬品流通の近代化を進める必要があるということで、流通改革、流通改善ということを考えようという動きが表に出てくるのが昭和50年代後半のことです。

当時のバルクライン方式では納入価のバラツキが拡大し、「蟻《あり》地獄」に陥ると日薬連（日本製薬団体連合会）の保険薬価研究会、医薬品卸のリーダーたちもわかっていました。しかし、薬価基準は市場価

昭和53年２月　薬価基準全面改正（銘柄別薬価収載方式の採用）の概要

●薬価基準改正の告示日は昭和51年11月1日

●実施日は昭和52年２月1日（診療報酬改定と同時）

1．薬価調査

⑴対象品目：昭和51年４月取引分を５月に調査

⑵調査対象：①医療機関向け販売業者すべて、②一定比率で抽出された医療機関（病院554，診療所730）

⑶調査項目：全薬価基準品目の価格・数量（調査対象品目13,166、調査期間中に取引実績があったもの9,909）

⑷バルクライン：一定基準の販売数等を超えるバルクラインを引けたものは調査対象品目13,166中2,939（品目ウエイト22.3％、金額ウエイト88.5％）

2．収載の様式

⑴昭和51年４月の日本薬局方改正に伴い、従来の①内服薬、②注射薬、③外用薬、④歯科用薬剤に、⑤旧薬局方医薬品と⑥新薬局方収載旧銘柄医薬品を区分として追加

⑵薬局方以外の品名は薬事法で承認された販売名を用いる

⑶薬価基準収載品目数は13,654（内用薬8,315、注射薬3,911、外用薬1,224、歯科用薬剤204）

⑷昭和51年２月の中医協決定にもとづき原則として「銘柄別薬価収載方式」を採用

区分	従前	今回改正
公定文書医薬品（日本薬局方医薬品、生物学的製剤基準）	公定書名により収載【統一収載方式】	従前どおり【統一収載方式】
同一成分組成を有する医薬品で、販売名（銘柄名）が２以上ある場合	統一名で収載（販売名を併記）【統一限定収載方式】	【銘柄別薬価収載方式】を採用し、すべて販売名で収載
その他	販売名を収載	従前どおり

これにより統一品目1,213、銘柄収載品目12,441

⑸銘柄別収載のメリット等は次のとおり

①個々の銘柄の市場価格をより確実に薬価に反映

②その結果、いわゆる乖離（薬価差）依存が減少し、医療機関での品質等を考慮した銘柄の選択が促進される

③自社製品に対する責任体制（品質、価格、ＤＩ等の情報活動等）の強化がみられ、結果として製薬企業の体質改善が促進される

④ただし、保険請求事務、審査事務が若干煩雑になる

3．薬価の算定

⑴販売業者での全品目を対象とした販売価格調査により、従来どおり90％バルクライン方式で算定、これに医療機関での購入価格調査結果を勘案して新薬価を決定

⑵薬価調査（昭和51年５月）以降に販売価格に変動があった医薬品については、経時的変動調査を行い補正

⑶バルクラインが引けなかった医薬品は次のとおり取り扱う

①バルクラインが引けたものの価格変動指数で処理

②従来の統一限定収載方式のものについては、その中でバルクラインが引けた医薬品の最低価格にあわせる

⑷今回の全面改定による影響は、薬剤費ベース5.8％の引下げ、医療費（医科）ベース2.2％の引下げ

昭和53年薬価基準　収載品目数

区分	収載品目数（経過措置品目数）	値上げ	値下げ	据え置き
内用薬	8,315（1,418）	770	4,051	3,494
注射薬	3,911（792）	474	1,696	1,741
外用薬	1,224（148）	292	390	542
歯科用薬剤	204（41）	69	4	131
計〔構成割合〕	13,654（2,399）	1,605〔11.8%〕	6,141〔45.0%〕	5,908〔43.2%〕

昭和53年に統一限定品目から銘柄別収載方式に移行したことにより銘柄間薬価差が生じた例

一般名（統一限定名）	規格	銘柄数	旧薬価	新薬価　〈価格の階層数〉
アデノシン三リン酸ナトリウム錠	20mg１錠	46	21.30	〈8〉 21.30　21.00　20.80　20.30　20.20　20.00　19.20　18.00
アンピシリンカプセル	250mg１カプセル	33	134.00	〈6〉 108.00　107.20　107.00　100.00　90.00　80.00
シクランデレートカプセル	100mg1カプセル	63	14.00	〈5〉 14.00　13.60　13.30　13.20　11.80
グルタチオン注射用	100mg１管	29	200.00	〈5〉 190.00　188.00　187.00　183.00　165.00
セファレキシンカプセル	250mg１カプセル	26	294.00	〈3〉 220.50　170.00　120.00
トリアムシノロンアセトニド軟膏	0.1％１g	6	92.00	〈2〉 86.00　82.00

昭和53年２月銘柄別収載方式の薬価基準改正まで

昭和49年10月４日◆税制調査会が医師税制手直しを答申。

12月22日◆三木首相が大蔵事務次官に医師税制手直し指示。

12月26日◆50年度税制大綱決定。医師税制是正は見送り。

12月27日◆税制調査会が医師税制の昭和50年度手直しを答申◆日本医師会が中医協など厚生省関係の委員26人全員を引き揚げ。田中正巳厚生大臣は委員総引き揚げの契機は医師税制の改廃問題と判断。

昭和50年

１月３日◆政府が医師税制是正の見送りを決定。次回の診療報酬改定と同時に実施とする。

９月９日◆診療側委員の総引き揚げで空白を続けていた中医協が９か月ぶりに総会を開く。支払側は、診療側の委員復帰の経緯などをめぐり田中厚相と診療側を追及。

12月５日◆厚生省と武見太郎日医会長が薬価調査等について合意。①優良医薬品が常に出回る状態にするため、現在「統一限定品目」として薬価基準に収載されている約2000品目（商品数では8000）の医薬品を銘柄別に収載し、同一成分の薬でも商品により価格に差をつける②重要医薬品の供給停止を避けるため、薬価基準に一度収載した医薬品はメーカーが供給停止するときには事前に厚生省に報告する③薬価調査の実施時期は取引事情を考慮して厚生省が決める―の３点。これを受けて厚生省は薬価調査を来春に行う方針。支払側が、中医協の再開についてあげていた条件の１つである薬価調査が実施される見込みになり、中医協再開の目途がたつ。

昭和51年

２月10日◆中医協が５か月ぶりに総会を開く。田中厚相が「薬価調査は５月に実施し、収載方式は銘柄別としたい」と要望し、全員一致で合意。厚生省資料には、銘柄別収載の利点として①個々の銘柄の市場価格を薬価に反映させることができる②薬価差依存度の減少により、医療機関において良質銘柄の選択が促進される③自社製品に対する責任体制（品質面、価格面、情報活動）の強化が進み、その結果として製薬企業の体質改善を促進することができるとある。欠点として、①保険請求事務、審査事務が若干煩雑になる②薬価基準価格との差益のみを販売のセールスポイントにしている企業においては、経営的影響を受ける―があげられた。

２月13日◆全国薬務主管課長会議で厚生省幹部「銘柄別収載への変更は単に方式の変更にとどまらず、その意味するところは薬価基準20年の歴史の中で一番大きい」。

３月17日◆田中厚相が中医協に診療報酬９％引上げを諮問。

３月23日◆中医協が諮問どおり答申。

４月１日◆診療報酬９％引上げ実施。
◎４月11日号社会保険旬報で厚生省の担当官が解説。「昭和50年代に入ると、高度成長も終止符を打ち、薬業界も在庫過剰による激しい市場競争が生じ、実勢価格と薬価基準価格との乖離は統一限定品目を中心に増大の傾向を示した。この対策として厚生省では、かねてから懸案となっていた銘柄別薬価収載方式を次回の全面改正より採用することに踏み切る決断をし、昭和51年２月10日の中医協でも全員一致の同意を得た。」
12月８日◆日本病院会の法人化認可に反発した日医は、厚生省の関係審議会に日医代表委員が出席しない、事実上の「委員総引揚げ」を実施。厚生省から日医への電話取次ぎを拒否。

昭和52年

１月25日◆日医が厚生省からの電話取次ぎ再開。

５月２日◆中医協再開の目途が立たず、薬価基準の全面改正（銘柄別収載）が遅れているため、厚生省では新薬の収載を先行して実施。統一限定収載方式、38品目47銘柄。

８月22日◆中医協が９か月ぶりに再開。円城寺次郎会長再選。

９月20日◆中医協が診療報酬改定の実質審議に入る。日医委員は、２年分の引上げを要求。厚生省は、銘柄別薬価基準について、引下げ幅は5.7％（医療費ベース2.1％）と説明。

10月４日◆政府の税制調査会が「医師税制を廃止すべき。少なくとも収入額に応じて引下げる改善案を早急に実施すべき」と答申。これに日医が反発。

10月20日◆中医協で、薬価基準の全面改正を11月１日に告示すると決定。実施時期は診療報酬改定と同時にする方針。診療報酬改定は、11月９日に厚生省が諮問することに。

10月25、26日◆武見太郎会長が「28％医師税制は必要ないと言った厚相は、21年の私の会長在任中で今の厚相ただひとり」などと非難し、健保法改正案に反対を表明（25日）。翌日、渡辺美智雄厚相は、「医師税制の28％特別措置に指一本触れさせないのは時代の趨勢から見て可能かどうか」。

10月27日◆衆議院社会労働委員会で厚相は、医療費改定問題について「できることなら年内に改定」と、12月１日実施を示唆。引上げ幅は健保法改正案の成否とからむことを強調。

11月１日◆薬価基準の全面改正を官報で告示。−5.8％。初めての銘柄別収載方式による改定。しかし、実施時期は未定で、「別に厚生大臣が定める日」。医療費改定と同時の見込み。

支払側は、厚生省に診療報酬改定の６％引上げを要求。

11月２日◆日医が武見会長名で自民党の衆参議員全員文書を送付。「中医協に厚生大臣は12月１日からの２年分の引上げを諮問すべき。厚生大臣は、日医とのケンカを決意し、引上げ幅の圧縮と12月１日改定の延期をたくらんでいる。自民党の良識をお示しくださるよう希望する。」

11月４日◆厚相が福田首相・坊蔵相に、「引上げ幅は私に一任願いたい」と述べ、了解を取り付けた。

11月７日◆11月９日予定の諮問の延期を渡辺厚相が決定。理由は①引き上げ幅、時期について各側の合意が得られていない②健保法改正案成立の目途が立たず、財政措置の裏づけが得られていない―など。渡辺厚相「上げ幅は健保法改正案の決着いかんによる」。

11月14日◆自民党全国政調会長会議で、「政府・自民党執行部は武見会長の言動に毅然たる態度でのぞむ」ことを確認。

11月22日◆武見会長は渡辺厚相と福田首相を激しく非難。「国会に医系議員を送ることを改める」「健保法改正案は“なまけもの製造”法案だ」。

11月25日◆国会最終日。健保法改正案が廃案になる。

11月28日◆福田首相は内閣改造で、小沢辰男氏を厚生大臣に任命。元厚生省保険局の健保課長。武見会長と同郷。小沢厚相は日医との関係正常化に乗り出す。

12月９日◆12月７日に召集された第83回臨時国会に健保法改正案が再提出され、９日に成立。実施は昭和53年１月１日。改正内容は①標準報酬の上限を32万円から38万円に引上げる②ボーナスから特別保険料として１％を徴収する③初診時一部負担金を200円から600円に引上げる④入院時一部負担金を60円から200円に引上げる⑤傷病手当金の支給期間を６か月から１年６か月に延長する。

12月22日◆小沢厚相は、医科11.5％、歯科12.7％、調剤5.6％、平均11.6％の診療報酬引上げを２月１日より実施する方針を決め、12月22日の中医協に諮問する予定だったが、支払側が反発して出席を拒否。流会に。支払側は、「内容をつめないで引上げ幅だけを示す中医協全員懇談会に出席すれば、厚生省の方針を認めることになってしまう」。

昭和53年

１月９日◆厚相が中医協に診療報酬11.6％引上げを諮問。

１月17日◆中医協は、諮問案どおり２月１日から診療報酬改定を実施するものとして了承すると答申。52年11月に告示された薬価基準改正も２月１日から実施されることに。

参考：社会保険旬報（昭和49～53年）

格主義に基づいており、卸が医療機関等に売った実勢価格を基に薬価改定しているのだから、メーカーの卸への仕切り価格の設定、卸の営業政策自体の問題であって、薬価が循環的に低下するのは制度が悪いからだと言っても、保険者、厚生省、財政当局などの理解や納得は得られない。製薬会社にはまだゆとりがあると国民は受け止めていると思われていました。

そうしたなか、平成の時代に入ると、業界も流通のあり方を考えなければいけないということで、医薬品流通改善に乗り出しました。わが国の産業・流通構造のあり方を巡って米国の批判や要求も高まってきました。日米構造問題協議（ＳＩＩ：Structural Impediments Initiative）です。

医薬品流通や薬価を巡る論議の舞台になったのが、長らく実質的に開店休業に近い実態にあった「流近協」、医薬品流通近代化協議会です。この中心で改革をリードされたのが、慶應義塾大学教授の片岡一郎先生でした。薬業界には、片岡先生の教え子が多く経営に携わっていますね。

薬価調査は手書きの伝票
少人数で1枚ずつ調べる

――時代を追って薬価制度の変遷、これを取り巻く経済、財政、政治の動きについて理解を深めることができました。

１９８３（昭和58）年に、下村健さんが深く関わられて、90％バルクラインから81％バルクライン方式に変わりました。一方で、巨額な薬価差が存在していました。製薬メーカーは、制度に合わせてさまざまな工夫をして経営していきますが、それが巨額な薬価差の発生につながってしまいました。

和田さんは薬務局企業課におられたとき、実勢価の把握のための調査をされていたわけですが、その正確さというのはどんなものだったのでしょう。

和田　40年代後半、薬価調査の実務そのものは、私の隣のデスクの島で担当していましたが、庁外のタコ部屋で極めて限られた人数で、手書きの伝票を一枚一枚調べていて、「よくやるよねえ…」というのが本音、実感でした。

あの頃、薬価基準収載品目は8千位で、今よりも少ないのですが、それにしても、紙ベースの資料で8千品目もについて調べるのは大変な作業です。卸企業も４００社くらいあって、出先まで含めたら相当の事業所、店舗数です。それを、あの人数で、すべて手作業で。大変な労作業で、どれだけ正確にできるのかな、と心のなかで思っていました。都道府県の職員にご協力いただくといっても、都道府県の保険課にもその種の専門従事者はいませんし、直接的な指揮命令下にあるわけではないですから。

図表9-1　薬価調査と薬価改定の経緯①

年	薬価調査の概要	①薬価改定告示日 ②薬価改定実施日 ③診療報酬改定実施日
	※昭和27年４月物価庁廃止に伴い薬価調査は経済安定本部に移管、その後、８月に厚生省へ移管	
昭和27年	調査実施：昭和27年２月 対象期間：昭和26年12月21日～27年１月20日 薬局調査：221品目 医師調査：88品目 調査期間：２月４日～９日 市場調査：約250品目 東京・大阪の卸売価格	①昭和27年２月26日 ②昭和27年２月１日 遡及：一部品目の薬価改定 ③昭和27年１月１日
	調査実施：昭和27年5月 対象期間：昭和27年５月15日～６月14日 調査品目：50品目 調査対象：薬局薬店（23都道府県97軒、医師調査（東京、大阪、京都、横浜、尼崎)138軒、購入価格	①昭和27年５月14日 ②昭和27年５月１日 （小調査）全面改定：80％バルクライン方式
	調査実施：昭和27年11月 薬価調査：「薬価基準資料調査要綱」に基づき実施 調査期間：昭和27年11月１日～30日 調査対象：病院、診療所、販売業者 調査品目数：100品目 調査対象は従来の個々の医師から医療機関に変更 ※厚生省移管後初の調査（小調査）	①昭和27年11月29日 ②昭和27年11月1日　遡及：部分改定 ③昭和27年11月1日
昭和28年	調査実施：昭和28年２月 対象期間：昭和28年２月１か月 調査対象品目：特定品目14品目（生産金額の大きいものから選定）、固定点数品目15品目（全固定点数品目）、普通医薬品34品目（生産金額の大きいものから選定）、麻薬２品目（代表的な品目を選定）、生物学的製剤２品目（代表的な品目を選定）、衛生材料２品目（代表的な品目を選定）、新薬100品目（任意抽出）の170品目 調査対象地域：６大都市の都府県、９地方ブロック９道県 調査対象：病院360、診療所340、販売業者200 調査事項：調査対象期間の購入（販売）数量、購入（販売）金額、購入（販売）条件	①昭和28年８月22日 ②昭和28年８月１日 遡及：全面改定・薬価全体で約３％引き下げ、90％バルクライン方式 ③昭和28年４月１日
昭和28年 | 29年	調査実施：昭和28年７月（小調査） 調査期間：昭和28年７月１日～31日 調査品目：150品目 調査対象：病院180、診療所170、販売業者150	①昭和29年２月５日 ②昭和29年１月１日　一部品目の薬価改定 ③昭和28年12月１日
昭和28年 | 29年	調査実施：昭和28年10月 調査対象品目：昭和28年10月分、300品目 調査対象：６大都市の都府県、９地方ブロック９道県を対象病院450、診療所430、医薬品販売業者320	①昭和29年５月31日 ②昭和29年５月１日　遡及：全面改定、90％バルクライン方式 ③昭和29年７月１日
昭和29年 | 30年	調査実施：昭和29年10月 調査対象品目：昭和29年10月分取引分、300品目 調査対象（全都道府県）：病院516、診療所516、医薬品販売業者361 調査項目：購入（販売）価格、平均取引単価、取引条件	①昭和30年９月９日 ②昭和30年９月１日　遡及：全面改定、90％バルクライン方式、医薬分業の施行に対応して薬局も調査対象 ③昭和30年９月１日
昭和30年 | 31年	調査実施：昭和30年12月 調査対象期間：昭和30年10、11月の取引状況（数量、金額、平均単価、取引条件） 医薬品の市場価格調査要綱策定：医薬分業の施行に対応して調剤薬局も調査対象 調査対象：病院497、診療所・薬局582地域に所在するもの全て、販売業者は販売額の多い順から300件	①昭和31年８月17日 ②昭和31年９月１日 全面改定、薬価全体で約３％引き下げ、90％バルクライン方式 ③昭和31年４月１日
昭和31年 | 33年	調査実施：昭和31年12月 調査期間：昭和31年９月～10月 調査対象：病院約1700、診療所約1700、薬局約600 調査品目：使用頻度の高い200品目	①昭和33年３月10日 ②昭和33年４月１日 全面改定、薬価全体で約２％引き下げ、90％バルクライン方式
昭和32年 | 34年	調査実施：昭和32年11月 調査対象期間：昭和32年８～９月 調査対象：病院1451、診療所1902、薬局691、医薬品販売業者602 調査対象品目（重要医薬品等204品目）の取引数量、取引金額、平均単価等	①昭和34年２月28日 ②昭和34年３月１日

製薬企業や卸企業は、基本は、売上量を多く、かつ利益を大きく、薬価が下がらないようにしたいということで、いろいろな工夫をされるのは当たり前のことですね。

昭和40年代前半に全盛だったのは、「添付販売」です。卸売業者が医療機関に、「これは薬価いくらのところ下げて○○円にします」とすると、医療機関は薬価差を確保できますね。しかし、その価格を薬価調査で把握してバルクライン方式で次の薬価を決めるから、次の薬価改定で値段が下がってしまう。だったら、帳簿上は薬価で販売し、値引相当分はおまけ分としてプレゼントする、添付販売です。同量添付されれば50％値引きと同じで、しかし薬価調査の上では捕捉されないから、次回の薬価改定では薬価は下がらないことになる。しかし、添付品も患者に渡せば、医療機関は保険に請求する、そんな実態でした。

当然、添付販売は国会などでも問題になり、中医協は１９７０（昭和45）年に添付販売を禁止しました。しかし添付販売を止めたところ、これをかいくぐるようにサンプルの提供ということでの販売実態が広がった。一般の商慣行でサンプルは認められるのですが、サンプルでもらった医薬品の保険請求を認めるのはまずいということになり、１９９２（平成４）年にサンプルの保険請求が禁止されました。

中国では、「政策あれば対策あり」、ということが言われているようです。政府に政策があれば、民間には対策あり。いろんな歴史の積み重ねの上でいろいろな流通実態が形成されていきます。医薬品の流通慣行、価格形成、そして薬剤費問題や、薬の過剰使用の問題もそうした観点から見ておく必要があります。

日本医師会の武見太郎会長は、医師が薬を安く仕入れてたくさん売るという発想が間違いなのであって、医師は医道に忠実に、医の原点にたって医療にあたるべきだと。医師は医業経営の利益というビジネス的な側面から離れろというのが武見さんの考えです。医師は欲張り村の村長であってはならない

図表9-2　薬価調査と薬価改定の経緯②

昭和33年 | 35年	調査実施：昭和33年10月 調査対象期間：昭和33年7、8月 調査対象：病院1900、診療所2037、薬局826、医薬品販売業者602 調査項目：調査品目の購入・販売数量、金額、平均単価等	①昭和35年5月18日 ②昭和35年6月1日 総合ビタミン剤、総合感冒薬、胃腸薬などの大衆薬は健康保険から除外
昭和38年 | 40年	調査実施：昭和38年7月 調査対象期間：昭和38年7月1日～8月31日 調査対象：病院（層別任意抽出法により全数の3分の1）、診療所（地域抽出法により全数の30分の1） 調査品目：使用頻度の高い200品目 調査事項：購入価格・数量	①昭和40年10月5日 ②昭和40年11月1日 全面改定：薬価引き下げ率11%（医療費ベース4.5%） ③昭和40年11月1日
昭和42年	調査実施：昭和42年3月 対象期間：昭和42年2月 調査対象：医薬品販売業者、公的医療機関の購入価格調査も実施 調査品目：薬価基準収載全品目の販売価格、数量	①昭和42年9月13日 ②昭和42年10月1日 全面改定：薬価引き下げ率10.2%（医療費ベース4.2%）／統一限定列記方式 ※中医協建議：薬価調査は毎年1回実施すべき ③昭和42年12月1日
昭和43年 | 44年	調査実施：昭和43年3月 対象期間：昭和43年2月 調査対象：医療機関向け販売業者約3000、病院約400、診療所約600 調査品目：薬価基準収載全品目 調査項目：販売品目名、包装別数量の取引価格	①昭和43年11月30日 ②昭和44年1月1日 全面改定：薬価引き下げ率5.6%（医療費ベース2.4%） ③昭和44年2月1日
昭和44年 | 45年	調査実施：昭和44年11月 対象期間：昭和44年10月 調査品目：薬価基準収載全品目 調査対象：販売サイド、購入サイドを調査	①昭和45年7月1日 ②昭和45年8月1日 全面改定：薬価引き下げ率3.0%（医療費ベース1.3%） ③昭和45年7月1日
昭和46年 | 47年	調査実施：昭和46年3月 対象期間：昭和46年2月 調査対象品目：薬価基準収載全品目 調査対象：販売サイド、購入サイドを調査	①昭和46年11月25日 ②昭和47年2月1日 全面改定：薬価引き下げ率3.9%（医療費ベース1.7%） ③昭和47年2月1日
昭和47年 | 49年	調査実施：昭和47年9月 調査対象：昭和47年8月 調査対象品目：薬価基準収載全品目 調査対象：医薬品卸3000、病院530（抽出率15分の1）、診療所690（抽出率100分の1）	①昭和49年1月21日 ②昭和49年2月1日 全面改定：薬価引き下げ率3.4%（医療費ベース1.5%） ③昭和49年2月1日、10月1日
昭和49年 | 50年	調査実施：昭和49年5月 調査対象：昭和49年4月 調査対象品目：全品目の銘柄別調査 調査対象：医薬品卸約3800、病院約550（抽出率15分の1）、診療所約700（抽出率100分の1） ※経時変動調査（昭和49年9～10月）	①昭和49年12月10日 ②昭和50年1月1日 全面改定：薬価引き下げ率1.55%（医療費ベース0.4%） ③昭和51年4月1日 ※中医協：薬価の銘柄別収載決定
昭和51年 | 53年	調査実施：昭和51年5月 調査対象：昭和51年4月取引分 調査対象品目：薬価基準収載全品目調査 調査対象数：医療機関向け販売業者4,076、病院554（抽出率15分の1）、診療所730（抽出率100分の1）	①昭和52年11月1日 ②昭和53年2月1日 全面改定：薬価引き下げ率5.8%（医療費ベース2.0%） 銘柄別収載方式 ③昭和53年2月1日
昭和53年 | 56年	調査実施：昭和53年7月 調査対象：昭和53年6月取引分 調査対象品目：薬価基準全収載品目（15,407品目） 調査対象数：全医薬品卸4953、病院・診療所1286（抽出率：病院15分の1、診療所100分の1）、薬局550（処方箋1か月300以上を抽出率2分の1で抽出） 特別調査（主要400品目）：他計調査方式	①昭和56年5月9日 ②昭和56年6月1日 全面改定：薬価引き下げ率18.6%（医療費ベース6.1%） ③昭和56年6月1日
昭和57年	調査実施：昭和57年1月 調査対象：昭和56年12月取引分 調査対象品目：薬価基準収載全品目（13,392品目） 調査対象数：全医薬品卸3940、病院診療所、薬局2269（抽出率：病院15分の1、診療所100分の1、薬局2分の1） ※特別調査（他計方式）	①昭和57年12月13日 ②昭和58年1月1日 昭和57年9月18日の中医協答申に基づき部分改定：薬価引き下げ率4.9%（医療費ベース1.5%） 81%バルクライン方式 ③昭和58年2月1日 ※昭和57年中医協答申：薬価調査は厳正に実施、81%バルクライン方式の適用、改定は毎年1回、薬価基準全体の見直しは少なくても3年に1回行う
昭和58年 | 59年	調査実施：昭和58年5月 調査対象：昭和58年4月取引分 調査対象品目：薬価基準収載全品目（約13,500品目） 調査対象数：全医薬品卸3850、病院・診療所・薬局2740 ※特別調査と経時変動調査の他計方式による調査	①昭和59年2月10日 ②昭和59年3月1日 全面改定：薬価引き下げ率16.6%（医療費ベース5.1%） ③昭和59年3月1日

と。大学を出て、若い頃に岩手の貧しい農村地域で医療をやっていたときの経験が蘇ったのかなと思いましたね。

薬価調査で納入された価格を正確につかむのが行政の使命

――昭和60年代に入ると、医薬品の公正取引が問題になってきたのですが、添付販売というのは、どの業界でもあったのでしょうか。

制度と密接に関係した製薬企業のサービス競争というのでしょうか、キャッシュバックも含めて、そういうものが問題になりました。昭和55～60年の数年間について、厚生省内部での捉え方というのはどのような感じだったのでしょうか。

和田　1973～6（昭和48～51）年、2年ほど企業課に、そのあと薬事課に1年あまり、4年ほど薬務局で係長を務めました。その間、企業課から経済課に名前が変わり、薬事課が企画課に組織替えになりましたが、企業課、審査課、安全課、監視指導課の係長も併任しました。その間、薬局適正配置規制の違憲判決、オイルショック時の医薬品等の価格高騰と売り惜しみ買い占め問題、サリドマイド事件和解契約[3]、医薬分業を巡る第二薬局規制問題、GMPの策定[4]、BCGの価格を一挙に大幅に引上げた件、放射性医薬品の価格・流通慣行・廃棄物処理をめぐる問題、大人のおもちゃ（性具）の薬事法違反訴訟[5]などなど、得難い、そして面白い行政経験を沢山しましたよ。

薬局適正配置規制に対する最高裁判所の違憲判決（昭和50年4月30日）は、法律の規定が職業選択（営業）の自由を保障した憲法第22条に違反するとしたもので、刑法の尊属殺人の規定に次いで憲政史上2番目のものでした。判決に基づいて法律を改正し関係法規定を廃止したわが国で最初のことです。この法改正を吉村仁課長の下で担当し、連休明け早々に改正法案を国会提出し、違憲判決から2週間で改正が成立しました。憲法の教科書で必ずとりあげられる有名な出来事です。

適正配置規制は、昭和30年代後半の大衆薬ブーム、「スーパー」の興隆の下での大衆薬（ＯＴＣ）の乱廉売で、小規模薬局・薬店の経営不安が高まるなか、当時の日薬（日本薬剤師会）が強く主張して議員立法で実現をみたものでした。昭和50年代に入るとＯＴＣの役割が低下し、医療保険制度下の医療用医薬品が全体の8割強を占めるようになっていた、そういう時代の変化を象徴する判決でもありました。

営業の自由を制約するには「公共の福祉」に沿うものでなければなりませんが、適正配置規制は、規制の目的（保健衛生上の被害の防止）と距離制限と

図表9-3　薬価調査と薬価改定の経緯③

昭和59年｜60年	調査実施：昭和59年11月 調査対象：昭和59年10月取引分 調査対象品目：薬価基準収載全品目 調査対象数：全医薬品卸約3800、病院・診療所・薬局約3300（抽出） ※特別調査（他計調査）	①昭和60年２月16日 ②昭和60年３月１日 部分改定：薬価引き下げ率6.0%（医療費ベース1.9%） ③昭和60年３月１日
昭和60年｜61年	調査実施：昭和60年11月 調査対象：昭和60年10月取引分 調査対象品目：薬価基準収載全品目（約13,000品目） 調査対象数：全医薬品卸約3700、病院・診療所・薬局約3500（抽出） ※特別調査・経時変動調査（他計調査）：昭和60年６、７、11、12月及び61年１月	①昭和61年３月14日 ②昭和61年４月１日 部分改定：薬価引き下げ率5.1%（医療費ベース1.5%） ③昭和61年４月１日
昭和62年｜63年	調査実施：昭和62年７月 調査対象：昭和62年６月取引分 経時調査：（他計）昭和62年４月～63年２月、（自計）昭和62年10月～1988年１月 調査対象品目：約13,000品目 調査対象客体：医薬品販売業者約3600（全数）、病院約600（抽出率15分の１）、診療所約800（抽出率100分の１）、調剤薬局約2500（１カ月の処方箋受付枚数が一定以上の薬局の２分の１）	①昭和63年３月14日 ②昭和63年４月１日　全面改定：薬価引き下げ率10.2%（医療費ベース2.9%）　価格のバラツキが大きい品目は81%バルクライン方式、バラツキの小さい品目は90%バルクライン方式、一部加重平均値を指標として修正（修正バルクライン方式） ③昭和63年４月１日
平成元年｜２年	調査実施：平成元年５～６月 調査対象：平成元年３月取引分 調査対象品目：約14,000品目 調査対象：医薬品卸約3600、病院・診療所・保険薬局（抽出）約4100	①平成２年３月12日 ②平成２年４月１日　全面改定：薬価引き下げ率9.2%（医療費ベース2.7%） 価格のバラツキが大きい品目81%はバルクライン方式、バラツキの小さい品目は90%バルクライン方式、一部加重平均値を指標として修正 ③平成２年４月１日
平成３年｜４年	調査実施：平成３年６月 調査対象：薬価本調査平成３年６月取引分 調査対象数：医療機関向け販売業者（約3,700)、病院約700施設（抽出率15分の１）、診療所約800施設（抽出率100分の１）、保険薬局約2,700か所（１か月の処方箋枚数300枚以上、抽出率10分の４） 調査対象品目：薬価基準収載全品目（約１万4000品目）の価格、数量	①平成４年３月10日 ②平成４年４月１日 全面改定：薬価引き下げ率8.1%（医療費ベース2.4%）　加重平均値一定幅方式（R15） ③平成４年４月１日 ※平成３年中医協建議：バルクライン方式の廃止、加重平均値一定価格幅方式（R方式）採用、新薬は類似薬効比較方式
平成５年｜６年	調査実施：平成５年６月 調査対象：平成５年６月取引分 調査対象品目：約14,000品目 調査対象数：医薬品卸販売業者約3700、病院約1000（抽出率10分の１）、診療所約800（抽出率100分の１）、調剤薬局約1000（10分の４） ※総価山買い、非価格サービスの実態を把握	①平成６年３月10日 ②平成６年４月１日　全面改定：薬価引き下げ率6.6%（医療費ベース2.0%） 加重平均値一定幅方式（R13） ③平成６年４月１日
平成７年｜８年	調査実施：平成７年６月 調査対象：平成７年６月取引分 調査対象品目：平成７年６月２日現在、薬価基準に収載されている全品目１万4000品目 調査客体：医薬品卸売業者約3500、病院・診療所約1800施設、保険薬局約1000施設 特別調査・経時変動調査：平成７年５月～８月	①平成８年３月８日 ②平成８年４月１日　全面改定：薬価引き下げ率6.8%（医療費ベース2.5%） 加重平均値一定価格幅方式（R11） ※不採算品目の薬価引き上げ ③平成８年４月１日 ※平成７年中医協建議：平成９年度から長期収載医薬品の新価格方式の導入を要請
平成８年｜９年	調査実施：平成８年10～11月 調査対象：平成８年９月取引分 調査対象品目：薬価基準収載全品目（約13,500品目） 調査対象数：医薬品卸約3400、病院・診療所・保険薬局（抽出）約2800	①平成９年３月７日 ②平成９年４月１日　消費税率引き上げに伴う改定 全面改定；通常の薬価引き下げ率4.4%（医療費ベース1.27%） 加重平均値一定価格幅方式（R10)、長期収載品R８、消費税対応の薬価引き上げ率1.4%（医療費ベース0.45%） ③平成９年４月１日
平成９年｜10年	調査実施：平成９年10～11月 調査対象：平成９年９月取引分 調査対象品目：薬価基準収載全品目（約12,500品目） 調査対象数：医薬品卸約3300、病院・診療所・保険薬局約280 経時変動調査：平成９年10月～平成10年１月	①平成10年３月６日 ②平成10年４月１日　全面改定：薬価引き下げ率9.7%（医療費ベース2.7%）　加重平均値一定価格幅方式（R5)、長期収載品R2 ③平成10年４月１日
平成11年｜12年	調査実施：平成11年10～11月 調査対象：平成11年９月取引分 調査対象品目：薬価基準収載全品目（約12000品目） 調査対象数：販売サイド約3400、購入サイド：病院約1000、診療所約800、保険薬局約1000 経時変動調査：平成11年６月～11月	①平成12年３月10日 ②平成12年４月１日　全面改定：薬価引き下げ率7.0%（医療費ベース1.6%） 市場実勢価格加重平均値調整幅方式・調整幅２% ③平成12年４月１日

いう規制方法との間の関係性が乏しい、というものでした。

そのあと私は、性具事件では東京高裁に証人として出廷し、証人として一品ずつ医療用具に該当する旨を証言する、何とも困った役割を演じたのでした(東京高裁判決　昭和50年11月)。医機法でも性具の規定があり、暴力団の資金源対策として今も立派に役割を果たしていると思います。

当時、卸をめぐってはいろいろなことがありましてね。私は公害問題を担当して、廃棄物処理法に関わったことがあるのですが、あれは四国だったか、薬の卸で、警察の取調べを受けた事業所がありました。医師の奥さんからごみの始末を頼まれて処理に困った卸の社員が崖からごみを捨てたんです。そのごみは注射針なんかが入っていた医療用廃棄物で感染の危険もあるわけで、廃棄物処理法違反だと新聞でも大きく取り上げられましたよ。

卸と医療機関にはいろいろな関係があると思いますが、医療機関が発注者ということもあってバイイングパワーがあるし、医療に関する知識もあるから、対等な関係ではないという実態がありました。このごみ捨て事件は、医療機関の優越的な地位とその濫用から生じた象徴的な事件、弱い卸の企業行動がもたらした悲しい事件といえるのでしょう。

医療機関からしたら、薬の購入や使用に当たって、できるだけ損をしたくない、できれば一定の経営原資が得られればもっといい。メーカーからみたら、薬価がずっと維持できるのが望ましくて、米国のように薬価が上がってくれたらなお良い。卸としては、一定の取引が維持できて、かつ自分のところの生業が成り立つような利益が上がればいい。

もちろん保険料負担をする保険者、国庫負担をする国などの立場もありますが。メーカー、卸、医療機関、この三つの立場からすると、利益、収益が確保されることに共通のメリットがあります。薬価が下がらないようにすることは共通の利益ですから、添付販売とかサンプルの提供も行われていたのです。

また、メーカーは卸に薬価基準価格で販売し、卸は個々の納入価について事前にメーカーと協議して了解を得た場合には、メーカーからの仕入れ値よりも安く売る取引の実態が多くみられました。当然、卸の収支は赤字になりますが、その分、値引き分を後からメーカーに補てん(値引補償)してもらえば、薬価調査のデータに響かないことになります。卸経営維持のために期末にメーカーが卸に補てんするのをアローアンスと呼んでいます。こうした薬業界に特有の取引実態は、先ほどお話しした日米構造問題協議や流近協の場などにおいて「系列取引」、「再販売価格維持行為類似行為」として、その改善が強く求められるようになりました。こうしたリ

図表9-4　薬価調査と薬価改定の経緯④

平成13年 ｜ 14年	調査実施：平成13年9月 調査対象：平成13年9月取引分 調査対象品目：薬価基準収載全品目（約12000） 調査対象：医薬品卸約3200、病院約900、診療所約1000、保険薬局（処方箋枚数が一定以上、抽出）約1200	①平成14年3月11日 ②平成14年4月1日　全面改定：薬価引き下げ率6.3％（医療費ベース1.3％） 市場実勢価格加重平均値調整幅方式・調整幅2％（市場実勢価による引き下げ4.6％、先発品の引き下げ1.7％） ③平成14年4月1日
平成15年 ｜ 16年	調査実施：平成15年9月 調査対象：平成15年9月取引分 調査対象品目：薬価基準収載全品目（告示ベース約12,000品目、銘柄数約18,000品目） 調査対象：医薬品卸約3000、病院約1000、診療所約2000、保険薬局約2000（1か月の処方箋受取枚数300枚以上） 調査項目：品目ごとの販売（購入）価格、販売（購入）数量	①平成16年3月5日 ②平成16年4月1日　全面改定：薬価引き下げ率4.2％（医療費ベース0.9％） 市場実勢価格加重平均値調整幅方式・調整幅2％（市場実勢価による引き下げ3.8％、先発品の引き下げ0.4％） ③平成16年4月1日
平成17年 ｜ 18年	調査実施：平成17年10月 調査対象：平成17年9月取引分 調査対象品目：薬価基準収載全品目（告示ベース約13,000品目、銘柄数約18,000品目） 調査対象：医薬品卸約3000、病院約900、診療所約1000、保険薬局約1500（1か月の処方箋受取枚数300以上） 調査項目：品目ごとの販売（購入）価格、販売（購入）数量	①平成18年3月6日 ②平成18年4月1日 全面改定：薬価引き下げ率6.7％（医療費ベース1.6％） 市場実勢価格加重平均値調整幅方式・調整幅2％、長期収載品・特例追加2％、新規8％） ③平成18年4月1日
平成19年 ｜ 20年	調査実施：平成19年10～11月 調査対象：平成19年9月取引分 調査客体・販売サイド：医薬品販売営業所等全数約4000 購入サイド：病院約900（無作為抽出10分の1）、診療所約900（無作為抽出100分の1）、保険薬局約1600（無作為抽出30分の1） 調査項目：品目ごとの販売（購入）価格及び販売（購入）数量	①平成20年3月5日 ②平成20年4月1日　全面改定：薬価引き下げ率5.2％（医療費ベース1.1％） 市場実勢価格加重平均値調整幅方式・調整幅2％（先発品の一定率引き下げ） ③平成20年4月1日
平成21年 ｜ 22年	調査実施：平成21年10月 調査対象：平成21年9月取引分 調査対象品目：薬価基準収載全品目（15,000品目） 調査対象数：医薬品卸約4000、病院約900、診療所約1000、保険薬局約1600（全数から30分の1抽出） 調査項目：品目ごとの販売（購入）価格、販売（購入）数量	①平成22年3月5日 ②平成22年4月1日　全面改定：薬価引き下げ率5.75％（医療費ベース1.23％） 市場実勢価格加重平均値調整幅方式・調整幅2％、長期収載品（追加2.2％、後発品のある先発品6％、新規後発品が収載された先発品）引き下げ 新薬創出加算試行導入（624品目） ③平成22年4月1日
平成23年 ｜ 24年	調査実施：平成23年10～11月 調査対象：平成23年9月取引分 調査対象品目：薬価基準収載全品目 調査対象数：医薬品卸約6000、病院約900、診療所約1000、保険薬局約1600（全数から30分の1抽出） 調査項目：品目ごとの販売（購入）価格、販売（購入）数	①平成24年3月5日 ②平成24年4月1日　全面改定：薬価引き下げ率6.00％（医療費ベース1.26％） 市場実勢価格加重平均値調整幅方式・調整幅2％、後発品のある先発品0.86％・後発品の追加0.33%引き下げ 新薬創出加算（702品目） ③平成24年4月1日
平成25年 ｜ 26年	調査実施：平成25年10月 調査対象品目：薬価基準収載全品目 調査対象数：医薬品卸約6000、病院約860、診療所約1000、保険薬局約1800（全数から30分の1抽出） 調査項目：医薬品の品目ごとの販売（購入）価格、販売（購入）数量	①平成26年3月5日 ②平成26年4月1日　全面改定：通常薬価引き下げ率5.64％（医療費ベース1.22％） 消費税分：薬価引き上げ2.99％（医療費ベース0.64％） 市場実勢価格加重平均値調整幅方式・調整幅2％、後発品への置き換えが進まない先発品の特例引き下げ(1118品目) 新薬創出加算（758品目） ③平成26年4月1日
平成27年 ｜ 28年	調査実施：平成27年10～11月 調査対象：平成27年9月取引分 調査対象・客体数：保険医療機関・保険薬局に医薬品を販売する営業所等6,280客体、病院873客体、診療所1,043客体、保険薬局1,892客体 調査事項：薬価基準に収載されている医薬品の品目ごとの販売（購入）価格、販売（購入）数量	①平成28年3月4日 ②平成28年4月1日　全面改定：薬価引き下げ率5.57％（医療費ベース1.22％） 市場実勢価格加重平均値調整幅方式・調整幅2％、後発品への置き換えが進まない先発品の特例引き下げ(1057品目) 新薬創出加算（823品目） ③平成28年4月1日
平成29年 ｜ 30年	調査実施：平成29年10～11月 調査対象：平成29年9月取引分 調査対象品目：薬価基準収載全品目 調査対象数：医薬品卸約6300、病院約850、診療所約1000、保険薬局約1900（全数から30分の1抽出） 調査項目：医薬品の品目ごとの販売（購入）価格、販売（購入）数 調査手法：厚労省から直接調査対象に調査票を配布・回収	①平成30年3月5日 ②平成30年4月1日　全面改定：通常薬価引き下げ率7.48％（医療費ベース1.65％） 市場実勢価格加重平均値調整幅方式・調整幅2％：実勢価格等改定分6.17％（医療費ベース1.36％）、薬価制度改革分1.31％（医療費ベース0.29％） 後発品への置き換えが進まない先発品の特例引き下げ(207品目)、後発医薬品収載後10年を経過した長期収載品（950品目）の引き下げ、新薬創出加算（560品目） ③平成30年4月1日

ベートの支給条件や金額等は、具体的な文書による定め、契約という形をとらずに行われている実態もありました。そこで、流近協では「モデル契約書」を定め透明度を高める取り組みを進めましたが、普及はイマイチでした。

メーカーからのリベートやアローアンスは、メーカー、卸にとっては利益になるのですが、実勢価格が的確に反映されず、薬価が高水準に維持されることになるわけですから、保険料の負担者である事業主、医療費の負担をする国や地方、あるいは被保険者の家計の負担が重くなり、よろしくない。したがって、納入された実際の価格を正確にどう掴むか、実勢価格を的確に把握し、これをきちんと薬価に反映するということが、行政の立場からすれば使命となります。

薬価調査のあり方についてもいろいろありました。初めは、薬を売っている卸だけ、販売側だけを調査した時期がありました。その後、売る方・買う方の両面から毎年やらないと、ということにしたのは1967（昭和42）年から。医療機関等の購入側の調査は抽出したところだけ、サンプル的に調査することにした。卸については全数調査でした。

薬価調査については、健康保険法を1981（昭和56）年に改正して、薬価調査の根拠規定をおき、厚生大臣に薬価調査を行う権限を付与しています[6]。1985（昭和60）年に薬価調査非協力の問題[7]があったので、卸さんに協力義務が課されています。——薬価調査で実勢価を把握して、それにより薬価を決めてきたわけですが、薬価調査について、現実にできることと、法律の定めることとの乖離というのはあったのでしょうか。

和田　1981（昭和56）年頃はもう、メーカーと卸との間ではコンピュータ化がかなり進んでいたので、薬価調査はやりやすくなっていたと思います。医療機関サイドの情報化は区々ばらばらでしたが。カルテもレセプトも、大病院ではコンピュータ化が早かったですね。

1989（平成元）年に私が経済課長になったとき、卸さんの倉庫を見に行きました。クラヤの自社開発のCOSシステムをはじめ、各卸の倉庫業務、医薬品在庫管理の電子化、倉庫業務のコンピュータ化、自動化、そして大規模化が急速に進んでいて感銘を受けたのを覚えています。

今や、医薬品取引のほとんどすべてが電子的取引の下で行われているようです。薬価基準制度の本来の性格からしても、実勢価格を適時的確に反映するということが今後特に強く要請されることでしょう。そのためには単品単価取引、早期の納入販売価格の妥結の徹底が望まれます。市場実勢価格にその医薬品の価値が表れているという基本に立った制度改革論議が必要であり、そのためにも医薬品流通の改善は基本的課題です。

さらに、近年の費用対効果評価（ＨＴＡ）の論議に見られるように、薬の価格は、その医療上の価値に即して決定されることが望ましいという流れにあります。なお、新薬の薬価算定方式については、１９９２（平成４）年に現行制度への移行が決定され、その基本的な考え方に基づいて今日に至っています。当時、新薬の算定方式に画期性加算、有用性加算、市場性加算が導入され、同時に国内開発加算が廃止されました。現在の費用対効果評価の論議は、この有用性加算のルールをさらに一層適正に行うという考え方のようにも思われます。見方によっては、平成４年に定めた算定方式の根拠をさらに客観的なものにしようとする試みと考えることもできるでしょう。

薬価収載時に想定された適用患者数・使用実態、適応症、販売額に変化が生じた場合には、その薬価は見直されるべきことは薬価算定の原則からも当然ですし、適正使用ガイドラインの励行も求められるでしょう。

しかし、診療報酬本体の改定財源に充てるために実勢価格に拠らずに薬価引下げが行われるというのは制度の本旨に沿うものではありません。薬価と診療報酬本体の改定は密接に関連してきた歴史がありますが、あくまでも改定の原理原則は別個のものだという理解を深めていって欲しいものです。そうした考え方や医薬品流通の電子化の進展などを踏まえると、診療報酬本体改定と切り離して、実勢価格の変動に応じて薬価の頻回改定を行うといったことも検討される必要があるともいえます。

いずれにしましても、薬価基準制度の基本は医薬品の公正取引によって形成された市場実勢価格が基本であり、医薬品の価値は医師の適切な処方に基づいて定まってくる、ということにあると思います。公正取引の推進に一層取り組んで欲しいものです。

――本日は、ありがとうございました。


【編注】

１　**薬価と診療報酬の２年１回の改定定期化**：診療報酬と薬価基準が２年に１回、同時期に行われるようになったのは、１９８８（昭和63）年４月改定以降。ただ、平成元年４月に消費税が導入され、その後も税率引上げによる同時改定がある。
１９８８（昭和63）年以前にも診療報酬と薬価の同時改定はあるが、同時改定でも薬価改定が部分改定であったり、診療報酬、薬価改定が２年続いて実施されるなど、その当時の経済状況や医療機関の経営状況等によって中医協の建議に基づいて不定期に改定が行われた。

診療報酬、薬価改定の前提となる医療経済実態調査、薬価調査は、１９６７（昭和42）年９月10日の中医協建議で、医療経済実態調査は3年に1回、薬価調査は毎年1回実施することになった。その後、1982（昭和57）年9月の中医協建議で薬価改定は毎年1回行い、薬価基準全体の見直しは少なくても3年に1回行うことが決まった。また1987（昭和62）年5月の建議で、薬価の部分改定を廃止し、2年に1回全面改定とすることになった。1988（昭和63）年11月の中医協では、医療経済実態調査を3年に1回から2年に1回実施することになり、改定財源との絡みで診療報酬改定と薬価改定の同時改定が行われることが定期化した。

2 昭和56年の第二次臨時行政調査会：第二次臨時行政調査会（第二臨調）は、1981（昭和56）年3月に設置された。第二臨調は鈴木善幸首相の「増税なき財政再建」のもと、行財政改革によって財政再建を行うことを主張し、同年7月に「行政改革に関する第1次答申」を提出した。答申は、医療費の適正化対策として、①毎年、薬価調査を行い、薬価基準を見直し、算定方式の改善を図る②レセプト審査、医療機関に対する指導監査の強化、不正・不当請求に対する厳正な処分③高額医療機器の共同利用の促進―などを提言。

また、老人保健法案の早期成立を図り、組合健康保険、国民健康保険など保険者間の負担の公平化、患者一部負担の早期実施などを要請するとともに、地方自治体が単独事業として実施していた老人医療無料化の廃止を求めた。

3 サリドマイド事件和解契約：昭和30年代にサリドマイド（鎮痛催眠剤等）を妊娠初期に服用した母親からサリドマイド胎芽症と呼ばれる四肢、顔面、内臓等に重い障害を受けた子どもが出生し、その子どもと家族が国（厚生省）と製薬メーカーを相手に損害賠償を求めた訴訟。1974（昭和49）年に和解が成立し、国とメーカーは、障害とサリドマイドとの因果関係を認め、被害者および父母に対し賠償金を支払った。サリドマイド被害者のための福祉センターとして財団法人「いしずえ」（基金5億円）が設立され、年金支払業務、健康管理、相談、調査、交流などの事業を行っている。

和解確認書で厚生省は、今後、新医薬品承認の厳格化、副作用情報システム、医薬品の宣伝広告の監視など、医薬品安全性強化の実効をあげるとともに、承認許可の取消、販売の中止、市場からの回収等の措置をすみやかに講じ、「悲惨な薬害が再び生じないよう最善の努力をする」ことを確約した。

4 GMP策定：GMPとは、医薬品及び医薬部外品の製造管理及び品質管理の基準（Good Manufacturing Practice）の略称。厚生省は、1974（昭和49）年9月14日付けで「医薬品の製造及び品質管理に関する基準（GMP）」を通知した。医薬品の製造業者は、GMP基準（省令）に基づいて、医薬品の品質を確保するため、医薬品の原材料の受入れから、製造、包装、出荷に至るまでの製造工程で適切な製造管理、品質管理が義務付けられた。

厚労省は、医薬品の品質を確保するため、GMPに適合していることを医薬品（製品）の承認要件としているため、GMPの遵守状況について承認前はもちろん、承認後も定期的に査察（立ち入り含む）が行われ、GMPが守られているかどうか確認している。

5 大人のおもちゃ（性具）の薬事法違反訴訟：1970（昭和45）年12月、医療用具の製造許可を受けていないにもかかわらず、業として製造した医療用具を販売目的で店舗に陳列した事例。陳列品が薬事法に定める「性具」にあたるかどうかをめぐって争われた。一審判決では、「通常人が性的行為に使用するものとはいえないものは性具にあたらない」として無罪判決を言い渡した。

控訴審では、「当該器具が一般的、日常的に使用されなくても、人々の多種多様な生活の中で、ある一部の範囲において使用されることが予想され、使用する人の身体等に障害を及ぼすおそれがあるとすれば、保健衛生上好ましくない」として、そのような器具の製造・販売は薬事法の規制対象になるとの判断を示し、一審判決を破棄し、有罪とした（昭和50年11月）。

6　薬価調査に関する厚生大臣の権限付与：１９８０（昭和55）年11月に成立した改正健康保険法は、本人一部負担額（初診時６００→８００円、入院１日当たり２００→５００円）の引上げ、家族給付率（入院７割→８割）の引上げなどを内容としているが、この改正では厚生大臣に対して、療養の給付の対象となる薬剤に関し、「（薬剤を）適正なものとするため必要な調査を行う」ことができる規定が盛り込まれ、薬価調査の権限を付与した。このほか、保険医療機関等の指導監査時の学識経験者の立ち会いも規定された。改正法は昭和56年３月１日に施行された。

7　昭和60年薬価調査非協力：１９８１（昭和56）年以降の厚生省の医療費適正化対策の強化などが影響して、医薬品の販売額が伸び悩み、行政に対する批判、不満が表面化し、一部地域の医薬品卸から「薬価調査非協力」が提起された。１９８５（昭和60）年に厚生省が全国12か所で経時変動調査を実施しようとしたことから、薬価調査非協力の動きが全国に波及し、対象卸の９割が調査に協力しなかった。

日本医薬品卸連合会は、厚生省に対して①次回薬価改定（昭和61年）は部分改定に小幅にとどめる②次回改定時期の繰り延べ③公的病院の購入姿勢の指導④調査、算定方式の再考―の４項目を要請。要望に対して厚生省が、前向きに回答したため、薬価調査非協力問題は一応収束した。

製薬企業の担当者として、現場で向き合った流通改善の取組と課題（上）

——1981（昭和56）年の独占禁止法被疑事案と公取協の設立

製薬メーカーOBの証言

薬価基準は最終的な償還価格を国が定めるものだが、医薬品の製造者から医療機関・薬局までの取引は、自由経済のもとで行われる。薬価改定ルールの改正に応じて、メーカーと卸売業者はさまざまな取引上の工夫を重ね、その結果として市場での価格形成過程が不透明であることが長く指摘されてきた。薬価基準は、市場で形成される実勢価格をもとに決定されるものであるため、流通の適正化は今もなお、薬価制度における重要な課題であり、取組みが進められている。

薬価基準と医薬品流通の関連に着目して薬価の歴史を振り返ると、過去最大の引下げ幅の薬価改定が行われた1981（昭和56）年に、メーカーと卸売業者が独占禁止法違反を疑われる事案が生じ、薬価基準制度に内在する流通の問題が大きくおもてに現れた。この事案は、製薬業界の流通改善に向けた取組みの新たな端緒となった。

1981年の薬価改定への対応と、平成3年の仕切価制導入をはさんだその後の流通改善について、実際に当時の流通に関わった製薬メーカーOBの3氏に座談会形式で話を聞いた。2回に分けて掲載する。

「上」では、1981年の薬価改定や、独禁法被疑事案以降の製薬業界の流通改善の動き・当時のメーカー内の雰囲気、卸売業者との取引の実態について当事者の証言と関連資料を掲載する。

1　1981（昭和56）年薬価改定への対応

公取委が各社に立ち入り検査
公取協の設立につながる

――本日は、医薬品流通に関わるさまざまな問題について、製薬企業がどのように感じてきたか、どのように対応してきたか、今日まだ残る問題は何かといったことを、皆様にお話しいただきたいと思います。このテーマは、非常に話しにくい面もあると思います。そのため出席者の皆様のお名前は誌面で明かしませんので、ぜひ率直に、忌憚のないご発言をお願いしたいと思います。

さて、1981（昭和56）年の独占禁止法被疑事案あたりから始めましょう。1981年6月、18・6％の薬価の大幅引下げがありました（図表10、図表11）。その前後の日本製薬工業協会（製薬協）と日本医薬品卸業連合会（卸連）の対応について、公正取引委員会（公取委）が独占禁止法違反を疑い、11月に立ち入り検査を実施しました。医療用医薬品流通に対し、独禁法の観点から初めて本格的な調査が行われたのです（図表12）。

参考　昭和55年～58年　流通改善関連年表

1980（昭和55）年

4月■**改正薬事法施行**　医薬品卸売業者は「卸売一般販売業」という名称を得て、薬事法上、一般販売業から分離独立した扱いを受けるようになった（医薬品卸売業者の法的地位が確立するとともに、新たに構造設備基準、試験検査設備基準、情報提供義務、記帳義務などが法律上、規定された）

5月■**卸連が「医薬品卸業の倫理綱領」「実践基準」を策定**　改正薬事法への対応と、今後の卸売業者のあるべき姿を示す

9月■**保険局長通知「保険診療における医薬品の取扱いについて」**（いわゆる「55年通知」）

10月■**厚生省が医薬品流通対策研究会を設置**

1981（昭和56）年

1月■**製薬協が薬価改定に関する「特別研究会」を設置**

3月■**健保法改正：厚生大臣に薬価調査を行う権限を付与**

3月■**製薬協特別研究会が正副委員長会に、56年薬価改定の対応策が必要と報告**

4月■**製薬協は、医療機関からのスライドダウン要求に応じないことなどを会員各社に通知**

5月■**製薬協が厚生省に要望書**　薬価基準との乖離を助長するような医療機関の購入姿勢の是正に向けた指導を求める

5月■**製薬協が卸連との合同会議での「懇談事項」を会員各社に通知**

6月■**薬価改定：−18.6％（医療費ベース−6.1％）→表1参照**

9月■**厚生大臣が中医協に薬価算定方式等を諮問**

11月■**製薬協に公正取引委員会が立ち入り検査を実施**

1982（昭和57）年

6月■**医薬品流通対策研究会が報告書「医療用医薬品流通の改善方策」**：①卸の流通活動の効率化と高度化、②取引条件の改善、③競争ルールの確立を骨子とした提言

6月■**公正取引委員会が「流通実態調査報告書」を公表**　卸売業者が製薬企業の系列下にあること、高率なリベート・値引補償制度・販売伝票の提出義務などの問題点を指摘

9月■**中医協が56年9月の厚生大臣の諮問を受けて薬価算定方式等に関し答申（81％バルクライン方式等）→表4参照**

10月■**厚生省薬務局が「医療用医薬品流通の改善に関する基本方針」を発表**　6月の流対研報告書を受けて、①流近協の設置、②業界の自主的な取組の支援の方針を示し、3年を目途に具体的な対応策を検討するよう指導→**表5参照**

1983（昭和58）年

1月■**薬価部分改定　−4.9％（医療費ベース−1.5％）**　バラツキの大きい品目（91％バルクライン値と加重平均値20％以上）は81％バルクライン方式で算定

3月■**薬務局に医薬品流通近代化協議会設置**

6月■**公取委が製薬協に排除措置を勧告、卸連には警告の措置**

▶**昭和59年6月　医療用医薬品製造業公正取引協議会設立、7月「公正競争規約」施行**

▶**昭和60年3月　医療用医薬品卸売業公正取引協議会設立、4月「公正競争規約」施行**

最終的には1983年6月、公取委は審決で製薬協に対し、課徴金ではなく、排除措置を勧告しました。1981年から1983年までの2年間における製薬業界あげての流通改善に関する取組みが評価され、そういう決着に至ったのだと私は考えています。そしてその後、業界の流通取引に関する自助努力、ルール化がスタートしたと思います。

まずは1981年のこの事案について、ご記憶の範囲内でお話しいただけますか。

A　1981年のことは、強く印象に残っています。この年の7月から業界団体の仕事に就いたからです。公取委が動き出したのは1981年の11月でしたね。そのきっかけは栃木県の医師が公取委に、その地域の業界団体がいわゆる談合的なことをしていると指摘したことでした。

公取委はある日突然、メーカーと製薬協に対する一斉立ち入りを行いました。「1981年改定での18・6%の引下げをめぐって、製薬協の会員各社が申し合わせをしたはずだ」と。

厚生省からは「各社の代表者が出てくるように」と呼び出しがあり、その後すぐ、

図表10　昭和56年薬価改定の概要

改定率：−18.6%（医療費ベース−6.1%：医科−6.7%、歯科−0.7%、調剤薬局−13.2%）

・昭和56年5月9日告示、6月1日実施
・18.6%の引下げ幅は過去最大（厚生省の黒木武弘経済課長は当時、「銘柄別収載による市場価格の把握、調査方法の改善、企業の販売姿勢によるもの」と説明）
・3年ぶりの薬価全面改定、90%バルクライン方式
・昭和53年7月の本調査、53年5月・8月の特別調査、53年10月から55年9月までの6回にわたる経時調査の結果に基づく改定
・新薬価基準収載品目数は次のとおり

内用薬	注射薬	外用薬	歯科用薬剤	計
8,152	3,346	1,219	164	12,881

・収載は原則、銘柄別収載方式。公定書（日本薬局方医薬品および生物学的製剤基準）医薬品等は統一収載方式

統一品目	銘柄収載品目
1,005	11,876

・値上げ品目2188、値下げ品目8569、据え置き品目2124
・主な薬効分類別の改定率　◇抗生物質・内用−45.2%◇酵素製剤・内用−26.4%◇解毒剤・内用−24.6%◇酵素製剤・注射−32.4%◇抗生物質・注射−22.0%◇含そう剤・外用−23.8%◇漢方製剤・内用+11.7%◇抗結核剤・注射+44.4%
・昭和56年6月の診療報酬改定は+8.1%
・厚生大臣は90%バルクライン方式の欠点を解消するための方策を中医協に諮問し、翌57年9月に中医協は81%バルクライン方式を建議（**表4参照**）。次回58年の薬価改定は、81%バルクラインで実施された。

参考：昭和56年5月9日付 厚生省保険局長通知「薬価基準の全面改正等について」（保発第31号）
『社会保険旬報』No.1359（昭和56年5月11日号），p. 21

図表11　昭和の時代の薬価改定の経緯

改正年月日	改正区分	収載品目数	改定率		備考
			薬剤費ベース	医療費ベース	
昭和25.9.1		2,316			薬価基準制度制定（薬価調査は物価庁実施） ※診療報酬点数表の薬事料で「使用内用薬、使用注射薬及び使用外用薬の価格は厚生大臣の定める基準に基づき都道府県知事が定める」と規定
26.1.1	部分	(220)			一部品目の薬価改定
26.5.1	部分	(81)			一部品目の薬価改定
27.2.1	部分	(21)			一部品目の薬価改定
26.8.1	全面	2,316			80%バルクラインで算定
27.5.1	全面	2,152			
27.11.1	部分	(213)			一部品目の薬価改定
28.8.1	全面	2,272	▲3%程度		80%バルクライン方式から90%バルクライン方式
29.1.1	部分	(277)			一部品目の部分改定
29.5.1	全面	2,634			
29.9.1	部分	(229)			一部品目の部分改定
30.9.1	全面	2,921			「購入価格は、厚生大臣が定む」：知事裁量制の廃止、厚生大臣が定める薬価基準となる
31.2.1	部分	(45)			一部品目の部分改定
31.9.1	全面	3,240	▲3%		90%バルクライン方式
32.4.1	部分	(64)			一部品目の部分改定
33.4.1	全面	4,143	▲2%		90%バルクライン方式
33.10.1	全面	34,160			新薬価基準制定（新診療報酬点数表の実施に伴う形式的改定告示）、点数表改定で「使用薬剤の購入価格は別に厚生大臣が定める」と規定 ※統一名表示方式採用
34.3.1	全面	4,124			薬価の地域差廃止
34.10.1	部分	(216)			一部品目の部分改定
35.6.1	全面	4,002	▲1%	－	90%バルクライン価格を基礎に薬価基準を算定
36.1.1	部分	(256)			一部品目の部分改定
36.12.1	部分	(334)			一部品目の部分改定
38.10.1	部分	(13)			抗結核薬の薬価改定
40.11.1	全面	5,423	▲11.0%	▲4.5%	医療費ベース4.5%（3%分を診療報酬に振替）
42.10.1	全面	6,831	▲10.2%	▲4.1%	90%バルクライン方式、統一限定列記方式採用
44.1.1	全面	6,874	▲5.6%	▲2.4%	90%バルクライン方式
45.8.1	全面	7,176	▲3.0%	▲1.3%	配合剤等は銘柄収載、局方品等は統一収載、その他は統一限定列記収載 90%バルクライン方式
47.2.1	全面	7,236	▲3.9%	▲1.7%	90%バルクライン方式 収載方法：銘柄収載、統一収載、統一限定列記収載－３方式
49.2.1	全面	7,119	▲3.4%	▲1.5%	配合剤等は銘柄名、局方品・生物学製剤は統一名、その他は統一限定列記方式 90%バルクライン方式
49.7.1	部分	(258)			一部品目の薬価改定
50.1.1	全面	6,891	▲1.55%	▲0.4%	90%バルクライン方式、統一限定列記収載方式
53.2.1	全面	13,654	▲5.8%	▲2.0%	銘柄別収載 90%バルクライン方式
56.6.1	全面	12,881	▲18.6%	▲6.1%	90%バルクライン方式
58.1.1	部分	16,100 (3,076)	▲4.9%	▲1.5%	※中医協答申による新薬価算定方式適用、81%バルクライン方式
59.3.1	全面	13,471	▲16.6%	▲5.1%	
60.3.1	部分	14,946 (5,385)	▲6.0%	▲1.9%	※バラツキの大きい品目81%バルクライン方式、バラツキの小さい品目90%バルクライン方式
61.4.1	部分	15,166 (6,587)	▲5.1%	▲1.5%	
63.4.1	全面	13,636	▲10.2%	▲2.9%	※バラツキが大きい品目は81%バルクライン方式、バラツキが小さい品目90%、一部加重平均値を指標として修正（修正バルクライン方式）

（注）部分改正における収載品目数欄の（　）内の数値は改正対象品目数を表す
参考：中医協薬価専門部会資料（平成30年10月31日）
　　　続・薬価基準総覧（日本製薬団体連合会保険薬価研究会）

製薬協が中心になって弁護団をつくったのです。かつて、日弁連の会長をした石井成一先生、独禁法で有名な川越憲治先生、同じく藤堂裕先生など、5〜6名の先生方と業界のワーキンググループで対策を講じました。

18・6％の薬価「大幅引下げ」と言っても、実勢価格はそれ以下だったのだから、実際のところはどうってことなかったんだ（笑）というのが私の当時の印象です。

もうこの当時から、「90％バルクラインはおかしい」と皆、思っていましたね。翌1982年の中医協答申（**図表13**）で、90％バルクラインの問題点を是正するために81％バルクラインの導入を決めたわけですが。

「総価山買い」を止めてもらいたいと業界団体は主張していて、「価格の尊厳」なんていう虚しい言葉を聞いた覚えがあります。私は「総価山買いなんて、買い手からすると当たり前のことだよな」と思っていましたが。

この被疑事案の一番の成果は、1984（昭和59）年に医療用医薬品製造業公正取引協議会（公取協）ができて、公正競争規約[1]を策定したことだと考えています。

B 1981年当時、私は入社して間もない時期のプロパーでした。18・6％引下げのインパクトは、私のいた現場では相当なものでしたね。当時、プロパーとして売り込まなければいけない製品、特に競争が激しいものについては、大きな値引きを得意先から求められました。しかし、状況が変わり、社内の上層部は「価格を維持しろ」と私たちに指示してきたので、その狭間で悩みましたね。

C あの改定では、抗生剤の内服薬の薬価は40〜50％くらい下がっていたので、営業現場への影響は絶大だったと思われます。

B そうですね。薬価がこんなに下がる経験は初めてで、どうしたらいいのだろうと悩んだことを覚えています。

営業ツール「召し上げ」改革に「昔はよかった」

——私は1981（昭和56）年の4月に、第一製薬（現第一三共）でプロパーからプロダクトマネージャー（プロマネ）になっていました。自分がいたフロアに医薬業務部があり、岡田俊明さん（故人）が業界団体担当をしておられた。当該事案では業界委員会の中堅どころのメンバーでした。同じフロアにいて、あの頃、岡田さんのデスク周りが慌しかったのをよく覚えていますね。

C 私がプロパーをしていた頃の記憶ですが、開業医担当のプロパーは、営業ツールとして、いわゆる

図表12　昭和56年〜58年の製薬協独占禁止法被疑事案

<事実の概要>

○昭和56年の薬価改定が大幅な引下げとなる状況下で、製薬協は昭和56年１月30日、流通委員会の下に特別研究会を設置。特別研究会は３月19日の正副委員長会において、“次回の薬価基準改正は18％台の引下げ率になると予測され、これが実施された場合、医療機関からは従来どおり納入価格の引下げ（スライドダウン）を要求され、これに応ずることとなれば、医療用医薬品製造業者の売上高および利益は激減し、赤字経営に転落する”として、“スライドダウンを行わず現行納入価格水準を維持するよう努力する等の対応策が必要である”と報告した。

○製薬協はこの報告にもとづき、昭和56年４月27日付で会員各社に対し、次の内容を通知した。

①医療機関からのスライドダウン要求には応じないこと。

②薬価差を適正な幅に収めて販売し、薬価基準価格の引下げを防止すること。

③納入価格のばらつき幅の縮小を図ること。

④各社は各事項について社内体制を強化し、慎重かつ決意をもって対応すること。

○製薬協は、厚生省に“国公立医療機関に対し新薬価基準価格との乖離を助長するような購入姿勢の是正等について理解と協力が得られるよう指導すること”を求める要望書を、昭和56年５月６日に提出した。

○前記と並行して、製薬協流通委員会の正副委員長等は、日本医薬品卸業連合会（卸連）の代表者と合同会議を開催し、製薬協と卸連は協調して薬価基準の改定に対応していくこととした。製薬協の実務幹事会は、合同会議の結果を、①納入価格のばらつき幅を縮小する②自損（卸売業者が製造業者の承認する価格を割って納入すること）および仮納入（納入価格が未定のまま医療機関に納入すること）を行わない――等を内容とする「日本卸連合会との懇談事項」と題する文書をまとめ、「取扱注意」として正副会長等に配布（昭和56年５月６日）。

○製薬協は、合同会議の内容を公表できる形にまとめた『日本医薬品卸業連合会と製薬協流通委との懇談事項』を、昭和56年５月20日付で会員各社に通知し、これを社内で徹底するよう求めた。

昭和56年６月１日　薬価改定−18.6%実施

○製薬協は、その後の種々の会合で、会員の医療機関との価格交渉に関する情報交換や意見交換を行うとともに、前記対応策から逸脱する行為をした会員には、その行為の是正を求める等、会員間の結束を図った。

<公取委が命じた措置>

○公取委は、独禁法第２条第２項に規定される事業者団体である製薬協が「医療用医薬品について、価格決定に係る会員の自由な事業活動を抑制することにより、構成事業者の機能又は活動を不当に制限」したとして、これは独禁法第８条第１項第４号の規定に違反するとした。

○公取委は昭和58年６月６日、次の排除措置を製薬協に勧告した。審決は６月30日。

①製薬協は、昭和56年の薬価基準の改定への対応について会員間の結束を図るため同年４月27日以降にとった一連の措置をとりやめること。今後、医療用医薬品について、薬価基準の改定に伴う対応策をとりまとめ、これについて会員間の結束を図ることにより、価格決定に係る会員の自由な事業活動を抑制しないこと。

②製薬協は、昭和56年５月６日付「日本卸連合会との懇談事項」および同月20日付「日本医薬品卸業連合会と製薬協流通委との懇談事項」を撤回すること。

③製薬協は、独禁法に違反する行為を繰り返さぬよう、流通委員会の組織および運営について改善の措置を速やかに講ずること。

参考：公正取引委員会『公正取引委員会年次報告　昭和58年度』

キャッシュバック的なことをしていましたね。私自身は病院担当だったので、詳しいことは知りませんが。

開業医担当のプロパーと一緒に会議をすると、病院担当にはわからない用語が耳に入ってくるのです。それも、昭和50年代半ばには中止になりました。また、サンプルも中止になった。

それでさらに公取委の立ち入り検査があったものですから、「昔の人はよい営業ツールをたくさんもっていたのに、若い人になるほど営業ツールはどんどん召し上げられて、これからどうやって企画をして、売っていったらいいんだ」といった印象を、本件で受けました。

B　その感覚、よくわかります。昭和50年代前半に私が医薬品の営業を始めた頃はまだ、いろいろな販促の手段がありました。私の先輩達には、さらによい営業ツールがあったのです。「昔はよかったんだぞ」と当時よく先輩から言われましたね。

――そうでしたね。1981（昭和56）年の独禁法被疑事案の後、製薬業界は生き抜くために、業界活動としても、個別企業としても、急テンポでいろいろなことに取り組んできました。

当時、厚生省はまず1980（昭和55）年に「医薬品流通対策研究会」を立ち上げました。同研究会の報告書を受けて1982（昭和57）年10月に基本方針（図表14）を示し、1983（昭和58）年3月に医薬品流通近代化協議会（流近協）を設立しました。

流近協は、1997（平成9）年8月に厚生省の組織再編により廃止されたものの、2004（平成16）年からの「医療用医薬品の流通の改善に関する懇談会」に受け継がれていきます。こういった場で流通当事者の皆さんが意見交換をして、それぞれの立場から改善に取り組むなかで、メーカーサイドでは今につながる大きな成果がありました。そのひとつが、さきほどAさんが指摘された、公取協のスタートです。

A　当時、医薬品の流通は「非近代的」と言われていましたが、「そんなことはない」というのが私の認識です。ひとつの例を申し上げますと、T―NETやJD―NETといったデータ交換システム。卸の納入データをメーカーに報告するシステムが昔からありました。医薬品は、薬害事件が起きたときのためにも、卸がどこに何を納入したかをメーカーが知っておく必要があるためです。また、メーカーの販促ツールという面もありました。

これに関して、製薬協の「統一取引コード小委員会」という委員会が、統一取引コード（商品コード）をつくりました[2]。彼らは、難しく考えずに、すごいことを大胆にやってしまうのですね。今日の日本の医薬品のバーコードをみると、最初のナンバーの「49」は日本、次にくるのは「87」で、医薬品ということです。この「87」を、統一取引コード小委員会が無邪気に決めてしまったのですね。すべての日本の製薬メーカーの商品が「4987」の後に続くことになる。そういう大きなことを、業界団体の委員会がさっと決めたことで、当時の電電公社の方からは驚かれたのを覚えています。「製薬業界ってそんなに進んでいるのですか」と。

医薬品の流通は、メーカー、卸、ユーザーという流れがあり、実は流通経路としては一番シンプルです。非近代的なものは何もなかったと思います。取引慣習などのソフトの面では非近代的な面がありましたが。

銘柄別収載方式になり値引補償メーカーが納入価格を把握する

――独禁法被疑事案の後、医薬品業界がさまざまな取組を進めて変わっていくなかで、公取協のような新しい組織もできて、その一方で結果的に、値引補償制が

図表13　薬価算定方式等に関する中央社会保険医療協議会の答申
（昭和57年９月18日　圓城寺二郎会長より森下元晴厚生大臣宛）

昭和56年９月26日厚生大臣より意見を求められた薬価算定方式等の検討について、本協議会の意見は下記のとおりである。なお、医薬品については、現在の薬価基準制度の下において、薬価基準と極端に乖離した価格での販売・購入、価格の大幅なばらつき等その流通、販売に相当混乱が見られ、その改善が薬価問題の適正化を図るうえで不可欠である。このため、今回の答申に盛られた薬価基準制度の改善と併せて、行政庁、関係者により医薬品流通の適正化のため一層の努力が行われるよう強く望む処である。

第１．薬価算定のあり方の基本は、市場において形成された実勢価格が薬価基準に迅速、適切に反映されることにあり、そのためには次の点が基本的に重要である。
⑴薬価調査を厳正に行い、市場における実勢価格を的確に把握する。
⑵現行90％バルクライン方式には、販売面での対応が行われ易く、価格がばらつく傾向をもつという欠点があるため、この点は是正するとともに、医薬品の市場状況に応じた算定方式とする。
⑶実勢価格を薬価基準に迅速に反映させる。このため、薬価基準の改定は、毎年１回行うこととし、薬価基準と実勢価格との乖離の大きい品目、分野を中心に改定を行う。また、薬価基準全体の見直しを少なくとも３年に１回行う。
⑷薬価算定方式及び薬価調査方法については、今後の推移等によっては更に必要な改善を図ってゆくこととする。

第２．第１の基本的な考え方に基づき、薬価算定方式については、医薬品の市場状況に応じて類型化し、当面、次の方式による。
⑴毎年の改定は、薬価基準価格と全包装による加重平均値との乖離の大きい品目、分野を中心に、次により行う。
①取引件数の多い品目については、高価格の数量部10％をカットオフのうえ現行方式により算定する（編集部注：81％バルクライン方式の導入）。ただし、価格のばらつきの小さいものについては、10％カットオフを適用せず算定する。
②取引件数の少ない品目については、同種同効品の改定率を用いて算定するが、必要に応じ、加重平均値等を参考として個別に調整を行う。
③採算割れの品目等で医療上欠くことのできないものについては、安定供給の確保の観点から必要な調整を行う。
④相場品目については、直近の相当期間の市場相場価格の動向をもとに改定する。
⑤その他
ア．薬価基準価格と加重平均値との乖離の小さい品目については、販売数量など取引条件の相違等から生ずる価格差等を考慮し、所要の措置を講ずる。
イ．基準包装に係るいわゆる２倍の法則については、これを廃止し、全包装の薬価を反映させる考え方で早急に検討すべきである。これに併せて、小包装の供給を確保する方策を講ずる。
⑵全体の見直しは、⑴①から⑤までの算定方式によるほか、薬価基準全体のバランスからみて必要な調整を行う。また、医療上の必要性、使用状況等について見直しを行う。

第３．薬価調査については、調査体制の充実、調査方薬の改善等を図り、常時実勢価格の的確な把握に努める。
⑴常時調査が可能なように調査体制の充実を図る。
⑵調査の1月間完全実施、調査客体からのトンネル卸の排除などを行い、実勢価格の適正な把握に努めるとともに、迅速な調査の実施を図る。

第４．新医薬品の薬価算定については、「新医薬品の薬価算定に関する懇談会報告」（昭和57年７月８日）に基づき、適正に行う。

第５．医療用医薬品の流通については、「医薬品流通対策研究会報告」（昭和57年６月７日）をふまえ、今後より一層の改善に努める。

スタートしています。そして値引補償制は、平成になって新仕切価制に替わっていくわけですね。

A　私の記憶では、昭和56年の独禁法被疑事案以降、営業の手法としては臨床試用医薬品の提供と値引補償の両方がありましたね。メーカーとしては、90％バルクラインでもその後の新仕切価制でも、薬価改定は非常に重要であり、そのために個々の取引の内容を把握しなければいけないという気持ちが強かったですよね。先ほどのＪＤ－ＮＥＴのように合法的に取引を把握する手法もさまざまに出てきました。

そのなかで、各医療機関の個別納入価格の設定については、独禁法被疑事案以前はプロパーが直接、関与していたわけです。納入価が仕切価割れしているところは、事後、卸の損失をメーカーが個別に補償する。そういう値引補償制をやってきたわけですが、その発端は何だったのでしょうね。

C　あくまでも推測ですが、値引補償制の発端は、１９７８（昭和53）年の薬価改定で銘柄別収載が始まったことにある

図表14　昭和57年10月25日厚生省薬務局「医療用医薬品流通の改善に関する基本方針」

第１　趣旨

１．医療用医薬品の流通問題については、厚生省薬務局長の私的諮問機関である「医薬品流通対策研究会」においてその改善方策に関し報告がとりまとめられ、また、中央社会保険医療協議会においてもその適正化のため一層の努力を行うよう指摘されたところである。

厚生省としては、こうした報告や指摘を十分に踏まえ、医療用医薬品の有効性及び安全性並びに安定供給を確保するとともに、流通面における効率性の向上等により医療費における国民負担の軽減に資する観点から、今後、次のような基本方針の下に医療用医薬品流通の改善に取り組むこととした。

(1)医療用医薬品の特性に即した流通を確保するために、流通当事者間における流通活動の高度化・効率化を促進する。

(2)自由かつ公正な競争に基づく流通を確保するために、流通当事者間の取引条件の改善を進めるとともに、競争ルールの確立を図る。

(3)医療用医薬品流通に大きく関連している医薬品産業の在り方について検討を進める。

(4)薬価基準制度等が医療用医薬品流通に強い影響を与えていること及び医療機関経営の在り方が医療用医薬品の価格形成等に大きく影響しているとされていることにかんがみ、これらについて検討を進める。

２．医療用医薬品流通の改善を進めるに当たっては、流通当事者が社会的責任に対する十分な自覚と相互の理解及び協力の下に地道な努力を積み重ねていくことを基本とすべきであり、行政はそうした改善努力を側面から支え、環境づくりを進める形で各施策を講じていくこととする。

また、医療用医薬品流通にみられる状況は種々の要因の下で永年にわたって形成されたものであることから、こうした事情を十分に勘案し、当面３年を目途に検討を進めつつ、具体的な実施が可能となったものから漸進的かつ着実に適切な措置を講じていくこととする。

第２　今後の施策

１．医薬品流通近代化協議会の設置

「医薬品流通近代化協議会」の設置に早急に着手し、各流通当事者間におけるモデル契約書の策定等取引条件の改善に関する基本的かつ共通的な事項、流通活動のシステム化等について、当面、製造業者及び卸売業者を中心にその協力を得ながら検討を進める。

２．条件整備のための各施策の推進

(1)流通活動における品質管理等に関する基本的な指導基準を策定する。

(2)流通活動のシステム化等に対して助成を行う。

(3)医薬品取引の在り方について関係省庁と連絡を取りつつ検討を進め、競争ルールの確立を促進するための施策を講ずる。

(4)医薬品に対する統計の整備、製造及び輸入承認件数の公表等市場情報の整備を進める。

(5)薬務局に設置した「医薬品産業政策懇談会」において医薬品産業に関する産業政策の在り方について検討を進める。

(6)流通に関する制度等の問題について改善を進める観点から、今般の中央社会保険医療協議会の答申に基づき薬価基準の改正を行うとともに、医薬分業の促進のための条件整備及び診療報酬における医療用医薬品と医療機関経営の在り方との関連について検討を進める。

３．製造業者及び卸売業者における取組に対する支援

製造業者及び卸売業者並びにこれらの事業者団体に対し、流通ビジョン及び公正競争規約の策定等流通活動の改善へ向けての自主的な取組を要請するとともに、こうした取組を積極的に支援していくこととする。

のではないでしょうか。それ以前は統一限定列記収載方式で、同一成分同一規格であれば、先発品・後発品の区別なく薬価調査で挙がってきた市場実勢価を一列に並べて90％バルクライン値で薬価改定されていたのですが、銘柄別収載になると、銘柄別の実勢価の管理と競合品に対抗するための価格対応が非常に重要だということで、値引補償を進めていったのではないかと思われます。

A　医薬品の販促手段として、その昔、「添付販売」がありましたが、１９７０（昭和45）年に中医協で添付禁止を決めたんですよね。その後、添付販売に変わって「サンプル」が出てきた。サンプルも姿形を変えて、「臨床試用医薬品」という名前になりました[3]。名前は変わるものの、実態は続いていくのですね。

　臨床試用医薬品の提供に厳しい制約を課したのは、公取協でした。いずれにしろ、そういったものが使いにくくなって、値引補償が主要なやり方になったのではないでしょうか。

——値引補償では、個別の製品ごと、個別の医療機関ごとに、さまざまな補償が発生するわけだから、メーカーは納入価格をしっかり知っておかなければいけないわけですよね。

B　医師にとっては、臨床試用医薬品をもらうのも、値引補償でも、実はそんなに変わらなかったんですよね。当時は臨床試用医薬品の保険請求ができましたから。一方で、メーカーの営業現場としてみると、臨床試用医薬品の方が、経費としては値引補償の半分以下の影響ですむのです。

　だから臨床試用医薬品を使いたいという思いがあったのですが、数が限られていたので、どの医療機関に重点的に配分しようか、悩んだ記憶があります。

C　値引補償についても、他の会社のことは知りませんが、うちの会社では製品をA品目、B品目、C品目と3つくらいに分けて、値引補償のターゲットを決めていました。

——外資系企業は、かつては主だった国内企業と提携していたのですが、自立して国内企業から離れるようになり、昭和50年代後半に医薬品流通が公取委がらみの話になってから、外資系企業の日本法人の方々が活発に意見を言われるようになって、国内企業とはかなり感覚の異なる発言もされていましたね。

C　MOSS協議で正式に、薬価制度改革をやるときには外資系団体からも意見を聞かなければいけないということが決められましたからね。

A　私の見えていた範囲では、外資系企業のなかで日本の事情にいろいろな意味で一番熱心に参画していたのはファイザーです。最初に国内法人（台糖ファイザー株式会社、１９５５（昭和30）年設立）

をつくりましたしね。

C　当時、私は業界団体の委員会活動で実務を担当していましたが、MOSS協議以降は製薬協でも外国の製薬団体と定期的に協議をしていました。厚生省の経済課長他と、製薬協、米国研究製薬工業協会等で集まって、ガス抜きの場ともなった会を開いていました。途中からそこにEBC（欧州ビジネス協議会）が加わりました。いまでいうEFPIA（欧州製薬団体連合会）です。

流通改善が進み世代間にギャップ力をつけた卸が契約内容を適正化

――公取協が1984（昭和59）年にできた後の、昭和の最後から平成の時代に入った頃のメーカー・医療機関間、あるいはメーカー・卸間の取引について話を進めたいと思います。流通改善やルール変更などに関して、深く記憶されているものがありますか。

A　公取協が始まったのは1984（昭和59）年で、〝添付華やかなる頃〟はその10年ちょっと前ですね。まさに隔世の感がありました。私の先輩の世代は、添付販売でいわゆる〝切った張った〟の時代を生き抜いてきたわけです。私より若い世代は、添付販売などなくなった時代に仕事を始めました。

公取協ができて、さまざまな業界の努力も進められるなか、上の世代には「とにかくやりにくい世の中になった」という気持ちがあったかもしれません。他方、下の世代には、「10年前っていったい何をやっていたんだ」という、大きな意識のギャップがあったと思います。公取協がスタートした後、社内で話が通じやすいのは若手のほうでした。

B　私がいた会社は、戦後長い間、1県1卸という仕組みをとってきました。他に取引をさせないわけではないけれど、都道府県ごとにメインの卸を決めていたということです。ところが、そういうことでは収まらない時代がやってきたのでしたね。都道府県制というものがあれよあれよという間に崩れたのが、ちょうどこの時期だったと思います。ひとつの時代の転換期だったのでしょう。

――外資系企業にもどんどん独立機運が出てきて、水面下でいろいろな話があったときでしたね。

C　私は1989（平成元）年に特約店（医薬品卸）の担当者になりました。そこで医薬品卸の当時の売上高総利益率「12％」と聞いたときには、「ものを運ぶだけでなぜそんなに！」と思いましたね。卸の売上高や、機能が急拡大する時期と、うちの会社のインストアシェアが下がって凋落する時期が一致して、大変な苦労をしました。

また、当時、うちのグループの関係会社が担当していた卸さんと新たな契約取引を開始するときに、私も一緒に行きましたが、信用取引を始めるときだったので、当然、関係会社は「根抵当権を設定します」と申し出ました。そうしたら、医薬品卸の方から、私に「あの会社はなんだ、うちを信用しないのか」なんて言われ、両社の間に入って調整した記憶があります。

医薬品卸の勢いが増していた頃で、メーカーとの契約内容を適正化しようとしていたのですね。特約店担当者として、それに応えるのに本当にものすごく苦労した覚えがあります。

B 医薬品卸が経営基盤強化に向け本当に必死だったのは、平成2～3年頃だと思いますね。社内の福利厚生を整えたいということで、担当者が全製薬メーカーに福利厚生の状況を聞いて回ったことがありました。当時から、その先の上場に向かって、システム化などに取り組まれていたのではないでしょうか。今では卸は超一流企業ですね。

――合併もそうですが、卸の株式上場に向けたさまざまな内部努力について、なにかご記憶にあることはありますか。

A 1975（昭和50）年前後のことですが、私が担当していた卸さんはその頃から上場を考えていたようで、決算はすべて上場会社の基準に合致するやり方で行われていました。上場への動きがもしかしたら一番早かったのかもしれません。

C そういえば、下世話な話ですが、プロパーだったころ、月末になって自分の営業数字が足りないときに、卸さんに駆け込んで、伝票を切ってもらったことがありました。1日発注のものを前月の31日にしてもらうなんてことが、かつての卸さんではできましたからね。

――そうでしたね。

さて、ここで前半を終わりにしまして、後半では1991（平成3）年に仕切価制に移行し、1992（平成4）年に加重平均値価格一定幅方式が導入された頃のお話からうかがっていきたいと思います。

【編注】

1 **公正競争規約**：正式には製薬企業を対象にした「医療用医薬品製造販売業における景品類の提供の制限に関する公正競争規約」（2005（平成17）年3月に販売業を追加）と、医薬品卸企業が対象の「医療用医薬品卸売業における景品類の提供の制限に関する公正競争規約」があり、製薬企業の公正競争規約は、医療用医薬品製造販売業公正取引協議会（公取協）、卸企業は医療用医薬品卸売業公正取引協議会（卸公取協）で自主的に運営されている。

公取協の公正競争規約は1984（昭和59）年3月10日、卸公取協の公正競争規約は同年12月22日に公正取引委員会から「不当景品類及び不当表示防止法」の認定要件に適合すると認められ、これまで数度にわたって改正されている。

公正競争規約はいずれも、「景品類の提供の制限を実施することにより、不当な顧客の誘引を防止し、公正な競争秩序を確保する」ことを目的として制定された。公正競争規約では、製薬メーカー、医薬品卸が医療機関・薬局に対する「景品類」の提供を制限し、医療用医薬品の取引に付随して提供する物品、金銭、その他経済上の利益の提供を制限しているが、「医療用医薬品に関する医学・薬学的情報その他自社の医療用医薬品に関する資料、説明用資材等の提供」「試用医薬品の提供」は制限の対象外。

公正競争規約に違反した場合として、違約金又は除名処分等の罰則規定も設けている。

2　統一商品コード：統一商品コードは、医療用医薬品のメーカー名、販売包装単位等を示す9桁のコード番号で、医療用医薬品には必ず設定されている。メーカーコードは数字3桁、包装別連番は5桁、元の番号の入力誤りなどを検出するためのチェックデジット１桁で構成される。

統一商品コードに、国番号（日本は49、45）と、医薬品業界番号（87）を付加すると世界共通の商品識別番号のＪＡＮコードになり、医療用医薬品は、「４９８７」の次に統一商品コードを加えた番号となる。

ちなみに、医薬品を品目で管理するため、統一名収載医薬品の個々品目に別々のコードを設定したのが、「ＹＪコード」。

3　添付販売、サンプル、臨床試用医薬品：１９６１（昭和36）年の国民皆保険体制の確立により医療用医薬品需要が増加したことを背景として、医療用医薬品の販売競争が激化し、医療機関に対し、海外旅行の招待など不当な景品類の提供が行われた。このため厚生省薬務局は１９６８（昭和43）年３月、日本製薬団体連合会、日本医薬品卸業連合会に対して、過大な医薬品の添付及び景品類等の提供は行わないことを要請した。また、中央社会保険医療協議会は、１９７０（昭和45）年12月、「添付が行われている医薬品については、薬価基準から削除すべきである」と決定し、医薬品添付が行われている事実が判明した場合は薬価基準から削除することになった。これに併せて、厚生省は１９７１（昭和46）年２月、医療用医薬品販売等適正化推進本部を設置して、都道府県を通じて随時、医薬品の製造業者、輸入販売業者及び卸売業者から、医薬品の販売の情況について聴取し、必要があると認めるときは実地調査を行うことになった。

また、公正競争規約では、医療担当者が当該医療用医薬品の使用に先立って、品質、有効性、安全性、製剤的特性等について確認、評価するために臨床使用することを目的とする「臨床試用（サンプル）医薬品」の提供を制限対象外としているが、サンプル医薬品の保険請求が行われていた事例があったことから、中医協は１９９２（平成４）年２月、「７月１日付から臨床試用（サンプル）医薬品の保険請求不可」とすることを了承した。

インタビュー　薬価制度改革のエポックを辿る⑦

製薬企業の担当者として、現場で向き合った流通改善の取組と課題（下）

――1991（平成3）年からの新仕切価制とR幅の縮小、メーカーの流通対策

製薬メーカーOBの証言

薬価制度の重要な課題のひとつである医薬品の流通改善について、実際に現場で対応を行ってきた製薬メーカーOB3氏にインタビューした。昭和から平成にかけて流通の変化がどのような背景のもとで生じ、現場の担当者はそれにどう対応してきたかを明らかにする。

「上」では、過去最大の引下げ幅の薬価改定となった1981（昭和56）年改定が取引現場に与えたインパクトの大きさや、現場での戸惑いについて話してもらった。1981年薬価改定への対応を協議した製薬協と卸連が独占禁止法違反を疑われる事案が生じたことを契機に、製薬メーカーと卸業はそれぞれ公正取引協議会を設立し、医薬品取引の慣行が変化していった。

「下」では、平成3年にメーカー各社が値引補償制から新仕切価制に移行し、薬価改定方式もバルクラインから加重平均値一定価格幅方式に変更された時期の、取引現場の大混乱の様子などから質問を始める。

R幅が15%から2%にまで縮小してきた経緯を振り返りつつ、今まさに実施されている流通改善の取り組みまでを眺め、今日の課題として、医薬品を安定的に供給するための流通経費についてどう考えるべきかも聞いた。

2 新仕切価制と流通改善

新仕切価制に移行し大混乱
現場取引はすぐには変わらず

――さて、1991（平成3）年にメーカー各社が新仕切価制に移行して、1992（平成4）年に薬価改定ルールがバルクライン方式から加重平均値一定価格幅方式に変わりました（図表15）。一定幅は、日薬連が主張した「20％」とはなりませんでしたが、当初は15％で、順次、5年間かけて縮まってきました。流通慣行に影響を及ぼす大きな制度変更の時代でしたね。

B あの頃、私も特約店担当として、値引補償から新仕切価制への移行を現場で経験しました。作業が多くて、眠れない日が続きました。

それまで、特約店担当者の仕事としては、販促よりもむしろ（債権の）回収のほうが重かった。回収サイトを縮めることも課題でした。今は振込で全額回収できるのですが、当時は、特約店から全部手形を回収してくるのです。毎月、その月の請求金額から回収ロジックをつくっていって、卸

図表15　医薬品流通近代化協議会の取組の経緯

●は流近協の動き、○は関連する動き

	流近協および薬価制度関連の動き
昭和58年３月	●医薬品流通近代化協議会（流近協）設置：厚生省薬務局長（当時）が設置
昭和59年６月	○「医療用医薬品製造販売業公正取引協議会」（公取協）設立：７月「公正競争規約」施行
昭和60年３月	○「医療用医薬品卸売業公正取引協議会」設立：４月「公正競争規約」施行
昭和62年７月	●医薬品卸と医療機関・薬局とのモデル契約書のあり方で中間報告
昭和62年９月	●「医療用医薬品流通の近代化に関する報告書」：医療用医薬品の取引条件、流通の改善方策について、取引当事者間のモデル契約の策定と流通活動のシステム化の推進を提言
平成２年６月	●「医療用医薬品の流通の近代化と薬価について」：値引補償制の廃止のほか、①現行のバルクライン方式を改め加重平均値を基本とする薬価算定方式への切替え②薬価差が一定幅に収まっている医薬品の薬価引下げを行わない③薬価差の一定幅は当面20％として段階的に引下げ、最終的には10％とする－等を提言
平成３年１月	○公正取引委員会が独占禁止法ガイドライン案を公表
４月	○製薬メーカー大手６社が新仕切価制へ移行、その後各社の移行が続く
５月	○中医協建議（加重平均値一定価格幅方式への変更）
10月	○製薬メーカー各社が完全仕切価制への移行開始
平成４年２月	●「医療用医薬品の流通近代化の促進について」：「不適切な取引慣行の是正」「モデル契約書の促進」など流通改善の徹底促す
４月	○薬価改定（R15）
平成５年６月	○医薬品卸売業将来ビジョン検討部会「医薬品卸業将来ビジョン」：健康増進や在宅医療支援などを含む広い意味の保健医療サービス分野への参入等を提言
平成６年２月	●「次期診療報酬改定及び薬価改定に向けて」（メッセージ）：次期薬価改定にあたって、流通近代化の着実な推進を図るため、同時に実施される診療報酬改定において医療機関の経営安定が図られるよう十分な配慮が行われることを強く望む
４月	○薬価改定（R13）
平成７年２月	●「医療用医薬品の流通近代化の推進について」：各流通当事者の具体的な留意事項等を改めて確認→表7参照
平成８年２月	●「次期診療報酬改定及び薬価改定に向けて」（メッセージ）：薬価改正により生み出された財源については、薬価差縮小という流通改善の趣旨に沿う形で明示的に診療報酬の改定にあてられることが重要
４月	○薬価改定（R11）
平成９年４月	○薬価改定（R10　一部R８）：消費税率引上げに伴う改定
８月	●流近協の廃止：厚生省の組織再編

参考：厚生労働省「医療用医薬品の流通改善に関する懇談会」第１回（平成16年6月25日）資料

さんと交渉して回収金額を確定するのです。その最大のものが請求総額から在庫を引いた金額の「落差払い」です。そこから月ごとに値引補償を入れなければいけないものについては、回収金額から除外したりするようなことをしていました。だから、値引補償がどれくらいあるかが結構、重要なことでしたね。

そのなかで、いきなり平成3年に本社から新仕切価制に移行すると言われたのです。本社がある程度決めたやり方が現場に伝えられ、「こういうかたちでやりなさい」と指示が来たわけです。

そう言われても、現場の取引実態はそのままなんです。何も変わっていない。その差をMRはどうしたらいいのか。混乱してました。

結局は、値引補償が続いたのです。そこで、「個別には値引しません。価格も拘束しません」ということにしました。ただ、仕切価と納入価の差については、把握できていたので総額については、卸にアローアンスで補償していたと記憶しています。

しかし、卸は、現場で個別に約束したものがちゃんと入っているか、個別明細を知りたいわけです。しかし、メーカーとしては個別明細を一切言うことができない。「言えない」「教えてくれ」というやり取りが、1年ほど続きました。卸は個別明細を絶対に出してほしいと言っていましたね。次の薬価改定までは、事後処理が大変でした。

——なるほど。社内で検討して、過去の値引補償での約束分も精査しながら、結果的に値引額が決まるじゃないですか。卸さんからすると、最終的に決まった額を、それぞれの医療機関ごとにきちんと開示してほしいという話ですか。

B　そうですね。それぞれの医薬品卸の支店やデポ単位で利益管理をして、最終的にはMSの評価にも関係していたようです。

うちが新仕切価制に移行したのが平成3年の5月か6月でしたが、会社からはまず、「前月の取引価格を維持しなさい」という命令がありました。ただ、継続した取引のなかで値引補償していたものがけっこうあったので、現場はどう対応していいのか困ってしまいました。

当時、医薬品卸は今ほど集約されていなくて、地方に分散していました。うちは、地方にもいっぱい取引卸がありました。新仕切価制に変わった後も、当然、値引を継続的にもらえるものだと思っている卸が多く残っていました。

新仕切価制に現場が本当に慣れたのは、2年後くらいだったのではないでしょうか。最初はもう大混乱でした。取引の実態と個別条件は、値引補償の時代のものがしばらく残っていたのです。

仕切価制に先行移行したメーカー内示を改定薬価が上回った

――江利川毅さんのインタビューで、新仕切価制への移行について、「エーザイ方式」と「萬有方式」のことが話題になりました。その言葉そのものは記事に出さなかったのですが。エーザイは、それまでの納入価を社内で調べて、実納入価に比較的近いところで仕切価を設定し、あまりアローアンスやリベートのほうには回さなかったのです。他方、萬有は実勢価とはかけ離れた高い仕切価を設定し、その後のリベートやアローアンスは不十分でした。

一方で、武田を筆頭とする〝ソフトランディンググループ〟は、先ほどBさんが話されたような現場のご苦労を勘案して、値引補償を完全には止めずに、半年か1年の猶予を設けて、緩やかに新仕切価制に着地しましょうということで進めました。しかし、公取委から「だらだらと値引補償を続けるのはよくない」という話があったのでしょうか、ソフトランディンググループも1991（平成3）年10月、一挙に新仕切価制に突入していったのでした。

図表16　「医療用医薬品の流通近代化の推進について」平成７年２月22日 医薬品流通近代化協議会

医療用医薬品の流通の近代化については、当協議会の平成２年６月の報告「医療用医薬品の流通の近代化と薬価について」において、その方向と具体的改善策を提示したところであるが、この間、値引補償の廃止等の取引慣行の改善や、薬価差の縮小、価格の不自然なばらつきの是正など、一定の成果が見られたところである。

流通近代化については、昨年４月の薬価改定を機に新たな段階を迎えたわけであるが、依然、未妥結・仮納入、総価山買いや過度のリベートによる対応等克服すべき問題もあり、また、メーカー、卸売業者、医療機関及び薬局（以下「医療機関等」という。）の各流通当事者の流通近代化や新しい薬価改定方式への理解について未だ不十分な点もあるように思われる。

平成２年６月の報告で示された流通近代化の方向は、⑴自由な競争の確保、⑵過大な薬価差の是正、⑶透明性・公平性の確保であったが、各流通当事者においては、改めて流通近代化の原点に立ち返ってその意義を再確認するとともに、医療を支える者としての相互の信頼関係を基礎として、流通の改善に取り組んでいくことが望まれる。

現在、流通近代化は真に定着するか否かの岐路に立っているといっても過言ではなく、当協議会においては、こうした現下の状況に鑑み、各流通当事者が特に留意すべき事項等について下記のとおりとりまとめることとした。各流通当事者においては、これらの趣旨を十分に理解し、流通近代化の一層の推進に取り組むことを期待する次第である。

１．メーカーについて

⑴ 仕切価格の設定に当たっては、市場の実勢等を十分勘案するとともに、マージンに占めるリベート（アローアンスを含む。）の割合の縮小が図られるよう、リベートを縮小し、仕切価格に反映させること。

⑵ リベートの支払基準を明確かつ透明なものとすること。

⑶ プロモーション活動の適正化を図るため、公正競争規約の徹底、遵守を推進するとともに、規約の整備、充実を図ること。

２．卸売業者について

⑴ 流通の一層の合理化、効率化に努めるとともに、価格交渉は適切な利益管理の下に主体性をもって行うこと。

⑵ 取引価格の未妥結・仮納入、総価山買い等の不適切な取引慣行を是正すること。

⑶ 医療機関等との取引条件の明確化のため、文書による契約の締結を進めること。

３．医療機関等について

⑴ 過度の薬価差要求、取引価格の未妥結のままの納入の要請、総価山買い等の不適切な取引慣行を是正すること。

⑵ 卸売業者との取引条件の明確化のため、文書による契約の締結を進めること。

４．診療報酬上の配慮

流通近代化の着実な推進を図るためには、各流通当事者の適切な取組みに加え、診療報酬改定において医療機関の経営安定が図られるよう十分な配慮が行われる必要がある。また、薬価改定により生み出された財源は、外部からみて明確な形で診療報酬の改定に充てられることも重要である。

B　エーザイと萬有の話は鮮明に覚えていますね。ソフトランディングのメーカーでも、値引補償「あり」と「なし」の品目に分けていて、当時の流通をやっていた方々は、理想に近いほうに歩み寄っていたのですよね。

　あるべき姿を追った結果、大被害を受けました。全メーカーが、「次の仕切価設定には、萬有方式を採用しよう」と考えたのではなかったでしょうか。

――江利川さんのお話ですと、真正直に仕切価を下げて設定したメーカーの製品の薬価が次回の改定で低くなってしまった。10月から新仕切価制に切り替える会社は9月まではまだ値引補償をしていて、「その9月の数字を薬価調査で捉えてしまって、薬価が低く出た」ということです。そこで、「薬価調査の関係で下がってしまっていた部分をすべて戻した」とうかがいました。

C　1992（平成4）年の内示から告示に至る作業に携わっていたので、改定率のことは明確に覚えています。先行して新仕切価制に移行したところの内示薬価の下げ率がかなり大きかったのです。先行して移行したところと、そうでないところとで、内示薬価の下げ率がかなり違うということが、我々の間で話題になっていました。

　内々の情報交換でそうした傾向が明らかになり、新仕切価制に先行移行した各メーカーが厚生省にクレームをつけに行っていたのだと思います。

　厚生省がそれを受けて調べたら、江利川さんが話したようなことだったので、告示段階では、先行移行していたところの改定薬価は、内示よりも若干上回ったと記憶しています。

A　当時、薬価研（日本製薬団体連合会・保険薬価研究会）で非公式の情報交換をしていましたから、わかりましたよね。

C　新仕切価制自体は、いつから始めなくてはいけないという強制的なものではありませんでした。平成元年から日米構造問題協議が始まり、平成2年に最終報告[1]が出されました。その間に独禁法の運用を強化するという方向性が明確にされていて、結局、医薬品メーカーは、「値引補償制はもたない、新仕切価制に移行するしかない」と判断した。

　ただ、強制的に「いついつからやりなさい」ということではなかったので、各メーカーが事情に合わせて、異なるタイミングと異なる濃度で個々に新仕切価制を始めたのです。改められた独禁政策にいち早く対応して新たな仕組みに先行的に移行したところが、薬価改定で大きな影響を受けるのはおかしいだろうと訴えた。

　厚生省も、言われてみればそのとおりなので、下がっていた部分を戻したということでしょう。

B　卸が、あれだけ混乱したなかで、メーカーが仕切価を盾に希望価格を言っても、卸のシステムで1万数千品目のすべての価格設定を変えて、全MSにそれを徹底するなんてことは難しかった。

メーカーだって、本当に混乱しました。当時、一次売差は8とか10の設定で、結構幅があったのです。それをさらに下げているわけですから。メーカーとしては、恐怖でした。仕切価を下げることは、市場実勢価を下げることとイコールだという印象を、そのときにもってしまいました。

3　R幅の縮小と薬の安定供給

R幅の数値は理論的には出しえない
上昇する流通経費をどうみるか

――1991（平成3）年に決まり翌年の4月から導入された加重平均値一定価格幅方式は、バルクラインよりいいとして、まさに「幅」があります。その後、R幅から調整幅に名称は変わりましたが、「2%」で今まで進んできました（図表17）。

2018（平成30）年4月に厚労省が出した「医療用医薬品の流通改善に向けて流通関係者が遵守すべきガイドライン」（図表18）は、これからの毎年改定を見据えて、メーカー＝卸間、卸＝医療機関間で、こんなことが大事ではないかということを言っているものです。今もガイドラインに基づいて流通改善の取り組みが進められているわけですが（図表19・20）、こういうものを見ていて、結局、問題点は、平成の初めの頃から30年経っても、本質的に変わっていない。いまだに横たわっている課題があるのではないかと思うのです。そういうことを踏まえて、R幅（調整幅）について、どう受け止めていらっしゃるかをお聞きします。

C　現行の2%になったのは、2000（平成12）年度の薬価制度改革からですね。10年の改革で通常品がR幅5%、長期収載品が2%になり、「2%でやっていけるのか」と言われたのですが、懸念された逆ザヤ等の問題は特段生じなかったのです。

2000年の薬価制度改革に至るまで、Rを「0」にしてしまおうか、せいぜい「1」かなどと、極めて厳し

図表17　平成3～14年度の医薬品卸売業の経営状況

（単位：%）

	3年度	4年度	5年度	6年度	7年度	8年度	9年度	10年度	11年度	12年度	13年度	14年度
売上高伸び率	7.4	7.9	3.1	4.9	3.1	3.1	▲3.1	1.1	3.1	2.6	4.1	3.8
売上総利益率	12.7	12.3	12.2	11.4	11.1	11.0	10.3	10.5	9.6	9.0	8.7	8.6
販売費及び一般管理費率	11.2	10.3	10.4	10.2	9.8	9.7	9.8	9.3	8.9	8.6	8.2	7.7
営業利益率	1.5	2.0	1.8	1.2	1.3	1.3	0.5	1.2	0.7	0.4	0.5	0.9
経常利益率	1.4	2.0	2.0	1.6	1.6	1.6	0.8	1.5	1.0	0.8	0.9	1.3
損益分岐点	88.7	84.2	84.5	87.1	86.2	85.8	92.5	86.4	89.7	91.5	90.0	86.1

（参考）R幅または調整幅		R15――→（R幅方式導入）――		R13――→ →		R11	R10 R8	R5――→ R2		調整幅2――（調整幅方式導入）		――→
薬価改定率		▲8.0		▲6.6		▲6.8	▲4.4	▲9.7		▲7.0		▲6.3
医薬分業率	12.8	14.1	15.8	18.1	20.3	22.5	26.0	30.5	34.8	39.5	44.5	48.8
本社数（年度末現在）	351社	331社	318社	305社	291社	277社	260社	232社	217社	180社	175社	154社

出典：厚生労働省　医療用医薬品の流通改善に関する懇談会（平成16年6月25日）資料

い議論がされていたのですが、政治も巻き込んで議論し、最後は政治決着で通常品、長期収載品の両方とも2%になりました。

　当初、「そんなんじゃやっていけない」と言われていたのですが、実際は苦しいながらもやっていけた。乖離率も2003（平成15）年度薬価調査では6・3%にまで縮まったのですが、2017（平成29）年度の調査結果では9・1%、そして2018（平成30）年4月に薬価改定があって、新薬価施行後半年に当たる9月取引分で薬価調査をして乖離率が7・2%となると、一定の調整幅の下で乖離水準はさまざまに変動してきていることになり、しかもどちらかというと拡大傾向にある。この状況下で、「R幅は理論的に何パーセントでなければいけないか」という議論は、もはや実態として意味をもたないのではないかという気がしています。とはいえ、市場価格に対して薬価から2%のバッファしか認めないというのは、供給サイドにとって厳しすぎるのは間違いないところでしょう。

A　私の実感として、「2」では少ない、「5」はあっていいと思います。

　ただ、全体の制度のなかで、R幅にどれほどの役割をもたせるかということがわからないのですね。2%になった2000（平成12）年当時は、そもそも薬剤市場全体も伸びていたのですが、2014（平成26）年頃から全く様相が変わって、C型肝炎を除くと薬剤の売上はほとんど伸びなくなりました[2]。2018年に実施された薬価制度抜本改革で、薬価が下がるルールばかりになったので、R幅については「もらえるならあったほうがいい」というのが製薬メーカーの本音でしょうね。

B　実は社内で試算してみたのですが、足元の新薬の数量シェアは全体の35%、長期収載品は25%、そして後発品は40%です。数量について新薬は微増、後発品は40%増くらいで、相当伸びている。逆に長期収載品は減っています。医薬品卸の倉庫の半分が後発品ということです。G1、G2ルール[3]に例を引くまでもなく、今後は、長期収載品にしても、加速度的に薬価が下がっていくので、ざっとみると、6割は後発品で、その量が今後、さらに増えていくことになるでしょう。

C　そのような状況で、医薬品を安定的に供給するための流通経費をどう考えるのでしょうか。最低薬価を抑えるとか、基礎的医薬品とか、いろいろな話があるのでしょうが。卸さんは「毛細血管型の流通網」といっていますが、最低薬価だと1箱約千円。千円の箱を、背広を着た人間が頻回配送しているのが現状でしょう。

　今後、働き方改革やベースアップなどで、トラック運転手、荷捌きやピッキングの人件費など、医薬

図表18　医療用医薬品の流通改善に向けて流通関係者が遵守すべきガイドライン（平成30年１月23日）「第１ 基本的考え方」

１　目的（略）

２　メーカーと卸売業者との関係において留意する事項

⑴仕切価交渉のあり方

○　一次売差マイナスの解消に向け、医薬品の価値に基づく早期妥結・単品単価契約を進めるため、卸売業者と保険医療機関・保険薬局との川下取引の妥結価格（市場実勢価）水準を踏まえた適切な一次仕切価の提示に基づく適切な最終原価を設定すること。

○　割戻し（リベート）については流通経費を考慮した卸機能の適切な評価、アローアンスのうち仕切価を修正するようなものについては仕切価への反映による整理を行うとともに、契約により運用基準を明確化すること。

⑵変動情報を含んだ新バーコード表示

○　医療安全（取り違え防止）、トレーサビリティ確保（回収等）、流通効率化、さらに偽造品流通防止の観点から、平成33年（2021年）４月より変動情報を含んだ新バーコード表示を必須化し取組を進めることとしているが、可能な限り流通量の多い製品から表示を前倒して進めることが望ましい。

３　卸売業者と保険医療機関・保険薬局との関係において留意する事項

⑴早期妥結と単品単価契約の推進

○　未妥結減算制度の趣旨を踏まえ、原則として全ての品目について単品単価契約とすることが望ましいが、少なくとも前年度より単品単価契約の割合を高めること。また、契約に当たっては、商品の受け渡しに関する覚書を利用する等により行うこと。

○　価格交渉の段階から個々の医薬品の価値を踏まえた交渉を進めること。

⑵頻繁な価格交渉の改善

○　頻繁な価格交渉は卸売業者の使命である安定供給に支障を来すとともに、購入側にも負担増となるため、期中で医薬品の価値に変動があるような場合を除き、未妥結減算制度の趣旨を踏まえ、交渉回数を増やさず安定供給などの本来業務に注力できる年間契約等のより長期の契約を基本とすることが望ましい。

⑶医薬品の価値を無視した過大な値引き交渉

○　取引条件等を考慮せずにベンチマークを用いた値引き交渉を行うなど、医薬品の価値を無視した過大な値引き交渉は、個々の医薬品の価値を反映した銘柄別の薬価収載を行う現行の薬価制度とは相容れない行為である。

○　この観点から、個々の医薬品の価値を無視した値引き交渉、医薬品の安定供給や卸売業者の経営に影響を及ぼすような流通コストを全く考慮しない値引き交渉を慎むこと。 なお、以上に示した医薬品の価値に基づいた納入価の設定については、仕切価の設定により影響を受けるものであることから、２⑴に示す 仕切価交渉と一体となった価格交渉を進めること。

４　流通当事者間で共通して留意する事項

⑴返品の扱い

○　品質の確保された医薬品の安定供給、不動在庫・廃棄コスト増による経営への影響、さらに偽造品流通防止の観点から、返品条件を流通当事者間で事前に取り決めるよう、流改懇の中間とりまとめ（平成16年）で提言された返品の取扱いを含むモデル契約書を参考に契約を締結すること。

⑵公正競争規約の遵守

○　不当景品類及び不当表示防止法（昭和37年法律第 134号）に基づく「医療用医薬品製造販売業における景品類の提供の制限に関する公正競争規約」及び「医療用医薬品卸売業における景品類の提供の制限に関する公正競争規約」を遵守し、公正かつ適正な取引に努めること。

⑶カテゴリー毎の流通のあり方

○　流通当事者は、特別な管理が必要な医薬品、長期収載品、後発医薬品など、カテゴリー毎の特徴を踏まえた流通改善の取組を進めることが望ましい。

５　流通の効率化と安全性確保

○　頻回配送・急配の回数やコスト負担等について、安定供給に支障を来す場合は当事者間で契約を締結すること。

○　卸売業者においては、輸液製剤等、薬価に対して流通コストが比較的高い医薬品等の配送やへき地における配送について共同配送など流通効率化を進めることが望ましい。

○　「医療用医薬品の偽造品流通防止のための施策のあり方に関する検討会」最終とりまとめを踏まえ、医薬品の流通過程において、高額な医薬品の増加などに伴う偽造品の混入防止のため、我が国の医薬品取引における返品、不動在庫や回収コスト等に係る課題についても解決を図っていく必要があることから、一連のサプライチェーンの下で、流通関係者間において更なる取組を進める。

図表19　仕切価率、納入価率、割戻し・AW率の推移

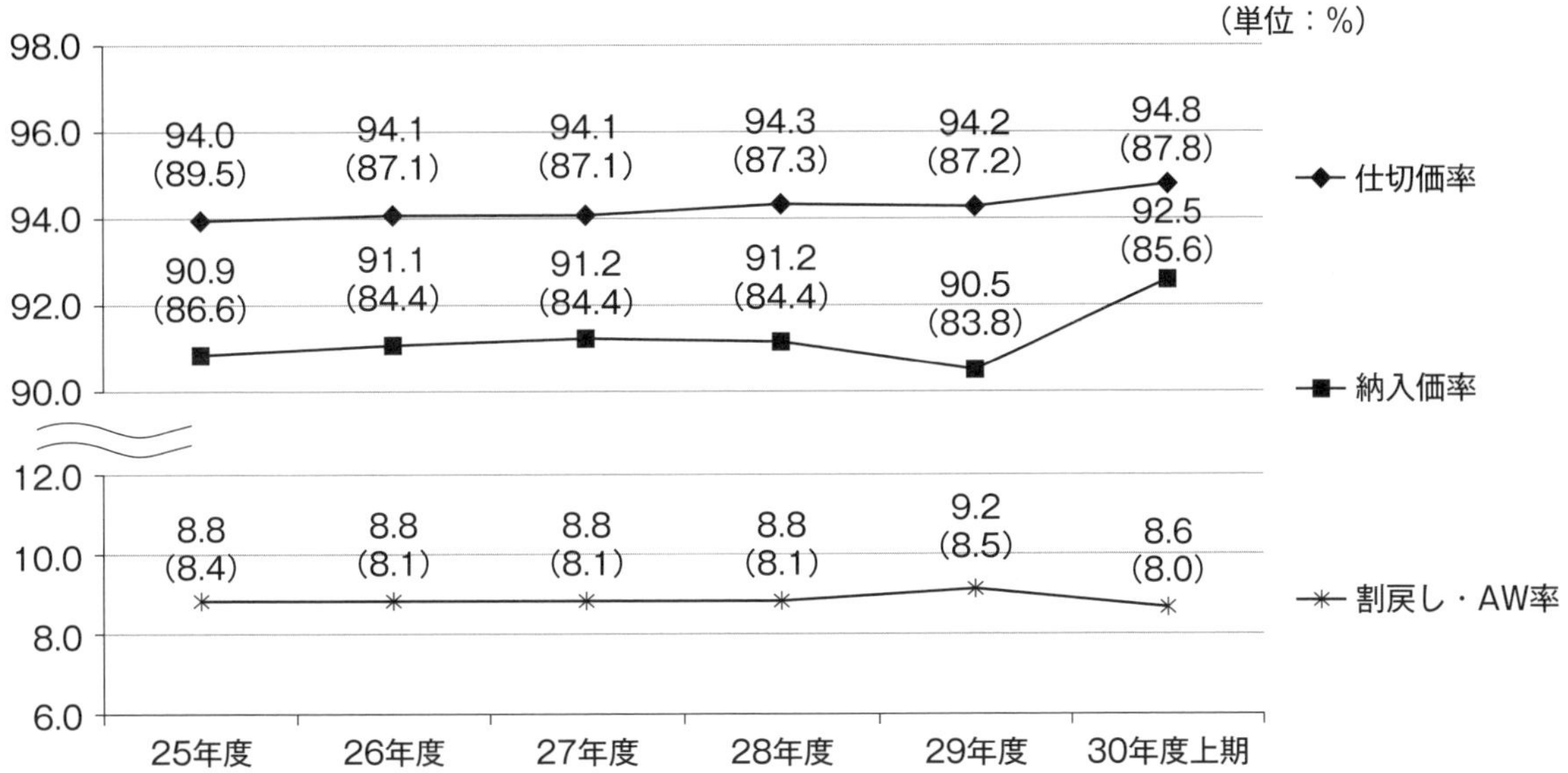

＊グラフの数値は、薬価を100としたときの税抜の水準に105/100（26年度以降は108/100）を乗じたもの（単位：%）
（　）内は薬価を100としたときの税抜の水準

【データ】５卸売業者ごとにそれぞれの取扱全品目の加重平均値を算出し、さらに、その５つの算出値を単純平均した値
小数点第２位を四捨五入

出典：厚生労働省「医療用医薬品の流通改善に関する懇談会」資料（平成30年12月７日）

図表20　単品単価取引の状況

（単位：%）

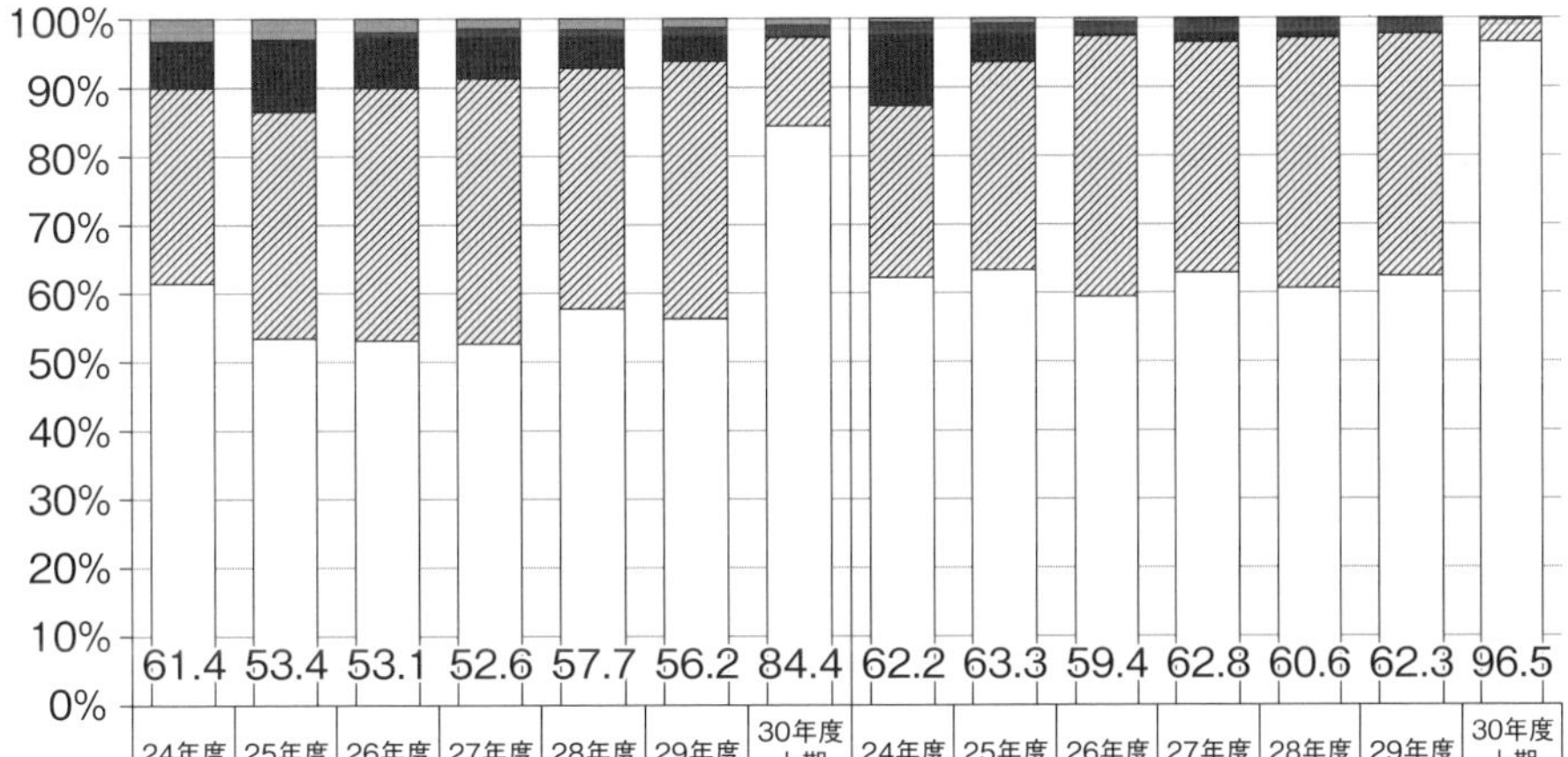

	200床以上の病院							調剤薬局チェーン（20店舗以上）						
	24年度	25年度	26年度	27年度	28年度	29年度	30年度上期	24年度	25年度	26年度	27年度	28年度	29年度	30年度上期
（妥結率）	82.9%	99.0%	97.4%	99.6%	99.2%	99.8%	92.3%	49.1%	92.4%	94.2%	100.0%	93.5%	100.0%	95.9%
全品総価（一律値引）	3.3	3.0	2.0	1.4	1.6	1.3	0.3	0.1	0.2	0.1	0.0	0.0	0.0	0.0
全品総価（除外有）	6.8	10.5	8.1	7.3	5.6	4.9	2.5	12.6	6.2	2.5	3.5	2.9	2.3	0.3
単品総価（品目ごと値引）	28.5	33.1	36.8	38.7	35.1	37.6	12.8	25.1	30.3	38.0	33.6	36.5	35.3	3.2
単品単価	61.4	53.4	53.1	52.6	57.7	56.2	84.4	62.2	63.3	59.4	62.8	60.6	62.3	96.5

※５卸売業者の売上高による加重平均値

※妥結率は、各年度の３月末（30年度は９月末）の妥結状況調査結果

出典：厚生労働省「医療用医薬品の流通改善に関する懇談会」資料（平成30年12月７日）

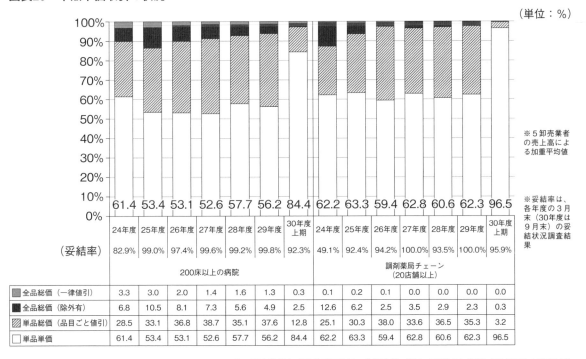

品の物流を担うための人件費が上がる一方で、薬の単価はどんどん下がっていく。R幅だけでなく、流通の経費をどうみるのかを改めて議論しなければいけないように思います。

流通経費圧縮のため卸を集約
追随するメーカー出るか

――２０１９（平成31）年４月から、ノボノルディスクファーマが、メディセオなど一部の大所の卸との取引を止めて、取引卸を集約して、流通経費を減らしていこうとしています。かなり昔、「そんなこともありうるね」などと話していたようなことが、現実に今スタートしようとしています。この動きは一般的なものではないと思っていますが、メーカーからみて、卸に関する懸案、または期待するところは何かありますか。

B　率直に申し上げると、メーカーには卸のことを気にする余裕がないのでしょう。２０１９（令和元）年10月に消費税率引上げに対応するための薬価改定があって、２０２０（令和２）年４月に通常の薬価改定があり、その次は２０２１（令和３）年にも薬価改定があります。今回の抜本改革で新薬創出加算の対象が絞られてしまい**（図表21）**[4]、対象から外されたものについては既に収益計画そのものが狂ってしまっているはずです。治験の最終段階にあるものや、申請済みで来年にも上市しようとしているものは、数年前からその事業計画を決めていたのですから投資回収予測も変更せざるを得ません。

また、薬価は下がる一方で、中国などでの原薬の調達リスクや値上がりは、安定供給上の大きな問題となっています。さらには、費用対効果評価のために、薬価交渉時に提出するデータや作業は大幅に増えていくでしょう。そのような状況のなかで、メーカーは卸のことを気にする余裕がないというのが実情ではないでしょうか。

メーカーが安定して薬を開発し、供給できるような環境を整えてほしいと思います。

図表21　新薬創出加算の対象品目の推移

	品目数	企業数	加算額	控除額*
平成22年度	624品目	89社	700億円	—
24年度	702品目	89社	690億円	130億円
26年度	758品目	89社	790億円	220億円
28年度	823品目	90社	1,060億円	360億円
30年度	560品目	83社	810億円	650億円

＊控除額：後発品収載又は収載後15年経過した先発品が、薬価改定時に、それまでの新薬創出加算の累積額を控除された額

出典：厚生労働省 平成30年度診療報酬改定説明会（平成30年３月５日開催）資料

A　卸さんは、これまでは販促など、多重的な役割を担ってきましたが、今日、その考え方を変えざるを得ないのではないでしょうか。川上であるメーカーが、今言われたような厳しい状況ですから、今後は最低限のものしか、卸さんにお渡しできないだろうと思うんです。

C　ノボ以前に、ギリアド・サイエンシズがC型肝炎治療薬の販売をスズケンと東邦薬品に絞ることがありました。超画期的な品目でしたからね。

B　そうでしたね。ただ、ノボは、ギリアドのケースとはまた違う雰囲気ですね。ノボは、経費節減の目玉として、卸を絞りました。そうすることで、全体在庫が少なくなりますし、回収交渉を絞るなど、流通経費を圧縮できるでしょう。他のメーカー各社も、注目しています。もし、あのやり方がうまくいくのであれば、いくつかの製薬企業はその方向に動くと思いますね。

――皆様には医薬品流通全般について、昭和50年代後半から現在まで、メーカーのお立場から振り返っていただきました。薬価制度改革の変遷のなかで、様々な医薬品流通に関わる改善努力が積み重ねられて今日に至っていることが、とてもリアルに整理できました。しかしながら、今後の医薬品流通を取り巻く環境は、今日まで完全解決とは至っていないものや新たな課題も多々あります。近未来の薬価制度改革の具体的進展に合わせて当事者間で必要な協議も進めながら、患者さん、国民に素晴らしい医薬品を安定的に提供していくことが不断に求められていると思います。本日はありがとうございました。

【編注】

1　**日米構造問題協議最終報告**：1989（平成元）年6月からスタートした日米構造問題協議は、1990（平成2）年6月に最終報告を取りまとめた。同協議は、米国の貿易赤字による貿易収支の不均衡削減に資することを目的として、貿易と国際収支の調整を行う上で障壁となっている構造問題を解決するために打ち出され、その中で「流通に係る商慣行」が取り上げられた。

最終報告書では、「商慣行の改善」として、公正取引委員会に対し、「独占禁止法の運用に関するガイドライン」の作成を求めた。ガイドライン作成に当たって、①取引先事業者の事業活動に対する過度の関与を改善し、事業者の一層活発で自主的な活動の促進②特に事業者間の価格競争の促進―等の観点から検討を求めた。

その上で、ガイドラインに盛り込むべき事項として、①再販売価格の拘束②再販売価格の拘束となるメーカー希望小売価格、希望卸売価格③不公正な取引方法となる非価格制限行為（取引先の制限、販売方法の制限など）、流通業者の経営に対する関与、リベートの供与など④親子会社間の取引に関する不公正な取引方法の適用―等を挙げた。

また、公正取引委員会に対しては、審査体制の拡充・強化による違反行為に対する証拠収集能力の向上によって、違反行為の排除を積極的に行うよう要請。最終報告を受けて公取委は、１９９１（平成３）年１月、「流通・取引慣行に関する独占禁止法上の指針（案）」を公表した。これら一連の流れが、製薬企業の医薬品卸企業への値引補償制度の廃止、新仕切価制への移行、製薬企業と医薬品卸の系列化の見直し、医薬品卸の業界再編につながった。

２　医療用医薬品市場の動向：厚生労働省の「医薬品・医療機器産業実態調査」から、医薬品の市場規模（メーカー売上高）をみると、１９９０（平成２）年度当時の医療用医薬品の売上高は４兆１９０３億円で、その後、多少の増減があるにしても順調に拡大していた。しかし、２０１３（平成25）年度の12兆１７４９億円（対前年度17・２％増）をピークに縮小傾向に転じ、２０１４（平成26）年度11兆３０９８億円（同７・２％減）、２０１５（平成27）年度９兆７２８１億円（同14・０％減）となり、２０１６（平成28）年度の医薬品市場規模は９兆７５３７億円（同０・３％増）となった。

一方、薬事工業生産動態統計年報から、薬効分類別の生産金額をみると、ダクルインザ錠、スンベプラカプセルなどＣ型肝炎治療薬（抗ウイルス薬）の生産額は平成26年度４１４億円で、前年度に比べ22・８％増と大幅に増加し、その後もマヴィレット配合錠、ソバルディ錠、ハーボニー配合錠など大型商品が続いている。

３　Ｇ１、Ｇ２ルール：薬価基準の長期収載品を、後発医薬品への置き換えが進んでいるもの（後発医薬品置換率80％以上）を「Ｇ１」、後発医薬品への置き換えが困難なもの（後発医薬品置換率80％未満）は「Ｇ２」に区分し、その区分に応じて長期収載品の薬価を引下げる制度。

区分「Ｇ１」の長期収載品の薬価は、最終的に、後発医薬品の薬価と揃える。このため長期収載品企業自らが、市場からの撤退を判断できる。撤退する場合は、準備期間を設け、当初は後発品価格の２・５倍、２年後に２倍、４年後に１・５倍、６年後には後発品と価格を揃える。

区分「Ｇ２」の長期収載品は、市場からの退場が困難なもので、後発品との一定の価格差を許容する。「Ｇ２」区分の長期収載品は、販売シェアが大きく、特定企業が極めて大きな影響を受けるため、10年かけて段階的に、当初は後発品価格の２・５倍、２年後に２・３倍、４年後に２・１倍、６年後に１・９倍、８年後に１・７倍、10年後に１・５倍とする。「Ｇ２」の品目が、後発品数量シェア80％以上となった場合には、「Ｇ１」へ移行する。

バイオ医薬品は、化学合成品とは製造に係るコスト構造や研究開発コスト等が異なることから、「Ｇ１」「Ｇ２」の対象から除かれる。

４　新薬創出加算の対象：２０１８（平成30）年４月改定段階で３１４成分・５６０品目、内訳は次のとおり。

①希少疾病用医薬品＝１４７成分・２２９品目
②開発公募品＝８成分・17品目
③加算適用品（画期性加算、有用性加算Ⅰ・Ⅱ、営業利益率の補正加算、真の臨床的有用性の検証に係る加算）＝91成分・１８４品目
④新規作用機序医薬品の基準該当品＝51成分・92品目
⑤新規作用機序医薬品から３年以内かつ３番手以内の収載品目で、１番手が③又は④＝17成分・38品目

薬価の透明化と医薬分業の推進で薬価差が医療を歪めぬ仕組みをめざす

——2000（平成12）年改定による薬価差縮小と分業の進展を経た薬剤師の今後の課題

日本薬剤師連盟副会長　石井甲一

薬価改定ルールは1992（平成4）年にバルクライン方式から加重平均値一定価格幅方式に変わり、2000（平成12）年には市場実勢価格調整幅方式に変更された。この2度にわたる薬価基準の制度改革を、厚生省保険局医療課の課長補佐・薬剤管理官として担当された石井甲一氏に、医療保険制度と医薬品の関係についての考えを聞いた。石井氏は、薬価制度改革の一番の原動力は薬価差問題の解消であったと語った。薬価差問題は日本の医療を歪めると考え、薬価算定方式の透明化と医薬分業の推進に取り組んできたと振り返った。

　自身も薬剤師であり、日本薬剤師会で長年、執行部を務めた石井氏は、「薬剤師が医師に対等に意見が言えるようになって初めて、薬物療法の改善がなされるようになる」と指摘し、薬剤師教育がめざす方向を示唆した。

1　医療保険制度と医薬品

薬価差問題が行政の原動力
2000（平成12）年に薬価算定ルール明文化

——石井さんは1990〜2（平成2〜4）年に厚生省保険局医療課の課長補佐、1997〜2000（平成9〜12）年に薬剤管理官を務められるなど、保険との関係を長くお持ちなので、そのご経験を踏まえたお話をうかがいたいと存じます。

　初めは行政のお立場で、その後は日本薬剤師会で、さまざまなご活動をされてきたなかで、医薬品

図表22　平成10年度薬価改定の概要

- **改定率：薬価ベース－9.7％、医療費ベース－2.7％**
  （診療報酬は医科1.5％、歯科1.5％、調剤0.7％の引上げ、薬価基準－2.7％とあわせて実質1.5％の引上げ）
- 平成10年３月６日告示、４月１日実施
- 薬価収載品目　11,692
- 既収載品の薬価は加重平均値一定価格幅方式により算定。Ｒ幅は５％（長期収載品は２％）
- 平成８年４月、９年４月も薬価改定がなされており、３年連続の改定。
- 行財政構造改革会議（座長：橋本龍太郎首相）による国家財政縮減策を受けて、社会保障関係支出の量的縮減目標を定め、費用の抑制が図られることとなった。薬剤費については、国庫負担ベースで1850億円、薬剤費用ベースでは約7400億円の削減を目標として、薬価改定が実施された。
- 今田寛睦医療課長は、薬価基準の改定率－9.7％（薬価ベース）について、①実勢価格による引下げ分－3.8％②Ｒ幅を10％から５％に縮小することの影響－4.5％③長期収載医薬品などはＲ幅８％から２％に縮小することの影響－1.2％④既収載品の薬価再算定により－0.2％と説明（10年１月14日中医協総会）。
- 石井甲一薬剤管理官は、「異例なのは財政構造改革法の成立に伴い、医療費関連予算について自然増の圧縮を求められた厳しい財政事情の下、中医協においては薬価改正についての議論の一本化ができないままに予算編成の時期を迎えてしまい、医療費の国庫負担を縮減するため9.7％の薬価改正が決まった点」と指摘（本誌10年４月11日号に掲載のインタビューにて）。
- 薬価改定の議論とは別に、医療保険福祉審議会制度企画部会で10年１月から薬価基準制度の抜本改革が検討され、参照価格制度の導入について議論されていた。
- 日本型参照価格制度の導入については、11年４月に自民党が白紙に戻し、新たな改革案を検討することを決定。11年10月に自民党の社会部会・医療基本問題調査会合同会議は「医療制度抜本改革の基本的考え方」をまとめ、Ｒ幅方式の抜本的見直しや薬価算定の透明性の向上などの方向性を示した。

参考：『社会保険旬報』No.1972（平成10年１月21日号）
同No.1981（平成10年４月11日号）

について、よくなったと感じるところと、まだこれではだめだというところを教えてください。

石井　医療保険のなかの医薬品という範囲でお話しすると、よくなったと感じるのは、薬価の透明性が高まったところです。

他方、問題意識をもっているのは、医療費の増加分を含めて、社会保障費予算の削減を薬にのみ持ち込んでいることです。これでは、医薬品の新薬開発などに対して、マイナスになってしまいます。

開発支援を目的としてＡＭＥＤ（国立研究開発法人日本医療研究開発機構）が設立されたわけですが、これまでのところその成果が具体的に見えてこないのです。薬価の相次ぐ引下げの結果として、わが国の医薬品開発はもう限界に来ているのではないでしょうか。そこまで来てしまったということが、問題点だと思います。

私自身は、厚生省で医療課に2回、経済課に1回在籍しましたので、医療保険の世界には3回、接触がありました。

思い起こすと記憶に一番残っているのは、医療課の課長補佐の時代（１９９０（平成２）年７月～１

992（平成4）年7月）に、Rゾーン方式（加重平均値一定価格幅方式）を導入したことです。

経済課の課長補佐をしていた頃（平成4年7月～6年7月）には、初めての再算定をメバロチンとインターフェロン製剤について行いました（1993（平成5）年11月の中医協了解に基づき6年に実施）。経済課という立場で、初めての再算定で、非常に大変だったのを覚えています。あのとき以降、再算定はルール化されてしまったのです。

薬剤管理官時代（1997（平成9）年7月～2000（平成12）年7月）で言えば、平成10～11年に参照価格制度を議論したこと（図表22）、それから平成12年に、それまでの算定ルールを文書化したこと（平成12年3月1日保険局長通知「薬価算定の基準について」、図表23）、それが大きな思い出です。

そう振り返ると、やはり薬価が透明化されたことが大きな前進だなと思います。

——算定方式の透明性が増した平成12年度薬価改定のお話をうかがいたいと思います。

11年に中医協薬価専門部会で、算定手続きや算定ルールの見直しについて、幅広く議論されました。このとき、まさに今日まで続く制度の明確化がなさ

〈PROFILE〉
石井甲一（いしい・こういち）
昭和49年に厚生省に入省。平成2年に保険局医療課課長補佐、4年に薬務局経済課課長補佐、9年に保険局医療課薬剤管理官、13年に医薬局食品保健部基準課長などを歴任し、14年に退官。14年より日本薬剤師会、14～22年に専務理事、26～30年に副会長を務める。28年4月より現職。

図表23　平成12年度薬価改定の概要

・改定率：薬価ベース－7.0%、医療費ベース－1.6%
（診療報酬は医科2.0%、歯科2.0%、調剤0.8%、平均1.9%の引上げ、薬価基準－1.6%の引下げとあわせて、実質0.2%の引上げ）
・平成12年３月10日告示、４月１日実施
・薬価基準収載品目数は11,287
◎既収載医薬品の薬価算定ルールを、実勢価格の加重平均値（税込）に「薬剤流通安定のための調整幅」として、改定前薬価の２％を加えて新薬価とする市場実勢価格加重平均値調整幅方式に変更（**表３**参照）。
◎不透明と問題視されていた薬価算定の過程を改善するため、平成12年３月１日保険局長通知「薬価算定の基準について」で薬価算定ルールを文書により明確化した。
・尾嵜新平医療課長は、薬価引下げ分1.6％のうち、Ｒ幅引き下げ分0.41％に相当する財源を、処方料などの薬剤関連技術料の引上げに充てると説明（12年３月１日中医協総会）。

〈主な薬価算定ルール〉

【既収載医薬品の再算定ルール】
①市場拡大再算定、②効能変化再算定、③用法用量変化再算定、④不採算品再算定
【新医薬品の薬価算定ルール】
○原価計算方式　類似薬がない場合。
①類似薬効比較方式Ⅰ　既存類似薬の１日薬価に合わせることが原則。
②類似薬効比較方式Ⅱ　新規性に乏しい新医薬品の薬価：直近６年以内に収載された薬理作用類似薬の最も安い１日薬価を超えない範囲において、過去10年に収載された薬理作用類似薬の１日薬価の相加平均価格とする。過去10年間に薬価収載された薬理作用類似薬がない場合は、直近に薬価収載された薬理作用類似薬の類似する効能および効果にかかる１日薬価と同一にする。
【新規後発品の薬価算定ルール】

後発品が初めて収載されるときは、先発品の薬価に0.8を乗じた価格とする。すでに後発品が収載されている場合は、その最低薬価の価格とする。

参考：社会保険旬報No.2052（平成12年３月１日号）

れたのだと思います。

　中医協という組織は公益、支払、診療の3者構成で、診療報酬改定、調剤報酬改定をしっかりやっていくというのがその機能であり、予算の配分も当時は中医協が決めていたわけです。その中医協に、薬についての算定組織をつくり、かつ、改定方式、新薬の収載ルールを文書化して整理し、実効性のあるルールにした。そういうときの、原動力というかエンジンは何だったのでしょうか。

　1992（平成4）年に薬価改定ルールがバルクライン方式から加重平均値一定価格幅方式に変わる一方、製薬メーカーは値引補償制から新仕切価制に移行しましたが、メーカー側はその頃、「薬価制度が明確になってきそうだ」と判断しました。そして、「いい薬価を収載時に得るためには、いいものをつくらなければいけない。それは〝ゾロ新（新規性に乏しい新薬）〟ではだめだ、〝ピカ新（画期性加算の要件を満たす新薬）〟か、それに並ぶものを」と考えるようになり、それがメーカー側にとっての原動力となって、

参考　平成２年～12年　薬価基準関連年表

（★は調剤報酬・医薬分業関係）

1990（平成２）年

４月■薬価全面改定　-9.2%（医療費ベース-2.7%）【診療報酬改定：医科4.0%、歯科1.4%、調剤1.9%の引上げ】
価格のバラツキが大きい品目は81%バルクライン、バラツキの小さい品目は90%バルクライン方式で算定
４月★調剤報酬改定で調剤基本料に「施設基準適合薬局加算」新設
６月■流近協報告書『医療用医薬品の流通の近代化と薬価について』　バルクライン方式の廃止と加重平均値方式の採用、薬価差の段階的縮小を提言／「一定幅」は当面「20%」
６月■日米構造協議の最終報告
7月●石井氏：保険局医療課課長補佐
12月■中医協薬価専門部会の初会合

1991（平成３）年

１月■公正取引委員会：『流通・取引慣行に関する独占禁止法上の指針』（案）
３月■中医協薬価専門部会　新薬の薬価算定で中間報告
４月■新仕切価制への移行始まる　６月までに大手メーカーはほぼ移行
５月■中医協建議：加重平均値一定価格幅方式の導入
一定価格幅は、当初15%とし、3回の改定で13%、11%、10%と段階的に縮小／サンプルの保険請求は認めない方向

1992（平成４）年

２月■医薬品流通近代化協議会報告書
４月■薬価改定：新薬価算定方式による初改定-8.1%（医療費ベース-2.4%）、R幅は15%【診療報酬改定：医科5.4%、歯科2.7%、調剤1.9%の引上げ。薬価引下げを含む実質ベースで2.5%の引上げ】
４月★診療報酬改定で入院調剤技術基本料引上げ（200点→400点）
５月■薬価収載：新薬に新薬価算定方法　画期性加算など
７月★医療法第２次改正で医療の担い手を「医師、歯科医師、薬剤師、看護婦」と規定
7月●石井氏：薬務局経済課課長補佐

1993（平成５）年

４月■薬事法等改正成立　希少疾病用医薬品の研究開発促進
４月★厚生省通知「薬局業務運営ガイドライン」
６月■「医薬品流通近代化協議会」の医薬品卸売業将来ビジョン検討部会報告書
11月■中医協了解　インターフェロン、メバロチンの急激な薬剤費増大を受け、価格設定の前提条件が変化した際の価格の見直しについて検討○原価計算方式：患者数等が大きく変化した場合○類似薬効比較方式：使用法、適用対象患者の範囲等が変化し、対照薬とした医薬品との類似性が損なわれた場合（→Ｈ７中医協建議で対象基準の明確化）

1994（平成６）年

４月■薬価改定：-6.6%（医療費ベース-2.0%）、R13【診療報酬改定：医科3.5%、歯科2.1%、調剤2.0%の引上げ。薬価引下げを含む実質ベースで1.2%の引上げ】
７月■薬価収載：後発医薬品を毎年収載に
7月●石井氏：薬務局企画課課長補佐
10月★診療（調剤）報酬改定で「訪問薬剤管理指導料」等新設

1995（平成７）年

２月■医薬品流通近代化協議会報告書
11月■中医協診療報酬基本問題小委員会報告書　「薬剤費適正化に関する考え方」
11月■中医協建議「新医薬品の価格設定等について」　新薬の加算見直し、再算定基準の明確化

1996（平成８）年

４月■薬価全面改定：-6.8%（医療費ベース-2.6%）、R11【診療報酬改定：医科3.6%、歯科2.2%、調剤1.3%の引上げ。薬価引下げを含む実質ベースで0.8%の引上げ】
４月★調剤報酬改定で調剤技術料の４段階化（面分業の推進）
６月★薬事法等改正成立　薬剤師法に「調剤時の情報提供義務」規定
10月●石井氏：薬務局安全課医薬品適正使用推進室長

1997（平成９）年

４月■薬価改定：R幅は10%（長期収載品８%）に縮小／改定率-4.4%　消費税対応分として薬価ベース1.4%（医療費ベース0.45%）の引上げが行われたが、薬価調査結果による通常改定分4.4%（医療費ベース1.27%）の引下げが行われたため、実質引下げ率は3.0%
４月★「薬学教育に関する４者（日薬・日本病院薬剤師会・厚生省・文部省）懇談会」設置（10年４月には大学関係者を加えて「６者懇」に）
７月■厚生省組織再編（薬務局→医薬安全局）
医薬品流通近代化協議会は廃止
7月●石井氏：保険局医療課薬剤管理官
８月■与党医療保険制度改革協議会が「21世紀の国民医療」で、「日本型参照価格制度」の導入を提案
９月■中医協全員懇談会が中医協審議の原則公開を決定
11月■三師会が次期診療報酬改定で共同要望：薬価基準に関して「従来の薬価引下げ分（財源）を診療報酬改定に充てる方式を改め、医療技術の革新的対応として技術料重視を」

1998（平成10）年

１月■医療保険福祉審議会制度企画部会で日本型参照価格制度の導入を議論
２月★医薬分業率が全国で30%を超える（15年には50%を超える）
４月■薬価全面改定：-9.7%（医療費ベース-2.7%）【診療報酬改定：医科1.5%、歯科1.5%、調剤0.7%】(表１参照)
５月■日本医師会が薬価制度改革案を提案
10月■医療保険福祉審議会制度企画部会　薬価基準制度見直しに関する作業チームが「日本型参照価格制度の導入を前提とした報告書」提示
←日本型参照価格制度に対しては、健保連を除き、医療界、医薬品業界が反対

1999（平成11）年

４月■自民党：日本型参照価格制度の導入、日医案、製薬団体案の３案を白紙撤回
８月■中医協に薬価専門部会設置　同部会は９月から薬価算定手続き、薬価算定ルールの見直しに着手
12月■中医協「薬価制度改革の基本方針」(表３参照)

2000（平成12）年

４月■薬価全面改定：-7.0%（医療費ベース-1.6%）Ｒ２「市場実勢価格調整幅（２%）方式」の導入　【診療報酬改定：医科2.0%、歯科2.0%、調剤0.8%】(表２参照)
６月■類似薬選定のための薬剤分類に関する委員会初会合
7月●石井氏：生活衛生局食品化学課長
12月■中医協薬価算定組織が初会合

研究開発体制の充実や流通改善に取り組んできたわけです。

これに対して、行政側が12年の薬価制度の整理と充実化に向かって進んだ際の原動力は、何だったのでしょうか。

石井　行政の立場の原動力というのは、私は薬価差の問題だと思います。もちろん、いい新薬を開発してもらいたいという考えは根底にあり、厚労省はそれを応援する立場でいますし、私自身もそう思っていました。

日本の医療保険制度のなかで、医療の質をちょっと崩してしまっている問題点があるとすれば、それは薬価差益であると考えていました。薬価差に依存して医療経営をしている実態が、薬剤が過剰に使用される状況をつくりだしてしまっている。そういう点を、どのような方法で解決していくか。行政で医療保険に携わった多くの人は、そのように考えていたと思います。

私も、薬剤師として薬をみてきた立場として、薬価差が日本の医療を歪めているのは大きな問題だと考えてきました。

薬価差の問題を是正するために行政が取り組んだ方策のひとつが、医薬分業の推進だと認識しています。なぜ、役所が医薬分業に対して支援をしたかというと、医療経営から薬を離すことで、薬を多く出せば出すほど、薬価差益がたくさん生じるという構図を改めたいということだったからだと思います。

よく考えると、役所が医薬分業を支援するというのはおかしな話なのですが、その背景には、いわゆる薬価差依存の医療に対する問題意識があったと思います。医薬分業を推進するために、処方箋料を処方料よりも高くして[1]、分業へのインセンティブを与えてきました。

薬価差依存の医療経営の問題をなんとか改善しなければいけないと、行政はいろいろなことに取り組んできました。医療保険行政における一番の原動力は、そこにあったと思います。

平成4年にバルクライン方式からRゾーン方式に変えたというのも、まさにそれです。

医薬分業を支援するため、薬務局（当時）がいろいろと対応しましたが、やはり医療保険制度が動かないと、ということで、診療報酬上で処方箋料を変更したり、薬価改定方式をRゾーン方式にしたんです。

値引補償制から建値制にする流通改善が、見事に同じタイミングになったんですよね。保険制度のなかで薬価が公定価格とされる一方、メーカーさんと卸さんは自由取引をするという、非常に矛盾した構造において生じてきた医薬品流通のおかしさを直したいというメーカーさんと卸さんの気持ちと、薬価差を減らしていきたいという行政サイドの思惑が一致して、保険者側、公益側も議論をして賛成して、そうなったのだと私は理解しています。

R幅は、当初の15％から13％（平成6年）、11％（8年）、10％（9年・先発薬価品は8％）と縮小してきて、それに伴い薬価差が縮小し、結果として医薬分業も進んだのです。

図表24　「薬価制度改革の基本方針」（平成11年12月17日、中医協了解）抜粋

1　R幅方式

（見直しの基本方針）

○R幅方式については、これまで薬剤の安定供給等に一定の役割を担ってきたが、全ての薬剤について一律に一定率の価格幅を保障することから、個々の平均的な取引により、また銘柄により、大きな薬価差が発生する可能性がある。

不合理な薬価差の解消という社会的要請に応えるため、薬剤におけるR幅が価格競争の促進や安定供給の確保を目的として設定されているその他の薬価算定ルールとあいまって、銘柄間の価格競争や逆ざや取引きの頻発の防止に与えている影響等を踏まえつつ、現行のR幅方式を基本的に見直す。

（見直しの概要）

○ 実費保障という現在のR幅方式の基本的な思想とは異なる、医療機関の平均的な購入価格の保障という新たな思想に基づき、現行の長期収載品に係るR幅の水準による取引実態も勘案しつつ、卸と医療機関との間の安定供給の確保に配慮した現行のR幅方式に代わる新たな薬価改定ルールを早急に検討し、平成14年度までにその導入を図る。

○ 新たな薬価改定ルールについては、全ての薬剤に一律に一定率を保障することで高薬価シフト等の誘因が生じるという現行のR幅方式の弊害も踏まえつつ、その具体的仕組みを検討する。新たなルールが定められれば、それ以降の最初の薬価改定時において、新たなルールに基づき改定を行う。

○ なお、算定ルールの急な変更等が市場取引に混乱を与える可能性があることにも配慮し、経過措置等の必要性について検討した上で、新たなルールの導入を図る。この場合、可能な限り不合理な薬価差を解消するという観点及び薬価の適正化、薬剤費の効率化を図るという観点から、必要に応じ、現行の長期収載品に係るR幅の水準等も勘案して算定ルール上の措置を講ずる。

○ 医療機関における薬剤管理コストの評価については、既存の診療報酬との整合性を図りつつ、薬価改定ルールの見直しと並行して、その必要性、具体的方法についてさらに検討する。

（以下、2～15は略）（下線は編集部）

平成4年当時、分業率は14％程度でしたが、R10になった9年には26％、R2になった12年には40％近くにまで進みました。

R幅減らす見返りに新薬の評価充実 14年にはRゼロにする方向だった

――R幅の縮小に伴い、薬価差は縮小してきました。メーカーと卸さんは制度の変遷に応じて取引を変え、そのなかで、流通改善をなしえたものも、まだ宿題として残っているものもあると思います。

今日、実勢価と薬価の乖離率は5％以下にはならず、2015（平成27）年には8・8％、2017（平成29）年は9・1％にとどまりますが、どう感

石井甲一氏

じておられますか。

石井　昔と比べれば、かなり薬価差の縮小が図られたと思います。

１９９１（平成３）年５月にＲゾーン方式の導入を中医協が建議した際には、「Ｒ幅を段階的に10％に引下げてから、もう一度Ｒ幅のあり方を考え直そう」ということで、１９９８（平成10）年にＲ幅を10％にする予定でした。しかし、実際は１９９７（平成９）年に10％になり、かつ、長期収載品は８％にするということで、私が思っていた以上に、Ｒ幅を減らしてきたわけです。

Ｒ幅を減らす見返りとして、画期性加算の引上げなどにより、新薬の評価を充実させてきた、それはおそらくバーター的なもので、メーカーさんに納得してもらうための方法を何回にも分けてやってきたのだと思います。

ここのところ、乖離率があまり変わらないのは、Ｒ幅から調整幅として２％にした平成12年度の改定以降、今日まで調整幅が変わっていないからだと思います。改定のやり方が同じだとすると、乖離率が小さくなる方向へのインセンティブが働かないのですね。

けれども、薬価差、乖離率が増えるほうにもいっていない。乖離率が一定の程度に収まっていることを、評価していいのではないかと思っています。さらに薬価差を縮小させる方向へインセンティブを与えようとするのなら、調整幅２％についての議論を、もう一度、中医協でしなければならないでしょう。

私は２０００（平成12）年７月に保険局を離れてしまったのですが、12年当時、「次の14年の薬価改定時にはＲ幅をゼロにする」という方向が示されていたのだと思っていましたが、２％のまま今日に至っているということです。

――昨今、特殊ながん領域の治療薬として、効き目の鋭い、薬価のかなり高価な新薬が複数出てきて、医薬品市場ではそのウェイトが高まりつつあります。私なりに話を聞いたところでは、そういう薬は、薬価差をほとんど出していないのです。メーカーは高値で仕切価をつけている。

調剤薬局の立場からすると、在庫の置き方もままならない、〝厄介な〟医薬品が増えていることになります。薬価差があまりないのに在庫を置いて、その薬を処方された患者さんが来なかったら、在庫負担が重くなり、これまでの廃棄損耗の考え方ではすまないということを聞くことがあります。

石井　私自身は、高薬価品があるから薬価改定方式を変えろという思いはありません。

　ただ、今後ますます高齢化が進み、2025（令和7）年を目指して地域包括ケアシステムを導入していくなかで、医療費はかさむ一方です。かさむ医療費への対応は今後とも考えていかなければなりません。国民皆保険を維持していくことに反対はないと思います。その財源を、薬価の引下げに頼りすぎてきたと、先ほど述べました。このやり方には、限界があると私は思っています。

　ますます少子高齢化が進み、働き手が少なくなるなかで、高齢者が増えて病気が増え、医療費はますます増加していく。保険制度全体の見直しのなかで、高薬価品についての議論がますます高まるのではないかという気がしています。

聞き手の長野明氏

　あと6年で2025（令和7）年になります。医療費、あるいは社会保障費の財源をどう確保して、どういう保険制度にしていくのか、かなり厳しい議論をしていかざるを得ないのではないでしょうか。

　その議論のなかで、医療保険制度と薬についても話が出るでしょう。そこで、テーマのひとつとして、高額医薬品が議論になると思います。

保険範囲の限定か消費税引上げか両方を議論していけばいい

——医薬品と保険について、さらにお聞きします。昨今、医療の技術革新が進み、患者さんたちは皆保険制度のありがたみを感じていると思いますが、技術革新は医療費の伸びの要素にもなっています。

　医療保険の範囲を制限するというようなことになると、強制加入・強制徴収という皆保険の前提が維持できなくなるような気がしますが、医療保険の範囲についてどうお考えですか。

石井　保険でみる範囲はできるだけ変えずに、いかに皆保険制度を維持していくかを考えるという方向には、皆さん賛成だと思うのです。では、財源をどうするか。今は増え続ける医療費に対して、薬価改定を2年に1回、さらには毎年行うべきとの議論が出ています。財源問題を根本的に解決するための方法は消費税だと、私は思っています。

消費税は、5%だった平成24年に民主党政権が8%、10%への引上げを決めて、自民党政権が実行に移しているわけですが、当初、引上げ財源をすべて社会保障費につかうということを約束して、消費税率引上げに賛成を得たのだと私は思っています。

保険の範囲を変えず、増え続けていく社会保障費の財源としては、税金しかないと私は思っているんです。万民が払わなければいけない消費税です。今後も続く高齢化を考えると、10%では足りないと思います。

これからも、国民が病気になっても安心して医療にかかれる保険制度のためにといって、消費税率引上げに納得を得ることをしていかなければいけないでしょう。選挙への影響があるため、消費税はどうしても政治の問題になってしまうのですが、日本の社会保障のレベルを落とさずに制度を維持していくためには、12%、15%への消費税引上げへの理解を求めていくことが、最も大事なことでしょう。政治の世界でも、議論する時期が来ると思います。

それができないとなると、保険の範囲を限定していかざるをえない。重症の患者さんを守るのが保険であって、軽症の患者さんは保険を使わず自分で治せばいいという議論が、またまた出てくるでしょう。

消費税を上げて財源をつくるという議論と、保険でみる範囲は今のままでいいのかという議論の両方があっていいと思います。

――軽症の患者については、セルフメディケーションで、という選択肢もありうると思います。まだ限定的な金額・範囲ですが、２０１７（平成29）年よりセルフメディケーション税制[2]が始まりました。薬剤師のお立場では、どのように受け止めていますか。

石井　ＯＴＣ薬を扱っている薬局は、セルフメディケーション税制に協力するようなかたちでやっていると思います。ただ、薬局全体をみると、やはり保険調剤が中心となっています。とくに若い薬剤師は、薬局が調剤をする時代になってから、この仕事に入ってきているから、薬局というのは調剤をするところだという意識でいるのです。「調剤で薬局経営ができるのに、なにもＯＴＣ薬まで置く必要がない」という考え方で、多くの薬局は、セルフメディケーション税制を自分たちのこととして考えていないのではないでしょうか。

薬剤師は全ての医薬品を提供することを業務としているわけですから、セルフメディケーションについても積極的に進めていくという気持ちはあるでしょうが、実態としては積極的に動いている薬剤師は少数派だと思います。薬剤師の業務が調剤に偏重している状況があるのです。

今後、保険のあり方がどうなるかによって、薬局のあり方も変わっていかざるを得ない、変わらなければいけないだろうと思います。

——OTC薬として販売している薬の値段が、同じ成分の保険収載の薬の薬価収載価格の数倍も高いケースが複数あります。OTC薬が高ければ、それを買わずに、医療機関に行って薬を処方してもらうほうを選ぶ患者さんもいると思います。しかし、OTC薬を薬価基準価格まで下げてはどうかということは、製薬メーカーでは議論にならないのです。

石井　今後、OTC薬とOTC薬類似の薬価収載医薬品は、常に議論の対象にはなってくるでしょう。OTC薬も保険医療のなかに入れて、その代わり、自己負担率を高くするやり方もひとつの方法かもしれません。

これまでは、そういうことは議論になりませんでした。むしろOTC薬類似医薬品は、保険の外に出てくれという議論がされてきました。

OTC薬も保険に入れて、その代わり「保険償還率ゼロ、自己負担100％」とする選択肢がないわけではないと思います。

先ほど述べた、保険制度全体をどうするのかという議論のなかのひとつの選択肢として考えられるのではないでしょうか。

2年ごとに医療費の財源を議論 再算定ルールは後から出てくる

——薬価に関係して、もうひとつ質問です。薬価再算定のルールは、その時々に変更されて、今日まで来ていますが、中期的に変わらない制度にできないのでしょうか。

石井　できるだけ変更しないで、決められたルールで中期的、長期的にやっていくことが望ましいと、誰もが思っているでしょう。そうなれば、医薬品の開発も安心してできるでしょう。

診療報酬も含めて、医療保険の改定を、財源問題なくしてやっていけるのだったら、医療費はこれ以上増えないという前提でできるのであれば、再算定も安定的なルールでできるでしょう。

しかし、医療費が増え続けるなかで、2年ごとに、財源をどこからもってくるかを議論するなかで、制度改正やなにかで財源をつくりだすのだけれども、だんだん手詰まりになってぎりぎりのところで、再算定のルールをつくってきたというのが実態です。

最初の再算定であるメバロチンとインターフェロンについて議論した際、私は経済課にいたのです。中医協で、「あんなに売れてしまったんだから、けしからん」というところから議論が始まって、急遽再算定のルールがつくられたわけです。一定以上に膨らんだものについては見直しをするというルールが後から出てきたんです。

再算定をすることに対して、メーカーさんからは「それは納得できない」ということで、大変な反発がありました。

再算定ルールを安定したものにしてくれませんかといっても、今の保険制度ではなかなか難しいと思います。思い切って、根本から医療保険制度を変えていかなければだめなのかもしれません。

保険の範囲を減らすのか、範囲を変えずに自己負担率を上げていくのか、消費税をどんどん上げて、それをつぎ込んでいくのか。簡単に言うと、そういう話です。どれもがすごく大きな話なんですよね。

やはり、財源を薬価に頼るだけのやり方はもう限界に来ているということだと思います。

――ジェネリックとオーソライズドジェネリック（AG）について、お考えを聞かせてください。

石井　私が厚生省にいた時代には、AGなんてありえなかったんです。AGというようなことを新薬メーカーさんがやらざるを得ない時代が来たんだなと思います。

ジェネリックの信頼性を高めるために、処方箋を書く側の安心感を得るためには、やむを得ない方針変更だったんだろうと私は考えています。

AGと、先発品会社が関与しないジェネリックのそれぞれに、存在意義があるのでしょう。ジェネリックメーカーさんについては、価格は安く、かつ品質は高くという、これまでの努力を評価しなければいけないし、これからも、今以上に信頼性を高めることをしてもらいたいと思うんです。

一方、AGというのは、医療上の要望があって、やむを得ないものとして出てきたのだろうと思っています。

2 医薬品と薬剤師・薬局

薬物療法の問題解消の鍵は医療マインドをもつ薬剤師の養成

――医薬品と薬剤師、あるいは薬局について、お話をうかがいたいと思います。

行政側が薬価差をとにかく縮小しようとしてきた背景には、医薬品の多剤投与や過剰使用の問題がありました。どう客観的にみても種類が多すぎるとか、漫然と長期間薬をつかっているということが、25年以上前から、さまざまなメディアでも問題視されましたし、行政の場でもたびたび取り上げられてきたわけです。

今日、薬の処方については疾患別のガイドラインも含め、いろいろな情報が出ていますが、全般的にに、まだまだ種類数が多い傾向があるのではないかと思います。石井さんのお考えはいかがでしょうか。

石井　昔から問題といわれてきたのは、高薬価のものに処方行動がシフトしていくことと、多剤投与です。多剤投与については、薬価基準の改定方式と直接関わらないので、私自身の意識は薄かったです。

今改めて、ポリファーマシー[3]が問題視されています。医師の処方行動に薬剤師が意見を述べなければいけない状況になっているのに、まだ改善されていないのは、薬剤師にも責任があるのではないでしょうか。たとえ能力はあっても、医師に対してものが言いにくいという、医師と薬剤師の関係に、まだまだ差があるのです。この差を埋めることによって、ポリファーマシーの問題は完全ではありませんが改善できるのではないかと思っています。

私自身が日本薬剤師会に来た主な理由は、薬剤師教育を4年制から6年制にするためです。

医師と対等に話ができ、医師の処方をチェックできる専門職種は、薬剤師しかいないのです。しかし、「処方どおりに調剤して提供することが薬剤師の仕事だ」と、そう思っている薬剤師が多かったのではないでしょうか。

本来は、薬剤師に処方箋をチェックさせて、多剤投与や漠然とした長期投与に対して意見を述べるようにしようというのが医薬分業の目的だと思います。それをきっちり薬剤師にやらせるためには、4年教育では十分でないから6年教育にしなければいけないという考えでした。

病院・薬局の現場で長期間の実習により、他の医療の担い手や患者と接し、十分な〝医療マインド〟を身に付けた薬剤師を育てていかないと、医師に対等に意見が言えるようにはならないと考えていました。

薬剤師が医師に対等に意見が言えるようになって初めて、薬物療法の改善がなされるようになる。それが私の根本的な考え方です。

２００４（平成16）年に、学校教育法及び薬剤師法の一部改正法案が成立して、薬学教育の６年制が18年度より実施されました[4]。

しかし、今日の状況をみても、「処方箋をいただいている」という気持ちでいる薬剤師が未だ相当数存在しているのではないでしょうか。薬剤師が能力を十分に発揮できる状況になれば、薬物療法のかなりの問題は解消できるのではないかと考えています。

――私自身は、受診した医師と話す以上に、薬物療法についての対話をかかりつけ薬剤師としているとは言えないように思います。そもそも、薬剤師と目を見ながら対話をしてきたかどうか…。

石井　長野さんは薬剤師ですから、薬剤師である患者が薬局に行っても、かかりつけ薬剤師のありがたみはないだろうと思います。しかし、一般の患者さんにも、同じように感じている人がけっこういるはずで、それは問題だと考えています。

薬剤師は、基本的に真面目で、皆すごく勉強しているのに、薬を間違えないように出そうということがアタマのなかにありすぎ、自分の知識をどう活かすかの術を知らない薬剤師が、まだ存在するのだろうと思うわけです。

それが、薬剤師教育を6年制にしたかった根本的な理由です。学生の頃から、患者さんと接して、指導薬剤師が医師とどういう話をしているのか、患者さんとどういう話をしているかを見て学ぶことによって、自分は患者さんにどういうアドバイスをしたらいいか、患者さんに相談にのってもらえるような雰囲気をどうつくれるのかを考えてほしいのです。

6年制の教育課程を修了した薬剤師が誕生して7年になり、その人数はかなり増えてきてはいるのですが、その人たちが医療のなかで実力を発揮し、患者さんから信頼感をもって相談してもらえるような姿になるまでには、もう少し時間がかかります。

患者さんが薬剤師に対して当然のように健康上や医療上の相談ができるように、時間はかかると思いますが、環境づくりを進めていくことがこれからの薬剤師会には必要であり、行政にも、薬剤師をそういう目でみてほしいなと思っています。

病棟に薬剤師が入ったのは進歩
薬剤師にも卒後教育を

――今、病棟にいる薬剤師は専門性が高く、患者に接する機会も少しはあるのですが、日常的に薬を入院患者に渡すのは看護師です。薬剤師が患者と接するタイミングは限られてしまうために、病棟でも、なかなか薬剤師と患者との対話は、表面的なもの以上にすることは難しいですね。

石井　病棟に薬剤師が入るようになった[5]こと自体、進歩だと思います。私が経済課にいた1992（平成4）年頃は、けがで入院しても、薬剤師は全然、自分のところに来てくれませんでした。

それに比べれば今は、診療報酬で2012（平成24）年から病棟薬剤業務実施加算ができたことで、薬剤師が病棟にいることが病院経営にも役に立つことになりました。病棟薬剤師の評価は着実に高まっています。まだゴールにまでは至っていないのですが。

看護師は自信をもって医師に意見をしますね。あれはやはり、看護師がいなければ医療は成立しないという自負があるからでしょう。薬剤師はそこまでいっていないと思います。

そこまでいくには、6年制の教育を受けた上でさらに、卒後研修というか、卒後教育をきちんとしなければいけないと思います。

どんどん変わっていく医療技術を薬剤師も知識として知っていなければならないと思います。そのなかで、医薬品はどういう役割を果たすかを常に知っていれば、「私がいなければ薬のことはわからないでしょう」と、自信をもって医師と話ができるようになるでしょう。そうなるように環境を整備していかなければいけないと思います。

――患者さんと薬剤師の接点は「病気」です。薬剤師さんから、この病気の症状にはこのお薬がどう作用して、こんなことに注意しなくてはいけないよという話が、医師と連続した対話のなかで聞けると、患者も薬剤師のことを身近に感じられますね。ただ、それは分業によって閉ざされているのかもしれません。

石井　それは分業によってだけでなく、教育によってでもあります。今、薬学実務実習の期間は病院実習11週、薬局実習11週で、病院と薬局が同じ期間なんですね。しかし、医師の臨床実習を考えると、薬剤師もせめて1年くらい病院実習をしないと、医療マインドというのは実感として身につかないのではないでしょうか。

もちろん薬局での実習も必要ですが、病院には、患者さんが常にいて、他の医療専門職種もたくさんいますから。病院実習の期間延長も6年制の次のステップとして考えていくべきだと思っています。

そのようにしていくためには、大学の教育者の考え方も変えていく必要があるでしょう。薬学教育6年制の議論が始まったとき、大学の教育者たちは反対をされたんです。薬剤師を養成している立場の人たちが反対をしたのです。

6年制の教育を受けた薬剤師がまだ大学の教える側にいないのです。私がお話ししてきた、真に医療人としての薬剤師を養成していくためには、教育者も医療マインドをもっていなければいけないと思うのです。

また、文部科学省の薬学教育のカリキュラムを思い切って変えるよう要求していくことも必要だと思います。

薬学会と現場の薬剤師会がより連携をとって、薬学の教育を一緒に考えていくことができればいいのだと思います。薬学会はアカデミアですが、薬剤師会は、今まさに動いている医療の現場の実務を知っています。できれば、薬学の教育者にこそ実習をしてもらって、日本の医療の現在の姿や、そこで薬剤師がどんな立場であるかを知ってもらいたいと思います。そうすれば、カリキュラムを変えていく必要があると実感してもらえると思うのです。

門前薬局や敷地内薬局
株式会社立の薬局の配当も課題

——今日、病棟では専門職の分業が高度化します。さまざまな専門職種が、チームを組んで患者さんに関わっているなかで、薬剤師が患者さんともっと関われるようにするには、人数を増やすことも必要ですね。

石井　そのとおりだと思います。薬剤師に対する報酬が診療報酬のなかでは未だ評価が不足していると思います。そのため、病院薬剤師の人数が増やせず、薬剤師が足りないから、患者さんの目につく業務にまで手を伸ばせないという問題があるのかもしれません。

それから、院外処方箋が全体的に増えてきているから、大学を出た薬剤師が薬局サイドに流れ、病院に入ろうという薬剤師が少ないとも聞いています。したがって、病院は報酬の面からも、人材の流れという面からも、薬剤師が不足しています。とくに地方中小病院ではそうだと思います。

——調剤報酬については、他に課題はありますか。

石井　保険の世界では、〝対物業務から対人業務へ〟という、患者志向といえる方向に点数が配分されてきていますね。あるべき方向に進んでいると思います。

ただ、そういうなかで、門前薬局[6]が多い。最近では、敷地内に開局する薬局も出てきて、「これは本当に分業なのか」と思うような流れもあります。それが株式会社とか営利法人の大きな儲けになっているような状況のなかで、この間の調剤報酬改定で、立地の状況により報酬が低く抑えられたというようなこともありました。全体をみると、まだまだ改善しなければならないところはたくさんあると思います。

——本業が調剤薬局である、株式上場した会社を、普通の開局の薬局と同じように扱うのはおかしいのではないでしょうか。

石井　確かに課題ではあるのですが、現実的な解決策がみつからずに今日まで来ているのです。上場したら保険薬局に指定しないというような荒っぽいことは、現実には困難ですね。医療法人と同じように薬局も、そういうふうにすべきではないかという議論はこれまで何度もされてきました。薬局というのは、保険調剤だけをするものではなく、ＯＴＣ薬も含めた全ての医薬品の提供・販売をするところです。ＯＴＣ薬の販売はどうしても、医薬品の販売業になってしまうんです。ＯＴＣ薬の販売と調剤の両方の機能を薬局がもつべきことを考えると、全体を非営利にすることは難しいということになるのです。

では、「こちらは営利勘定、こちらは非営利勘定」

として分けて、非営利勘定のほうは投資家への配当もできないというふうにしてはどうかなど、私が日本薬剤師会にいた頃に、「税制面も含め、現実的であるのかを検討すべき」と代議員会で発言したことがありました。

処方箋の伸びも低下してきています。門前薬局や敷地内薬局が、どう変わっていくのかを見極める時期も遠くないのではないでしょうか。

そのとき、生き残る薬局はどういうところなのか、そういうことを薬剤師会でも議論していかなければいけないと思います。

将来の姿を描いて、今から一歩ずつどう進めていくかを考えていくことが大切だと思います。

――厚労省が「かかりつけ薬局」と「かかりつけ薬剤師」を推進して、調剤報酬でも評価していますが、今の薬局・薬剤師の実態からかなり乖離しているようにも感じます。

石井　乖離はあると思います。乖離があるから、今は国民から「薬剤師ってなにをする人ですか」と言われてしまうわけです。「かかりつけ薬剤師」はめざすべきところであり、かつての〝薬価差縮小〟のようなものですかね。

――じゃあ実現できますね（笑）

石井　なんとかそういうふうにもっていきたいですね。

――本日は、ありがとうございました。

【編注】

１　処方箋料と処方料：医薬分業は１９５６（昭和31）年４月からスタートしたが、処方箋の発行はほとんどなく、医薬分業は進展しなかった。このため、１９６１（昭和36）年12月の診療報酬改定で処方箋料を新設し、処方料よりも点数を高く設定したものの、分業は進展せず、１９６５（昭和40）年代は処方料を引き上げたこともあり、分業率は１％に満たなかった。その後、１９７４（昭和49）年10月の診療報酬改定では処方箋料を大幅に引上げた（６点→50点）こともあり、分業率は徐々に上昇。１９８５（昭和60）年３月の診療報酬改定では、処方箋料を60点（処方料は１９６７（昭和42）年の８点を据え置き）に引上げ、分業率は１９８７（昭和62）年度に10％を突破した。その後、分業率は１９９５（平成７）年度に20％台になり、１９９８（平成10）年に30％台を超えて順調に推移し、２００３（平成15）年度に50％台、２００９（平成21）年度に60％台、２０１５（平成27）年度には70％を突破するまでになった。

処方箋料、処方料の引上げにとどまらず、調剤薬剤数の見直しや加算点数の新設などの見直しが行われてきた。（参考：診療報酬アーカイブス）

２　セルフメディケーション税制：２０１６（平成28）年度の税制改正で、健康の維持促進、疾病予防への取り組みとして、セルフメディケーション（自主服薬）推進のためのスイッチＯＴＣ薬控除（医療費控除の特例）が創設された。適切な健康管理のもとで医療用医薬品からスイッチＯＴＣへの代替を進めるため、２０

17（平成29）年1月1日から2021（令和3）年12月31日までの間に、個人（配偶者、家族）が一定のスイッチOTCを購入した場合に、1年間に支払った合計額が1万2千円を超える場合に、その超過分の支払い額（支払い額が8万8千円を超える場合は8万8千円）を確定申告の際の総所得金額等から控除するもの。

セルフメディケーション税制の適用を受けるためには、検診・予防接種（医師の関与があるもの）など、一定の取り組みが前提となる。また、セルフメディケーション税制の適用を受ける場合は、医療費控除の適用外となる。

3 ポリファーマシー：多剤投与（ポリファーマシー）による薬物有害事象は、高齢者に対する医薬品安全対策の観点から問題視されている。厚生労働省の「高齢者の医薬品適正使用の指針」によると、ポリファーマシーは「単に服用する薬剤数が多いことではなく、関連して薬物有害事象のリスク増加、服薬過誤、服薬アドヒアランス低下等の問題につながる状態」と定義している。ただ、何剤からポリファーマシーとするかについては厳密な定義はなく、「患者の病態、生活、環境により適正処方も変化し、薬物有害事象は薬剤数にほぼ比例して増加し、6種類以上が特に薬物有害事象の発生増加に関連したというデータもある」と解説。一方、治療に6種類以上の薬剤が必要な場合もあれば、3種類で問題が起きる場合もあるとして、「本質的にはその中身が重要」と指摘し、ポリファーマシーの是正には、一律の剤数・種類数のみに着目せず、「安全性の確保等からみた処方内容の適正化」を提言している。

併存する疾患の増加と併せて、複数の診療科・医療機関の受診により、処方薬の全体が把握されず、重複投薬とも関係するため、ポリファーマシー解消は、医師、薬剤師など医療関係者間の連携や患者啓発を求めている。

4 薬学教育6年制：2004（平成16）年5月の学校教育法改正、同年6月の薬剤師法改正により、薬学教育に医学教育と同様の6年制が導入された。薬学教育は、6年課程の「薬学部（科）」、4年課程の「薬科学部（科）」に区分され、薬剤師国家試験を受験できるのは「6年課程」の卒業生に限られ、「4年課程」は主に製薬企業等の研究者になる。

2006（平成18）年4月以降の入学生からスタートした6年制教育では、教育カリキュラムの見直しのほか、病院・調剤薬局での実務実習が従来の2～4週から22週へと大幅に延長され、2012（平成24）年3月には6年課程の卒業生を対象とした初の薬剤師国家試験が実施された。

薬学教育6年制は「医療人として相応しい質の高い薬剤師を養成する」ことが目的で、病院・調剤薬局での実務実習を充実することによって、患者などとのコミュニケーションのとり方を身につける。

薬局・薬剤師を巡っては、医療計画が制度化された第1次医療法改正で、医療計画条項のなかに初めて「薬局」が記載され、医療提供の理念規定を明記した1992（平成4）年の第2次医療法改正で、医療の担い手として「医師、歯科医師、薬剤師、看護婦」と「薬剤師」が追加された。また、2006（平成18）年の第5次医療法改正では、医療提供施設として「調剤薬局」が位置付けられた。

5 病棟薬剤師：病院勤務医の負担を軽減する体制を評価するため、2012（平成24）年4月の診療報酬改定で、病棟薬剤業務実施加算（100点、週1回）

が新設された。同加算を算定するためには、①病棟ごとの専任薬剤師の配置②病棟薬剤師の薬剤関連業務につき、病院勤務医等の負担軽減、薬物療法の安全性・有効性の向上に資する十分な時間の確保③医薬品情報の収集・伝達を行うための専用施設④薬剤管理指導料の施設基準の届出―などが要件となっている。

また、2016（平成28）年4月の診療報酬改定では、一般病棟の治療室単位での薬剤師配置に対する評価として病棟薬剤業務実施加算2（80点、1日につき）が新設された。

2012年当時は、病院・調剤薬局で充実した実務実習を受けた6年制課程の薬剤師が誕生したばかり。病棟薬剤業務加算はチーム医療推進のためにも注目されているが、日本病院薬剤師会は「薬剤師の病棟業務の進め方（Ver.1.2）」のなかで、「6年制薬学教育を受けた薬剤師には、大学で受けた臨床薬学教育の知識と技量を、臨床の現場で深化させることが急務である」と強調している。

6　門前薬局：病院や診療所の敷地を出てすぐ前にある調剤薬局。薬事法では当初、薬局の開設に当たって距離制限を設定していたが、1975（昭和50）年4月の最高裁判決で、「薬事法の適正配置条項とこれに基づく都道府県条例は職業選択の自由に抵触する」として、憲法違反との判断を示した。このため厚生省は薬事法を改正し、薬局の距離制限規定を削除した。改正法の国会審議では、制限規定の削除により、門前薬局が乱立するとの懸念もあった。

門前薬局は、患者にとって、診療を終えてすぐ近くの薬局に処方箋を持っていき、処方してもらえるというメリットがあり、薬局にとっても、ほぼ特定の医療機関からの処方箋を応需するので医薬品の在庫を多く抱えなくてよいという利点がある。

保険薬局は、保険医療機関と同一の敷地内にあると保険指定が受けられず、保険医療機関と公道をはさむ必要があった。しかし、2015（平成27）年6月に閣議決定した「規制改革実施計画」では、規制改革推進会議の提言を受けて「患者の利便性」の観点から、保険医療機関の敷地内の保険薬局を認める規制緩和の方針が盛り込まれた。このため、翌年1月の中医協総会では、保険薬局の保険医療機関からの独立性を患者の利便性の向上の両立の観点から見直すことで合意し、厚労省は平成28年3月31日付通知で、「原則、保険医療機関と保険薬局が同一敷地内にある形態」も保険薬局として認めることになった。

なお、「第二薬局」とは、医療機関が自ら外部に調剤薬局を開設して処方箋を授受する仕組み。医療機関と調剤薬局が経営的に相互関係を持つため、厚生労働省は1982（昭和57）年5月に、調剤薬局のあり方として、①構造的、機能的、経済的に医療機関から独立している②医療機関の同一の建物又は敷地にあって、総合的に判断して医療機関の調剤所とみなされる調剤薬局は、保険薬局の指定を行わない―など、現在でも「第二薬局」は認められていない。

インタビュー　薬価制度改革のエポックを辿る⑨

医薬品卸の立場から、薬価制度改革と医薬品流通を考える

東邦ホールディングス株式会社　相談役
松谷高顕

薬価基準は、自由な市場における取引を通じて形成される市場実勢価格を基本に決められている。それ故、薬価制度の歴史は、医薬品流通と切り離して語れない。医薬品が患者のために使われるには、医療現場に確実に届けられることが前提であり、医薬品流通は医療制度を支える重要なインフラと言える。医薬品の流通を担い、市場実勢価格の形成に関わる医薬品卸の立場から、東邦ホールディングス株式会社相談役の松谷高顕氏に薬価制度と医薬品流通の関わりについて聞いた。

皆保険で医療用医薬品が主力に　販売促進と薬価防衛の関係

――薬価制度の歴史において、制度改革がたびたび行われるなかで、医薬品の取引では薬価差という一番のセーリングポイントを縮小しながら、メーカーと卸間、卸と医療機関間の取引が継続されてきました。今回は、医薬品卸の立場から、医薬品流通と薬価制度全般についてうかがいたいと思います。医薬品業界との関わりは、いつ頃からですか。

松谷　私が医薬品卸の業界に入ったのは、1964（昭和39）年です。国民皆保険がスタートして3年たった頃です。私は親父（注：松谷義範氏、東邦薬品を1948（昭和23）年に創業）の会社に入社したのです。それ以前も学生時代にアルバイトをしていて、国民皆保険になった当初から、業界のことはわりと耳に入っていました。

メーカーの主力は、戦後ずっとOTCが中心でしたが、皆保険を転機に医療用医薬品が増え、私が入った頃にはすでにOTCよりも医療用医薬品の生

産額のほうが大きくなっていました。

当時、A・B・C価という仕切価があったのです。A価が小売販売価格であり、B価はお得意先が卸から仕入れる価格。C価は卸がメーカーから仕入れる価格ということです。薬局の場合、A価とB価の差はだいたい30％で、B価とC価の間は10％前後という具合に各々の間での仕切価率相場が決まっていました。私が業界に入った頃は、まだ医療用医薬品にもA価・B価・C価という値段が価格表についていました。

医療用医薬品では、A価が薬価であり、価格が固定化され、安売りしてはいけない仕組みでした。薬価より下げて患者に渡すことはできないのです。そこで途中からA・B・C価制をやめて、希望納入価というものになりました。

当時も薬価制度は市場実勢価格主義であり、薬価の市場調査をすることが基本でした。薬価調査をすれば薬価が下がるから、薬価防衛をしながら販売促進をします。そのために、サービスやおまけをつけるようになっていきます。このような形で、添付（現品）が行われるようになったのです。当該薬価から納入価の差額分をメーカーから製品補償してもらうやり方でした。

１９６４（昭和39）年頃は現品添付が盛んな時期

〈PROFILE〉
松谷高顕（まつたに・たかあき）
昭和39年に東邦薬品株式会社（現東邦ホールディングス株式会社）に入社。平成11年に同社代表取締役社長、平成17年に同社代表取締役会長、平成21年に東邦ホールディングス株式会社代表取締役会長。平成14〜21年に日本医薬品卸売業連合会会長を務める。平成25年に現職。

で、サルファ剤に代わって、広範囲・中範囲の抗生物質が感染症や風邪などに使われていました。他には、消化酵素剤がありました。

しかし、添付のやりすぎは社会から非難を受けます。添付として提供しているのを医療機関は保険請求しているので、薬価制度のあり方にそぐわないことになります。医師会から、「アリナミンは製造量よりも保険請求量のほうが多い」と指摘されたこともありました。

そして1970（昭和45）年に、添付は禁止になりました。販売促進には、添付が一番楽なのですが…。

添付ができなくなると、今度はサービスするか値引きをすることになりました。値引きは、そのままやると薬価調査で薬価が下がりますから、サービスとしてリベートや、旅行といった薬価調査に反映しない形になっていきました。

——現品添付やサービスもできなくなり、いわゆる値引き補償制がはじまり、個別の医療機関への指値的な行為は、当時、プロパーも関与しながらの重要な仕事でしたね。

松谷　卸は値引き補償をもらうために、個々の医療機関の個々の製品別に、値引き依頼書を書いてメーカーへ提出し、またその入帳を確認するといった処理をしていました。あの頃は今と違いすべてが手書きの書類で、メーカーからきちんと補償してもらえたかをチェックするために、管理部に専任の従業員がずらっと並んでいました。

——クリニックも病院も、みんな個別対応ですものね。

松谷　お得意さんにセールスするのと同時に、メーカーのプロパーや所長さんから値引きをもらう交渉に長けた人間が、卸ではトップセールスになっていく時代でした。

——そうでした。大変な時代を思い出しました。

松谷　1970（昭和45）年に添付は禁止になりましたが、すぐにはなくならず、サンプルをつけたりしていました。

1972（昭和47）年に北陸の地域で、日本ルセルと武田薬品の製品を添付販売しているという内部告発があって、3品目が薬価削除になったことがありました。一罰百戒で、「やはり厚生省は本気だ」ということを肌で感じ、添付は本当になくなっていきます。

——バイイングパワーに対して、薬価を守るために引き続き現品やサンプル添付を行っていたわけですね。当時の買い手側の状況、バイイングパワーはどうでしたか。

松谷　今と違って、医薬分業が進んでいない頃は、クリニック・中小病院のほうが大病院よりバイイングパワーがありました。少ない消費先のほうが価格が安いという現象が、経済的合理性に合っていないと言われました。

――その頃、卸間の競争はどうだったのですか。

松谷　ひとつの医療機関に、10社とか15社とかの卸の取引数があって、「このメーカーのこの商品はこの卸」ということでメーカーの帳合権のはっきりしたところは比較的安定した取引ができました。帳合権が都度変わる得意先は、多くの卸が営業していて、卸間の価格競争がありました。銘柄「内」の競争を卸がやるわけです。

「日本の卸は銘柄『内』競争をやめて、メーカーとも協力して、銘柄『間』競争に持ち込まないと、卸に対する信頼感が失われるぞ」という議論をして

参考　薬価制度と医薬品流通の歴史

1950（昭和25）年	薬価基準制度制定
1953（昭和28）年	厚生省が最初の薬価調査を実施
1957（昭和32）年	療養担当規則制定（薬価基準は品目表に）
1961（昭和36）年	国民皆保険の達成　　風邪薬の乱売事件
1967（昭和42）年	90%バルクライン方式　統一限定列記方式
1970（昭和45）年	中医協が添付販売を禁止
1971（昭和46）年	保険医総辞退
1972（昭和47）年	添付行為発覚による３品目を薬価削除
1974（昭和49）年	分業元年（院外処方箋料10点から50点に）
1976（昭和51）年	資本の自由化
1978（昭和53）年	統一限定列記方式から銘柄別収載方式に変更
1981（昭和56）年	卸連合会が社団法人の認可を受ける
	▲18.6%の薬価改定
	公正取引委員会の立入調査
1983（昭和58）年	81%バルクライン方式　流近協設置
1986（昭和61）年	ＭＯＳＳ協議
1990（平成２）年	流近協報告　新仕切価制導入と加重平均＋R幅方式（第１次流通改革）
1991（平成３）年	日米構造協議
	中医協建議　加重平均一定価格幅方式
1993（平成５）年	医薬品卸売業将来ビジョン
1998（平成10）年	薬価改定　R幅５%（長期収載品２%）
2000（平成12）年	薬価改定　R幅２%
2003（平成15）年	医薬品卸売業将来ビジョン2003
2004（平成16）年	流改懇を設置
2006（平成18）年	厚労省が「未妥結・仮納入等不適切取引慣行の是正」を発出
2007（平成19）年	流改懇「医療用医薬品の流通改善（緊急提言）」（第2次流通改革）
	①一次売差マイナス　割戻し・アローアンスの拡大傾向の改善
	②長期未妥結・仮納入の改善
	③総価取引の改善
	後発医薬品の安心使用促進アクションプログラム　数量シェア60%以上
2014（平成26）年	未妥結減算制度を導入
2015（平成27）年	流改懇「医療用医薬品の流通改善の促進について（提言）」
2018（平成30）年	流通改善ガイドライン

いました。

卸連の社団法人化により社会的地位が向上

――卸として、薬価調査の対応に苦労されたと思いますが、行政の行う調査に協力してきたわけですね。

松谷　薬価調査では、中医協の依頼を受けて厚生省から調査票が卸へきます。メーカーも、薬価調査の月は拡売とか値引きを自粛していました。場合によっては「この値段を書き込んでおいてくれ」という困ったことが、実際にありました。

１９８１（昭和56）年に、日本医薬品卸売業連合会（卸連）が厚生省管轄の公益の社団法人になりました。そのとき、正式に文書を交わしたわけではないのですが、厚生省から薬価調査に卸連として協力するのなら、社団法人の話を進めましょうという話があったようです。

当時、卸連に加入している卸は６００～７００社くらいありましたが、社団になることには賛否両論がありました。薬価制度の下で医療用医薬品は売れていたから、我々の意見を行政に聞いてもらうため、厚生省への正式な窓口が必要ということで最終的には、社団になりました。

当時の薬価調査では、２０００社近くに調査票がいきます。今は全医療用医薬品の売上げの98％くらいが、卸連に入っている会員の売上げですが、その当時は添付時代の悪弊で、横流しされた商品を専門に扱う卸が東京・神田や大阪・平野町に数多くありました。

――薬価調査はさまざまな変遷のもと、メーカーの関与が難しい仕組みになってきました。業界内の話ではなく、世の中が注目するようになっていましたし、中医協も重視していました。

松谷　薬価調査では、調査票に自分で書く自計調査のほかに、他計調査がありました（１９７８（昭和53）年導入）。他計調査では、厚生省および都道府県の方が卸を訪問して、伝票をめくり請求書と領収書を突合させます。調査対象に選ばれた卸のどの事業所に入るかは、各都道府県の卸協同組合に連絡が入り、通達されました。他計調査が入ったことは非常に大きなインパクトでした。

それからさらに経時変動調査も入りました（１９７４（昭和49）年）。昔は、何月に薬価調査があるかわかっているので、調査月は合法的に調整をしやすかったと言えます。さらに調査回数が増え、年４回くらい経時変動調査をするようになっていきました。

割り戻しみたいな科目で、その他値引きとしての額が大きいと、厚生省は国税局と組んで、「これは経費として認めない、交際費だ」と言ってきまし

図表25　主要医薬品卸売会社等の主な動き

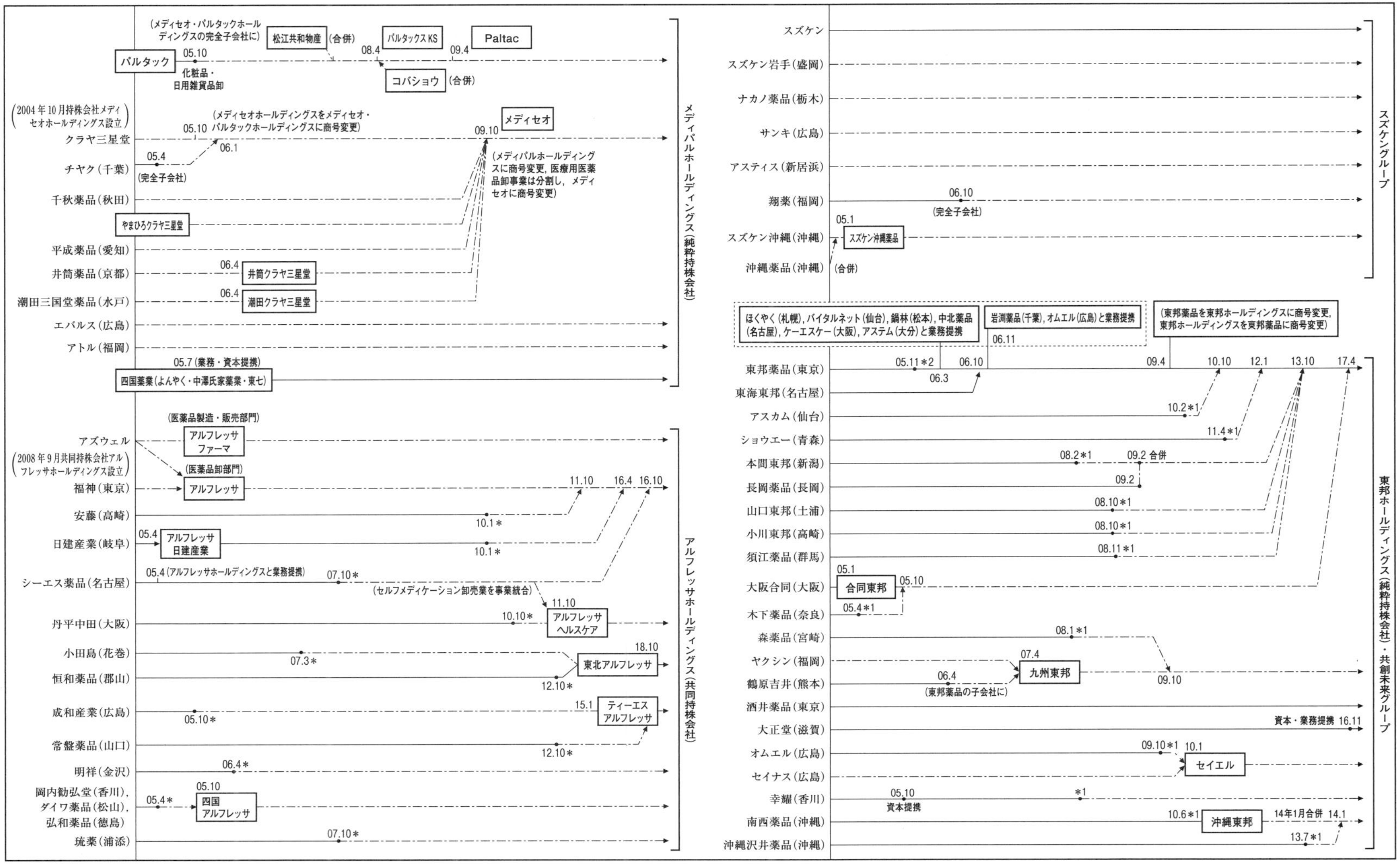

＊：アルフレッサホールディングスの完全子会社に

＊1：東邦薬品の完全子会社　＊2：共同運営会社「葦の会」設立

資料：株式会社医薬情報研究所

聞き手の長野氏

た。使途不明金で落とすとしても、限度があり、あまり凝ったことができない状況になっていったのです。

メーカーと医療機関の信頼を得て医薬品流通を担う

――薬価制度の下で薬価調査が行われるようになると、薬価が下がらないように薬価防衛が行われるようになった。そんななかで、１９８１（昭和56）年の卸連の社団化は、薬価制度の歴史をみても、大きなポイントになったということですね。

松谷　卸連が社団法人化した１９８１年には、薬価の18・６％の大幅な引き下げがありました。それに対応するため、メーカーは卸と話し合いをし、対処方法を「合意８項目」としてとりまとめました。これに対して公正取引委員会が製薬協と卸連に立入り検査に入り、「合意８項目」の破棄を指示・勧告するなど、大きな動きがあった時期でした。

――そういう変遷を経て、卸としての地位をつくってきた。

松谷　卸の役割について考えようと、海外の卸とメーカーの関係を参考として調べたことがありますが、日本の流通体制が世界で一番シンプルだということがわかりました。日本以外の各国では、第３パーティと呼ばれるブローカー的なものが多く存在しています。ＥＵにおいては、国をまたぎ平行輸入で薬が動きます。そういうボーダレスの国々に比べると、メーカー・卸・医療機関・薬局とストレートにシンプルなルートで医療機関に納入される率が日本は非常に高いのです。

　このようなかたちになったのは、医療機関も、薬局も、メーカーも、トータルとしては卸を活用しているほうが、経費的にも良いと考えたからでしょう。メーカーが直販で医療機関に薬を納めて各医療機関から各々に代金を回収するよりは、効率が良いということになります。かつて直販をしていたメーカーも、途中から卸経由になりました。

　我々が医療機関や薬局とお付き合いをしてきて、医薬品卸として存在感を高め、認めてもらってきました。メーカーにも、〝卸連合会に入っている卸は、嘘をつかない、ごまかしをやらない、まともな取引をやっている〞と認めていただきました。メーカーと医療機関、双方向の信頼が出来上がったということです。

売れ筋の商品が変わり、実勢価の形成が早まる

――1996、7、8（平成8、9、10）年には、消費税対応で、3年連続の薬価改定がありました。当時、経済課とはどのようなやりとりをされましたか。

松谷　1997（平成9）年に消費税が3％から5％に上がった時、単純に薬価へ消費税引上げ分の2％を乗せて欲しいと何度も申し上げたのですが、「市場実勢価格が動いているのだから、そのままでいい訳がない」という回答でした。1988（昭和63）年に、薬価改定は2年に1回ということになっていたにもかかわらず、決定権は中医協にありました。

中医協から言われたからといって、その言われる通りに対応するのではなく、薬価調査に協力しないということをやったらどうかという議論もしました。

――その時と同様に現在も消費税の関係で、薬価改定は3年連続2018、2019、2020（平成30、令和元、令和2）年になります。1996、7、8年当時と比べると、実勢価の移り行きは変わってきていますか。20年たって、薬価改定後の市場価格が落ち着く時期は早くなっているということでしょうか。

松谷　そうですね。早くなったのは平成10年よりも後だと思います。流改懇（医療用医薬品の流通改善に関する懇談会）が2004（平成16）年に始まった頃は、薬価の妥結率は医科も調剤も含め、調査月になんとか70％でしたが、場合によっては50数パーセントになったりしていました。

――今は早くなって、3年連続でも実勢価がとれるわけですね。

松谷　ある経済課長が、毎年改定を主張されていました。薬価改定の回数を上げれば上げるほど、薬価差は縮まるというのが彼の持論でした。その頃の中医協議論では、診療側の日医の委員の方が、「2年に1度だから一生懸命価格交渉するのだ。これが毎年や半年に1回になったら、一生懸命交渉する気にならない。市場実勢価格主義というが、実勢価格が形成されていくのはそんなに短期間のことではない」とおっしゃった。

――2005（平成17）年前後の時期ですね。当時の実態として、そういう面があったのですか。

松谷　実態としてはありました。医薬品流通が過去と違ってきたのは、ジェネリックのシェアが大きく

なって、薬の構成が金額ではスペシャリティ医薬品、数量ではジェネリック医薬品という今までにない構成になってきたことです。スペシャリティ医薬品は、扱う卸も、使う医療機関も少ないから、薬価差で売ろうという発想はあまり発生しないのです。各流通段階における薬価差は、卸にとっては配送経費であり、医療機関にとっては薬剤を扱う管理料のようなことを含めていると言えます。

売れ筋商品の構成が変わってきているし、ジェネリックメーカーも、今のような急激な薬価の下がり方で経営していくことは難しく、大きな値引きをしていくことはもうできないです。

——薬価差が縮まったのには諸要因がありますが、卸の再編も要因の一つになっているのでしょうか。

松谷　1981（昭和56）年にメーカーと卸がまとめた合意8項目の中に、「卸は自損を慎むこと」というのが入っています。自損とは、メーカーの補償がないことを承知で自分が帳合をとるために損をしてまでも売ることです。それが合意項目として書かれるくらい、当時は卸がシェア競争に走っていた経緯があります。現在では卸の数が減ってきて、長年の経験から、自損までして取り合いをしていたら、巡り巡って自分の首を絞めるということを学習したのです。

薬価差は、買うほうからしたら大切なものですから、永久になくならないと思います。ただ、あくまでも薬価は、銘柄別薬価であり、新薬創出等加算がはじまって、価格で競争するという要素は小さくなって、薬価差縮小の方向に働いていきました。

卸のマージン率が最低のときに東日本大震災が発生

——薬価差が縮小していく中で、卸は現金問屋も入れれば600社くらいあったものが、200社になり100社になり、いまでは60社弱です。数の変化もさることながら、主要各社がしっかりした事業基盤を築いています。そのポイントはなんでしょうか。

松谷　印象でいうと、1992（平成4）年の中医協において今後の薬価差縮小に対し加算される一定幅（リーズナブルゾーン）を15%から6年かけ、3

回にわたって（13％、11％、10％と）、10％まで引き下げることが確認されました。10％以降についての対処方法は再度中医協で議論されることになっていました。しかしその後、橋本内閣の行政改革により、中医協での議論をせずに名前を改めて、「調整幅：2％」が設定されました。それが2000（平成12）年です。「これからは大変な時代になる」と業界、各企業ともにそう捉えました。一次売差は、値引き補償時代ではプラスだったのが、2％を起点にしてマイナスになってきました。

そういった状況を繰り返しながら、今度は2010（平成22）年に新薬創出等加算が設定されました。加算の対象になって価格が維持されるためには、乖離率が全医薬品の平均以下である必要があるので、価格交渉は単品単価交渉をしてもらわないと支障がでます。「単品単価交渉にして欲しい」とメーカーと卸で医療機関に説明に行っていたのですが、途中からメーカーが手を引いてしまいました。また医療機関からは「新薬創出等加算を理由にして値上げをしているのではないか」と誤解されました。

経済課長に、「薬価専門部会ではなく、中医協の総会で出たことなのだから、当事者がいるところでもう一度説明・周知徹底を」とお願いしたのですが、「おまえたち卸の得になることはないから」と言われて、動いてはくれませんでした。

その翌年、2011（平成23）年3月の決算は、全卸の平均利益率が過去最低になってしまいました。危機的な状況に対応することもあって卸の再編が進んだ一因になったことは事実です。

――2011（平成23）年は、東日本大震災が起きた年です。

松谷　卸のマージン率が最低だったときに、大震災が発生しました。卸は、毛細血管の流通網を駆使して震災数日後から医薬品を現地の医療機関に届けたり、医療機関の復旧のお手伝いをしたりと被災地支援に取り組みました。

その結果、卸の対応が認められ、社会的評価はとても高まりました。医薬品流通を担う卸は、地域の社会的インフラであると認識していただきました。

卸連としては、阪神・淡路大震災や新潟県中越地震を経て、危機管理流通のマニュアルをつくって、様々な努力をしました。卸各社もそれぞれ取り組んでおり、その積み重ねが東日本大震災のとき、非常に助けになりました。当時、被害が大きかったのは三陸沿岸をはじめとする海岸線のほうです。そこまで、緊急車両対応の許可をいただいて東京から薬を届けました。地震発生は金曜日でしたが、月曜にはもう動いています。その当時、各卸はグループ化しており、各々が全国的なネットワークをつくっていたから対応できたと言えます。

平成９年に会社法の改正があって、持ち株会社のつくり方が変わりました。ほとんどの卸が持ち株会社になって、提携するなどして、ネットワークができていきました。そういう背景の中で東日本大震災が発生したのです。

当時、すでにある程度の売上げ規模のところしか卸は残っていませんでした。仮に東日本大震災がもう10～15年前に起きていたら、震災対応だけでつぶれる卸がいっぱい出ていたと思います。

――東日本大震災以降、医薬品卸の社会的なステイタスが変わってきました。

松谷　あの頃の卸連の会長は別所芳樹さん（スズケン）でしたが、メーカーの会合にいったり、政治家を回ったりするときに、「東日本大震災のようなこういうことがまたあるだろうから危機管理を含めて物流に再投資しないといけない。だから最低１％以上の利益が必要だ」と訴えたのです。

振り返ると１９８１（昭和56）年に卸連を社団化していたことが、その後の活動で役立ったように思います。卸を取り巻くステークホルダー、例えば病院団体などに流通改善について説明する場合も対応が違ったと思います。

国会議員との会合等でも、ただ「よろしく」という言葉だけではなく、制度改革に対して自分たちはこういう悩みがあるという相談をするのに、社団であることが交渉する力としてはとても大きかったと思います。

卸の将来ビジョンは、最初は厚労省と一緒につくりましたが、10年後につくり直したときは卸連が中心になって卸だけで作成しました（医薬品卸売業将来ビジョン２０１３）。

卸連を社団にしたことで、様々な訴求活動をやりやすくなったのが、今につながっていると思います。

卸連では、岩城謙太郎さん（イワキ(株)）が会長のときから、外部の方を招いて勉強会をやっていました。岩城さんが、「今までの卸は地元の名士が集まっていて、会議をやっているばかりだったが、これからはもっと日本の医薬品流通を考えられる勉強会をやろう」と言われて、ＯＭ（卸マネジメント）アカデミアをつくられました。厚生省の方やメーカーの社長さんに来ていただいて話をしてもらうことを昭和63年からやっていました。その後、公益法人制度改革で、卸連は２０１３（平成25）年に一般社団法人になりました。

――卸の株式上場は、タイミングとしてはどうだったのでしょうか。

松谷　早かったのは、北海道の秋山愛生舘です。続いて三星堂、福神が株式上場しました。東邦薬品は１９７９（昭和54）年頃に店頭登録しています。

上場の時期としては、非常にタイミングがよかったと思います。というのも、卸の再編を進めるときに上場していれば、現金を使わずに株式交換で合併できますからいろいろな面でやりやすい。

――株式上場をすると、投資家の目にさらされる一方で、資金調達など選択肢が広がるわけですね。

売上げの半数超は薬局だが処方権が鍵を握る

――卸・医療機関間の取引で、バイイングパワーはどう変わってきていますか。

松谷　現在では、ボリュームでいうと、病院より調剤薬局のほうが大きいです。ボリュームディスカウントとして、「あの病院より、うちの薬局のほうが多いじゃないか」と言われますが、我々にとって、バイイングパワーの中で処方権がある医療機関と、一般名製品を切り替えられる調剤権をもっている調剤薬局では決定的に違います。ボリュームだけではない部分があります。

昔は、チェーン調剤薬局の中での売上げ比率を上げることに必死になっていた頃がありましたが、今は配送回数や省力化に対する貢献など卸の機能面での競争はありますが、医療用医薬品の特許品においてはボリュームディスカウント的なものはないと思います。

――処方権は、やはりキーポイントでしょうか。

松谷　調剤薬局は医療用医薬品の売上げ全体の約55%を占めています。医師の処方箋があってのことなので、売上げイコール、バイイングパワーとして測ることはできないのではないでしょうか。

昭和56年の独占禁止法被疑事案のとき、栃木県のある医師会の会長が、自分で第二薬局をやっておられて、その薬局の仕切価のほうが高くて、病院のほうが安かったことを「差別対価」だと問題にされました。実際に、そういう仕切価体系をメーカーがつくろうとしていました。医師がそのまま自分の診療所で薬を出しているほうが、仕切価が安かったのです。

――購入側の医療機関も変わってきています。近年の病院やクリニックのグループ化は、バイイングパワーに影響していますか。

松谷　公正取引委員会が2006（平成18）年に「医療用医薬品の流通実態に関する報告書」を発表し、共同購入やメーカーから直接購入を促すレポートを出しましたが、現在では直接購入の話は消えてしまったでしょう。現実的には、いろいろな共同購入または共同交渉が増えてきました。最近では地域フォーミュラリーや病院フォーミュラリーの議論が盛んになってきています。一部の商品は何回もの薬価改定により、限界に近づいたように思います。したがってメーカーも卸も対応に苦慮しています。

バイオ医薬品など高額新薬の登場
選ばれる卸になることが重要に

――さて、メーカー側からいえば、自信のある新製品は、いわゆるバイオ医薬品になってきました。そういった新薬の登場が、卸・医療機関間取引にどのような影響を与えていますか。

松谷　卸にとっては、自社がメーカーの新薬を取引できるかできないかはとても大きな要素です。患者数の少ないスペシャリティ医薬品と、処方期間は短いけれどものすごく効くC型肝炎の薬のような医薬品や、抗体医薬で患者数が少なくオーファン指定された医薬品など、新薬でも特徴がそれぞれ違います。いずれにしても自分のところで取引があるかないかで大きく変わります。

――有価証券報告書を見ると、C型肝炎治療薬の売上げが卸の決算に響いていることがわかります。

松谷　C型肝炎が治ってしまうのですから画期的な薬です。治ってしまうものですから次の年のその分の売上げは継続しないことになり、前年よりも沈んでしまいます。

――いわゆるバイオ医薬品、特にがん治療薬等は今後も新しいものが出てきますし、その取引がどのくらいあるかないかが効いてくるわけですよね。

松谷　そうですね。効いてきます。いわゆるバイオ医薬品や高分子医薬品などの薬は、ほとんどのメーカーと取引がある大病院が使います。よって、普段の取引における物流管理や欠品の対応などの卸機能が評価されると思います。以前は、メーカーに卸に対する帳合権がありましたが、今は、卸として、医療機関にどう選ばれるかが課題であり、各社とも自社の強みの強化に努めています。

――薬剤費が10兆円にまでなってきましたが、医薬品の中身は大きく変わってきました。バイオ医薬品も含めて、調剤薬局以外の医薬品使用が、新薬を中心に盛り返してくる気がします。病院の中で使うような高い医薬品が増えていったら、今の調剤薬局主体のマーケット構成が変わる。そのとき、卸・医療機関取引には影響はあるのでしょうか。

松谷　我々、卸は、これまで病院の用度係だとかそういうところばかりに行っていたのですが、今は病院薬剤師、中でも病棟に入って仕事をされる方達と付き合うようにするなど、いろいろな付き合い方を心掛けています。フォーミュラリーをつくるお手伝いだとか、院内感染対策委員会に病棟薬剤師がいたほうがいいとか、ＩＣＵにも薬剤師がいたほうがいいといったアドバイスをしながら、病院薬剤師とのつながりをつくるようにしています。今までの取引の慣行に沿った付き合い方だけだと、行き詰まってしまうのではないでしょうか。

ジェネリックは安定供給が課題
もう薬価差時代には戻らない

――メーカー・卸間取引についてうかがいます。まず、ジェネリックをテーマにしたときのメーカー・卸間取引の課題はどのようなものでしょうか。

松谷　ジェネリックについては、安定供給が課題になるのではないでしょうか。世界においては、イギリスで値段を下げすぎ製造中止となり、医療現場が混乱した事例を聞いています。また最近では、中国から輸入している原薬に問題があることが発覚して輸入がストップした問題もあります。中国においても、世界から認められる薬事行政をしなくては後々困るから、と規制を厳しくした途端に、トラブルが発生しました。

もっと言えば、エッセンシャルドラッグは、薬価調査の対象から外すべきだと考えています。もう何十年も薬価調査にさらされて形成された価格ですから、それこそインフレ率でプラス・マイナスしたらいいのではないのでしょうか。

薬価調査の乖離率は、今は全体の数値を発表していますが、細かく薬効別に発表するとか、せめて特許品の乖離率と特許が切れたものの乖離率を分けるとか、基礎的医薬品は除くとか、もっとメリハリをつけてやるべきだと考えます。

――厚労省は可能な限りデータを細かく公表して、市場取引の材料にすべきということですね。

バイオ医薬品など新薬のメーカー・卸間取引の課題はどんなものがありますか。

松谷　メーカーにとって悩ましいのが、研究している部分が各社でダブってきているために、薬のライフサイクルが長くないのに、新しい適応症をとるたびに治験をやらなければいけないことではないでしょうか。かつての生活習慣病薬は、ライフサイクルが長く、その利益のお蔭で、日本のメーカーは、新薬開発が進んだと言えます。しかし今は、多額の資金を投入して開発しても、すぐ他社に追いつかれて、お互いに特許料を払いあっているような感じです。

そういう意味では、もう少し、新薬の開発と薬価の問題や、ライフサイクルの問題などについて、医療経済学的にもきちんと理論武装してやっていく必要があると思います。今のように、上市時の市場予想より売れすぎたから下げようといった再算定のやり方ではメーカーの予見性がないと考えます。

――一部の新薬、とくに価格の高い新薬は、特許期間も限られているし、かつ同じテーマで数社が研究しているので、あっという間に2番手、3番手が出てきます。他社から競争力があるものが一挙に出てくると、昔の薬価差の時代のようになるでしょうか。

松谷　私はもう、そうはならないと思います。日本では高額療養費制度があるから、患者さんはとても恵まれた状況です。薬価の高さが直接、患者の負担になっているのなら、価格競争が患者のためになるといえるが、そうではない。高額療養費制度は、患者にもメーカーのためにもなります。その分、保険者は大変でしょう。価値のある高額な新薬でも、価格競争を繰り返したら、世間から批判を受けるでしょう。

――ジェネリック医薬品の販売では、薬価差商売がされてきて、製品が消えてしまいそうな競争に各社が巻き込まれたわけです。こういう経験をしてきているので、画期的なバイオ医薬品の世界でも特許が切れたときに、どんな商売をしていくのだろうかと思います。

松谷　ジェネリックに比較して、バイオシミラーも同じように薬価を下げるという話もありますが、バイオシミラーをやっているところだってバイオなのですから、それなりの生産設備を大きなコストをかけて作らなければいけません。そんなに簡単に競争には走らないでしょう。それくらいの知恵はあると思います。

　昔は、新薬の薬価を類似薬効比較方式で算定するときに、最初の効能・効果は何が良いかを考えました。本当は市場性のある適応症で通したいが、最初は高い薬価がついている適応症で上市し、その後市場性のある適応症追加を目論むなど…という戦略をメーカーはとっていました。ある時期は、日本で売る前にアメリカで最初に上市して、外国価格調整を含めて日本での薬価を高くすることもやっていました。

　今は中医協でも薬価が注目され、世界の医薬品価格の情報がすぐに入手できるので、もうそういうやり方はできません。そうなると、やはり新薬の価値を、トータルの医療政策にどう反映させるかが重要になるでしょう。自分のところだけよくて、という発想はなくしていかないとね。

物流機能と情報機能で工夫
非常時以外も地域とつながる

――薬価制度が、卸の事業展開や経営体制に影響してきた結果として、4大卸プラス数社になりました。これからの医療用医薬品における卸の競争力面では、どのようなことがセールスポイントになるのでしょうか。

松谷　今、卸の評価は、物流機能と情報機能になっていて、それぞれの卸は自分なりの工夫をしながらやっています。卸間の薬の値段は大きくは変わらない時代になってきています。

　頻回配送が一番のサービスになっていたりしま

す。卸の倉庫を自分のバックヤードだと思っている調剤薬局もあるのですが、そういうところに付き合っていたら、卸の配送コストは合わなくなり始めているのです。そういう意味で物流だけではない卸として機能の競争があります。

調剤薬局が、合理的に薬の管理ができるようにして、なおかつ、きちんと情報を得られるようにしていく。情報の取り方にしても、パソコンなどいじらなくても、さっと出てくるようにしてしまう。そういう医療機関や患者さんを中心とした機能を提案することが、卸のサービス競争になっていると言えます。

例えば、レセコンで診療報酬・調剤報酬だけでなく、薬歴管理や在庫管理を連動してできるようにシステム提案をしていき、キャッシュレス決済など、今の薬局業界が他業界より後れをとっているような部分について、我々卸が提案していける面があります。

東邦薬品ではスマートフォンやパソコンからの初診受付サービスを提供し、医療機関の患者さんを増やすことに寄与しています。クリニック向けの対応ですが、導入件数はもう1万件以上になりました。こういったことをしていかないと、処方元の医師との関係が今の時代はつくれないのです。

処方元の医師とつながりをつくって、メーカーのMRが行くときに卸が同行します。MRだって、処方元を知っている人と行ったほうが強いわけです。クリニックと親しければ、調剤薬局ともコネクトできるという面もあります。

そのほか、地域医療連携からいうと、今まで以上に訪問看護ステーションや在宅との関わりが重要になります。地域の住民に対する声掛けも行っています。地域医療のステークホルダーが多くなっている中で、医師会や薬剤師会との関係もより大切です。

東日本大震災のときに、「卸は社会共通インフラ」と言われたのですが、非常時ではない、平時のときにも地域とつながることで、医薬品卸はさらなる共通インフラになっていくということです。

――今後、MRに多くの要員を投入するメーカーはないはずで、卸に医療機関の対応を代行してもらうところが増えるでしょう。

松谷　その担い手になりうると信じて、いろいろなことをやっていかないといけません。

平成5年、江利川毅経済課長のときに、医薬品卸売業の将来ビジョンをつくりました。そのなかで、地域に根差した健康サポートという内容が含まれていたと記憶しています。地域の社会インフラになるためには、健康サポートという視点を持つことが必要です。薬だけでなく、いろいろな情報を伝えられる幅の広さを持たないと、魅力がある卸にならないのではないでしょうか。

医薬品を患者まで届ける運輸企業が参入する可能性も

――さて、これからの薬価制度がどのように変わるかはわからないことばかりですが、卸は新しい事業分野に取り組み、どんな強みをもって発展していくのでしょうか。

松谷　アメリカの卸のカーディナルヘルス社は、病院の薬剤部を引き受けています。自家製剤をつくるところまで全てやっていて、そのノウハウをもって、日本にも支店を出しています。卸部門はありません。

EUでは、かつて各国に卸がありましたが、今はEU内で合併しています。それも、卸同士だけでなく、調剤チェーンとも合併して、たて・よこの再編をしています。

そういう状況の中で、日本は静かです。卸連の会員会社の中で、ほとんどのことができています。カウンターフィットの問題などをみても、日本の流通はシンプルだし透明性があります。薬価差問題はありましたが、薬価制度70年の歴史の中で透明性は高まってきていると思います。ただ、企業として、現在の事業だけで生き残れるというものではないでしょう。

――医薬品卸の再編は今後、あるのでしょうか。

松谷　これからまだ第二ラウンド、第三ラウンドがあるという話もあります。ないとは言い切れないですね。

――東日本大震災を経て、卸の物流機能に対する評価は高まりました。医薬品の流通に異業種が参入することはないのでしょうか。

松谷　ヤマト運輸にしても日本通運にしても、物流専門の企業からは、「我々のほうが効率化できる部分がある」と言われます。卸のある会社と物流専門企業が共同の研究をし、サービスを始めたとも聞いています。

今後は、メールオーダー的なスタイルで、在宅の患者に薬をドローンで届けるということも議論になると思います。医療機関や調剤薬局まで薬を届けることでは、卸が優れていますが、ヤマト運輸や日本通運は、その先の患者まで届けることを考えているはずです。今はオンライン診療・投薬などが行われる時代に変化していくような動きがあります。今後、どうなるかはっきりわかりませんが、現状のまま将来も安定だと考えている卸の社長はいらっしゃらないですね。

――そうした規制改革の議論は財政の逼迫を背景にしています。医薬品の価格には流通コストも入っていますから、そこに着目して、この規制を外せばどれくらいの財源が出るかということを財政当局は考えるでしょう。

松谷　規制改革については、規制を守りたい人と破りたい人が両方いるわけだけど、破りたい人たちのほうが目立つでしょう。

昔、医薬分業を議論したときに、日本医師会の武見太郎会長が、「日本の郵便局をみんな調剤薬局にしたらできる」とおっしゃったのは、まさしく慧眼でした。

大震災で卸に出てきた薬屋魂
薬局の技術革新もサポート

――今後、医薬品の卸として、こんなものがチャンスにつながるということはありますか。

松谷　だいそれたことは言えませんが、ひとつ我々にあるのは「生命関連商品を扱い、医薬品流通を担う」ことのプライドでしょうか。東日本大震災のときに、卸の社員は避難所から出てきて、なんとか助かった営業所に行って動きました。あのとき、我々に〝薬屋魂〟のようなものが出てきたのです。

それに関連して思い出すのは、１９８８（昭和63）年から15年間ほど卸連で広報委員をやっていた頃のことです。5年に1度、職場体験記を募集していて、優秀賞を選考するために、体験記をずいぶん読みました。「ある薬をもっていったら医師と看護師さんが門の外で待っていてくれた」とか、透析が始まったばかりのときに透析液を扱っていたセールスが、「先生が本当に頼み込んでくる」とか、医療現場で、医師や看護師に喜んでいただけたことがとても嬉しいという体験記がすごく多かったです。

患者や医療者に喜んでもらえることが、卸の仕事の原動力になっていると思います。

――医療従事者と医療現場で関わってくる中で、また震災対応をされる中で、卸の皆さんに〝薬屋魂〟が培われてきたということですね。

将来の卸機能を考えたときに、もっと川上にも川下にも浸食して、一気通貫でやるというのはどうなのでしょうか。

松谷　昔の塩野義製薬は一気通貫でしたね。卸を子会社（オオモリ薬品）でやっていました。今はアルフレッサも自分で製薬の子会社を持っていて、東邦薬品もジェネリックをやっています。

東邦薬品は調剤薬局もやっていますが、「卸が調剤薬局をやるのはけしからん」と調剤薬局から怒られました。卸連にクレームをつけられたこともあります。

――卸は、川上については、工場がたまたま売りに出たときにやってみようかという程度の進出で、大きく投資して事業を広げようとは考えていないと思います。一方で、川下の調剤については、卸が手を広げることは効率性からいうと悪くないと思うんですが。

松谷　いま約6万軒の調剤薬局がありますが、3分の1に減るとも言われています。そこまで残れる機能を育てるのか、それとも経営状態を考えて、中心的な薬局を残して他は譲っちゃおうとか。皆さん、いろいろと考えられているのではないですか。

――その通りだと思います。大手チェーン調剤薬局は、商機があるところに薬局を出しているわけですが、加速的な少子高齢化、人口減少と都市部とそれ以外の地域の住民数の極端な偏在等により、出店のあり方を長期的な視野で見直さなければいけないでしょう。

松谷　そうですね。分業しろと明治時代から言われてきた中で、第二薬局をつくっていきました。それが、第二薬局はだめとなりました。厚生省の若手の人たちと分業について話したことがありますが、医療法人があるのだから「調剤薬局法人」という形にして、公的な役割を担ったほうがいいという考えが出ていました。

当時、既存の薬局がほとんど株式会社になっていて、その実態を認めるために、結局、株式会社を認めました。その後、他業種がどんどん参入してきました。メーカーのMR経験者とか、卸のセールス経験者ならわかりますが、全く医療に関係ない異業種の人が参入してきます。株式会社だと、経営と資本とが分離できますからね。そういう経緯で今の混沌とした状態になっているわけです。

日本の将来は人口が減るのですから、私は約6万軒の薬局が2万軒とか、あるいはそれ以下になることもあり得ると思っています。

――薬局の店舗数は減っていくかもしれませんが、新しい技術を導入して薬局が様々な機能を持てば、山間へき地などに住むお年寄りを救う道はありますね。調剤薬局の技術革新の取り入れ方次第ですが、そこは資本力がないと無理ですね。

松谷　ＩｏＴをやるのなら、チェーン薬局は資本力があるから有利でしょう。そうでないところは卸がお手伝いできるのではないかと考えております。

――本日、松谷さんから、国際的な実態も交えて、薬価制度改革、そのときどきの医薬品流通、とくに卸売業の変遷についてお話をうかがいました。卸連の社団化が今日までの卸の発展に寄与し、脈々と息づいている、というお話は大変興味深くうかがいました。そして、医薬品流通の川上から川下への流れを考えると、患者への提供まで視野に入れて、新展開をされようとしている話をうかがって、さらなる事業成長の可能性を感じました。ありがとうございました。

インタビュー　薬価制度改革のエポックを辿る⑩

ジェネリック医薬品の使用促進の取り組みをめぐって

前 厚生労働省医薬・生活衛生局監視指導・麻薬対策課長
磯部総一郎
元 厚生労働省医政局経済課長（現 内閣審議官）
城 克文

2007（平成19）年の骨太方針以降、政府は数値目標を掲げてジェネリック医薬品の使用促進に取り組んできた。2018（平成30）年度末におけるジェネリック医薬品の使用割合は77・7%となり、ジェネリック政策は一定の成果をあげたといえる。そこで、ジェネリック医薬品普及の取り組みを振り返り、その考え方や課題、今後の展望について語り合っていただいた。

骨太方針2007でジェネリックの数値目標を設定

――今日は、ジェネリック医薬品の数値目標が初めて設定された2007年から今日に至るまでの経緯を振り返り、ジェネリック推進とは何だったのかを考えてみたいと思います。このテーマについて誰に聞くかを考えましたが、ジェネリックメーカーの担当者や研究者には全体像を語れる人が見当たりませんでした。ジェネリックは最近でこそ注目分野になっていますが、初期の頃はそうではなかったということもあり、当時のことを話せるのは行政しかいない。そこで、行政の担当者として、磯部さんと城さんをお招きしました。お2人とも、ジェネリックだけをやっていたわけではありませんが、この2人しかジェネリックの歴史と将来像について話せる人はいないでしょう。

さて、ジェネリック医薬品の歴史を振り返ると、まずその呼び方が変わってきました。かつては「ゾロ」と呼ばれた時代があり、その後、「後発医薬品」になり、近年は「ジェネリック医薬品」と用語統一されてきました。

〈PROFILE〉

磯部総一郎（いそべ・そういちろう）

昭和60年に東京理科大学薬学部卒業。平成20年に東京理科大学にて博士号（薬学）取得。昭和60年、厚生省に入省。平成16～18年に医政局経済課課長補佐、18～22年に保険局医療課薬剤管理官。22～24年に医薬品医療機器総合機構審査マネジメント部長。26年に大臣官房参事官、28年に医薬・生活衛生局医療機器審査管理課長、29年に同局監視指導・麻薬対策課長。令和元年7月に厚労省を退官し、10月から山口東京理科大学理事長特別補佐・特命教授、日本薬剤師会会長付。

２００２（平成14）年になりますが、原勝則経済課長のときに初めて医薬品産業ビジョンがつくられ、ジェネリックが取り上げられました。その翌年から、厚労省や業界で実務的に議論されるようになり、２００７（平成19）年の骨太方針に「ジェネリック医薬品の使用促進」が数値目標も含めて盛り込まれました。この時の目標は、２０１２（平成24）年度までに数量ベースで30％（旧指標）というものでした。

まず磯部さんに、当時のジェネリック医薬品に関する政策を整理していただきたいと思います。

磯部　私がジェネリックの問題を自分なりに考え始めたのは、医政局経済課の課長補佐だったとき（２００４（平成16）～２００６（平成18）年）です。当時の経済課長は、二川一男さんでした。中医協で支払側から後発医薬品の使用促進の話が出てきて、二川さんが頑張って、２００６（平成18）年の診療報酬改定で処方箋様式を変更したのです。診療側からは厳しい意見がありましたが、ジェネリックに変更してもよいときには、処方箋の備考欄に「変更可」と医師が書くことにより、ジェネリック医薬品の使用を進めるということで、中医協で了解していただいた。

それまでも後発医薬品を調剤したときには調剤料の加算があったのですが、あまり効果はありませんでした。処方箋様式を変えた２００６年改定の後に、私は保険局医療課の薬剤管理官になりました。

正直なところ、その後もジェネリックは思ったほど進まなかった。医薬協（医薬工業協議会、現在の日本ジェネリック製薬協会）の調べでは、15％くらいだったと思います。これを伸ばさなければいけない。そのためには数値目標をつくろうということで、当時の武田俊彦経済課長といろいろ相談しました。15～16％という状況だったので、かなり大雑把ですが、「5年で倍にするくらいの数値目標を立ててみよう」ということで、２００７（平成19）年の骨太方針では、「30％」という数字を目標に置きました**（参考1）**。

安心使用促進のためのアクションプログラムを策定

――30％の数値目標を立てたことは、ジェネリック推進にどんな意味があったでしょうか。

磯部　それ以前は、ジェネリック使用促進の数値目

〈PROFILE〉
城克文（じょう・かつふみ）
平成元年に東京大学法学部卒業。同年、厚生省に入り、15～16年に保険局医療課課長補佐、25～27年に医政局経済課長、27～28年に保険局医療介護連携政策課長、28～29年に同局総務課長、29～31年に社会保険診療報酬支払基金審議役、令和元年７月より現職。主な著作は「日本の医療保険制度における薬価制度と課題」（『薬価の経済学』、日本経済新聞出版社）、「ジェネリック医薬品をめぐる最近の動向と今後の方向」（『社会保険旬報』No.2585～2597）など。

参考１　ジェネリック医薬品の使用促進をめぐる動き

2007（平成19）年６月　骨太方針2007に後発医薬品の使用促進も数値目標が示される
○2012年度までに後発医薬品シェアを30%以上に
○旧指標：すべての医薬品をベースにした数量シェア

2007（平成19）年10月　後発医薬品の安心使用促進アクションプログラム
○安定供給　○品質確保　○後発品メーカーによる情報提供　○使用促進に係る環境整備
○医療保険制度上の事項

2013（平成25）年４月　後発医薬品のさらなる使用促進のためのロードマップ
○2012年度末の後発医薬品シェアを30%以上の目標は未達成　○新たな指標を設定、2018（平成30）年３月末までに60%以上を目標に　○新指標：後発医薬品に置き換えられる先発医薬品および後発医薬品をベースとした数量シェア

2015（平成27）年６月　骨太方針2015
○後発医薬品の数量シェアを2017年央に70%以上とするとともに、2018年度から2020年度末までのなるべく早い時期に80%以上とする

2017（平成29）年６月　骨太方針2017
○2020年９月までに、後発医薬品の使用割合を80%とし、できる限り早期に達成できるよう、さらなる使用促進策を検討する**（図表26）**

標もつくらず、単発の話で終わって、結局は効果を結ばなかったということがありました。一方で、諸外国ではジェネリックの使用割合が高いのに日本はどうして低いのかと文句を言ってくる経済畑の人が多かった。目標を立てて取り組まないと、その人たちに説明ができない。そして、目標を達成するためには、ジェネリック医薬品について医療者の不満が多かったので、それに対応しなければ進まない。国民にジェネリック医薬品の使用促進を訴えても、医療者がジェネリックを不安に思っていたら、結局は先発医薬品に戻ってしまうので、医療者に安心して使えると思ってもらわない限りはうまくいかないと強く思っていました。

当時のジェネリックには安定供給、品質、情報提供など、いろいろな指摘があったので、経済課と医療課で、「現場が問題にしていることを全部やっていこう」ということで、医薬協とも相談して、２００７（平成19）年10月に「後発医薬品の安心使用促進アクションプログラム」をつくりました**（図表26）**。

多くの医療者が言っていたのは、「なぜジェネリックを推進しなければいけないのか。長期収載品を長く使えばいいではないか。その分薬価を下げればいい」ということでした。特に医師からは、「ジェネリックにはいろいろと問題があるのに、なぜ切り替えさせるのか」と言われました。薬剤師のなかには、「特許が切れたらジェネリックに切り替えるのでは、先発メーカーがつぶれてしまう」と心配する人も多かった。政府全体で後発医薬品を進め

ることは決まっていたが、医療者の声にどう応えていくか、ずいぶん議論をした覚えがあります。

外国の状況を見ると、当時、ジェネリックの使用割合はアメリカ、イギリス、ドイツは80～90％くらいで、フランスと日本は同じくらいでした。それを見て、なるほどと思いました。当時、日本ではドラッグラグが大きな問題だったのですが、ドラッグラグを起こしていない国でジェネリックの使用割合が高かった。アメリカ、イギリスという新薬メーカーが多い国で、ジェネリックが進んでいるのはなぜか。

メーカーの人から聞いたように思うのですが、特許が切れジェネリックが出てきたら売れなくなるから、特許が切れるまでに次の新薬を探さなければ会社が倒れる。崖っぷち経営というか、そういう厳しさが新薬を生み出す力になっている。私もそうだなと思いました。ジェネリックが出ても営業努力で先発品を売り抜くようなことを日本で続けていては、結果的にメーカーは遅れをとってしまい、ドラッグラグも拡大せざるをえないと思いました。

もうひとつ、ジェネリックは新薬メーカーに比べて営業コストを縮減したビジネスモデルです。長く使ってきた薬の情報を提供しているのはＭＲだが、薬剤師がＭＲが来ないと情報がわからないという状況は変だと思っていました。医薬品情報はメーカーがまとめるにしても、薬剤師が自分で問題意識を持って医薬品の情報を集め、医師と協働して医薬品を評価する仕組みをつくらないと医薬品の適正使用は進まないのではないか、その試金石としてＭＲがあまり訪問できないジェネリックでもきちんと医療者の方々が使いこなす環境を作っていかなければいけないと考えたのです。

こうした理由から、ジェネリック医薬品の使用促進には価値があるのではないかということを、医療者から質問されたときに話しました。

長期収載品を長く使い続けることと、ジェネリックに切り替えることのどちらの政策がいいかはわか

左から、磯部氏、城氏、聞き手の長野氏

図表26 「後発医薬品の安心使用促進アクションプログラム」の概要

『平成24年度までに、後発医薬品の数量シェアを30%(現状から倍増)以上』という政府の目標達成に向け、患者及び医療関係者が安心して後発医薬品を使用することができるよう、①安定供給、②品質確保、③後発品メーカーによる情報提供、④使用促進に係る環境整備、⑤医療保険制度上の事項に関し、国及び関係者が行うべき取組を明らかにする。

①安定供給

医療現場の声

発注から納品までに時間がかかることがある 等

国

- **○少なくとも5年間は製造販売を継続、必要な在庫を確保**
- **○先発品が持つ医療上必要な全規格の取り揃え**

等、これまでの取組の周知徹底

後発品メーカー

- **○安定供給の指導の徹底**
  - ・医療関係者からの苦情の受付、メーカーの指導・指導内容の公表 等
- **●納品までの時間短縮**
  - ・卸への翌日までの配送100%(19年度中) ・卸に在庫がない場合、卸への即日配送 75% (20年度中)
- **●在庫の確保**
  - ・社内在庫・流通在庫1か月以上 (19年度中) ・品切れ品目ゼロ (21年度中)

②品質確保

医療現場の声

一部の後発品では、溶出性・血中濃度が先発品と異なるのではないか 等

国

- **○後発品の品質に関する試験検査の実施・結果の公表**
  - ・注射剤等を対象に、**不純物に関する試験**を実施
  - ・後発品の品質に関する**研究論文等を収集整理**し、また、**「後発医薬品相談窓口」に寄せられた品質に関する意見等を検討**の上、必要に応じ、**試験検査**を実施。(予算要求中)
- **○一斉監視指導の拡充・結果の公表** (予算要求中)
  - ・都道府県及び**国の立入検査**によるGMPに基づく指導 ・**検査指定品目の拡充**

後発品メーカー

- **●品質試験の実施・結果の公表**
  - ・ロット毎に製品試験を実施(19年度中)
  - ・長期保存試験など、承認要件でない試験についても、未着手のものは、年度内に着手(19年度中)
- **●関連文献の調査等**
  - ・関連団体の医薬工業協議会において、後発品の関連文献を調査・評価し、必要な対応を実施 (19年度中)

③後発品メーカーによる情報提供

医療現場の声

- ・MRの訪問がない
- ・「先発メーカーに聞いて欲しい」など情報が先発メーカー頼み 等

国

- **○添付文書の充実を指導**
  - ・添付文書には、添加物、生物学的同等性試験データ、安定性試験データ、文献請求先等 を記載すること
  - **・20年3月末までに改訂 → 後発品メーカーは、自主的に、19年12月までに前倒し対応**
- **○後発品メーカーの情報提供体制の強化を指導**
  - ・研究開発データ、収集した副作用情報、関係文献を整理・評価し、医療関係者へ情報する体制の強化

後発品メーカー

- **●医療関係者への情報提供**
  - ・試験データ、副作用データについて、ホームページへの掲載等、資料請求への迅速な対応 (19年度中)

④使用促進に係る環境整備

国

- **○都道府県レベルの協議会の設置** (予算要求中)
  - ・都道府県レベルにおける使用促進策の策定・普及啓発を図るため、医療関係者、都道府県担当者等から成る協議会を設置
- **○ポスター・パンフレットによる普及啓発**
  - ・医療関係者・国民向けポスター・パンフレットの作成・配布 (19年度～)

後発品メーカー

- ●「ジェネリック医薬品Q&A」を医療機関へ配布・新聞広告

⑤医療保険制度上の事項

これまでの取組

- ○**後発医薬品を含む処方を診療報酬上評価**(14年度～)
- ○**処方せん様式に「後発医薬品への変更可」のチェック欄を追加** (18年度～)
- ○後発品の品質に係る情報等に加え、先発品と後発品の薬剤料の差に係る情報を患者に文書により提供し、患者の同意を得て**後発医薬品を調剤した場合に調剤報酬上評価**(18年度～)

今後の取組

- ○処方せん様式の変更の検討、薬局に対する在庫管理コストの評価の検討等、**効果的な使用促進策を本年度中に中医協等で議論・決定。**

厚生労働省

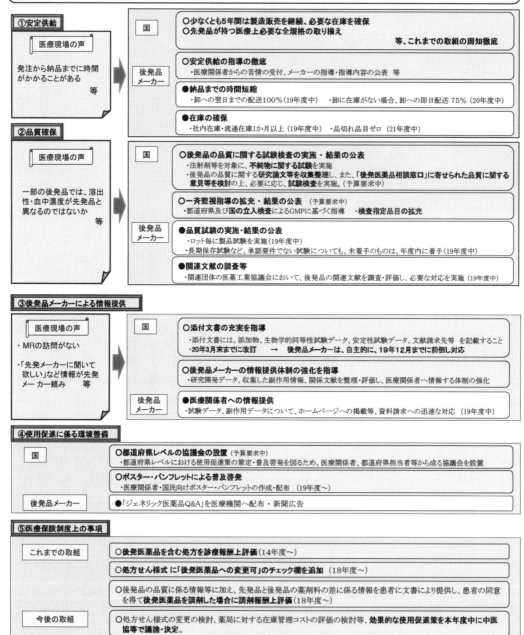

らないところがあるけれども、新薬を多く創成している国々でジェネリックの使用率が高いことを考え、世界的にもOECD諸国ではジェネリックの使用を促進している国が多いということもあり、日本でもそういう方向にかじを切らなければいけないと考え、進めてきたつもりです。

２００９（平成21）年にOECDのレポートが出て、各国のジェネリック政策を勉強する機会がありました。多くの国はまずは薬剤師インセンティブを立て、次に医師インセンティブを立てていると、大枠として理解しました。日本でもそういう方向で進めていくのがいいだろうと考えました。そういう考えもあって、薬局の調剤報酬で後発品調剤体制加算を創設し、後発品を品揃えする体制整備を進めたというところがあります。

――「後発医薬品の安心使用促進アクションプログラム」について、もう少し説明していただけますか。安定供給や品質確保などが課題でした。

磯部　安定供給の問題は、医療者からの苦情がすごかった。「この薬の供給が止まった」「メーカーに言っても1週間後になると言われた」などです。医療関係者からの苦情をきちんと受けとめて、改善してフィードバックしないと解決しないと思いました。アクションプログラムでは「国の役割」に書いていますが、対応が悪かったら公表するとまで考えました。

薬剤師会から言われたのは規格揃えの問題です。ジェネリックに変えろと言うけれど、規格が変わってしまう、すべての規格を揃えてほしいと言われました。これについては、ジェネリックメーカーの人は「苦しい」と言っていましたね。

品質確保では、同等性試験の再評価を行ったほか、品質で問題を指摘された事例についてはジェネリック医薬品品質情報検討会で本当に問題かどうかを調べました。

２００８（平成20）年に医薬工業協議会から日本ジェネリック製薬協会になって、理事長に長野健一さんが着任されましたが、この頃から、我々のやってほしいことを業界内部でも話し合って進めていただいた。業界もジェネリックの信頼確保のために真摯に考えて行動に移し、日本ジェネリック製薬協会になってから、いいサイクルが回り始めたと思います。

処方箋様式を変更
変更可を原則に

――旧指標の30％の目標は達成されなかったのでしたね。

城　数量ベースで、２００５（平成17）年9月は16・8％、２００７（平成19）年9月に18・7％、２０１１（平成23）年9月は22・8％でした（**図表**

図表27　ジェネリック医薬品の市場シェア（旧指標と新指標）

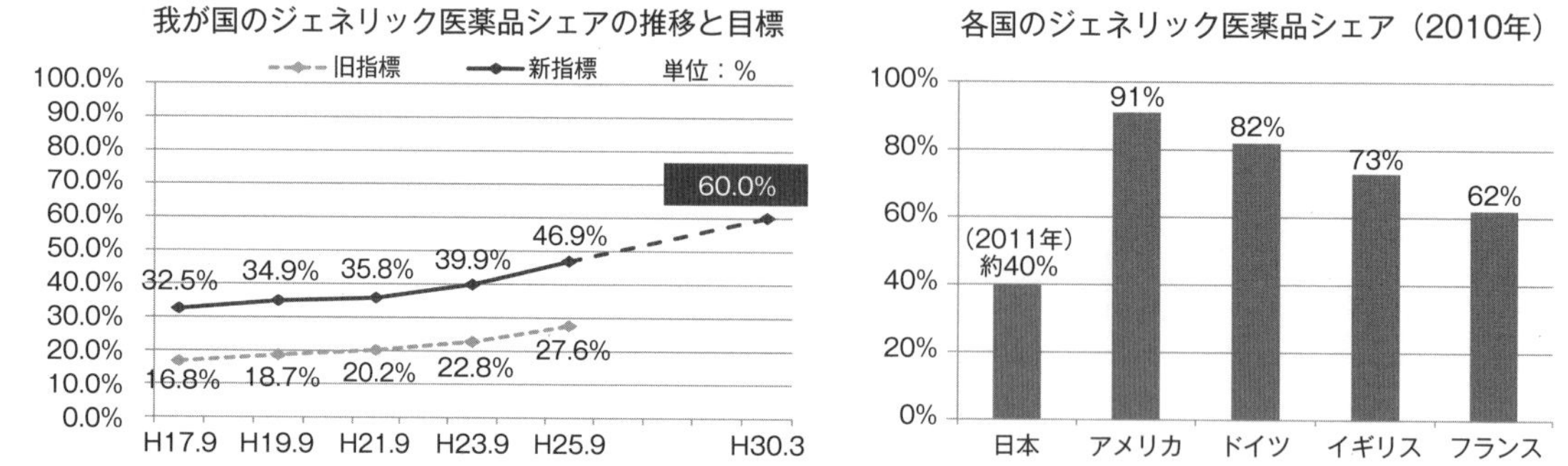

旧指標とは、全医療用医薬品を分母とした後発医薬品の数量シェア（平成19年に「医療・介護サービスの質向上・効率化プログラム」で定められた目標に用いた指標）
新指標とは、後発医薬品のある先発医薬品及び後発医薬品を分母とした後発医薬品の数量シェア（「後発医薬品のさらなる使用促進のためのロードマップ」で定められた目標に用いた指標）
厚生労働省調べ

Copyright 2013 IMS Health
MIDAS Market Segmentation（2010年・SUデータ）をもとに、日本ジェネリック製薬協会が作成したものを改編
厚生労働省

27）。２０１２（平成24）年に30％という目標には、ぎりぎり届かなかったんですね。

——処方箋様式を変更した効果はどうだったのでしょうか。

磯部　２００６（平成18）年度の改定で処方箋様式を変更しましたが、あまり効果は出ませんでした。「変更可」と書かなければいけないし、「変更可」と書いても薬局でほとんど変更してくれない。

調査したら、わざわざ「変更可」と書いてくれる人は少なくて、多くの人は何もしなかった。そこで、２００８（平成20）年度改定でジェネリックに変更してはいけない場合だけ「変更不可」と書くことにしました。あれは効いたはずです。

中医協で処方箋を「変更不可」を書く様式に変更する提案をしたときは、診療側からかなり反対があったと記憶しています。ジェネリックに切り替えるときには疑義照会をするのが前提であり、その手続きをとらずに切り替えることには診療側は反対意見でした。とはいえ、大揉めに揉めたというほどではありませんでした。

城　そうでしたか。なぜでしょう。

磯部　この様式は変更について医師の了解があると読める様式であること、そのうえで、「診療報酬改定の財源がなくて純増は難しい。診療報酬のなかで財源をやりくりしなければ、医療者がやりたいことを実現できませんよ」ということを言った記憶があります。

城　なるほど。

磯部　当時、小泉改革の真っ最中でしたが、社会保障費2200億円の抑制にジェネリック促進による財源を使わせてもらった。とくに診療報酬本体がプラスになることを考えていたので、診療側も「そこまで考えてくれているのならば」ということで、あまり大きな話にならずにすんだ気がします。

医療資源の有効活用と説明 医療者の理解を得る

――ジェネリックにかかわる関係者がそれぞれ納得する説明をしていたのですね。

磯部　私が薬剤管理官になった頃、「ジェネリックの促進はなぜやるのか、医療費の削減です」と言い続けてきました。しかし、「医療費の削減」は医療者にとって嫌な言葉です。言い方を考えないと医療者の理解は得にくいと思い、「医療資源の有効活用」との表現ぶりに変えました。保険料、税金もそうは上げられない、そうすると医療資源をどう有効活用するかが勝負だと。特に人件費を確保しなければいけない。どこでコスト削減できるか、人件費をきちんと確保するためには薬剤費や材料費しかない。そのコストを少し下げることによって、医療資源を有効活用しようと言って、健保連の方々にも「それは理解できる」と言っていただいた。

城　私が経済課長になったのは、ジェネリックの数値目標が新指標になってすぐの頃で、まだ定着していませんでした。

当時、薬剤費が医療費や社会保障費削減の主たる登場人物になりかけていた時代でした。医療の質を下げずに医療費を抑える方策が課題になっていて、そこにジェネリックが登場した。医療機関も患者も困らずに、医療費が下がることにジェネリックは使えるのではないかということです。それまで財政面からそういう言い方をすることはなかったので、抵抗感もあったのではないでしょうか。

その頃、「後発医薬品のさらなる使用促進のためのロードマップ」が作成されました（2013（平成25）年4月）**（図表28）**。行政のビジョンのなかで、誰が何をする、何年に何をすると個別に定めたのは、厚労省でも当時は珍しかったのではないかと思います。

医薬品産業ビジョンは、概ね5年間で策定されていて、最初は2002（平成14）年の原経済課長のとき、2度目は武田経済課長のときの新医薬品産業ビジョン（2007（平成19）年）、3度目は鎌田光明経済課長のとき（2013（平成25）年）です。

3度目のビジョンとジェネリックのロードマップ

図表28 「後発医薬品のさらなる使用促進のためのロードマップ」の概要

○後発医薬品の数量シェアを平成30年３月末までに60％以上にする。また、達成状況をモニタリングし、その結果や諸外国の動向を踏まえ、適宜見直す。
○後発医薬品のさらなる使用促進のための取組についてもモニタリングを行い、その結果を踏まえ必要な促進策を適宜追加する。

① 安定供給

課題	製造管理、品質管理、原薬確保および需要予測の誤り等による品切れの発生
国	諸外国の状況に関する情報提供
メーカー	業界団体による「ジェネリック医薬品供給ガイドライン」作成 後発医薬品メーカーによる「安定供給マニュアル」の作成 供給を継続して確保する体制の整備

② 品質に対する信頼性の確保

課題	品質に対する医療関係者や国民へのさらなる理解の促進
国	ジェネリック医薬品品質情報検討会の継続、一斉監視指導の継続
都道府県	都道府県協議会による研修事業の実施
メーカー	ジェネリック医薬品品質情報検討会において指摘を受けた品目について、品質の改善等迅速な対応

③ 情報提供の方策

課題	医療関係者への情報提供の充実、医療関係者の情報収集・評価の負荷の解消
都道府県	市区町村または保健所単位レベルでの協議会の活用 汎用後発医薬品リストの作成
メーカー	業界団体の「情報提供システム」の改善・拡充 後発医薬品メーカーによる情報収集・提供体制の整備・強化

④ 使用促進にかかる環境整備

課題	後発医薬品の推進の意義、メリットについてのさらなる理解の促進 使用促進に向けた、都道府県協議会活動の強化
国	全国医療費適正化計画における後発医薬品に関する取組の推進
都道府県	都道府県医療費適正化計画における後発医薬品に関する目標設定および関連施策の推進
保険者	差額通知事業の推進

⑤ 医療保険制度上の事項

課題	医師、歯科医師、薬剤師の後発医薬品への理解が進むようなさらなるインセンティブの検討
国	診療報酬上の使用促進策について、中医協等で検討

⑥ ロードマップの実施状況のモニタリング
ロードマップの達成状況についてモニタリングを行い、その結果等を踏まえ、必要に応じ追加的な施策を講ずる。

図表29　後発医薬品の使用割合の推移と目標（骨太方針2017）

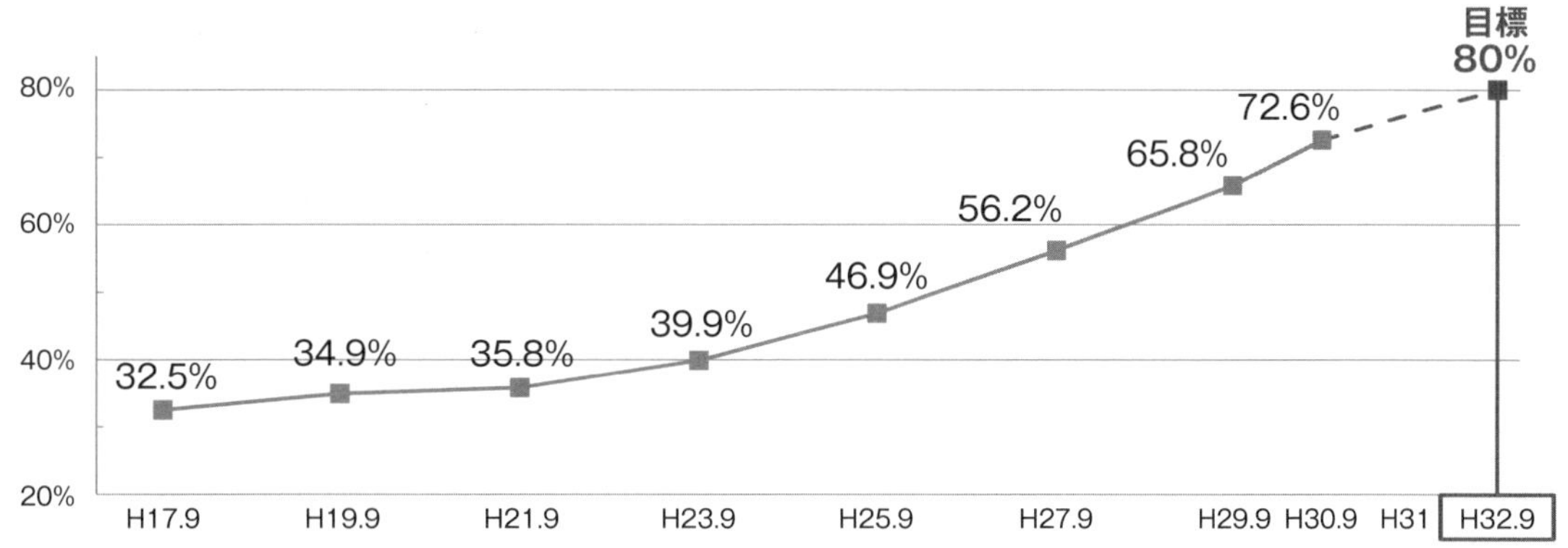

注）「使用割合」とは、「後発医薬品のある先発医薬品」及び「後発医薬品」を分母とした「後発医薬品」の使用割合をいう。

厚生労働省

はタイミング的にセットだったんですが、最初はみんなその意味がわからなかった。その頃は、まだジェネリック推進のロジックが定着していなかったんでしょう。それが、2015（平成27）年の骨太方針でようやく市民権を得た。創薬とジェネリックの政策は合わせて一つのパッケージだ、ということです。ジェネリックに対する不信感はまだありましたが、やるべきことはアクションプログラムに既にリストアップされています。ロードマップで実際に普及させる段階に入ったのではないですか。

——当時を思い起こすと、内資の新薬企業は長期収載品をどうするかという話以上に、ジェネリックを自社の経営テーマにあげるかどうかを考えていました。その頃から、新薬メーカーもジェネリック医薬品に対する否定的な発言はしづらくなったのです。ジェネリックを業として構えた会社があるわけですから、ジェネリック批判はできなくなりました。

新指標に切り替え
骨太方針2015で目標を設定

——2007（平成19）年の使用割合30％は旧指標であり、2013（平成25）年には、新たな指標による目標が示されました。新しい目標は、2018（平成30）年3月末までに60％以上というものです（図表29）。

城氏

磯部　最初の目標を30％にしたときに、「30％では低すぎる」と言われました。30％は全医薬品をベースにした使用割合なので、ジェネリックがあるものに限ると過半数に届くわけです。「まず過半数に持っていくことが目標でしょう」と言った記憶があります。

城　旧指標は全医薬品の数量に占めるジェネリック医薬品の数量でした。しかし、特許期間中のものは置き換わりようがないので、そういったものを含めて30％というのは高い目標だったわけです。しかしそれでは、全部切り替えても100％にならずに最高でも50％程度です。そういう数値は目標として低く見えるので、意欲的でないと感じられるということがあった。また、海外では特許切れ市場における使用割合を指標にしていたので、そのほうが海外との比較がやりやすい。

「特許切れ市場に占める」などの言い方をしましたが、結局、ジェネリック医薬品が出せる市場におけるジェネリック使用量の目標として60％になったわけです。アメリカは90％、ドイツは80％、イギリスやイタリアは70％でしたが、それは次の目標ということで、まずはフランス並みの特許切れ市場における60％を目指すことにしました。

このときは、ロードマップに「後発医薬品の数量シェアを平成30年3月末までに60％以上」と書きましたが、設定経緯からみれば60％は通過点であって目標ではない（図表28）。私が当時「60％が目標なのではなく平成30年3月が目標」と言っていたのはそういう趣旨です。そう考えると、次に70％、80％の目標が出てくる。

骨太方針2015で70％、80％の目標を設定したときは、相当苦労しました。当時目標だった60％にはたどり着かない状況でしたが、次の目標設定に当たっては、少なくともそれまでの進捗状況をそのまま伸ばしていくものにしないと、ジェネリックの使用促進を鈍化させる目標になる、という指摘が財務からあった。その通りなのですが、では70％、80％というのは現実問題としていつできるのか、最速で5年後に可能なのか。

これから新たに工場をつくる場合、工場適地を探すのに1～2年はかかります。工場を設計するのに数か月、建設に1年から1年半、その後製造ラインを入れ、製造予定の銘柄について一品一品薬事の一部変更承認をとらなければなりません。さらに、実製造はそれぞれ3ロット試験製造して品質確認してからになるので、今すぐ着手しても安定的な製品供給までには4〜5年、すでに適地を持っていたとしても3年はかかります。逆に考えれば、5年後のジェネリックの供給能力は、実はすでに決まっていて、各社から細かく情報をとればほぼ正確にわかってしまう、ということです。適地を持っているか、既存工場に余裕空間はあるか、今浮いているラインはどれくらいか、これからどれくらい資金調達してどれくらい設備増強に投資する予定か。一方で、今後5年間で新たに特許切れとなる製品の現在の出荷量もわかっています。

そうやって分母分子を推計したところ、使用量が減らない状況で5年後に供給能力を80%まで増強するのは極めて難しいという結果になりました。もっとも、その際は、先発メーカーのラインでジェネリックを製造するというのは計算に入れていません。当時、総数が変わらないのだから先発メーカーの製造ラインでジェネリックを作れば当然供給可能だ、という論が一部にありましたが、それは医薬品産業政策の全体像が見えていない。先発メーカーに創薬に特化してもらうためにジェネリックを推進しているのだから、先発メーカーが自社工場でジェネリックを作り始めたら本末転倒です。先発メーカーには常に新薬を自社工場で製造してもらわないといけないので、それをジェネリック生産に組み込んで推計するわけにいかない。

結局、5年後80%と明記して現場的に達成不可能な目標だと批判されてもつまらないので、達成可能な70%を当面の中間目標、その先に80%と言及した上で、2年後に80%目標をいつ達成するか決めることとして2015年時点の「2017年央に70%以上、2018年度から2020年度末までのなるべく早い時期に80%」という目標が設定されました。

磯部　私のときはジェネリック推進を始めた頃だっ

磯部氏

長野氏

たので、「使用促進を頑張るんだ」でよかったのですが、城さんが経済課長になった頃は、現実的な問題として、供給体制、設備投資をどうするかなど、地に足の着いた綿密なものを作らなければいけなかったと思います。各社の供給体制を含めて、根拠があり、現実的な数字を設定したのですね。

城　ジェネリックを推進することは、先発メーカーに「すぐにでも長期収載品市場を捨てろ、創薬に特化して生き残れ」と言うことになるわけだから、その支援策は別途必要になります。また、これによって医療上不可欠な医薬品が供給できなくなってはいけないので、骨太2015には基礎的医薬品の支援もパッケージとして記載し、これらを2015（平成27）年9月の医薬品産業強化総合戦略に組み込みました。

磯部　5年で倍増という初期の目標をたてたときは、そう難しくないいけると思っていましたが、やってみると意外に難しい。医療者の行動を変えて、薬を切り替えてもらうのは、なかなか大変なことだと思いました。

全体の構図として、特許期間中は新薬のイノベーションを評価し、特許切れ後はジェネリックに切り替えるということで、業界の人たちはおもしろくないけれど、それなりに理解できると思っていただいたのではないか。医療者にもだんだんと根付いて、2010（平成22）年改定を経てジェネリックが軌道に乗り始めたと思います。

ジェネリック80％時代の先を展望する

——新指標に切り替えて、現在、80％に近いところに来ました（図表29）。15年にわたる政策の積み上げとさらなる課題の設定を繰り返してきて、今はどのような状態と考えていますか。

城　80％は、厳しい目標だと思っていましたが、実際、そこに向かって近づいているので驚いています。目指してきたジェネリック促進はしっかりできたのではないかなと思います。しかし、この先、80％が90％になり100％になるわけではない。

点眼薬や貼付剤、液剤のように、専用設備への高額投資が必要で新規参入組がかえってコスト高になるような分野もあります。また、新薬の特許は毎年毎年満了し、その成分のジェネリックシェアはゼロからスタートします。これらを考えれば市場全体で100％の達成は困難で、80％が限度ではないかと思います。

——患者の立場に立つと、メディアの情報提供やニュースの取り上げ方などで、この5年でジェネリックに対する違和感はかなり減ってきたと思います。

城　ジェネリックという言葉が、例えば「ジェネリック家電」のように、安くてお得という意味で理解されるようになってきました。使い方としては間違っていますが。

磯部 我田引水と言われるかもしれないけど、ジェネリック政策は、それなりに時間をかけましたが、医療政策のなかではうまくいったほうではないでしょうか。

城 そうですね。

磯部 医療費では1兆円くらいの財源効果も生み出しながら、大きなトラブルを起こすことなく、医療者も患者も普通に使えるようになってきました。ある意味でソフトランディングしました。

今後は、80%、90%というより、〝ポストジェネリック〟をどう考えるかが課題でしょう。バイオシミラーや単回使用医療機器の再製造、OTCへの切り替え問題があります。OTCへの切り替えは、最近、財務省や健保連もさかんに言っています。OTC類似薬を保険から外すかどうかは多くの議論があると思いますが、長く使っていた成分の薬であれば、医療用医薬品からOTCを活用していくという流れは、ポストジェネリックの方向ではないでしょうか。

――医療資源の有効活用というキーワードがありました。生活習慣病薬が薬剤費のかなりの部分を占めていた時代が長かったわけですが、今後は疾病の変化や新薬の動向を見据え、薬剤費についても資源の有効活用を考えなければなりません。

城 今までの延長線上でポスト80%時代を見ていくと、80%以上に進まないなら参照価格制で残り20%の長期収載品にもジェネリック以上の価格を払わない仕組みを入れるべき、という議論になる。このロジックでポスト80%時代は語れないですね。ジェネリック推進の狙いは「医療の質を下げずに医療資源を有効活用すること」ですから、そういう視点で次にどうすればいいかを考えなければいけない。

――内服固形の生活習慣病薬では、設備投資も的を絞ってできるわけです。しかし、今後は、外資・内資・後発品企業を問わず、製造ラインが難しくなるなかで、設備投資を展開しなければならない。過去にはない方程式を考えなければいけない時代が来ているのではないですか。

磯部 私が厚生省に入った頃から、ドラッグラグは長年の問題とされていました。これからのアンメット・メディカルニーズでもドラッグラグが課題になるはずです。今までと違う発想が求められます。遺伝子治療薬などは、生産ラインが多様で、しかも作る量は少数・少量だったりする。こういうものに企業に投資してもらえる環境をつくらないと、あっという間にまたドラッグラグになると思います。だから、高くてもいい薬は保険に入れて使えるようにするというメッセージは出し続けなくてはいけない。

設備投資にコストがかかり、薬価も高い薬を日本の医療のなかで使えるようにするためにも、ポストジェネリック問題に取り組まないといけないと強く思います。

城　私たちは、ジェネリックの使用促進に取り組んできたように思われてきましたが、本当はそうではなかったということでしょう。ジェネリック医薬品の促進という切り口で医薬品分野の産業構造の大転換を進めてきたわけです。ですから、ポスト80％問題は、今後さらに医療資源の有効活用をどういう手法で進めていくか、それを産業界として、どう実現していくか、という話をしなければいけない。

磯部　本当にそうだと思います。

城　既にゲノムや再生医療では創薬手法が変わってきているわけです。コストだけを考える切り口から行くと、今までのジェネリックモデルのように1対1対応でシミラーをつくることにしてそのために高額な投資をするくらいなら外国から輸入したほうがいいとなるかもしれません。

ポスト80％時代はそういうことを求めているのではないのだと思います。創薬でコストを下げられるような、医療資源を有効活用できるような薬剤をどうやって開発していくかという視点に切り替えることが、業界として生きる道なのではないでしょうか。

特許切れ後の産業政策を考える

――長年にわたるジェネリック政策のなかで、ジェネリックの薬価が下がってきました。さらに何年かたったら一番下の価格に統一するという参照価格制も議論されている。特許切れ後の政策には2種類あり、生活習慣病はなくならないし、お年寄りが増えるわけだから、良質廉価な特許切れ品を今と同じように供給していくというジェネリック政策があり、もう一つはバイオ医薬品の後続品（バイオシミラー）です。これからの薬剤費のかなりの部分を占めるであろう特許切れ後の資源の有効活用について、将来展望をお聞かせいただけますか。

磯部　新薬メーカーと、エッセンシャルドラッグ、OTC、ジェネリックのメーカーはビジネスモデルが違います。新薬メーカーは、研究や開発、いいものをどうやってみつけて、エビデンスをとっていくのか。製造が主体のメーカーとはビジネスモデルが違うので、それに対する政策も違うと思います。きちんと作り続けることはまだやりやすいと思いますが、新しいものを追い続けるメーカーのことをきちんと考えることが必要です。そこを見据えて、いいものは世界に遅れずに使えるようにするというメッセージを出すことが大事だと思います。

特許が切れて新薬からジェネリックに切り替わる場合、現場では途中でメーカーが切り替わるわけです。情報の引継ぎという意味では、新薬メーカーの情報が、ジェネリックメーカーにうまく引き継ぐのが難しいこともあるわけで、そこの問題をどうするかという問題は出てきていると思います。

——生活習慣病薬、あるいは内服固形薬の場合、多くの情報はかなり普遍的ですから、共有できる。バイオ医薬品になると、対象疾病も希少疾病であり、作り方も含めて情報の蓄積は難しくなるでしょう。

磯部　データだけでなく、「人」に情報がつくので、どこにどういうデータがあってどう使えるかをわかっている人がいないと、うまく情報を引き継げないのです。

——パソコン上のデータの積み上げだけでは済まないですね。

磯部　複数疾患を抱えたり、男性・女性、年齢層、いろいろなパターンの患者に投与した結果がどうであったかというような、論文にまとめられていない情報も重要です。

過去の症例でおきた問題を知っていれば対処できたのにということが意外とあるように思います。それはジェネリック推進に関するひとつの問題点かもしれません。

——一般的なジェネリック医薬品と違って、バイオを含めた新領域や希少疾病の領域は、国内だけでは事業として成り立たず、国際的に展開する必要がある。医療資源だけで考えると、外国から入れたほうが、医療資源の有効活用になるという話もあります。

城　ジェネリックの供給で目標をつくったとき、「国内製造が追いつかないなら海外から入れればいいじゃないか」という話もありました。もちろん輸入には輸入の手続きがありますし、海外で製造・販売されている包装も規格も違うジェネリックをそのまま日本に入れるわけにもいかないので、超法規的な特例輸入措置でも取らない限りあまり変わらないのですが。

それはさておき、単純に価格面だけを考えれば外国から入れればいいとなるかもしれませんが、日本の製薬産業が国際的に通用する力をつけるためにホームグラウンドとしての日本市場を重視してほしいのです。まあ実際問題としては、価格や支援策から見て国内での製造に投資するだけのメリットを感じているかどうか、とは思いますが。

——メリットを感じている企業は少ないですね。

城　逆にいうと、品質のための投資であれば、それに見合うものをきっちり払いますと言えないといけないわけです。医療保険が払うのか、ファンドをつくってアクセスプログラムをつくるのか。方法はいくつもあるでしょう。

そういう意味では、メーカーが新しいものに投資して、それを医療保険が引き取れるようにするための制度的な仕掛けも一緒に考えていくことが必要ではないか。リスクを分散する期間と規模で、今までの創薬と全く違うレベルのものを持ち込むのだとしたら、それを受け止める医療保険側の仕組みも考えなくてはなりません。

他方で製薬産業側も、「コストが高い医薬品なので高い薬価をつけてほしい」というだけではなく、コストを下げるイノベーションにもっと取り組む必要がある。手術が必要だったものを薬剤投与で済ませることが可能になり、劇的に医療費が下がった例もあるわけです。既存の治療法が出てくる以上、既存の医療保険制度の枠を超えたファイナンスとセットで制度対応を考えるべきでしょう。

ジェネリックの普及で薬の安全保障が問題に

磯部　ジェネリック医薬品を推進した課題として、医療になくてはならない薬の供給確保、言うなれば薬の安全保障の問題がこの数年でクローズアップされたと思います。ジェネリックにしたことで薬価が下がり、基礎的医薬品の制度を入れても薬価は下がっていて、結局はグローバルの中で一番調達コストの低いところから原薬の調達を考えざるを得ない。今の国際政治を考えると、急に問題が勃発することもあります。

ひとつのやり方として、ジェネリック原薬の原産国表示をするという方法があると思います。例えば日本の原薬、中国の原薬、韓国の原薬と表示して、薬価が分かれてもいいことにする。医療者なり患者が選択できるようにすればいい。市場に任せた安全保障策になるのではないですか。

多くの人は、日本産を買いたいと思うので、そのシェアが上がってくると、若干調達コストが高くても、そういった方向は出てくるのではないか。

城　それは賛成です。環境基準が雑な国では、調達コストが安くなるのです。環境問題と同じで、医薬品のジェネリックでもグリーン購入に近い仕組みを作るべきではないでしょうか。環境に配慮した国から持ってきた原薬で作った薬に対して、それなりの評価をするためには、原産国表示をしないとできない。それに対しては、適正なコストを消費者が払うべきです。

磯部　私もそう思います。

城　日本で安定供給をし続けるためには、日本で環境に配慮した工場を作らなければならないから、コストが高いに決まっている。それを評価するということがあってもいいと思います。

――製造コストを下げるために、2つのことをやっています。ひとつは製造原薬も含めた調達コストの削減。安いところを探すのは「守りの技術革新」で、もうひとつは「攻めの技術革新」で、技術革新による製造工程の変更です。2年に1度の薬価引下げも、内部努力で対応してきました。医療資源の有効活用という視点でいけば、そこも中長期的に企業にプラスになるような政策展開を考えられないでしょうか。

磯部　薬価引下げに対応するために、技術革新をやらざるを得なかったということですね。経営資源を投入せざるを得ない環境をつくらなければいけないと思うのです。

城　その論を伸ばしていくと、安くするための技術開発ができるように力をつけろという話になるのではないですか。

今ジェネリックメーカーは、味を変えて、小さくて飲みやすく、医療現場に貢献する薬をつくろうと努力していますが、これをもう一歩進める。ジェネリックメーカーは、価格を下げるために技術革新をやっていますという打ち出し方は、ビジョンとしてあるのではないか。そこに投資をして技術革新をして、利幅はもったまま、価格を安くする。

なぜ我々はジェネリックを推進しているのか。新たな発見や発明は人類全体の財産です。最初に発見した人に敬意を表してその発見・発明の独占権を20年間保証する代わりに、その情報を公開してもらう仕組みが特許制度です。ですから、特許が切れたら、その人類共有の財産の恩恵をみんなが実際に享受できるようにすべきです。ジェネリック医薬品はそのために存在しているのだと思います。そういう意味で、ジェネリックメーカーには、効率的に医薬品を供給するための技術開発にも取り組んでもらいたいですね。

磯部　先発メーカーの中では研究開発がメインなので、製造部門は重視されにくい部分です。しかし、製造部門を独立させて、他のメーカーの医薬品の製造も請け負って、逆に技術者を大事にする方向もある。技術者の努力を成果に結びつけ、技術承継していくというのはひとつの考えだと思います。

そういう企業が何社かあって、競争をして、生産に関わる人間が日の目を見て、経営陣に入っていけるようなことをもう少し考えないといけない。

城　製造専門のプロフェッショナルはきちんと評価されていいと思います。以前の産業ビジョンではそういうことを言っていましたが、あまり日が当たらなかった分野かもしれませんね。しっかり進めてほしいですね。

――それではこの辺で。ジェネリック医薬品について幅広いお話をいただき、ありがとうございました。

インタビュー　薬価制度改革のエポックを辿る⑪

医薬品産業の振興と薬価制度のあり方

――イノベーションの評価はどのように進められてきたか

前 厚生労働省政策参与　**武田 俊彦**
元 厚生労働省医政局経済課長（現 内閣審議官）　**城 克文**

政府は、医薬品産業の国際競争力強化を目指して医薬品産業ビジョンや医薬品産業強化総合戦略を通じて産業振興に取り組んできた。その背景には、国際標準のマーケットをつくることでドラッグラグを解消しようというねらいがあった。国民に世界標準の医療を提供するには、国際競争に対応できる医薬品産業が欠かせない。医薬品産業の産業政策と薬価制度の関係について、2007（平成19）年の新医薬品産業ビジョンをまとめた武田俊彦氏と2015（平成27）年の医薬品産業強化総合戦略をまとめた城克文氏にきいた。

ジェトロ・ニューヨークでの経験が産業ビジョンにつながる

――薬価制度の歴史を振り返る連載の最終回として、医薬品産業の振興と薬価制度について、武田さんと城さんにお聞きしたいと思います。武田さんには、2007年の新医薬品産業ビジョンや新薬創出加算について、城さんには、2015年の医薬品産業強化総合戦略をまとめたときの話を中心に聞きたいと思います。

まず、武田さんから。医薬品産業とのかかわりはいつ頃からでしょうか。

武田　薬務局経済課（現・医政局経済課）に、係長のときに配属されたのが医薬品産業との出会いです。私が役所に入って5年目（1987（昭和62）年）のことです。当時は、医薬品流通近代化協議会（流近協）が中間まとめを出した頃で、最初の仕事は医薬品流通でした。中間まとめの主な内容は文書で契約を締結しようということで、「文書で契約するところから始めなければいけないのか⁉」と、驚いたのを覚えています。

当時、経済課は活発に動いていました。ひとつは薬価制度の見直しで、81％バルクライン方式の話があり、一方では、新薬をどう評価するかが業界の話題になっていました。医薬品先端技術振興室ができたばかりで、通商産業省や農林水産省とバイオ技術の振興でしのぎを削っていたころです。厚生省は業界振興に極めて前向きに取り組んでいて、やりがいのある仕事だと思いました。特許期間の延長があり、流通改革もあり、経済課が活躍していた時期で、いい経験をさせてもらいました。

医薬品業界との出会いを導いてくれたのが前任者の香取照幸さんで、業界とどう接し、どういうことを考えなければいけないのかを教わりました。その頃の経済課には、磯部総一郎さんや、のちに国会議員になった藤井基之さんもいて、薬のことを勉強させていただいたことを覚えています。

その後、1990（平成2）年に日本貿易振興会本部に出向し、ジェトロ・ニューヨーク・センター勤務となりました。米国で日本企業が苦労している状況やアメリカ企業の考え方・スタイルを体感したことが、のちに大いに役立ちました。民間人として出向したので、業界の人たちは一緒に苦労する仲間という意識が生まれ、それはいまも変わりません。

この時の経験が、のちの医薬品産業ビジョンや薬価制度の話につながっていると思います。

何より、医薬品業界の産業政策は国内だけで閉じていない。世界的な動向と整合性をもって考えなければ、国際競争に勝ち残れない。そういう意識をアメリカでの経験から強く持つようになりました。

その後、保険局医療課に配属され、2007（平成19）年には課長として経済課に戻って医薬品ビジョンの仕事をしました。経済課で産業振興を担当し、医療課を経験し、また経済課に戻ったのですが、どちらかというと私の本籍は意識としては保険局よりも経済課のほうにあると思います。

薬のことはいつも磯部さんから教わりました。城くんとは同じ職場でないときもいつも一緒に仕事をしていたように思います。薬価制度の実務については、城くんと磯部さんが最も詳しく、私はビジョンや戦略といった産業政策的なことをやってきましたので、本日はそういうお話ならできると思います。

国際化の波に洗われた医薬品業界
医薬品流通の近代化に取り組む

――1981（昭和56）年に独禁法被疑事案があって、1984（昭和59）年に審決が出ました。武田さんが薬務局経済課にいた当時、業界の印象はどのようなものでしたか。

聞き手の長野氏

武田　独禁法違反事案は、私が経済課に来たときには昔話になっていました。最先端の産業技術であるバイオが花開いていて、これをどうやって育てるのか。産業育成も通産省・農水省にひけをとらずやっていくぞ、という雰囲気でした。諸先輩がそういう道を作ってくれていたので〝事件があった問題のある業界〟というよりは、これから伸びていく大事な産業と感じながら、業界と接することができました。流近協も方向性が出て、流通面でも前向きな雰囲気が強かったと思います。

――ニューヨークに行って、業界の印象は変わったでしょうか。

武田　当時のイメージでいうと、日本市場の上位品目もアメリカ企業の製品が多く、それを日本企業が売っているという感じです。日本オリジナルの薬は、日本でしか売れていない薬がまだ多かったのでしたが、それでも前向き感にあふれていた。きっと変わる、国際商品を開発していく、という感覚がありました。

　ニューヨークのジェトロに行ってみると、多くの日本企業はまだよちよち歩きで、駐在員も少なかった。「アメリカの市場になかなか入れない」「日本に帰っても、海外事業をやった人は評価されない」などと言いながら、あるときは慰め合い、あるときは励まし合って、もっと頑張ろうという感じでした。それでも日米の医薬品業界が対等に活動する目的でニューヨークファルマフォーラムが立ち上がったのもこの時です。ここから急速に実力をつけていったのです。

――薬事法絡みで医薬品の再評価があり、その関係で、脳代謝関係の薬剤がなくなっていた時期で、日本の企業は自前の新製品をつくらなくては、という気持ちになっていたと思います。

武田　1980（昭和55）年に薬事法の大改正があり、近代的な薬事制度になりました。薬事規制を国際水準に引き上げようと一生懸命取り組んだ時期です。

　企画課にいた1年は、日米の医薬品協議が大変で、薬務局総出で対応していました。国際化の波に洗われた時期で、法律改正をして薬事法規の水準は国際水準になったけれど、アメリカから次々に要求がきて、それになんとか対応しようとしていました。

ＰＭＤＡ（医薬品医療機器総合機構）がまだできていない頃で、審査１課と２課にはすさまじい量の書類が積みあがっていました。書類の山をかいくぐり徹夜明けの職員が歩いていたりして、あの時期はすさまじかった。いま思うと、いろいろな方のご苦労があって、ここまできたと思います。

――薬務局経済課と業界の関係はどうでしたか。

武田　経済課の仕事は、国際関係ではアメリカとの関係が中心、業界との関係は薬価が中心、先端室ではバイオを中心に新しい業界とつきあっていました。今につながる多くの友人と出会えたことは大変幸せで、大きな財産になりました。

当時の経済課は薬価の位置が大きくて、個別の薬価は主に課長の仕事です。となると、流通の仕事は基本的には係長以下でやってよかったのです。それならば医薬品流通の勉強をしてみたいと思い、いろいろな人に教えてもらいました。これは大きな財産になりました。

１９８７（昭和62）年～１９８８（昭和63）年ころ、医薬品卸の数が多く、卸連加盟は四百何十社あって、それでもずいぶん減ったと聞きました。しかし、中心メンバーはいまとほとんど変わっていません。のちに経済課長になって、卸連の会合に出た

〈PROFILE〉
武田俊彦（たけだ・としひこ）
昭和58年に東京大学法学部卒業。同年、厚生省に入り、62～63年に薬務局経済課。平成２～６年に日本貿易振興会本部海外事業部付、ジェトロ・ニューヨーク・センター勤務。平成14～16年に保険局医療課保険医療企画調査室長、18～20年に医政局経済課長。26年に大臣官房審議官（医療保険担当）、27年に政策統括官（社会保障担当）、28年に医政局長、30年９月に退官。令和元年に厚生労働省参与。

ときに「皆さん、同じメンバーですね（笑）」とあいさつしました。

——当時、医薬品卸が話題にしていたのはどのようなことでしたか。

武田　非常に厳しい薬価の引き下げが続いていたころで、1981（昭和56）年にはマイナス18・6％の薬価引き下げがあり、「おれたちは生き残れるのか」という話ばかりでした。

それに対して、「流通の近代化には取り組みましょう」と呼びかけ、流近協報告書をもって全国行脚の旅に出て、取引先との関係を透明化し、ITを使って効率化しようと働きかけていました。

——武田さんは、薬務局経済課に配属されましたが、経済課長になったときは医政局経済課でした。1997年の組織再編で、薬務局は医薬安全局になり、経済課は健康政策局に移管されました。その後、2001年の厚労省の発足時に健康政策局から医政局へと変わり、医政局経済課になっています。医薬品の産業政策を考えるうえで、薬務局経済課と医政局経済課との違いはありますか。

武田　それは大きな違いがあると思います。経済課が現在の医薬・生活衛生局にあったとしたら、薬剤師と薬務局の世界に限られてしまうので、産業政策として大きなビジョンが描けないのではないのでしょうか。医療政策を所掌する医政局にあることに意味があると思います。ただ、医薬行政との関係は非常に深く、医薬行政の側にとっても業界事情を知ることは大きな意味をもつため、医政局にあったとしても日常的に医薬局と意見交換することは必要で、そう心がけてきたつもりです。

付け加えると、医政局では、医療関係職種の資格制度を扱っていますが、薬剤師は医薬・生活衛生局の所掌であり、このことの影響は無視できないのではないかと思います。つまり、薬剤師は他の職種から離れて独自の領域をつくっているのではないか。多職種との緊密な連携が求められる中で、マイナスの要素になっている面があるのではないかと思います。これも、局がお互いに連携していくことで解決可能だとは思います。

皆保険の達成から50年を経てドラッグラグを解消

——薬価制度は70年の歴史があり、激動の時代を経て、制度が明文化され、詳細な議論がなされるようになり、今日に至っています。

私は、個人的に国民皆保険が大好きです。強制加入・強制徴収でなければ制度は維持できないと思います。高齢化の進展で課題はありますが、日本だからこそ国民皆保険が成り立っていると思っています。

そのなかでも、薬価制度が大好きです。国民皆保険を維持して、その下で値を決めなくてはいけない。しかし取引は自由である。そのために、産業界の各セクターは、薬価制度の守るべきルールは守り、慎むべきことは慎み、産業としてイノベーションにしっかり取り組むことが求められています。薬価制度と皆保険について、どのように感じていますか。

武田　おそらく業界は、「どうして自分たちがいつもいじめられ、いつも財源を期待されるのか」という印象をもっていると思います。

私は経済課長のあと保険局の国保課長になり、国保制度の歴史を勉強しましたが、皆保険は国保がもとになってできたものです。国保は、医療が手に入らないような地域で、なんとか自分たちが医療を受けられるようにという願いから始まっているのです。その代表例のひとつが岩手です。ある地域では、国保は、薬を共同購入する組合から始まりました。当時、医療といっても、お医者さんにかかることは望めなかったということです。「せめて薬だけでも」ということで、薬の共同購入が始まった。国民からすると、医療を受けることと薬をもらうことは、ほぼイコールで、だからこそ医療費のかなりの部分が薬に使われているのです。医薬品を手に入れたいという願いが皆保険につながった。したがって、皆保険＝医療アクセス＝医薬品アクセスなのではないかと思うのです。

ですから、医薬品は医療の本丸中の本丸です。「なぜぼくらだけ」とメーカーの人は言いますが、「本丸だからです」ということなんじゃないでしょうか。

——なるほど。

武田　歴史をみると、皆保険はできたけれど、すべての薬を給付できたわけではなかった。制限診療から始まって、給付に薬を取り入れていって、薬価制度と医薬品マーケットを国際的に整合性のあるものにすることによって、またそれ以外の方法はなくて、ドラッグラグを解消することができた。そして、いまや世界の新しい医薬品がほぼ同じタイミングで手に入るところまできました。皆保険ができたのは１９６１（昭和36）年ですが、ドラッグラグの解消は、皆保険から50年たって、我々が得た貴重な成果なのです。

そうやってみんなが願った世界に辿り着いてみると、今度はワンショット1億円とか2億円とか、保険給付ではとても払えない薬が次々登場するという時代になってきた。切ないのですが、これも仕方がない。保険給付の範囲はずっと話題であり続けたし、給付改善をしてきたけれども、何らかの給付の制限を真剣に考えざるを得ない時代になってきたのかもしれません。

なぜ給付制限を考えなければいけないか。それは財政が赤字だからということではなくて、自由市場で取引される医薬品と、強制保険である医療保険の折り合いをつけていくための知恵のひとつとして、民間保険の活用も含め、何らかの給付制限を考えざるを得ない。私たちが試されているということではないでしょうか。

城　折り合いをつける時代にきたのは間違いないですね。もともと、医療保険の世界でも、昭和30年代の抗生剤が使えない時代から始まって、給付範囲が拡大してきたわけです。医薬品のアクセスを改善してきた。いま高額薬剤に対するアクセスは、すべての医療機関ではなくて、もう少し絞っていいのではないかという話になっています。だから、ガイドライン方式になってきたわけです。そういう時代になってきたからこそ、どう折り合いをつけるかを産業側も考えて提案しなくてはいけないと思います。

武田　医薬品業界が皆保険制度により恩恵を受けているのは紛れもない事実です。つくっている薬を、9割引きで売っているようなものですから。全額を患者が自分で支払うことになれば、なかなか払えないので、市場が収縮してしまうでしょう。

その一方で、厳しい環境がたくましい産業を育てるという面もあります。物質特許を入れて、特許期間を延長したときに、日本企業がつぶれると言われましたが、むしろそこから日本企業は強くなり、開発力もついたのだと思います。

医療のアクセス向上を追求した結果、薬の使用がルーズになっている面もなきにしもあらずです。もう少し薬の適正使用に取り組まないといけないし、本当に必要な人に薬を届けるために、製薬メーカーも戦略を切り替えなければいけない。「たくさん売る」ではなく、「正しい人に届ける」というようにプロモーションを変えていかなければいけません。

環境は厳しいのですが、厳しい環境は、いい方向を追求するきっかけになるとポジティブに考えていただきたい。厚生労働省は最終的には患者のためになるかどうかを考えますが、それは、いい産業が育つかどうかとほぼイコールだと私は思っているので、医薬品業界の皆さんに頑張ってほしいというのが私の一貫した願いです。

メーカーのパイプラインを聞く チャレンジングな医薬品開発を期待

――メーカー・卸の経営者は、株主投資家のことを気にしながら、社会一般に受け入れられるかという思いも強くもたれていると思います。いい薬を日本の国情に合わせた適正な価格で売る。国民皆保険が前提なので、自由価格ではない。そこも、企業が折り合いをつけるところだろうと思います。その一方

図表30　新医薬品産業ビジョンの概要（抜粋）

■新医薬品産業ビジョンのポイント

環境の変化

・生命科学分野の研究開発の動向
（抗体医薬、分子標的薬）
・グローバル化の一層の進展
（国際共同治験、政府レベルの研究開発国際競争）
・M&Aの進展
・関連産業の発展
（ベンチャー企業の興隆、様々な受託業の増加）

医薬品産業の現状と課題

【現状】
○日本市場における外国オリジンの医薬品のシェア拡大
○「ドラッグ・ラグ」
【課題】
○我が国医薬品産業の国際競争力は伸びていない
○創薬環境、市場そのものの国際競争力（＝国際的な魅力）も失われかけている
→危機的状況

産業の将来像と政府として取るべき施策（アクションプラン）

10年後の産業の将来像
（前回ビジョンとの違い）

① 産業の将来像を、国際競争の現状を踏まえ、見直し

② 産業の発展に、継続的イノベーションが必須であることを明確化

③ 医薬品卸売業の産業の将来像、求められる機能の提示

アクションプラン
＜5年間の集中期間＞
（2007 ～ 2011）

「革新的医薬品・医療機器創出のための5か年戦略」
＋
後発医薬品市場・一般用医薬品市場の育成、流通機能の効率化・高度化も含めた総合的なアクションプラン

各種施策のフォローアップ
↓
「医薬品産業政策の推進に係る懇談会」
「革新的創薬のための官民対話」

■医薬品産業政策の基本的考え方

産業発展は各企業が市場原理に基づき自由に競争を行っていく中で進むことが基本。しかし、医薬品産業には、国民の保健衛生の向上に貢献し信頼を獲得するために不可欠なハードルがあり、これを政府と産業界が一体となって、超える努力を行っていくことが必要。

イノベーション主導型の新薬開発を促進するための産業政策

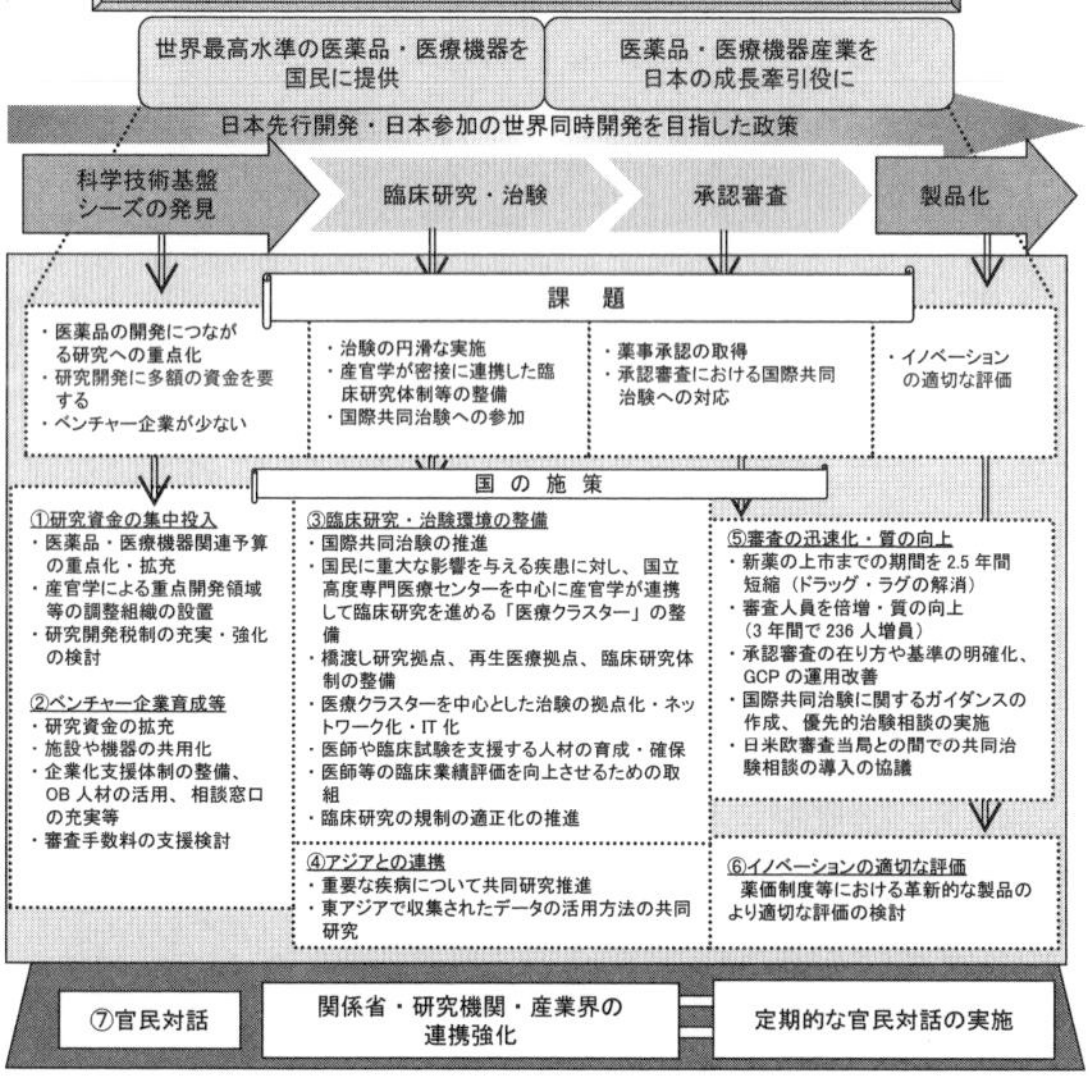
世界最高水準の医薬品・医療機器を国民に提供
医薬品・医療機器産業を日本の成長牽引役に
日本先行開発・日本参加の世界同時開発を目指した政策
科学技術基盤シーズの発見
臨床研究・治験
承認審査
製品化
課　題
・医薬品の開発につながる研究への重点化
・研究開発に多額の資金を要する
・ベンチャー企業が少ない
・治験の円滑な実施
・産官学が密接に連携した臨床研究体制等の整備
・国際共同治験への参加
・薬事承認の取得
・承認審査における国際共同治験への対応
・イノベーションの適切な評価
国の施策
①研究資金の集中投入
・医薬品・医療機器関連予算の重点化・拡充
・産官学による重点開発領域等の調整組織の設置
・研究開発税制の充実・強化の検討
②ベンチャー企業育成等
・研究資金の拡充
・施設や機器の共用化
・企業化支援体制の整備、OB人材の活用、相談窓口の充実等
・審査手数料の支援検討
③臨床研究・治験環境の整備
・国際共同治験の推進
・国民に重大な影響を与える疾患に対し、国立高度専門医療センターを中心に産官学が連携して臨床研究を進める「医療クラスター」の整備
・橋渡し研究拠点、再生医療拠点、臨床研究体制の整備
・医療クラスターを中心とした治験の拠点化・ネットワーク化・IT化
・医師や臨床試験を支援する人材の育成・確保
・医師等の臨床業績評価を向上させるための取組
・臨床研究の規制の適正化の推進
④アジアとの連携
・重要な疾病について共同研究推進
・東アジアで収集されたデータの活用方法の共同研究
⑤審査の迅速化・質の向上
・新薬の上市までの期間を2.5年間短縮（ドラッグ・ラグの解消）
・審査人員を倍増・質の向上（3年間で236人増員）
・承認審査の在り方や基準の明確化、GCPの運用改善
・国際共同治験に関するガイダンスの作成、優先的治験相談の実施
・日米欧審査当局との間での共同治験相談の導入の協議
⑥イノベーションの適切な評価
薬価制度等における革新的な製品のより適切な評価の検討
⑦官民対話
関係省・研究機関・産業界の連携強化
定期的な官民対話の実施

イノベーション波及の効果に着目した産業政策

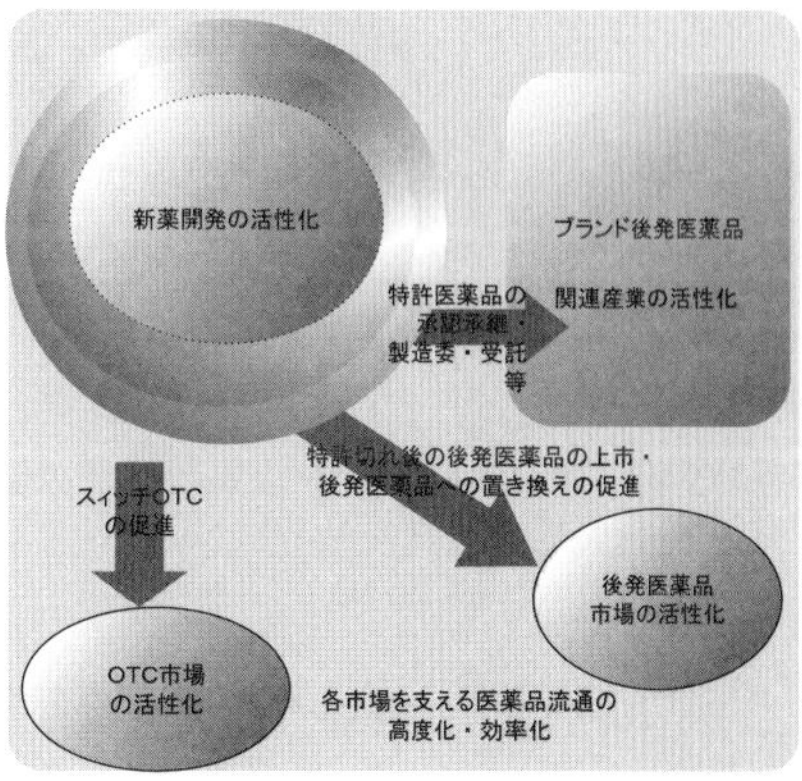
新薬開発の活性化
ブランド後発医薬品
関連産業の活性化
特許医薬品の承認承継・製造委・受託等
特許切れ後の後発医薬品の上市・後発医薬品への置き換えの促進
スイッチOTCの促進
OTC市場の活性化
後発医薬品市場の活性化
各市場を支える医薬品流通の高度化・効率化

厚生労働省

で、儲からない薬はどんなにいいものでも生産を続けられないという面もあります。

武田　ちょっとがっかりした経験があります。経済課長の頃ですが、厚生労働大臣のところに来られたメーカーの社長さんのなかに、「一に株主、二に株主」とおっしゃる社長さんがいました。当時は、そういう雰囲気があって、アメリカに影響を受けた考え方だと思います。しかし、いま思うと、それは違うと思います。生命関連産業は、最終的には株主を説得してでもやらなければいけないことがあるだろうと思うのです。

経済課長の時、毎日てんやわんやの中で、「日々のことだけではいけない。各社のパイプラインを聞いてみよう」と思い、開発中の案件のヒアリングを行いました。

各社に聞くと、大きな会社になればなるほど、おもしろい品目が開発から落ちていくのです。大型品ばかりを重視するけれど、開発に失敗することも多い。私が産業ビジョンをつくったときのテーマは、「ドラッグラグの解消」と「生命にかかわる病気の薬を開発しよう」ということでした。特に、がんの薬を日本も開発しなければいけないと考えました。

難しいがんの薬は大手メーカーがそれほど手掛けていなくて、パイプラインを聞いてもあまり開発計画に入っていなかった。一方で、医薬品事業でみると規模が小さな会社が開発していたりするのです。採算はとれるのかと聞くと、「とれるかどうかわかりません」と言います。開発したけれど、患者数はごく限られていたということもあります。そういうチャレンジャーがいて、全体の医薬品マーケットが成り立っているし、できれば大手メーカーにもチャレンジしてもらいたいと当時は思いました。それとともに、チャレンジングな薬はベンチャーからしか出ないということであれば、ベンチャーを育てるしかないとも思いました。

経済課長をやめて何年かたってからですが、大手メーカーが市場規模の小さい薬を開発しないのは仕方がないと考えるようになりました。それは企業の論理として自然なのだと。そうであれば、大企業ばかりではなく、いろいろな規模の会社があることが大切ではないか。それが、日本の企業にとって、グローバルの競争の中で勝ち残るチャンスがあるということだと思うようになりました。

官民対話と5か年戦略の中で医薬品産業ビジョンをまとめる

――合併して規模を追求する時期が、外資にも内資にもありました。企業規模を大きくすればするほど、希少疾病薬は開発しにくくなって、優先順位が下がっていきます。一方で、大志を抱く研究者他がスピンアウトして、自分で会社を起こして粘り強く研究を進め、いい薬をつくっている例もあります。こうした動きは、海外企業・日本企業のイノベーションにプラスに働いたと思います。

さて、新医薬品産業ビジョン（2007年）（**図表30**）の思い出をお聞かせください。

武田 医薬品産業ビジョンは当時、5年に1度改定することになっていました。最初に原勝則さんがつくり（2002年）、私が経済課長のときに改定時期がきて、「なんと幸運なことか。やるからには一から考えて、必要なことをみんなビジョンに書いていこう」と思いました。

当時はいろいろな話が同時に進行していました。革新的創薬のための官民対話、革新的医薬品・医療機器創出のための5か年戦略、そして医薬品産業ビジョンです。

城克文氏

官民対話については、二川一男前経済課長から、何らかのかたちでやらなければいけないという方向性が出ていました。当時、内閣府にいた江利川毅さんが気にしているという話もありました。5か年戦略についていえば、諮問会議担当だった内閣府の山崎史郎さんが戦略を打ち出すべきだという意見をもっていた。当時は、柳沢伯夫厚生労働大臣で、産業育成に非常に熱心でした。事務次官は辻哲夫さんで、官民対話はまず事務次官レベルでやりましたが、次に大臣レベルでやろうと言ってくれました。まるで奇跡のような流れがあり、私にとって思う存分に仕事をできる環境があったのです。もともと経済課長というのは上司がいるような、いないようなポストでしたので、思いのままにやらせてもらいました。

産業ビジョンだけを見ていると、当時のことはわからないと思います。2007年2月から官民対話があり、4月に5か年戦略を諮問会議へ提出して、厚生労働大臣の意見表明があり、安倍晋三総理自身が「成長戦略の一丁目一番地が医薬品だ」と言われた。そういう状況の中でビジョンがつくられ、そしてビジョンが効力を発揮した。だから、単なるペーパーではなくて、一連の動きとしてみる必要があります。

ヨーロッパに学び国際標準のマーケットをつくる

――ビジョンをまとめるに当たって、どのようなことを考えていましたか。

武田　産業ビジョンの基本として、考えたことがいくつかあります。日本の患者のために日本で投資してくれるのならば、内資と外資を区別する必要はない。内資・外資の差別はビジョンから一掃しようということで、内資・外資という表現をすべて削った覚えがあります。あくまでグローバル志向ということです。

「ドラッグラグの解消」もビジョンに初めて書きました。やらなければならないし、対策をきっと打ち出せるという思いがあったからです。これはいいキーワードになりました。

ドラッグラグの解消という旗を立てると、いろいろなことが見えてきます。なぜ日本にドラッグラグがあるのか。これは、イギリス政府の人と話をしたことが、非常に参考になりました。私たちは日米関係をみて医薬品行政を考えてきましたが、アメリカは世界を引き回しているので、アメリカにいると世界が見えないんです。世界を冷静に見ているのはヨーロッパです。ヨーロッパは賢く立ち回って、研究開発の振興を真剣に考えていることがよくわかりました。しかも、アメリカのように表に出るのがすべてではなくて、ネゴシエーションの世界を残している。これがすごく勉強になりました。

イギリスでは、厚生労働省と同じように、医療制度を所管している保健省が医薬品業界を所管している。これはこれでいいんだと思います。イギリス政府は業界と交渉しながら、医療制度と産業育成の二兎を追う努力をしている。日本は当時、世界の医薬品市場の10%を占めていましたが、イギリスは日本より小さい一桁です。そのイギリスがなぜ世界の企業を引き寄せ、ほぼドラッグラグなしでやっているのか。いろいろなシークレットを教えていただきました。

日本では保険局が適正な薬価をつけようと苦労して、海外価格参照制度をつくっていました。気が付けば、世界はお互いに参照しあっている。アメリカはそれをしていないので、アメリカをみてもわからないが、ヨーロッパは互いに価格を参照しているわけです。そうすると、初値を高くつけられるところに先に上市したいというインセンティブが働くことをイギリス政府はわかっていました。自由価格といいながら、最初は薬価を高くし、何年か経つと、ネゴシエーションで下げるという手法です。日本は、市場価格を調査しているわけですが、イギリスの場合は見えないところで交渉しているわけです。日本では絶対にダメだと思われているところです。

また、イギリスはEUの一員でもあったので、EU加盟国の間でどうやって差別化して自国の医薬品産業を振興するかを考えている。こういうことを聞いて、非常に大事な発想だなと思いました。日本のほうがイギリスよりマーケットが大きいわけだから、日本もがんばれば、世界にひけをとらないマーケットにできると考えました。

もうひとつ、ドラッグラグの問題は薬価だけではないことがよくわかりました。薬事制度の手続きに時間がかかり、魅力的な市場ではないということになると2番手、3番手の開発国になる。その段階になると承認基準が上がってしまい、オリジナルデータだけでなく追加のデータを出す必要が出てくるので、さらに上市が遅くなる。これを解決するためには、薬事と薬価とマーケットの3つをすべて国際標準にするしかないと思い至りました。

産業ビジョンは、基本的にそういうトーンで書いています。問題は薬価関係のところです。中医協があるので、薬価については自由に書けないのです。これは、最初の産業ビジョンをつくった原さんからも、苦労したという話をずいぶん聞きました。

私が経済課長の頃は、医療課は包容力のあるメンバーで、ある程度自由に書かせてくれました。しかし、言った以上は責任をとらなければならないので、勝手なことは言えません。

業界からは、日本の医薬品市場は伸びないのではないか、収縮するのではないかという話も出ていました。そこで、薬剤比率はこれ以上、下がらない。医療費が伸びていく限り、医薬品市場は伸びていくという見方もできるという表現を入れました。全体のマーケット規模については、縮小とまでは思っていません。ただ、医療費が伸びないのに、薬剤費だけどんどん上がるというのは、容認できないレベルになりますという話をしました。

そうすると、全体の枠取りができるので、その中で国際的に通用するマーケットをつくり、審査期間についても国際的な水準に合わせることにしました。審査期間をそれまでの2年から1年にするためには、審査担当官を倍にしなければならない。ユーザーフィーでやっているので、もし業界が「審査手数料が倍になるのは嫌だ」と言ったら、この前提が崩れるのです。そうすると、国際市場構想が崩れる。ドラッグラグの解消策も骨がなくなって、ビジョンが出せなくなる。

つまり、ビジョンを出して、5か年戦略をつくって、ドラッグラグを解消できたのは、製薬協をはじめとする業界団体が、ユーザーフィーの倍増を受け入れたからなんです。これは、業界の人にはっきり自覚していただいたほうがいい。ゴーサインを出してくれたのは、究極的には業界のほうでした。

――そうでしたね。

新薬創出加算を提案 業界がワンボイスに

――そうした考え方に沿って医薬品産業ビジョンをまとめ、そこから新薬創出加算が生まれることになりました。

武田　世界と同じマーケットをつくるためには、特許期間中に薬価が下がらない仕組みをつくらなければならない。産業ビジョンをつくるのは医政局で、薬価について突っ込んだことは言えない立場でしたが、しかしここが抜けると全体が書けないわけです。

5か年戦略で薬価について少しだけ書かせてもらいましたが、あとは業界団体の提案として、中医協で勝負することになりました。それまで業界団体は、来た球をどう打ち返すかということはやってきたけれど、中医協で提案するということはしてこなかったのです。それは業界内で利害が一致しないからで、とくに日米欧で一致しない。日米欧をいかにワンボイスにするかが最大にして最難関の課題でした。

新薬創出加算を仕上げたのは木下賢志経済課長と磯部薬剤管理官で、大変な功績だと思います。私のときは、ユーザーフィーを2倍に上げるということと、業界が利害の対立を乗り越えて、しかも日米欧がワンボイスになるという約束をしていただいたのが一番大きかったと思います。

――当時、製薬協でＰＭＤＡの審査手数料に関わる委員会にいましたが、委員会や理事会、正副会長会などで、審査期間を短くするというキーワードで皆さんに最終的に納得していただくことができました。

審査手数料は大幅に上がりましたが、結果的に国内企業の新薬の承認数はどんどん増えました。それまでのさまざまな施策の効果もあって、審査手数料の値上げに対応できるようになったのだと思います。私自身もＰＭＤＡの協議会に参画し、業界自身が当事者になっていった。業界の姿勢が変わって、文句だけ言っている立場ではなくなったのです。

新薬創出加算によって 適応外薬解消に前向きに

――新薬創出加算は、薬価維持特例という仮称で議論がはじまりましたが、ドラッグラグの解消に向けて未承認薬や適応外薬の解消が条件になり、とくに国内では適応がとれていない古い薬にフォーカスが当たったとき、業界内部では異論を挟めなくなりました。未承認の薬を抱えている会社は、やらなければいけないという思いになったのです。当時、適応外薬の解消が特典になるような雰囲気で進んでいましたから、すごくいい切り口を見つけたなと思いました。

武田　ドラッグラグは、薬がマーケットに出ているのだけれどアメリカより2年遅れだという話と、そもそも薬の承認がとられていないということの2つの意味がありますが、私は各社が抱えていて開発できていない品目についてはあまり考えが及んでいませんでした。磯部さんが、新薬創出加算の前提として、未承認薬・適応外薬の解消をやらなければいけないと言って、それが患者側の立場で考える人たちの賛同を得ることになり、プラスに作用しました。そういう意味において、私のあとに経済課長をやった木下さんや磯部さんは、よくやったなと思います。

当時、私はどちらかというと、特許期間は薬価を下げないというシンプルなルールのほうが簡単でいいと思っていました。磯部さんが提案する、企業に点数をつけて、いい企業と悪い企業に分けて、それで加算を認めるかを決めるなどという、役所が権限を持つような制度はどうなのかと言っていたのですが、最終的には中医協で通りました。

――そのとき私は中医協で専門委員をしていましたが、未承認薬・適応外薬検討会議が、次々に球を投げてくるので、製薬メーカーの経営トップが関心を持つ大きなきっかけになったと思います。

武田　未承認薬・適応外薬検討会議の資料をみると、多様な薬の承認が取れていないことがわかりました。おそらく製薬企業の経営会議では、収益性のある大型の製品が主役になっていて、自社が持っているが開発されていない薬は議題に上がっていなかったのだと思います。そこに光を当てたということがとても大きかったと思います。

――希少疾病の患者会がつくられて、新聞でも取り上げる動きがありました。自社のことは知っているが、他社のことは全然わからないもので、他社が未承認薬の開発に着手したという話が報道されると「あの会社が開発するのか」と驚く。自社の経営会議で同じような薬の開発が議題に上がると、反対できなくて、話がスムーズになりました。

武田　経済課には、未承認薬や難病の薬についてのデータはなくて、それは、薬事サイドの人間でないとわかりません。ですから、厚労省の中で、薬事当局と保険当局、産業振興担当の部署があるのはすごくいいことだと思います。薬事当局は、医療現場のニーズが切実にわかっていて、いい球を投げ込んでくれたと思います。

骨太方針を受けて医薬品産業強化総合戦略を策定

――2015（平成27）年の医薬品産業強化総合戦

図表31　医薬品産業強化総合戦略（概要）

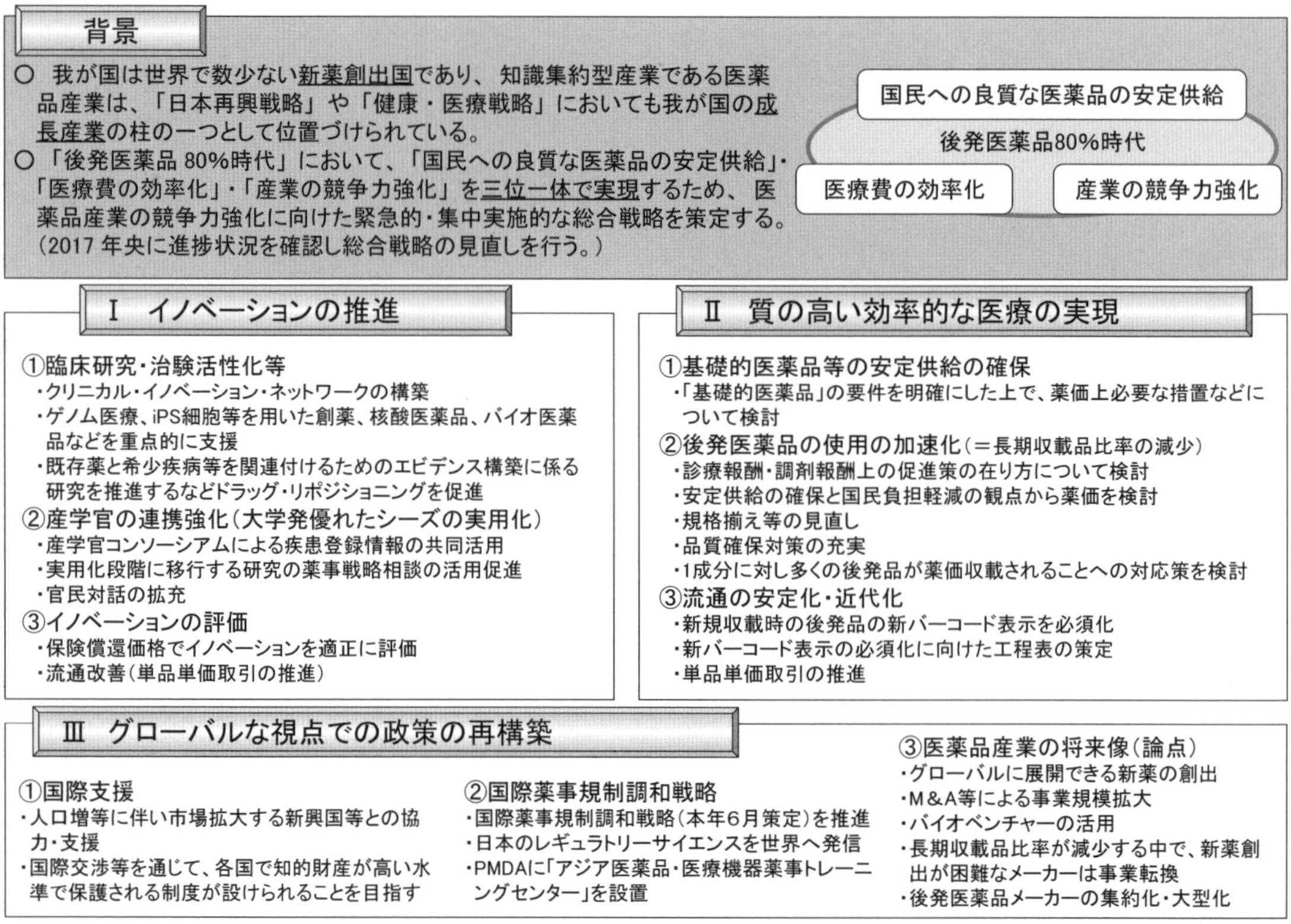
背景
○ 我が国は世界で数少ない新薬創出国であり、知識集約型産業である医薬品産業は、「日本再興戦略」や「健康・医療戦略」においても我が国の成長産業の柱の一つとして位置づけられている。
○「後発医薬品 80%時代」において、「国民への良質な医薬品の安定供給」・「医療費の効率化」・「産業の競争力強化」を三位一体で実現するため、医薬品産業の競争力強化に向けた緊急的・集中実施的な総合戦略を策定する。（2017 年央に進捗状況を確認し総合戦略の見直しを行う。）
国民への良質な医薬品の安定供給
後発医薬品80%時代
医療費の効率化
産業の競争力強化
Ⅰ イノベーションの推進
①臨床研究・治験活性化等
・クリニカル・イノベーション・ネットワークの構築
・ゲノム医療、iPS細胞等を用いた創薬、核酸医薬品、バイオ医薬品などを重点的に支援
・既存薬と希少疾病等を関連付けるためのエビデンス構築に係る研究を推進するなどドラッグ・リポジショニングを促進
②産学官の連携強化（大学発優れたシーズの実用化）
・産学官コンソーシアムによる疾患登録情報の共同活用
・実用化段階に移行する研究の薬事戦略相談の活用促進
・官民対話の拡充
③イノベーションの評価
・保険償還価格でイノベーションを適正に評価
・流通改善（単品単価取引の推進）
Ⅱ 質の高い効率的な医療の実現
①基礎的医薬品等の安定供給の確保
・「基礎的医薬品」の要件を明確にした上で、薬価上必要な措置などについて検討
②後発医薬品の使用の加速化（＝長期収載品比率の減少）
・診療報酬・調剤報酬上の促進策の在り方について検討
・安定供給の確保と国民負担軽減の観点から薬価を検討
・規格揃え等の見直し
・品質確保対策の充実
・1成分に対し多くの後発品が薬価収載されることへの対応策を検討
③流通の安定化・近代化
・新規収載時の後発品の新バーコード表示を必須化
・新バーコード表示の必須化に向けた工程表の策定
・単品単価取引の推進
Ⅲ グローバルな視点での政策の再構築
①国際支援
・人口増等に伴い市場拡大する新興国等との協力・支援
・国際交渉等を通じて、各国で知的財産が高い水準で保護される制度が設けられることを目指す
②国際薬事規制調和戦略
・国際薬事規制調和戦略（本年6月策定）を推進
・日本のレギュラトリーサイエンスを世界へ発信
・PMDAに「アジア医薬品・医療機器薬事トレーニングセンター」を設置
③医薬品産業の将来像（論点）
・グローバルに展開できる新薬の創出
・M＆A等による事業規模拡大
・バイオベンチャーの活用
・長期収載品比率が減少する中で、新薬創出が困難なメーカーは事業転換
・後発医薬品メーカーの集約化・大型化

厚生労働省

略（図表31）をまとめたときのことを教えてくれますか。当時、武田さんは保険局の審議官、城さんは医政局の経済課長でしたね。

武田　5年に1度の産業ビジョンをまとめる時期ではなかったのですが、城くんに医薬品産業強化総合戦略（2015年）をつくってもらいました。ここで波に乗らなければ、できるものもできなくなると言って、無理をお願いしました。骨太の方針2015で、後発品の数量シェアの目標を設定したので、それと同時に医薬品産業の強化戦略が必要だったのです。それがなければ、基礎的医薬品の薬価維持はできませんでした。（編集部注：骨太方針に「後発医薬品に係る数量シェアの目標値については、2017年央に70％以上とするとともに、2018年度から2020年度末までの間のなるべく早い時期に80％以上にする」と記載）

城　経済課長になったとき、5年に1度のタイミングに当たらなかったので、ラッキーと思っていたのに（笑）、え、つくるんですかと。しかも、2か月くらいでつくったのです。

経済財政諮問会議で塩崎恭久厚生労働大臣がプレゼンテーションするに当たって、武田さんははじめ、「対策をパッケージで出していく」と言っていたのですが、一週間後に「戦略」となり、その次の週には「総合戦略」になって、少し驚きましたが、

あのタイミングでやるべきなのは間違いなかった。

武田　最初は、経済財政諮問会議の資料に1行書くだけでした。後発医薬品の目標「80％」を出す以上は、産業界をどうするかを書かないと納得されないと思ったので、塩崎大臣に「やっていいですか」と聞いたら、「ぜひやってくれ」とおっしゃった。そこからが大変でした。

――医薬品産業の総合戦略は、創薬の場を仕上げていくという考えだったのでしょうか。

武田　会社の規模は大きいのがいいのかという問題があります。これは深いテーマで、2007年の新医薬品産業ビジョンをつくったときには、国際競争を考えるとグローバルメガファーマが育たなければいけないし、日本では1、2社だろうと考えました。当時の発想として、国際的に競争するには世界同時開発、世界同時販売をしなければいけないが、これは結構大変なことで、1品目しかなければ自社では売れないのです。日本にも、グローバルメガファーマと対峙できる会社が育ってほしいという考えでした。

もう一つは、グローバルメガファーマがマーケットの100％をとれるかというとそうではない。医薬品市場は結構分断されていているので、分断された小さなセグメントに各社の技術を生かして、世界にチャレンジすべきだと考えていました。グローバルニッチの考え方です。

後発品企業についても世界を目指したほうがいいと思いましたが、十分にビジョンを描き切れなかったのが当時の実情でした。骨太方針に後発品の数値目標を書いたことで、いよいよ後発品企業をどう育てるのかが課題となりました。

また、後発品を80％にすることは、当時、4割を占めてきた長期収載品マーケットを半分にするということだったので、長期収載品に頼ってきた会社をどうするかが課題でした。

城　後発品が60％から80％になるということは、長期収載品の市場規模が半減するということですから、総合戦略は、長期収載品を販売している企業が今後、どういう生き方になるかを考えるということでした。品目として支えなければいけないものがあるから、基礎的医薬品を安定供給する仕組みを検討しましたし、逆に創薬に振っていく話もありました。

総合戦略を仕上げる最後の頃は、夜、大臣室に案をお預けすると、朝になって大臣室に呼ばれて、大臣が自ら手書きしたもので指示されるので、それを持ち帰る。そういう形で、だいぶ修正を入れていただきました。

総合戦略では、しっかり対応できないところは市場から退出を促すということがスパッと書いてあります（編集部注：「今後一定の期間新薬の創出がで

きなかったメーカーについては、後発医薬品の使用が急速に進む市場の中で、事業の転換等も迫られるのではないか」と記載）。

もうひとつは、ベンチャーを大事にして、しっかり育てると書いてあります（編集部注：「官民一体となって我が国のバイオベンチャーの振興に取り組むべきではないか」と記載）。塩崎大臣は、研究開発が医薬品産業が進むべき方向だということを、よくみていたのだと思います。また、ベンチャーのエコシステムを考えなさいという話があって、それがベンチャーを推進する協議会につながり、経済課にベンチャー等支援戦略室ができたり、ベンチャーの官民対話が行われるなどのかたちで伸びていくわけです。

総合戦略はビジョンではないし、夏に出したので予算の裏打ちもない。予算の裏打ちについては、冬に向けてしっかり議論しましょうというかたちで書けたので、逆に哲学や方向、こんなことをやったほうがいいということをのびのび書けました。

武田　主計局と中期的展望なども話をしながらつくったビジョンと、次の予算編成をにらみながらつくった総合戦略とは、大きな違いがあります。

城　そうですね。骨太２０１５で基礎的医薬品の話やジェネリック80％目標につながる話をしつつ、革新的な創薬につながる話を書いた。それを具体化するものとして総合戦略を書いた。

武田　骨太と予算編成とセットであることが総合戦略の際立った特徴です。

城　総合戦略は、中医協にも紹介しているわけですが、中医協では戸惑いながらも受け止めて議論してくれました。それは、医療課も一生懸命やってくれた。そういう意味では、骨太からつながる流れがあり、単発で出たものではないことが大きいのではないでしょうか。

診療報酬財源と薬価改定の切り離しは現実的か

――診療報酬改定は基本、2年に1度です。薬価は、今後は毎年改定になります。和田勝さんにインタビューした際、薬価の随時改定をしてはどうかと話していました。診療報酬の財源と薬価を切り離す努力が必要だと指摘しています。このようなことは、現実味はないのでしょうか。

武田　これはかなり意見の分かれるところだと思います。薬価の引下げ財源を医療費に当てるのは邪道であって、薬価はいいように使われているという見方をされる方も多いと思いますが、日本の医療保険制度を維持する上で、うまい仕組みだという見方も少ないですがあります。

――薬価は制度的に診療報酬の一部ですから、診療報酬改定と薬価改定が絡むことはわからないでもないのですが、もっとフレキシブルに薬価を改定してもいいのではないでしょうか。

武田　予算編成がなければ、それでいいのです。しかも、単年度予算編成になっているのでややこしい。アメリカのように複数年予算編成であれば苦労はないわけで、毎年の予算上の数字の仕上がりをきれいに見せなければいけないという制約のもとで、苦しみながらできてきた仕組みなのです。

医科と歯科の医療費をみると、歯科の医療費は伸びていない。これは、経済成長に応じた財源の確保ができていません。これは、一面では、新技術が導入できないために、新技術によって伸びた医療費の技術料への振り替えができていないからではないでしょうか。そう考えると、医科の仕組みは、ある意味で機能していると言えます。

薬価改定と診療報酬改定を切り離してみたところで、随時改定であまり薬価が下がらなければ、イギリスのように、強制的に下げるというネゴシエーションをしなければいけないかもしれません。

城　医科では医療技術の高度化があり、それには財源確保をする必要があるわけです。伸びた医療費について、薬価の実勢価がたまたま下がっているので、それを削った分を使っていると皆さん見ているのでしょうね。

歴史を辿ると、昭和の時代までさかのぼれば、薬価差が欲しいわけではなく、診療報酬そのものが歪んでいるからやむなく薬価差をその補充に充てて経営をしているのである、だから薬価を下げるのであれば、それにより生じた財源は診療報酬の歪みを正すために使って欲しいという議論がされていました。

随時改定にしたら、薬価調査もきつくなるでしょうね。いま調査を実施するのは改定後1年半がたった9月ですが、それは流通も価格も安定し、しかも改定に間に合う一番下がる月だからです。なので、年末年始の休暇前の12月とか決算直前の3月に調査したら、連休向けの備蓄分で購入量が一時的に増えたり薬局の棚卸や在庫整理で返品があったりで、流通も通常ペースではない上に現場もかなり立て込んでいるでしょう。そういう時期に価格調査をしたときに何が起きるんでしょうね。正直なところ、随時改定にすると、価格も現場もどうなるかまったく予想できないんです。

薬の価値に基づく選択でバリューベイストメディスン目指す

——治療薬のない疾病もたくさんあるし、これから新しい病気が出てくる可能性もあります。創薬の環境に関連して、薬価制度上、改善すべきところ、あるいはもっと進めるべきところがあるとしたら、どんな切り口があるでしょうか。

武田　可能性ということでは、いろいろとあると思います。私が経済課で係長をしていた頃、薬価改定で薬価が下がるのが大変だという話がありました。既存品が下がるのが大変だというのなら、新しい薬の薬価を思い切って高くつければいいという認識があり、日薬連の新薬の値付けを検討していたグループにがんばってほしいと思っていました。

もうひとつ、新薬創出加算を議論しているときですが、価格についてはメーカーが説明責任を負ってしかるべきだと思っていました。「メーカーがとてつもない値段をつけるのではないか」という声もありますが、説明責任をもたされたメーカーがそんな高い値段をつけられるものでしょうか。

逆に、メーカーが戦略的に安い値段をつけようと思っても薬価制度上できないし、競争が働くといっても、値付けの段階から競争はできていません。

ドラッグラグの解消という観点からいえば、自由価格にすることが本当の意味で国際マーケットに近づく第一歩です。皆保険のもとでどうするかということはありますが、技術論としてはクリアできると思うのです。そもそも起点をメーカーの申請価格とすれば、それについて中医協が意見を言うというのはありうるのではないか。

これから革新的で本当に必要な医薬品が出てきて、薬価差ではなく医療の有用性によって薬剤選択がなされるようになり、薬価がプロモーションに使われないという環境が整えば、将来、議論する価値があるものではないでしょうか。

そのためには、フォーミュラリの議論が各地でなされていますが、費用対効果を踏まえた薬剤選択をすることが必要です。そうすれば、メーカーの側も費用対効果を考えた価格設定にさせてほしいという話になる可能性があり、それは将来的にはおおいにありうる話だと思います。

城　実際、価格を下げて売りたいという話はよく出ますが、日本の医薬品メーカーは、価格に関してマーケットリサーチをしていないんですね。自社の製品が市場で受け入れられる適正な価格について考えたことがありません。しかし、市場に出したときにどのくらいの価格なら戦えるかを考える癖はつけたほうがいいと思うのです。自社の製品の価値というのはそういうことですから。

値引きの幅で考えるのではなく、薬の価値を考えることが基本であり、きちんとしたメーカーなら、競合品との戦いの中で、価格を引き下げたいと思うはずです。本当にそれでいいのかは別ですが、下げる仕組みはあっていい。

武田　やはり次元が変わるのです。微修正ではなく、根本的な変更になる。いま流通改革が進行中で、卸にがんばってもらっています。不合理な価格差の是正ということで、薬価差を自動的に出す仕組みはおかしいということですが、本当に適正な価格で売るのなら、薬の値段は下がらないことになる。市場価格は実際に買ってもらえる値段であって、財源を生むことを至上命題にしているわけではないからです。

この話は、市場価格が下がれば薬価が下がるという話とは異次元の世界です。

各病院または各病院グループが費用対効果で薬を選択することになると、薬の価格を下げたほうが、その薬の費用対効果が高くなるので、それで病院に訴求できるようになる。それが機能すれば、単なる薬価差の世界から脱却できます。

そのためには、病院がきちんと薬剤選択をすることが必要ですが、薬局は別問題です。薬局については薬価差を認めず、薬価差があるのであれば瞬時に返してもらうのが筋でしょう。それくらい、発想を切り替えなければいけない。

――流通のプロセスでは、薬局を経由する医薬品のウエイトが高くて、メーカーにしても卸にしても、稼がなくてはいけない得意先として調剤薬局があります。

武田　バリュー・ベイスト・メディスンを追求していくと、いまの話をせざるを得なくなります。薬剤選択をコスト・ベネフィットで行うと適正価格になる。適正価格になるのなら、制度が強制的に薬価を下げなくていいのかもしれません。

ただし、薬局は、ボリューム・ベイスト・メディスンであり、大量購入によって安く買えている薬局に、対価を払う必要は全くないので、ただちに返してくれという話にしかならない。

公定価格は、処方権のある人が費用対効果で判断してくれればいい。そういう世界が実現できるのであれば、日本の医薬品市場は本当にバリュー・ベイストになっていくだろうと思います。

これはぜひ、誰かがきちんと問題提起をして議論すべきです。そもそも医薬品の価値をどう考えるかというところに行きつくので、そこまで議論しなければいけないと思います。

——すばらしいキーワードでまとめていただきました。本日は、ありがとうございました。

参考資料①

薬価制度の抜本改革の骨子

中央社会保険医療協議会　資料（２０１７（平成29）年12月20日）

「薬価制度の抜本改革に向けた基本方針（２０１６（平成28）年12月20日）」に基づき、「国民皆保険の持続性」と「イノベーションの推進」を両立し、国民が恩恵を受ける「国民負担の軽減」と「医療の質の向上」を実現する観点から、薬価制度について、以下のとおり、抜本的な改革を行う。

1．効能追加等による市場拡大への速やかな対応

○保険収載後の状況の変化に対応できるよう、効能追加等があった医薬品は全て、ＮＤＢ（ナショナルデータベース）により使用量を把握し、その結果、市場規模が３５０億円を超えたものは、年4回の新薬の保険収載の機会に市場拡大再算定のルールに従い、速やかに薬価を改定する。

2．毎年薬価調査、毎年薬価改定

○市場実勢価格を適時に薬価に反映して国民負担を抑制するため、2年に1度の薬価改定の間の年度（薬価改定年度）において、全ての医薬品卸から、大手事業者を含め調査対象を抽出し、全品目の薬価調査を実施することとし、その結果に基づき、薬価を改定する。

○対象品目の範囲については、２０２１（平成33）年度に向けて※、安定的な医薬品流通が確保されるよう、国が主導し、単品単価契約、早期妥結、一次売差マイナスの是正等を積極的に推進し、流通改善に取り組むことにより、薬価調査が適切に実施される環境整備を図りつつ、国民負担の軽減の観点から、できる限り広くすることが適当である。

※　２０１９（平成31）年は、消費税率の引上げが

予定されており、全品目の薬価改定が行われるため、薬価改定年度の最初の年は２０２１（平成33）年度となる。

○２０１８（平成30）年度から２０２０（平成32）年度までの3年間継続して、全品目の薬価改定が行われることから、この間の市場実勢価格の推移、薬価差の状況、医薬品卸・医療機関・薬局等の経営への影響等を把握した上で、２０２０（平成32）年中にこれらを総合的に勘案して、具体的な範囲を設定する。

（参考）対象品目の範囲と医療費への影響（試算※）

ア）平均乖離率２・０倍以上（約31百品目、全品目の約2割）▲５００～８００億円程度

イ）平均乖離率１・５倍以上（約50百品目、全品目の約3割）▲７５０～１１００億円程度

ウ）平均乖離率１・2倍以上（約66百品目、全品目の約4割）▲１２００～１８００億円程度

エ）平均乖離率1倍超（約81百品目、全品目の約5割）▲１９００～２９００億円程度

※これまでの2年分の価格乖離の½～¾が薬価改定年度に発生するものと仮定して、27年度の薬価調査実績に基づき試算

○薬価調査については、２０１８（平成30）年度に行う調査より、購入側の調査において、購入先卸の名称を記載し、販売側の調査との突合を行いデータの検証を行う仕組みとするなど正確性の確保と効率化を図る。

3. イノベーションの適切な評価

（1）新薬創出・適応外薬解消等促進加算制度の抜本的見直し

○新薬創出・適応外薬解消等促進加算制度については、２０１０（平成22）年度に試行的に導入され、これまで未承認薬・適応外薬の承認増加やドラッグ・ラグの解消等の成果を挙げてきたが、他方、革新性の低い品目も加算対象となっている等の課題が指摘されてきた。

　今般、こうした課題の解決を図り、革新的新薬の創出を促進するための効率的・効果的な仕組みへと抜本的に見直す。

○対象品目については、医薬品そのものの革新性・有用性（注）に着目して判断する仕組みとする。

※これにより、特段の革新性・有用性が認められな

【対象品目の見直し】

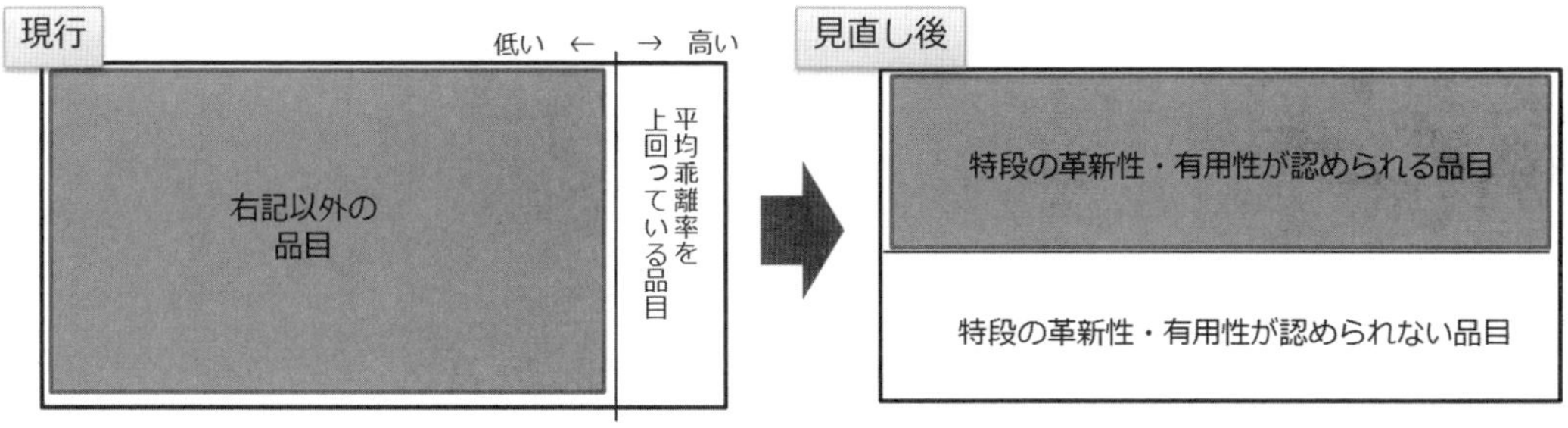

い品目が対象外となる一方、従来、一律に除外されていた平均乖離率を上回っている医薬品であっても、特段の革新性・有用性が認められるものは、対象に加えることとする。

（注）具体的には、画期性加算、有用性加算、営業利益率補正がなされた医薬品、希少疾病用医薬品、新規作用機序医薬品（基準に照らして革新性、有用性が認められるものに限る。）等に絞り込み。

○企業要件については、引き続き、未承認薬・適応外薬の解消に取り組むため、国からの開発要請に適切に対応することを前提条件とした上で、企業が更なる革新的新薬開発に取り組むインセンティブとするため、革新的新薬の開発やドラッグ・ラグ解消の実績・取組を指標とし、これらの指標の達成度に応じて、加算額を段階的に設定することとする。

（２）新薬のイノベーション評価の見直し

○イノベーションの推進の観点から、類似薬のない新薬の評価のあり方を見直し、原価計算方式で算定された医薬品のうち、製造原価の内訳の開示度が高いものについては、薬価の加算額の引上げ等を行う。

（３）費用対効果評価の導入

○費用対効果評価については、原価計算方式を含め、市場規模の大きい医薬品・医療機器を対象に、費用対効果を分析し、その結果に基づき薬価等を改定する仕組みを導入する。

○これに向けて、試行的実施の対象となっている13品目について、これまでの作業結果を踏まえ、2018（平成30）年4月から価格調整を実施するとともに、試行的実施において明らかになった技術的課題への対応策を整理する。

○併せて、本格実施に向けて、その具体的内容について引き続き検討し、平成30年度中に結論を得る。

4．長期収載品の薬価の見直し等

（1）長期収載品の薬価の見直し

○我が国の製薬産業の構造を、長期収載品依存から、より高い創薬力を持つものへと転換する観点から、後発品上市後10年を経過した長期収載品の薬価について、後発品の薬価を基準に段階的に引き下げる。

○具体的には、

①後発品置換率が80％以上となった品目は、まず薬価を後発品の薬価の2・5倍に引き下げ、その後、6年間かけて段階的に後発品の薬価まで引き下げる。

②後発品置換率が80％未満の段階であっても、同様に、まず薬価を後発品の薬価の2・5倍に引下げ、その後、10年間かけて段階的に後発品の薬価の1・5倍まで引き下げる。

○その際、引下げ幅が著しく大きくなる品目等については、円滑実施の観点から、適切な配慮措置を講ずる。

（2）後発品の価格帯集約

○現行では、後発品の価格帯は3つに集約されているが、長期収載品の薬価の見直しに伴い、上市から12年が経過した後発品については1価格帯を原則とする。

ただし、後発品置換率が80％以上であって、先発品企業が撤退する品目については、安定供給に貢献する後発品企業（先発品企業撤退分の増産対応を担う企業）の品目とそれ以外の後発品企業の品目に分けた2価格帯に集約する。

（3）基礎的医薬品等の対象拡大

○不採算になる前に薬価を下支えする基礎的医薬品の対象に、生薬や軟膏基剤、歯科用局所麻酔剤等を追加する等の必要な対応を行う。

5．外国平均価格調整の見直し

○現在、新薬の薬価算定の際、米・英・独・仏の4か国の医薬品価格を参照して、薬価を調整しているが、米国については、現在参照している価格リスト（Red Book：メーカー希望小売価格）は参照しないこととし、米国の公的制度（メディケア・メディケイド）で用いられている価格リスト（ASP／NADAC）を参照する。

参考資料②

薬価制度の抜本改革について

2017（平成29）年12月20日　日本製薬団体連合会　会長　多田正世

本日、中央社会保険医療協議会において「薬価制度の抜本改革　骨子」が取りまとめられました。医薬品の研究開発・安定供給を通じた国民医療への貢献を使命とする立場から、次のとおり意見を表明します。

今回の薬価制度の抜本改革は、「薬価制度の抜本改革に向けた基本方針（平成28年12月20日）」に基づき「国民皆保険の持続性」「イノベーションの推進」を両立し「国民負担の軽減」「医療の質の向上」を実現するためのものと理解しております。しかしながら、一部に新薬収載時の評価の拡充が含まれているものの、総じて薬価を引下げる方向に偏っていると言わざるを得ません。

新薬創出等加算については、未承認薬・適応外薬の承認増加やドラッグ・ラグの解消といった成果がみられている中、今般の抜本的見直しによって対象範囲は絞り込まれることとなり、特許期間中の新薬の薬価を原則維持すべきとする我々の主張とは大きくかけ離れた内容となりました。イノベーションを推進し、革新的新薬を継続的に創出するという観点から、品目要件及び企業要件について、その在り方を含め引き続き検討をしていくことが必要と考えます。

長期収載品については、より高い創薬力を持つ産業構造への転換を促進する観点から、後発品収載から10年を経過した品目の薬価を大幅に引き下げることとされました。今般の見直しによる企業への影響を十分に検証し、平成30年度の薬価改定以降においても、十分な激変緩和措置を講ずるとともに、引き続き基礎的医薬品等の拡充も必要と考えます。また、後発品については、初めて収載されてから12年を経過した後には1価格帯を原則とすることとされました。さらに、市場から撤退する長期収載品が出てくることが予測され、後発品企業が増産対応を行う必要があるとともに、特許切れ医薬品の情報収集・分析・提供体制の再構築が必要であると考えます。流通改善と合わせて継続検討とされた毎年薬価調査・薬価改定も含め、今回の改革が医薬品産業の成長や企業経営、医薬品の安定供給に与える影響について、今後精査、検証する必要があると考えます。

平成30年度予算編成において、社会保障関係費の抑制分のほとんどが今回も薬価改定財源で賄われることとなりました。薬価制度の抜本改革とあわせ、製薬業界にとって極めて厳しい結果となりました。医療保険制度全体を俯瞰した歳出構造の改革を行うことなく、薬価改定のみに依存した医療費抑制を行うことはバランスを欠いた対応であり、到底納得できるものではありません。今後は、社会保障制度全体の構造を根本的に見直す改革を求めるとともに、医療の質の向上に資する創薬環境整備（がんゲノムや医療ビックデータ利活用促進）や薬事規制改革推進等、製薬産業の支援策に国をあげて取り組むことを期待します。

我々医薬品業界といたしましても、新薬企業や後発品企業等に限らず、政府の目指す産業構造の転換を考慮して、自社の事業戦略を見直し、環境変化に着実に対応して参ります。そして、我が国の医療保険制度の持続性維持と国民の健康の維持・増進、及び成長産業としての国際競争力強化という目標の達成を目指し、諸課題について引き続き取り組んでまいる所存です。今後とも関係各位の一層のご理解とご協力を賜りますようお願い申し上げます。

以上

参考資料③

医療用医薬品流通の近代化に関する報告書

報告に当たって

昭和62年9月25日

厚生省薬務局長
坂本龍彦殿

医薬品流通近代化協議会
座長　片岡一郎

当医薬品流通近代化協議会は、厚生省薬務局長の私的諮問機関として、昭和58年3月の協議会設置以来、医療用医薬品流通の近代化を推進していくため、流通当事者間における取引条件及び流通活動の改善方策について検討を行ってきた。

このための具体的方策として、当協議会は、①流通当事者間の取引条件改善のためのモデル契約の策定、及び②流通活動のシステム化について議論を重ね、昭和59年12月には、メーカーと卸売業者間のモデル契約要綱を策定し、中間報告としたところである。その後、新たに医療機関・薬局を代表する委員の参加を得、引き続き卸売業者と医療機関・薬局との間の取引関係を巡る問題を中心に検討を重ね、今般、卸売業者と医療機関等との間のモデル契約要綱を策定し、中間報告としたところである。

また、流通システム化については、卸売業者及び医療機関を対象とした実態調査を行い、医療用医薬品流通のシステム化について、指針となるべき考え方をとりまとめたところである。

医療用医薬品の円滑かつ適正な流通を確保していくためには、その前提として、医療用医薬品流通に関わる流通当事者間に公正かつ対等を旨とした近代的・合理的な取引関係が形成されていることが必要であるが、同時に、医療用医薬品流通の問題は、薬事法制・医薬分業を始めとする医療供給体制・薬価基準制度・診療報酬制度等関連する諸制度の在り方とも深い関連を有していることも否定できない。

当協議会では、医療用医薬品流通を取り巻く諸問題について、制度面を含めた幅広い観点から議論を重ねてきたところであり、今般、上記2課題についてとりまとめたところであるので、これまでの当協議会の議論を集約し、当協議会の考え方を報告するものである。

Ⅰ　本編

Ⅰ−1　医療用医薬品流通の近代化方策について（総論）

(1)　医療用医薬品流通近代化に関する基本的視点

医療用医薬品の流通の在り方を考えていくに際しての基本的視点は、以下に述べる2点に集約することができる。

①　生命関連商品としての医療用医薬品の特性に即した流通の確保

言うまでもなく医療用医薬品は生命関連商品であり、その商品特性にふさわしい流通が確保されなければならない。即ち、流通過程における品質管理及び安定供給の確保は、その商品特性から要請される最重点課題として、常に念頭に置いて考えなければならない。

②　自由かつ公正な競争に基づく流通の確保

①に示されているような特性を持つ医療用医薬品にあっても、取引における基本原則は一般の商品と何ら変わるものではなく、市場メカニズムが有効かつ適切に機能するような自由かつ公正な競争が確保されていなければならない。

勿論、この2点は互いに相反するものではなく、市場競争は常に医療用医薬品の有効性・安全性の確保を大前提に行われなければならないものであり、また、流通当事者間に自由かつ公正な競争に基づく客観的・合理的な取引関係が成立していることが、医療用医薬品の適正な流通にとって必要である。

(2)　制度上の問題

医療用医薬品に対しては、生命関連商品としての特性に鑑み、安全性の確保等の観点から薬事法上様々な規制が行われており、また、医療用医薬品の流通は、国民皆保険体制の下、医療保険制度や医療供給体制の在り方等とも極めて深い関連を有している。

特に、薬価基準制度と医療用医薬品流通とは、相互に大きな影響を及ぼしあっており、流通近代化にとって薬価基準制度の在り方如何を無視することはできない。また、同時に、市場実勢価格主義に立脚する薬価基準制度の適正な運営を確保するためには、医療用医薬品流通の適正化を図っていくことが強く求められる。

薬価基準制度それ自体の在り方の問題については、先の中央社会保険医療協議会において、薬価算定方式等についての改善策が示されたところである。この点については、当協議会の直接の検討の範囲を超える問題でもあるので、ここで当協議会として具体的な意見を述べることはしないが、先の中央社会保険医療協議会の建議においても「薬価問題は、市場動向等状況の変化に応じ、必要な見直しを加えていくべき問題である」と指摘されており、今後とも引き続き検討を続けていく必要があるものと考える。

また、関連諸制度の見直しに際しては、医療用医薬品流通との関連に留意しつつ、流通適正化の観点からの必要な見直しが行われるよう、強く求めていくことが必要である。

(3) 各当事者の役割と当事者間の関係

医療用医薬品流通に関しては、従来から種々な問題指摘が各方面からなされており、当協議会においてもこれらの問題指摘を踏まえ、様々な視点から検討を行ってきたところである。

メーカー、卸売業者及び医療機関・薬局（以下「医療機関等」という。）は、各々等しく医療用医薬品流通の当事者であり、流通の適正化に対して責任を有する主体である。

したがって、医療用医薬品流通の適正化を図っていくためには、メーカー・卸売業者間及び卸売業者・医療機関等間の双方それぞれについて、その取引関係の改善を図る必要がある。

メーカー・卸売業者間の問題については、メーカーと卸売業者間のモデル契約要綱中間報告の中で、例えば販売リベートが卸売業者の経営におけるメーカーへの依存を生じさせること、値引補償の下での価格形成は価格形成の自主性を制約する恐れがあること等の問題を取り上げ、取引条件の改善の進め方に関し以下の通り指摘しているところであり、これに沿って引き続き改善を図っていくべきものと考える。

ア．販売リベート（割戻金）

販売リベート（割戻金）については、対象品目、算定基準、支払日等を明確にすることが必要である。その際、累進的なものにあっては累進率がなだらかなものであること及び算定基準に足切を設けているものにあっては足切額が低いものであることが求められる。さらに販売リベート（割戻金）のうち可能な部分から順次現金割引、数量割引及び当初仕切り価格の引下げへの移行を進めることが望ましい。

イ．価格形成

値引補償については、対象品目、手続き等を明確にすることが求められる。さらに、値引補償の対象品目を段階的に減少させ、当初仕切り価格の引下げによって対応していくことが望まれる。

ウ．情報提供

市場動向に関する情報の提供については、予めその内容、方法、対価の取扱い等について定めておくことが必要である。

一方、卸売業者と医療機関等との取引関係について見ると、(1)で述べた基本的視点から見て、やはりいくつかの改善すべき点があることは否定できない。

第一に、取引当事者間に契約意識が極めて希薄であり、取引契約は殆どの場合口頭契約であって、取引関係が不安定で取引条件も不明確なケースが非常に多い。

一般に、卸売業者と医療機関等との取引は、メーカーと卸売業者との間の取引とは異なり人的信頼関係に基づく要素が多く、個別的・小規模なものが多いことは事実であり、その意味では必ずしも口頭契約が合理性を欠くものではあるとは言えないが、このような人的信頼関係を紐帯とした取引関係においては、取引条件が客観的に示されていない場合が多く、一旦問題が生じたときにはその合理的解決を図ることが難しく、混乱が増幅してしまう場合が多い。

言うまでもなく、医療用医薬品の取引は長期的・継続的に行われる性格のものであり、また、医療機関の経営上の観点から見ても、薬剤費は経費の大きな割合を占めており、安定的な取引関係の確立は、医療用医薬品の安定供給確保の観点からのみならず、卸売業者・医療機関双方の経営の長期的安定を図っていく観点からも極めて重要である。

その意味で、契約意識を喚起し、書面契約の推進等を通じた取引関係の安定化・取引条件の明確化へ向けて、取引当事者双方が努力を重ねていくことが強く望まれる。

第二に、このような取引関係の不明確さとも相挨って、一部において、仮納入・仮払い、極端に長い支払いサイト、商品受渡し後の一方的取引条件変更等他の商品取引では例がないような取引慣行や一般の社会通念からは考えられないような取引実態が生じている。

勿論、このような医療用医薬品に特有の取引慣行の中には、緊急配送のように医療用医薬品の商品特性に由来するものも多いことも事実である。また、本来個別取引における取引条件の設定は当事者間の自治に任されているものであるが、現実問題として、医療用医薬品という極めて公共性の高い商品の流通について、一部にせよ一般社会通念を大きく逸脱するような取引実態が存在しているとすれば、社会的な納得が得られないばかりでなく、ひいては医療用医薬品流通に携わる当事者に対する社会的信頼に悪影響を及ぼすことにもなりかねない。

このような意味で、取引の基本的条件の在り方については、最低限何らかの形でこれをルール化し、その改善を図っていく必要があると思われる。

また、その他、近時、医薬品の流通に関し、価格のみを追及し品質管理を軽視するような取引や、適正な価格形成の観点等から好ましくないいわゆる総価・山買いによる購入等について問題が指摘されているところであるが、取引の基本的条件の改善を通じた流通の近代化を推進し、これらの適正化を図っていく必要があるものと考えられる。

(4) 今後進むべき方向

① 取引当事者間の取引条件改善のためのモデル契約の策定と普及

上のような論点を踏まえ、当協議会は、医療用医薬品流通当事者間の取引関係を律する標準的約款として、モデル契約を策定した。

モデル契約策定に当たっては、

ア．医療用医薬品の生命関連商品としての商品特性に即した流通、特に医療用医薬品の品質管理及び安定供給の確保と取引両当事者間の自由かつ公正な取引関係の構築を目指すことを基本的目標とし、

イ．商品受け渡し、代金決済、商品返品、債権譲渡等の一般的取引条件に関して、現実の取引の実態を踏まえつつ社会通念上妥当と思われる範囲でその明確化・ルール化を図る

ことを通じて、医療用医薬品の円滑かつ適正な流通を期するとともに、併せて医療用医薬品流通に関わる各当事者の経営安定に資することを旨とし、これを策定したところである。

なお、このモデル契約は、医療用医薬品取引の基本契約において定めるべき一般的取引条件に関するガイドラインを示したものであり、個別取引契約ごとに契約するものではなく、また、個々の取引当事者の利害を直接に調整することを目的としたものではないことを付け加えておく。

〈当事者団体の役割〉

先のメーカー・卸売業者間のモデル契約に続いて、今般卸売業者・医療機関等間のモデル契約が策定されたことにより、医療用医薬品流通三当事者を結ぶ全ての契約関係についてモデルが示されることとなるが、当協議会を構成する各当事者団体（製薬団体・卸売業者団体・医療機関等団体）において、傘下の流通当事者に対しモデル契約の趣旨・精神について積極的に周知徹底を図っていくとともに、各団体の一致した協力の下、その普及・徹底を図っていくための具体的措置を講じていくことにより、こ

れらのモデル契約を実効あるものとしていく必要がある。

このためには、各当事者団体における自主的な普及への取り組みが不可欠であり、そのような当事者団体の活動を積極的に支援し、団体間の連携をとっていくための協議機関として、この報告書提出後も、引き続き当協議会の組織を存続させていくことが望ましい。

〈行政の役割〉

流通当事者間の取引関係は、基本的には各当事者間の自由かつ公正な関係に基づき自律的に形成されるべきものであり、流通改善は、流通当事者が、社会的責任に対する自覚と当事者相互の理解・協力の下に努力を重ねていくことにより実現されるものであるが、行政当局としても、生命関連商品である医療用医薬品の特性等に鑑み、各当事者間の自由かつ公正な関係を保障し、医療用医薬品の円滑な供給を確保していくための環境整備に努める必要がある。

その意味で、行政当局に対しては、

ア．関係団体との十分な連携・協力の下に、モデル契約の普及を図るための国・地方を通じた指導・協力体制を整備していく

イ．医療用医薬品流通システム化等の流通近代化のための諸施策を積極的に推進し、モデル契約普及を側面的に支援していく

ウ．モデル契約に関し、必要に応じて継続的検討の場を設置する等フォローアップを実施していく

更には、

エ．モデル契約の普及を軸に医療用医薬品流通の適正化対策を進めるとともに、関連諸制度に関して流通適正化の観点を踏まえた改善について更に検討を続ける

等、長期的施策の展開を体系的に進めていくことを求めたい。

また、国立・公的医療機関等に対しては、医薬品流通の適正化について今後とも更に他の医療機関の範となることを求めたい。

② 流通活動の効率化・システム化活動の推進

流通活動のシステム化は、医薬品流通全体というトータルシステムの効率化等を目的とし、それを構成するサブシステムの効率化等を図ることである。すなわち、各流通当事者の内及び間の流通上の諸活動（受発注、在庫管理、配送等）それぞれの高度化を図るとともに、これらの有機的な連携を図ることによって、流通過程全体の効率化を図り、さらには適切な医薬品管理、サービス水準の向上等を期することである。

当協議会においては、医療用医薬品の流通活動の

システム化に関して、卸売業者を対象とした「流通システム化実態調査（アンケート及び聴き取り調査）」及び医療機関を対象とした「医療用医薬品の流通に関する意識調査」を実施し、主として現時点における流通活動のシステム化の進捗状況、将来のシステム化の推進を図る素地に関する知見の集積を図った。

　これによると、卸売業者に関しては、大規模な卸売業者を中心にコンピューターの導入等を通じたシステム化の試みが進展しており、かつ、将来のシステム化に対する意欲も大きい。また医療機関においても、発注におけるファクシミリ等の機械の使用あるいは在庫管理の合理化等に強い意欲がみられる。このように、流通の各当事者において、流通活動のシステム化が進められる素地は十分にあると言える。

　一方、システム化の推進に当たっては、流通の各当事者の個別の努力のみでは、対処できない部分が多いこと、また、システム化推進の意欲において大規模な卸売業者・医療機関等と小規模な卸売業者・医療機関等との間にはかなりの差異がみられることから、個別の流通当事者における様々な取り組みを全体のシステムの効率化につなげるために、各流通当事者団体及び行政は互いに協力して、次のような役割を積極的に果たしていかねばならない。

　ア．今後システム化に取り組む者への支援

　・システム化マニュアルやコンピューターソフトの提供等

　イ．システム化を円滑に進めていくための共通基盤の先導的な整備

　・統一伝票、商品コード等のビジネス・プロトコルの標準化、システム間の連携指針の策定等

　これらの問題に関する、当協議会における検討は、いまだ結論を示す段階ではなく、今後、先の調査結果を基にして、また、最近の機器の発達や各主体における取り組みの状況を把握しつつ、さらに検討を深めていく必要がある。このため、本報告書提出後も当協議会において流通活動のシステム化に関する検討を続けていくことが必要である。また、行政においては、これらの検討と並行して、国公立病院を中心とする統一伝票の普及、医薬品コード体系の改良整備等従来から主として行政において取り組むべき点として指摘されている事項に積極的に取り組むことが求められる。

Ⅱ－2　医療用医薬品の取引に関するメーカーと卸売業者のモデル契約要綱（中間報告）

⑴　本報告の性格

医療用医薬品の円滑かつ適正な流通を確保するた

めには、流通の当事者であるメーカー、卸売業者間の取引関係が公正かつ対等を旨とする近代的、合理的なものであることが必要である。本報告は、両当事者間における取引関係に関しモデルとなる契約を示すことにより、近代的、合理的な取引関係の樹立に資することを目的とするものである。

しかしながら、もとより、医療用医薬品の流通は、メーカー、卸売業者のみで完結するものではなく、メーカー、卸売業者間の取引関係の在り方は、卸売業者、ユーザー間のそれと密接な関連を有することはいうまでもない。

さらに、医療用医薬品の流通には、薬価基準制度という他の商品にみられない公的制度の下で激しい市場競争が展開されたこと等により生じてきた特殊な取引慣習が存在しており、その改善は段階的に行うことが現実的かつ妥当であると考えられる。

したがって、本報告は、卸売業者とユーザーの間のモデル契約を検討した後再度検討する必要があるという意味でも、また、取引条件の改善途上におけるものであるという意味でも、中間的な性格をもつものである。

(2) 取引条件の改善の進め方

メーカーと卸売業者の取引条件については、医薬品流通対策研究会報告（昭和57年6月）において、販売リベート（割戻金）、価格形成等の在り方の改善が提言されているところであるが、具体的にはそれぞれ次のような方法で改善を進めていくことが適当と考えられる。

① 販売リベート（割戻金）

販売リベート（割戻金）については、支払基準が不明確で合理性を欠くものになりがちな面がみられること及び流通マージンにおいて販売リベート（割戻金）が比較的大きな割合となっている状況が、卸売業者の経営におけるメーカーへの依存を生じさせる点で問題とされている。

したがって、まず、販売リベート（割戻金）について、対象品目、算定基準、支払日等を明確にすることが必要である。その際、累進的なものにあっては累進率がなだらかなものであること及び算定基準に足切を設けているものにあっては足切額が低いものであることが求められる。また、医療用医薬品の消費の伸びが低下してきている現状等に鑑み、販売量の伸びに過大な比重を置いた算定基準は公正な競争を確保する上で好ましくないと考えられる。

さらに販売リベート（割戻金）のうち可能な部分から順次現金割引、数量割引及び当初仕切価格の引下げへの移行を進めることが望ましいが、それまでの間は暫定的に支払期間の短縮により対処することも考えられる。

② 価格形成

値引補償の下での価格形成は、卸売業者の価格設定の判断基準を不明確にさせ、価格形成の自主性を制約するおそれがある点で問題とされている。

したがって、値引補償について、対象品目、手続き等を明確にすることが求められる。その際、特に値引補償承認価格はあくまでメーカー希望卸売価格であり、メーカーが仕切価格を変更するに当たっての目安であって、もし仮にメーカーが卸売業者に対して値引補償承認価格を維持させれば、再販売価格の拘束として独占禁止法第2条第9項に規定する不公正な取引方法に該当することに十分留意する必要がある。

さらに、値引補償の対象品目を段階的に減少させ、当初仕切価格の引下げによって対応していくことが望まれる。

③ 情報提供

メーカーが卸売業者からの販売伝票等の送付を一方的に義務づけることのないよう、市場動向に関する情報の提供については、予めその内容、方法、対価の取扱い等について定めておくことが必要である。また、提供された情報を用いて流通活動の規制が行われないよう十分留意すべきことはいうまでもない。

(3) 取引における基本的考え方

① 基本契約

メーカー、卸売業者間において反復継続して行われる取引関係において、双方が合理的に確認できる共通的な事項については、予め別紙モデル様式のような基本契約を締結する。なお、本様式は医療用医薬品の取引に関するものであるが、取引の実態に応じて一般用医薬品を含む医薬品全ての取引に適用することを妨げるものではない。

② 付随契約等

ある程度の頻度で変更が必要であり、かつ、予め定めておくことが適当な事項については、基本契約を補完するため必要に応じて次のような付随契約等を定める。

ア．価格表
イ．値引補償契約
ウ．割戻金算定基準
エ．数量割引基準
オ．情報提供契約
カ．債務限度額契約

③ 個別取引

その都度個別に定めるべき事項としては、個別の売買における品名、規格、包装単位、数量、受渡期日、受渡場所等と、個別の値引補償が考えられる。

参考資料④

リーズナブルゾーン方式の提唱

中医協における日薬連意見

昭和61月9月19日

日薬連副会長
内藤祐次　エーザイ社長挨拶

私は日薬連の副会長、エーザイの社長、内藤でございます。小西会長に代わり、日薬連を代表してご挨拶させて頂きます。

本日は、日薬連の関連委員会の責任者である、三共の阿部専務、武田の山田常務、模範薬品の上野理事、日薬連の江間理事長が同席いたし、ご説明に当たります。

圓城寺会長をはじめ諸先生方より、常日頃製薬業界に対しまして大所高所からのご指導とご支援を頂いておりますこと、厚く御礼を申し上げます。

このたびは、日薬連がわが国の製薬産業を代表して、懸案の薬価基準算定方式の改正について、ご説明させて頂く機会を与えられましたことに、感謝いたします。

詳細は資料によって関係者がご説明いたしますが、まず私から、先生方にご理解を頂きたいことについて、のべさせていただきます。

まずお願いの第1点は、現行薬価基準制度の見直しについてであります。

薬価基準制度は多年にわたり、医療保険制度下における使用医薬品の範囲、その請求価格、および取引の基準価格として機能し、医療ならびに医薬品産業の安定と発展に、大きく寄与してきたことに感謝するものであります。ただ、近時の医療費適正化に見る如く、医療経済の質的変革が急速に進むなかで、その運用に伴う矛盾が顕著になってまいりました。

この現状に鑑み、この際その見直しと薬価算定方式の改正を訴えるものであります。

因みに現行の薬価算定の仕組みは、医療機関における医薬品の購入価格をもって、薬価基準とするということになっております。ところがその購入価格は、医療機関の経営源資の継続的確保というメカニズムのなかで、薬価基準よりかなり下のところで決められます。しかも、その購入価格が毎年調査され、それが次の薬価基準になるという繰返しが毎年行われております結果、この数年間に40％を越えるドラスティックな薬価引下げが行われました。単純に薬価換算いたしますと、2兆円強の影響となります。もし、今後もこのままの状態がつづきますと、医療に必要な主要医薬品の安定供給、優れた新薬の研究開発に、多大の支障を来たすことは明らかであります。

お願いの第2点は、今回、日薬連が提案いたします「一定範囲方式」（リーズナブル・ゾーン）は、現行薬価算定方式の持つ薬価の循環的低下や、価格のバラツキの拡大という不合理性や矛盾を改善し、医業と薬業の安定をはかり、長期的には過大な薬価差を改善し、国民医療の向上に資するものと考えるものであります。

その提案の要旨は、

(1) バルクライン方式という、一点の価格をもって薬価とするため、価格のバラツキが拡大せざるを得ない方式から、すべての取引が薬価算定に反映する加重平均値と薬価基準との間に「一定範囲」（リーズナブル・ゾーン）を設定する方式への移行であります。

(2) そのゾーンの幅は、薬価の循環的低下を改善し、医業、薬業の安定をはかり、しかも自由な競争を阻害しないものであるべきだと考えます。

この数年実施されてまいりました、薬価の大幅な引下げが今後も続きますと、多大の投資を必要とし、かつ、極めてリスキーな新薬の研究開発活動は停滞し、ヒューマンな知識集約型産業として、その将来が大きく期待されるわが国製薬産業の前途が、きびしい国際競争のなかで、誠に暗いものになるといわざるを得ません。

お願いの第3点は、中小企業への配慮でございます。

ご承知のとおり医薬品は、多くの疾病に対応するため、医療上数多くの品目を必要とし、その結果、数多くの企業が生産を分担しております。中小企業といえども、優れた技術を保有し、基礎的医薬品を供給しているところも少なくありません。最近の実態調査によりますと、大幅な薬価の引下げにより、これら企業のなかに経営上危殆に瀕しているものが数多く見られます。薬価算定方式の見直しに際しては、これら中小企業存続のためのご配慮を特にお願いするものであります。

以上、申し上げました要点は、昭和57年9月18日付「中医協答申」の修正をご検討いただくことになりますが、なにとぞ、よろしくご配慮をお願い申し上げます。

ありがとうございました。

薬価基準算定方式について

昭和61年9月19日
日本製薬団体連合会

現行薬価基準（薬価）算定方式は永年にわたり、わが国医療保険制度に採用され、わが国の医療を支えてまいりましたが、以前より各方面で指摘されてまいりました薬価制度そのものに起因する不合理性、つまり薬価基準の仕組みそのものが市場実勢価格（医療機関の医薬品購入価格）の形成に大きく影響し、薬価の限りない循環的低下を招き、かつ市場価格が大きくバラつくという欠点が現実の姿として現われ、医薬品業界にも多大な影響を与えつつあります。

私ども製薬企業の提案いたします薬価算定方式はこれら不合理な要因を排除し、改善し、かつ長期的に見てわが国医療の向上と医療適正化の目的に合致するものと確信致しますので、その早期実現を切望するものであります。以下、その概略につき申し述べます。

1．薬価算定方式の基本的考え方について

(1)　わが国医療の向上を齎らすものであること。

(2)　医療機関にとって医薬品の自由な選択が可能であること。

(3)　大多数の医療機関が購入し得る価格であること。

(4)　医業経営の安定を齎らすとともに、薬価差依存の医療から、技術中心の医療に向かうこと。

(5)　医薬品の公正にして自由な競争が阻害されないこと。

(6)　市場価格が分散せず、収斂化の方向をめざし、薬価差が全体として長期的に縮少に向かうこと。このことにより、薬剤使用が適正化され医療全体が適正化に向かうこと。

(7)　医薬品流通の合理化、透明化を齎らすこと。特に価格体系（建値制）が明確になり、医療機関に対する医薬品の価格に関する情報提供が適正化されること。

(8)　薬価算定方式及び薬価改定は、透明性を確保するとともに繁雑なものでないこと。

(9)　高品質医薬品の永続的安定供給体制を維持し得ること。かつ医薬品に関する情報提供収集システ

ムを確立し維持し得ること。

⑽ 製薬企業の研究開発投資の回収を可能ならしめ、かつ研究開発意欲を損わしめないこと。

⑾ わが国製薬企業の民間企業としての活力を失わしめず、先進国製薬企業に伍し得るべく健全な発展が促進されること。

⑿ 診療報酬引上げの財源措置としての薬価引下げは行わないこと。ただし、本方式により行われた薬価引下げ分は技術料に振り向けるべきこと。

2. 現行薬価算定方式の問題点

(1) 薬価の循環的低下

公正取引委員会の「医療用医薬品の流通実態調査等」において「医療用医薬品は、メーカーらが自由に価格を設定し、市場メカニズムを通じて自由な価格形成がなされることになっているが、実際には薬価基準価格の算定方式等薬価基準制度の仕組みが市場価格の形成に大きな影響を及ぼしているといえる。」と述べられている。その結果、薬価のかなり下で医療機関の購入価格が決まらざるを得ず、その購入価格が次の薬価になるという限り無い繰返しが行われている。

現行薬価基準価格 → 購入価格
← 次回価格 → 購入価格
← 次々回薬価

(注) 欧米諸国においては医薬分業が実施されているが、薬局が周辺にない等の場合、わが国の医療機関と同様、医師は調剤医師（dispensing doctor）として、直接患者に医薬品を渡すことが認められている。

その場合、調剤費用のほか医薬品に関わる取扱い収益が医療機関に認められ、償還されている。

また、政府が医療用医薬品の価格を設定している国の場合でもむしろ物価の上昇を勘案し引上げられている。

(2) 現行バルクライン方式の問題点

中医協答申（昭57．9．18）においては、次の二つの欠点があるため、是正されることが指摘されている。即ち一つの点における価格により薬価が算定されるため、価格のバラツキが大きくなる欠点をもつこと、また、価格対応が可能であるという欠点をもつこと。

3. 薬価算定方式の提案

(1) 具体的算定方法

① 銘柄毎の現在の薬価と、その銘柄の市場価格の加重平均値との乖離が「一定範囲」内にあるものは、薬価改定を行なわず、その「一定範囲」を越えているものは、その越えた部分について薬価を引下げる。

②「一定の範囲」の巾は、算定方式の繁雑さを防ぎ、方式の透明化を図るため、全ての品目につき一定率とする。

③「一定の範囲」の巾は、市場価格が薬価を指標に形成されており、薬価からの乖離を尺度とすることが合理的であり、更に低市場価格品への影響、価格収斂効果等から見て、現行薬価からの「一定の範囲」の巾とする。

(2) 収載方式

銘柄別制度が個々の銘柄の市場価格がより正確に薬価に反映させ得ること。価格、品質、情報等に対する自己責任体制を確立せしめ得ること等の点から、現行銘柄別収載方式は継続すべきである。

(3) 本薬価算定方式の特長

① この方式はバルクライン方式と異なり、すべての価格が薬価算定の対象となるため、企業の価格に対する自己責任は従来より遥かに大きくなり、その点で現在よりかなりきびしい方式である。

② この方式は、市場価格が「一定の範囲」に収斂する動きを示すため、過大な薬価差の解消に効果がある。従って、全体として薬価差縮少の方向に向かう。

③「一定の範囲」は薬価改定時、薬価算定のためのみに限定されるものであり、個々の銘柄の個々の医療機関における購入価格はその医薬品の市場価値、購入数量、支払条件等の取引条件、競争状況等により決定されるものであり、公正にして自由な競争は確保される。

④「一定の範囲」方式は、現行薬価から設定されるので、薬価を引上げる機能は持っていない。

⑤「一定の範囲」の巾には、価格全体の収斂状況を見ながら、弾力性を持たすことも可能である。

日薬連案（一定範囲方式）具体的算定例

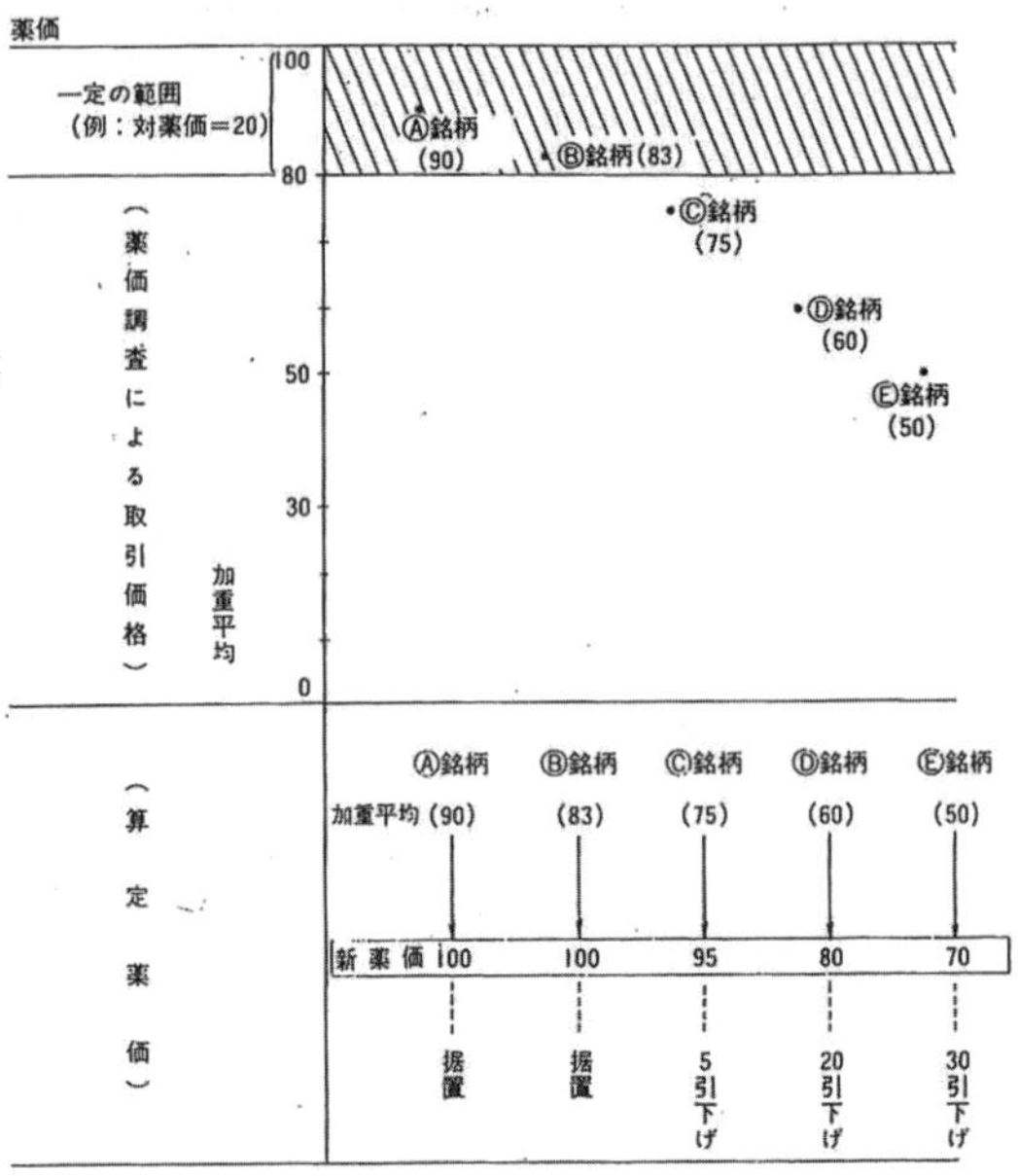

バルクライン方式と一定範囲方式の比較(1)
〔バラツキ及び乖離が小さい場合〕

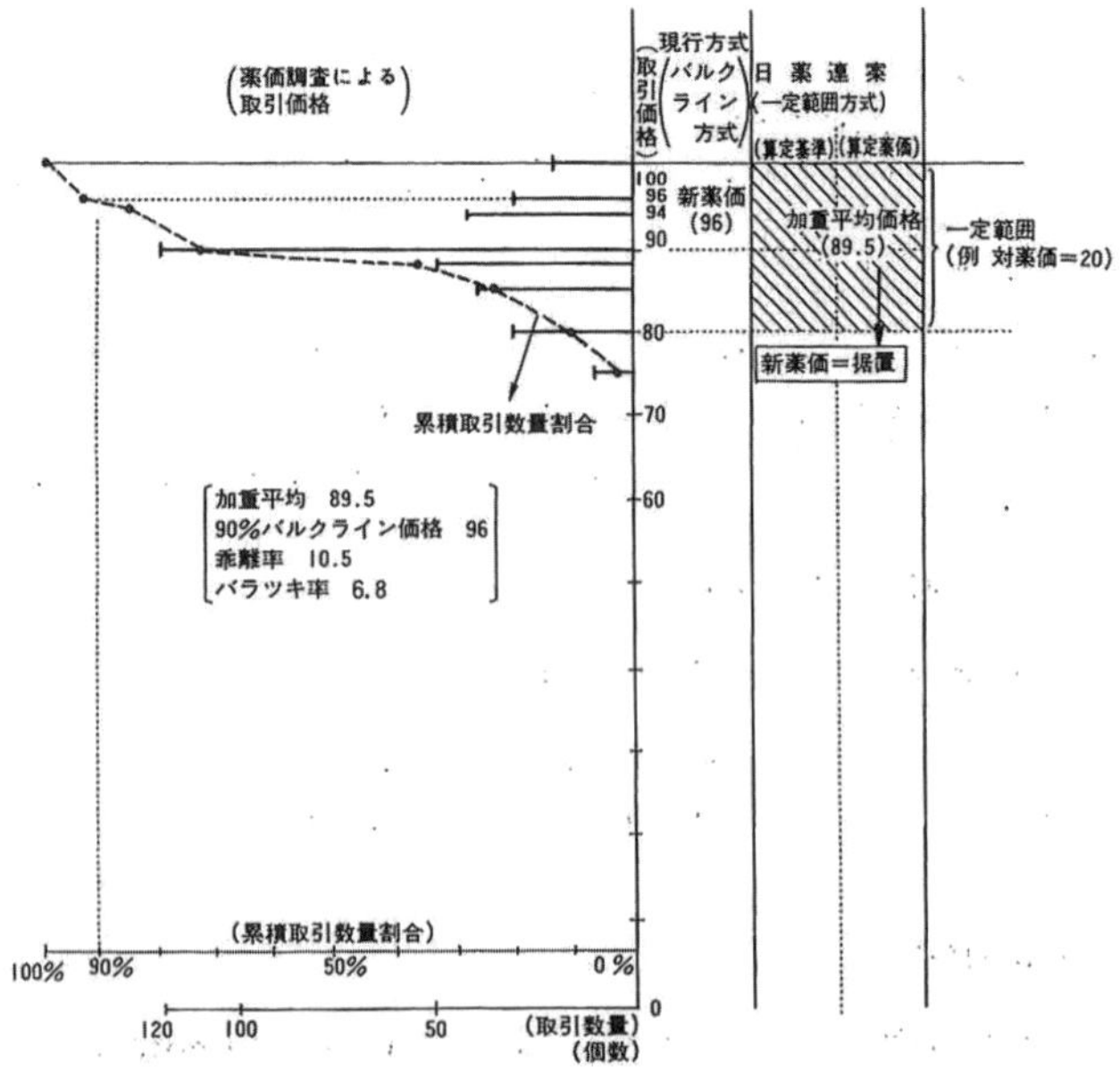

バルクライン方式と一定範囲方式の比較(2)
〔バラツキ及び乖離が大さい場合〕

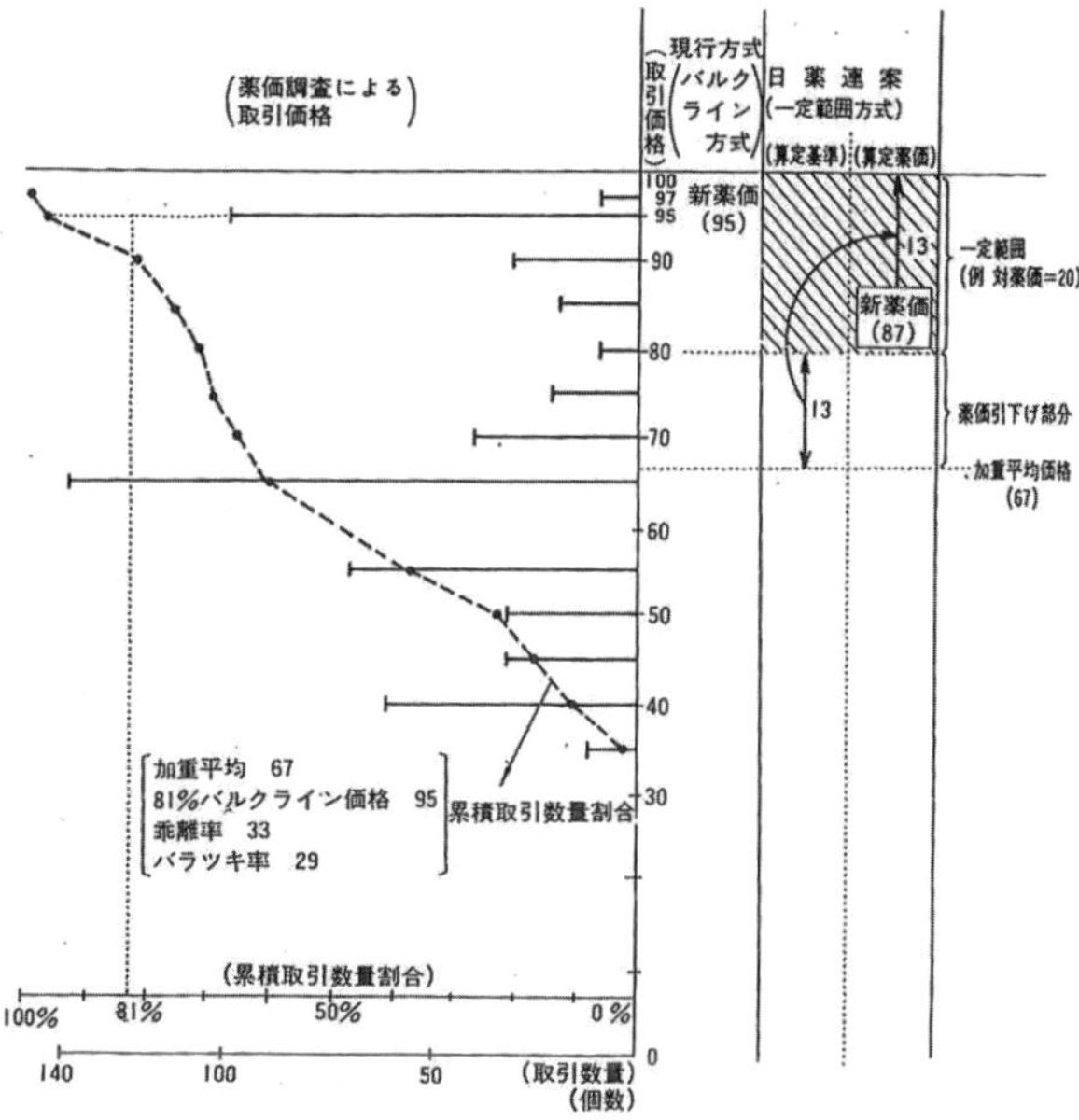

4. 部分改定の廃止について

従来、全面改定のほかに薬効群別による部分改定が行なわれてきたが、医療機関の診療科別に与える影響に著しい差があること。薬効群の選択に透明性を欠く点等から、部分改定は廃止すべきと考える。

5. 薬価改定の頻度について

薬価改定後の医療機関との価格交渉には、従来の状況等から見てかなりの時間を要するので、公正な改定を期すためには、十分な価格形成がなされた時期に調査が実施されるべきである。毎年一回の薬価改定は市場価格の十分定着しないまま行なわれる薬価調査によらざるを得ず、薬価改定は不正確なものになりがちである。

従って、2年以上の間隔をおいて薬価を改定すべきである。

6. 本薬価算定方式の採用による影響の緩和措置について

従来のバルクライン方式から「一定の範囲方式」への制度的変更に伴う影響が大きく予想される低価格品、低薬価品、後発品等については、新方式への対応に必要な期間を考慮し、著しい影響を与えないための配慮が望まれる。

7. 「いわゆる調整品目」について

従来、薬価引下げの対象とならない一部の大型品につき、算定ルールの例外的措置として行なわれてきた市場価格によらない薬価引下げは廃止されるべきである。

8．銘柄間格差について

銘柄間格差縮少のため、格差がある一定倍数以上に開いている場合、上位品目の薬価が市場価格によらずして、行政的措置により引下げられることは、廃止されるべきである。

9．新薬の薬価改定について

新薬については多大な研究開発投資の回収、研究開発意欲の促進のためにも、薬価収載後一定期間は改定されないこと。

10．後発品の薬価収載について

後発品の薬価収載については、適切な間隔で定期的に収載されること。

11．官公立医療機関の購入について

一部の官公立あるいはそれに準ずる医療機関において取引上の地位を利用した値引要求行為が市場価格の低下に拍車をかけ、薬価引下げの要因ともなっているので、少なくとも指導の及び得る公的医療機関においては、それらの要因を排除し、公正な取引が確立されること。

12．最近の製薬企業をとりまく状況について

昭和56年以降実質42％に及ぶ大巾な薬価引下げの結果は次のような状況に立到っている。

(1) わが国医薬品の最近の生産高は、昭和58年対前年比1・3％増、59年0・1％減、60年（速報値）0・6％減と連続マイナス成長率を示すに至っている。

(2) 医科医療費に占める薬剤費比率は、昭和46年の46％を最高に、29％にまで低下し、欧米諸国との実質的比較において差は小さくなっている。

(3) 日本の薬価基準は引下がっているのに対し欧米諸国の医薬品価格は上昇を続けているので、日本の薬価は欧米諸国と比べ低位の傾向にある。

(4) 度重さなる薬価引下げにより、医薬品のライフサイクルは短縮化し、医療機関で使用されなくなり、市場から姿を消さざるを得ないものも少なくない。

(5)　一部の製薬企業の経営状況は、極めて悪化しつつあり、必要医薬品の安定供給に支障を来たすおそれも憂慮される。比較的新薬開発力を有する大手企業といえども、その売上高、営業利益の伸びは極めて小さいものになりつつある。（昭和60年度大手18社売上高３％増、営業利益１・７％増）

(6)　欧米諸国の製薬企業との研究開発力を中心とする競争力においてその格差は益々大きくなりつつある。

(7)　卸売業者の経営状況も全体的に悪化しつつあり、今後、更にその悪化が懸念される。約２兆円に近い売上債権を有する製薬企業として債権保全も問題になりつつある。

参考資料⑤

新たな薬価制度に関する提案

―より良い医薬品が、より早く患者に届けられるための新たな薬価制度の提案―

2007年7月11日　製薬協プレスリリースより（新薬創出加算の提案）

研究開発型製薬企業が結集する日本製薬工業協会（製薬協）は、「イノベーションの価値に見合った薬価」の実現を求めて、さまざまな政策提言を行ってきました。2005年7月に中医協薬価専門部会で「申請価格協議方式」を提案したのを始め、最近では本年1月及び4月に開催された「革新的創薬のための官民対話」の場などで、イノベーションを推進しその成果である新しい優れた医薬品をより早く世界の患者に提供するため「イノベーションを促進する薬価」を提案しています。

このような提案をより具体化するため、製薬協では常任理事会の下にプロジェクトチームを編成し検討を進めてきました。数回に亘る常任理事会及び理事会などでの論議を経て、このほど別紙資料の通り薬価制度に関する提案(「届出価格承認制」と「エグゼンプト・ドラッグ」の設置)を取りまとめました。

この提案は、イノベーションを促進し、その成果である「より良い医薬品が、より早く患者に届けられること」を目指すものであり、何よりも大きな問題になっている国内における「ドラッグラグ」の解消に貢献することを期待するものであります。同時に医療費と薬剤費の適正化と効率化、およびその結果として医療保険財政との調和を目指すものであり、特に現在進められている後発医薬品の使用促進策の進展とともに、特許期間終了後は後発品市場形成に伴い競争状況に応じた価格形成を目指すこととしています。

またこの提案は、2015年を最終目標年次とし中長期的に段階的に実施すること、提案全体をパッケージとして総合的に実施することを目指しています。したがって一部の報道に見られるような、短期的、部分的、選択的な実施は、イノベーションの担い手である研究開発型製薬産業の存立基盤そのものを危うくするとともに、「ドラッグラグ」の問題に見られるような日本の患者の最新の薬物療法へのアクセスを阻害し、却って医療費と薬剤費の効率化に反する結果となることが懸念されることから、強く反対するものであります。

今後はこの考え方をベースに、日本製薬団体連合会と協力し中医協薬価専門部会に提案することを始め、医療制度や薬価制度に関係する多くの皆様のご理解とご支持を求め、その実現を目指すこととしています。

別紙資料

新たな薬価制度案について

【提案の基本的スタンス】

「公正で効率的な医療用医薬品市場の形成と研究開発型製薬企業の競争力強化の実現」

わが国の医療保障システムの根幹にある公正観（価値財としての医療）を重視し、いまだ十分な治療が確立していない疾病のための薬剤がイノベーションにより創出され、国民の利益最大化を実現する制度を目指す。

【制度改革の具体的方向性】

①適正な価格形成の実現

○特許期間中は価値に見合った適正な価格が形成・維持され、失効後には後発品市場の形成に伴い、競争状況に応じた価格形成がなされ得る制度を実現する。

・新薬の真の価値、イノベーションの評価を反映した新薬の価格設定

・薬剤の価値を反映しない特許期間中の循環的価格低下の改善

・特許失効後の価格の硬直性を排除し、競争に応じた価格の形成

②不合理で不透明な制度運用の解消

○価格決定メカニズム・システムの合理性・論理性を高める。

③財政ニュートラルの堅持

○制度改革の内容そのものによって、財政に影響を及ぼさない。

＊ただし、医療需要の増減や新薬上市の状況などによる薬剤費規模の変化を否定し、薬剤費規模を将来に亘って一定に保つという意味ではない。

④十分な移行期間の確保

○改革実施に際しては、新薬研究開発期間や、各企業の新制度下での経営戦略の立案・実施のための期間を設ける必要がある。安定供給、経済、雇用などへの影響を考慮し、2008年度より準備、2010年度改革開始、

適正な価格形成

価格形成のイメージ

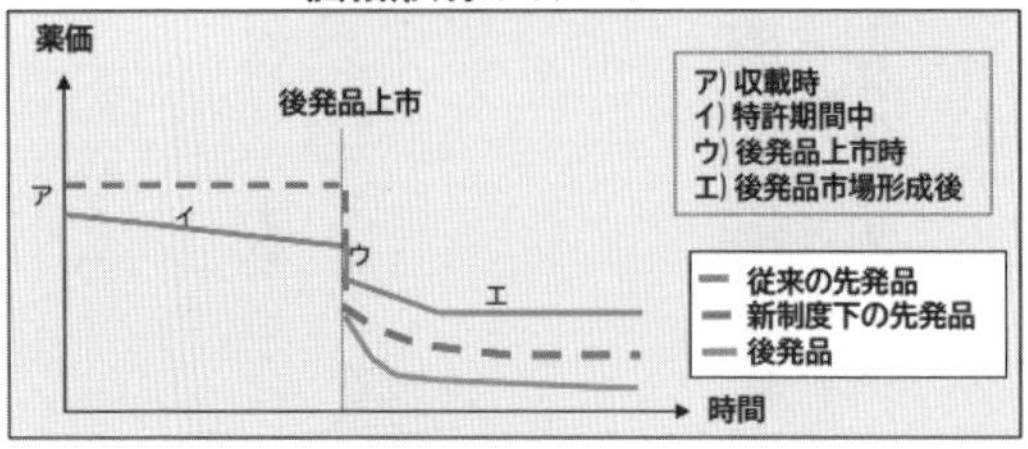

ア）収載時価格算定の企業の自由度を高める

イ）市場実勢価格主義を是正し、特許期間中の循環的価格低下を抑える

ウ・エ）後発品市場の形成により、競争に応じた価格を形成する

物量推移のイメージ

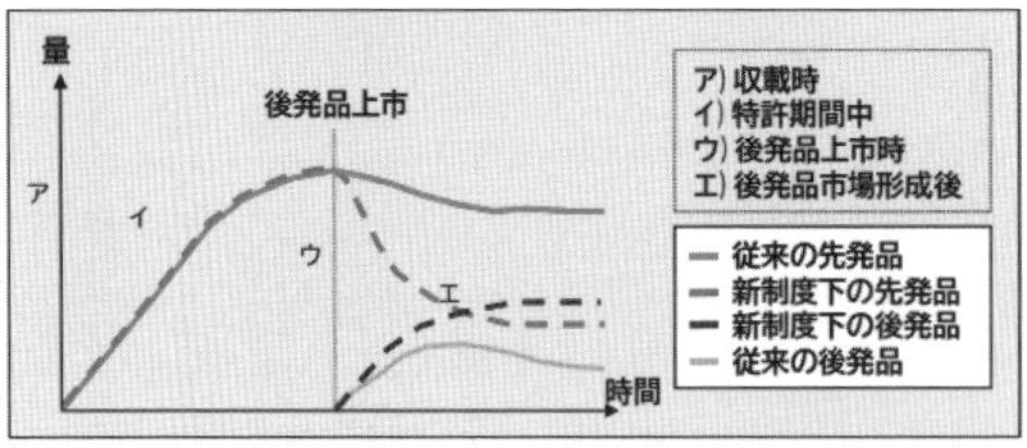

後発品上市後、先発品→後発品へのスムーズな代替が図られ、効率的な市場が形成される

改革後の薬剤費の資源配分イメージ

売上高推移のイメージ（単価×量）

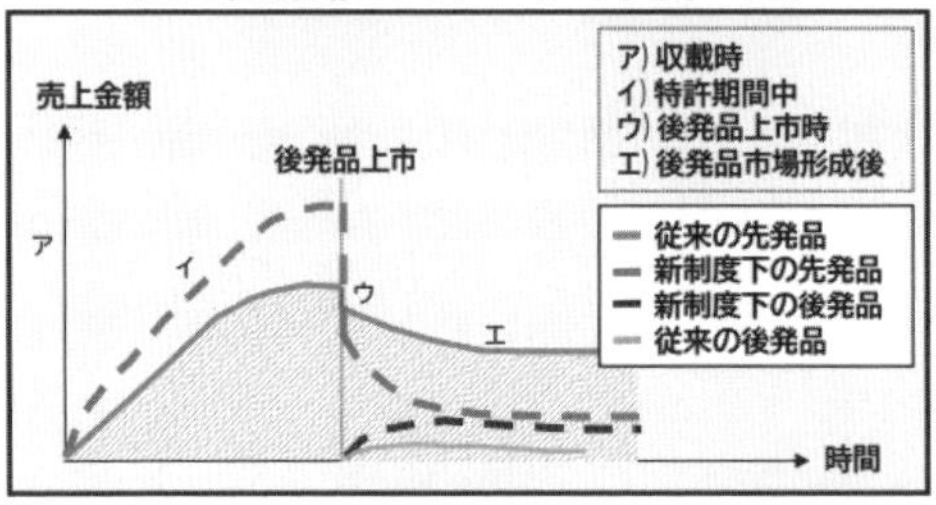

ア）収載時価格算定方式を改善し、立上がりを高める

イ）特許期間中の循環的価格低下を抑え、数量の伸長がより売上高に反映する

ウ）長期収載品としての適正価格に是正し、市場の効率化に寄与する

エ）後発品への代替と価格競争により、効率的な市場が形成される

改革後の市場構造のイメージ

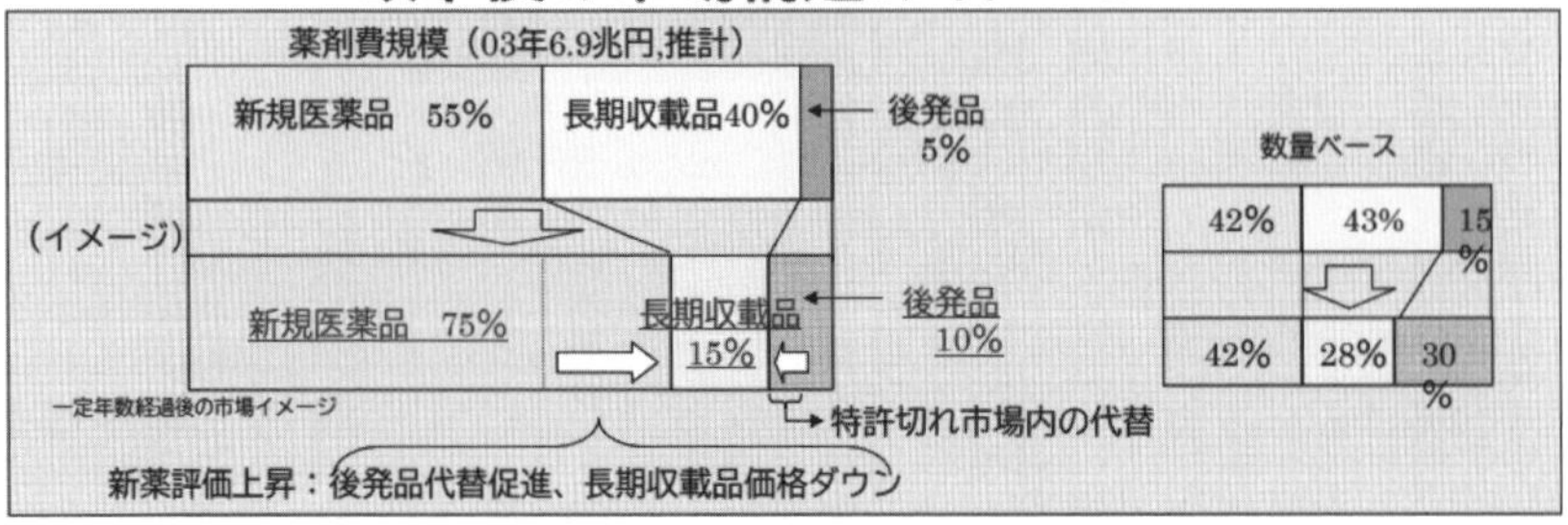

２０１５年完了とする。

【新制度の内容】

(1) 特許失効（後発品上市）前の価格形成

① 新規収載価格

クラス分類に基づく届出価格承認制

クラス分類に基づいて販売企業が届け出た価格に対し、新薬評価組織（仮称）の評価をもとに中医協が承認する。

② 適正価格の形成

「エグゼンプト・ドラッグ（改定除外医薬品）」の設置

特許期間もしくは再審査期間中の医薬品、その他国が定める医薬品（希少疾病用医薬品、必須医薬品など）について、価格改定の対象より除外する。

(2) 特許失効後（長期収載品*＋後発品）の効率化

① 後発品上市時の先発品の引下げ

価格届出制への変更、エグゼンプトドラッグの設置によって、先発品の特許失効時点の償還価格は現行制度下でのそれに比べ高い状態になる。特許失効後、長期収載品としての適正価格に速やかに移行するために、後発品上市時の先発品価格を一定幅引き下げる。

② 後発品への代替促進

＊エグゼンプト・ドラッグ以外の医薬品については、国の政策として継続的に実施されている後発品への代替の進捗状況を勘案し、２０１５年度以降年１回改定も考慮する。

＊後発品のある先発品

新制度の実施内容

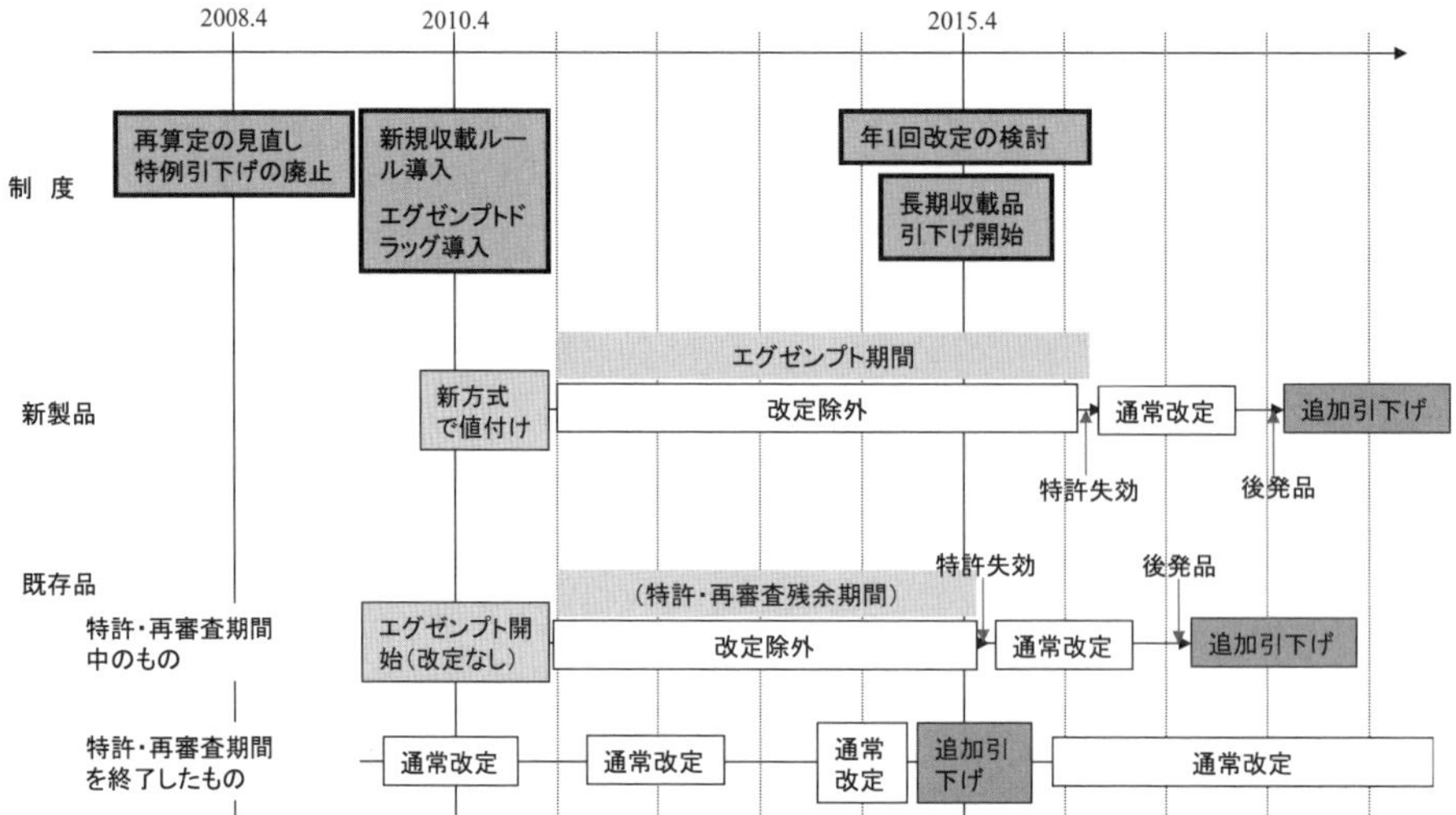

追加引下げは、発売時期による新規収載ルール適用の有無、改定免除の適用の多寡等、品目によって引下げ率を調整する

日本製薬団体連合会　歴代会長

	氏名	会社名	期間
初代	塩野義三郎	塩野義製薬	1948～1954年
２代	篠田　淳三	第一製薬	1954年
３、７、９代	武田長兵衛	武田薬品	1954～55年、1960～62年、1964～66年、
４、６，８、10代	鈴木　万平	三共	1955～57年、1958～60年、1962～64年、1966～75年、
５代	塩野孝太郎	塩野義製薬	1957～1958年
11代	石黒　武雄	第一製薬	1975～1982年
12代	小西新兵衛	武田薬品	1982～1988年
13代	河村　喜典	三共	1989～1994年
14代	森岡　茂夫	山之内製薬	1994～1998年
15代	鈴木　　正	第一製薬	1998～2000年
16代	藤山　　朗	藤沢薬品	2000～2004年
17代	武田　國雄	武田薬品	2004～2006年
18代	森田　　清	第一三共	2006～2008年
19代	竹中　登一	アステラス製薬	2008～2010年
20代	庄田　　隆	第一三共	2010～2012年
21代	内藤　晴夫	エーザイ	2012～2014年
22代	野木森雅郁	アステラス製薬	2014～2016年
23代	多田　正世	大日本住友製薬	2016～2018年
24代	手代木　功	塩野義製薬	2018年～

日本製薬工業協会　歴代会長

期	氏名	会社名	期間
１～５期	武田長兵衛	武田薬品	1968～1978年
６期	塩野孝太郎	塩野義製薬	1978～1980年
７～８期	早川　三郎	藤沢薬品工業	1980～1983年
８期	小森　政夫	山之内製薬	1983～1984年
９～10期	河村　喜典	三共	1984～1988年
11期	内藤　祐次	エーザイ	1988～1991年
11期	上野　公夫	中外製薬	1991～1991年
11期	吉利　一雄	塩野義製薬	1991～1992年
13期	森岡　茂夫	山之内製薬	1992～1994年
14～15期	藤澤友吉郎	藤沢薬品	1994～1998年
15期	鈴木　　正	第一製薬	1998～1998年
16～18期	永山　　治	中外製薬	1998～2004年
19～20期	青木　初夫	アステラス製薬	2004～2008年
21期	庄田　　隆	第一三共	2008～2010年
22期	長谷川閑史	武田薬品	2010～2011年
22～23期	手代木　功	塩野義製薬	2011～2014年
24期	多田　正世	大日本住友製薬	2014～2016年
25期	畑中　好彦	アステラス製薬	2016～2018年
26期	中山　讓治	第一三共	2018年～

日本製薬団体連合会　保険薬価研究委員会　歴代委員長

氏名	会社名	期間
福永貞次郎	武田薬品	1957～1958年
西野延治郎	第一製薬	1958～1959年
岩城　　徹	塩野義製薬	1959～1969年
豊田　一彦	三共	1969～1971年
宮崎　　豊	田辺	1971～1980年
武田　公一	塩野義製薬	1980～1986年
阿部　貞雄	三共	1986～1992年
日野　正信	塩野義製薬	1992～1997年
堀尾　富士	三共	1997～1999年
八代　光夫	武田薬品	1999～2004年
向田　孝義	藤沢・アステラス	2004～2008年
長野　　明	第一三共	2008～2010年
禰宜　寛治	武田薬品	2010～2012年
加茂谷佳明	塩野義製薬	2012～2018年
上出　厚志	アステラス製薬	2018年～

厚生労働省歴代医薬・生活衛生局長（薬務局～）

氏名	期間	氏名	期間
葛西　嘉資	1948年７月～1948年７月	川崎　幸雄	1990年６月～1992年７月
慶松　一郎	1948年７月～1953年３月	岡光　序治	1992年７月～1993年６月
高田　正巳	1953年３月～1955年８月	田中　健次	1993年６月～1995年６月
森本　　潔	1955年８月～1958年12月	荒賀　泰太	1995年６月～1996年７月
高田　正巳	1958年12月～1959年７月	丸山　晴男	1996年７月～1997年７月
高田　浩運	1959年７月～1960年６月	中西　明典	1997年７月～1999年８月
牛丸　義留	1960年６月～1964年１月	丸田　和生	1999年８月～2001年１月
熊崎　正夫	1964年１月～1965年.6月	宮島　　彰	2001年１月～2002年８月
坂元貞一郎	1965年６月～1969年８月	小島比登志	2002年８月～2003年８月
加藤　威二	1969年８月～1971年１月	阿曽沼慎司	2003年８月～2005年８月
武藤琦一郎	1971年１月～1972年６月	福井　和夫	2005年８月～2006年９月
松下　廉蔵	1972年６月～1974年10月	髙橋　直人	2006年９月～2008年７月
宮嶋　　剛	1974年10月～1975年７月	髙井　康行	2008年７月～2010年７月
上村　　一	1975年７月～1977年８月	間杉　　純	2010年７月～2011年８月
中野　徹雄	1977年８月～1980年１月	木倉　敬之	2011年８月～2012年９月
山崎　　圭	1980年１月～1981年８月	榮畑　　潤	2012年９月～2013年７月
持永　和見	1981年８月～1983年８月	今別府敏雄	2013年７月～2014年７月
正木　　馨	1983年８月～1984年８月	神田　裕二	2014年７月～2015年10月
小林　功典	1984年８月～1986年６月	中垣　英明	2015年10月～2016年６月
代田久米雄	1986年６月～1986年６月	武田　俊彦	2016年６月～2017年７月
森　　幸男	1986年６月～1987年９月	宮本　真司	2017年７月～2019年７月
坂本　龍彦	1987年９月～1988年６月	樽見　英樹	2019年７月
北郷　勲夫	1988年６月～1990年６月		

厚生労働省歴代経済課長

氏名	期間	氏名	期間
星野毅子郎	1947年11～1952年３月	山口　剛彦	1985年８月～1986年６月
川嶋　三郎	1952年３月～55年８月	佐藤　隆三	1986年６月～1987年10月
畠中　順一	1955年８月～57年５月	中西　明典	1987年10月～1989年６月
中村　光三	1957年５月～59年５月	和田　　勝	1989年６月～1991年７月
菅野　周光	1959年５月～59年６月	江利川　毅	1991年７月～1993年６月
竹下　精紀	1959年７月～61年12月	堤　　修三	1993年６月～1994年９月
廣瀬治郎（併任）	1961年12月～62年１月	伍藤　忠春	1994年９月～1996年７月
網野　　智	1962年１月～64年４月	阿曽沼慎司	1996年７月～1998年１月
武藤琦一郎	1964年４月～65年６月	薄井　康紀	1998年１月～2000年９月
高木　　玄	1965年６月～66年６月	原　　勝則	2000年９月～2002年８月
翁　久次郎	1966年６月～67年９月	高倉　信行	2002年８月～2004年７月
信澤　　清	1967年９月～69年８月	二川　一男	2004年７月～2006年７月
木暮　保成	1969年８月～71年１月	武田　俊彦	2006年７月～2008年９月
松田　　正	1971年１月～72年６月	木下　賢志	2008年７月～2010年１月
吉村　　仁	1972年６月～73年７月	福本　浩樹	2010年１月～2011年７月
金田　伸二	1973年７月～74年８月	鎌田　光明	2011年７月～2013年７月
森　　幸男	1974年８月～77年８月	城　　克文	2013年７月～2015年10月
古賀　章介	1977年８月～79年７月	大西　友弘	2015年10月～2017年７月
黒木　武弘	1979年７月～81年８月	三浦　　明	2017年７月～2019年７月
岡光　序治	1981年８月～83年８月	林　　俊宏	2019年７月
大西　孝夫	1983年８月～86年８月		

薬務課：1947/11/28～ S25/10/24
企業課：1950/10/25～ S49/４/14
経済課：1974/４/15～

薬価政策研究会

代表　長野明

元第一三共株式会社専務執行役員、日本製薬団体連合会保険薬価研究委員会委員長

皆保険と医薬品産業の未来に向けて
～薬価制度70年を振り返る

2020年3月30日　初版発行

著　　者　薬価政策研究会

発 行 者　鈴木俊一

発 行 所　社会保険研究所
〒101-8522 東京都千代田区内神田2-15-9
The Kanda 282
TEL 03(3252)7901(代)
http://www.shaho.co.jp/shaho/

印刷・製本　宮嶋印刷

ISBN978-4-7894-0490-7C 3036 ¥1800E

落丁・乱丁本はおとりかえいたします。

000490